La Chorale chantant l'hymne bouddhiste de Fo Guang Shan, harmonise le traditionnel et le moderne, en combinant le chant et la danse bouddhistes et la musique classique chinoise.

La grande cérémonie d'ouverture de la première station de télévision bouddhiste – Buddha's Light Satellite Télévision, rebaptisée ultérieurement Beautiful Life TV, au Taipei Linkou Stadium. **(1997)**

Le vénérable maître Hsing Yun et les professeurs et élèves du Collège Monastique, devant la Grande salle de Bouddha, à Fo Guang Shan. **(2001)**

Le vénérable maître Hsing Yun enseignant à un groupe de moines. Ceux-ci recevront une formation complète dans le domaine du comportement monastique : comment il convient de marcher, se tenir debout, s'asseoir, se coucher, et ils seront également initiés aux techniques de la gestion et des relations publiques.

Améliorer la vie en société par la charité

Du 15 au 23 février 1998, Fo Guang Shan a organisé une ordination triple plate-forme internationale, au Bodhgaya en Inde, et trois campagnes d'aide de grande envergure, en faveur des personnes pauvres ou démunies.

Photo de famille du vénérable maître Hsing Yun, lors du mariage de l'enfant élevé à l'orphelinat Da-Ci de Fo Guang Shan. **(2000)**

Rencontre du Vénérable maître Hsing Yun et de Sa Sainteté Jean-Paul II, pour un dialogue œcuménique et pour prier pour la paix dans le Monde. **(1997)**

Le vénérable maître Hsing Yun à la conférence mondiale de femmes bouddhistes de haut standing. La conférence encourage les échanges internationaux entre femmes et le développement d'un mouvement mondial des femmes. **(1996)**

Le vénérable maître Hsing Yun, à la cérémonie inaugurale des travaux du quartier Fu-Yuan de la commune Chen Fu Shan, à Kaohsiung. **(2003)** Sur la photo, le 1er à droite est Son éminence, le Cardinal Paul Shan Kuo-hsi.

Des visiteurs arrivant à Foguang Shan, s'exclamèrent : « La culture de Fo Guang Shan est une culture en béton : toutes les statues de Bouddha sont en béton. » Le Vénérable maître répondit avec humour : « Nous ne voyons que Bouddha et non le béton. »

Suite à l'attaque du onze septembre 2001, le vénérable maître Hsing Yun a dirigé une cérémonie de purification à la mémoire des victimes du World Trade Center.

L'amour que le vénérable maître Hsing Yun nourrit envers les animaux, est une révélation de bienveillance et de compassion. **(Venise. 1982)**

Le Bouddhisme humaniste
Selon le
« Modèle Hsing-Yun »

Œuvres du Vénérable Maître Hsing Yun déjà parus en français :

Livres :

Discipline, Concentration, Sagesse, dans le bouddhisme humaniste.

Les courants de la pensée contemporaine.

Le Sūtra du Diamant - Commentaire.

Livrets : Collection «Mieux connaître le bouddhisme»

La causalité, le karma.

La voie du milieu, la vacuité.

Prendre refuge auprès des Trois Joyaux

Recevoir et observer constamment les cinq préceptes

Le Bouddhisme humaniste Selon le « Modèle Hsing-Yun »

Vénérable Man-Yi

Traduit par Le-Binh Tran
et Claude Merny

Edité par Buddha's Light Publishing, Los Angeles

Par le Vénérable Man-Yi
Traduit par Le-Binh Tran et Claude Merny
Graphisme de la couverture : Jane Wang

Edité par Buddha's Light Publishing
3456 S. Glenmark Drive,
Hacienda Heights, CA 91745, U.S.A.
Tel: (626) 923-5144
Fax: (626) 923-5145
E-mail: itc@blia.org
Website: www.blpusa.com

Imprimé à Taiwan.

Library of Congress Cataloging-in-Publication Data

Manyi, fa shi, 1960-
[Xingyun mo shi de ren jian fo jiao. French]
Le bouddhisme humaniste selon le «modèle Hsing-yun» / Vénérable Man-yi ; traduit par Le-Binh Tran et Claude Merny.
pages cm
ISBN 978-1-932293-79-1 (hardcover : alk. paper)
1. Xingyun, 1927- 2. Fo Guang Shan Buddhist Order--Doctrines. 3. Humanistic Buddhism. I. Tran, Le-Binh. II. Merny, Claude. III. Title.
BQ9800.F6392X557714 2012
294.3'92--dc23

2012030340

Table des matières

Remerciements

Nous tenons à exprimer notre gratitude envers tous ceux qui ont aidé à la réalisation de ce livre, en particulier, le Vénérable Tzu Jung, Chef Exécutif du Fo Guang Shan International Translation Center (F.G.S.I.T.C.), le Vénérable Hui Chi, Premier abbé du Hsi Lai Temple, et le Vénérable Yi Chao, Directeur du F.G.S.I.T.C. pour leur soutien et leurs conseils; Madame Le-Binh Tran et monsieur Claude Merny pour la traduction; Monsieur Wan Kah Ong pour la mise en page; et Madame Jane Wang pour le graphisme de la couverture. Notre reconnaissance va également à tous ceux qui ont contribué à ce projet, de sa conception à sa publication.

Introduction

« Le miracle Hsing-Yun » de Taiwan Le bouddhisme humaniste émerge tranquillement dans le monde entier

Depuis un demi-siècle, le Vénérable Maître Hsing-Yun impulse « le bouddhisme humaniste », créant un autre « miracle taïwanais », une autre « révolution tranquille », une autre « découverte de la paix ».

C'est la raison qui explique l'accueil chaleureux, le respect et l'attention que l'on accorde à ce livre : « Le bouddhisme humaniste selon le Modèle Hsing-Yun ». Nous avons besoin de cette œuvre du Vénérable Man-Yi pour en mener ensemble, l'étude, la discussion et la propagation.

I. Le miracle débute par une seule idée

A partir des années 60, la société taïwanaise passe de la pauvreté à une raisonnable aisance, de l'isolement à l'ouverture, de l'autoritarisme au pluralisme. Les talents et les discours deviennent innombrables. Dans le domaine des religions, le leader qui a pu regrouper la pensée bouddhiste et les bonheurs de la vie, qui a pu réussir de multiples réalisations et les propager universellement, est bien le Vénérable Maître Hsing-Yun.

La plupart des gens ne savent pas combien de millions de disciples suivent le Grand-maître, combien de centaines de séances de lecture le Grand maître donne, par an, dans le monde entier, combien de lieux de culte existent, combien de livres se sont vendus, combien de groupes d'étude se sont organisés, combien de centaines de livres bouddhistes, il a publiés... Mais tout le monde peut ressentir l'immensité de son influence.

A mon sens, la réussite du Grand maître et ses apports pour la société ont pris source à partir d'une seule idée : Le bouddhisme humaniste.

J'ai entendu personnellement sa réponse : « *Le bouddhisme humaniste* est : ce que dit Bouddha, ce que veut l'homme, ce qui est pur, ce qui est beau. Tous les enseignements de dharma qui peuvent contribuer à l'avancement du bonheur dans la vie, sont du bouddhisme humaniste. » Les personnes qui ne comprennent pas la profondeur des théories du bouddhisme doivent au moins comprendre cette simplicité d'explication.

Cette simplicité de parole devient donc la méthode la plus efficace de la propagation du bouddhisme humaniste selon le modèle Hsing-Yun. Je vais encore citer trois exemples :

- C'est toi qui es juste et moi dans l'erreur, c'est toi le grand et moi le petit, c'est toi qui possèdes et non moi, c'est toi qui es dans la joie et moi dans la souffrance.
- Donner aux autres, c'est donner à soi-même, Fo Guang Shan a grandi à partir des « donations ».
- La plus grande maladie dans la vie est l'égoïsme ; la plus

grande tristesse dans la vie est l'ignorance ; le plus grand courage dans la vie est de reconnaître ses erreurs ; Le plus grand capital dans la vie est le respect de soi.

II. Ainsi depuis cinquante ans

Pendant que le bouddhisme humaniste, promu par le Grand-maître Hsing-Yun, pénètre dans la foule, dans la société, dans la vie et dans le monde, grâce aux différentes actions directes et indirectes, aux activités religieuses et non religieuses, les auditeurs – disciples et non-disciples – ont tous été émus par les principes du Maître : Apporter aux autres la confiance, apporter aux autres la joie, apporter aux autres l'aisance, apporter aux autres l'espérance. Le Maître savait que la vie ne peut être détachée de l'argent, l'amour, la position sociale, le pouvoir, aussi, il encourageait sans cesse à avoir « une vie économique raisonnable, une vie politique juste, une vie sociale de dévouement, une vie spirituelle imprégnée d'art, une vie familiale pleine de respect, une vie sentimentale purifiée ».

Lui-même ne cesse d'écrire, créer des écoles, former des talents, enseigner les sutras et le Dharma, encourager la pratique et ce, depuis cinquante ans. Ses efforts ne sont pas vains ; ses réussites sont innombrables dans le domaine de l'éducation :

- Création du monastère Fo Guang Shan en 1967, démarrant ainsi la route de la propagation du « bouddhisme humaniste ».
- Création de seize collèges bouddhistes.
- Création de trois universités à Taiwan et aux Etats-Unis.
- Fondation de huit universités locales à Taiwan et d'une cinquantaine d'écoles chinoises à travers le monde.
- Rééditer le Tripitaka, traduire les sutras en langage courant.

- Création de la maison d'édition, des bibliothèques, d'une chaine de radio et de télévision, du quotidien Merit Times etc.
- Plus de deux cents lieux de culte à travers le monde, neuf galeries d'art.
- Il parcourt chaque année l'équivalent de deux fois et demie le tour de la terre, parcourant en moyenne 160 km par jour.
- Dans le livre « Nuages et Eaux », sont cités les « créativités » et les « numéro 1 » du Grand-maître depuis cinquante ans, il n'y a pas moins de 70 articles (par exemple, en 2004, la BLIA – Buddha Light International Association – a été reconnue par l'ONU en tant qu'Organisation Non Gouvernementale).
- Les honneurs personnels (tels les titres de Docteur « honoris causa », les médailles, les certificats etc.) sont innombrables.

III. La proposition de l'expression « Modèle Hsing-Yun »

Dans la pratique de l'entreprise de notre période économique, le choix du bon ou du mauvais modèle peut amener le succès ou la perte de l'entreprise. Nous entendons souvent les responsables des entreprises de haute technologie qui disent : « Notre entreprise a déjà trouvé un nouveau modèle commercial qui pourra générer des bénéfices. » ou une autre excuse : « l'entreprise essuie des pertes parce que nous avons adopté un mauvais modèle commercial ». Ainsi, « modèle » est une méthode, une étape, une organisation, un jugement qui détermine la réussite ou la perte.

L'auteur, le Vénérable Man-Yi, se basant sur les comportements et les œuvres du Grand-maître durant toutes ces années, développe très consciencieusement les pratiques spéciales que le Grand-maître a utilisées pour promouvoir le bouddhisme humaniste et aussi les caractéristiques de sa propagation. L'auteur regroupe ces pratiques spéciales et ces caractéristiques en quatre parties, puis les développe en décrivant le « modèle Hsing-Yun » par :

1. Un langage différent pour enseigner le Dharma.
2. Une méthode différente pour promouvoir le bouddhisme.
3. La particularité des engagements prononcés pour le bouddhisme.
4. Les différents objectifs à démontrer et à illuminer.

Dans chacune des parties, elle utilise des termes clairs et des exemples précis pour développer ses explications. En expliquant « la différence de langage pour enseigner le Dharma », l'auteur démontre les points suivants :

- Le langage que le Grand-maître utilise pour enseigner le Dharma est très humain, son enseignement n'est pas théorique, il ne parle pas de choses abstraites et mystiques, ni ne loue des pouvoirs surnaturels ; simplement, d'une manière réaliste et sympathique, il part de la position de l'homme pour qu'on puisse assimiler quelque révélation dans son enseignement.
- Il aime bien utiliser des exemples, des histoires ou des Gong-an pour expliquer des théories difficiles et profondes afin qu'on puisse comprendre et dés lors nourrir la foi bouddhiste.
- Ses explications sont logiques, ordonnées, simples et essentielles, il ne sort pas du sujet, n'emploie aucune parole inutile.

- Il parle avec intelligence et un humour, souvent très spontané. Une petite phrase peut répondre à une question difficile ou la résoudre.
- Il est homme de parole : toute sa vie, il a tenu ses promesses, tout ce qu'il a prôné, il l'a pratiqué personnellement.
- Son langage est délicat, objectif et adapté à toute circonstance.
- Il est compatissant et généreux, il ne critique ou ne réprimande pas facilement les autres, il leur laisse toujours un peu de recul ; son caractère de compréhension et de gentillesse donne aux gens une sorte de fraîcheur. Toutes les personnes qui l'ont côtoyé sont ravies de sa compagnie, et émues par sa sincérité.

Dans « l'originalité de la méthode de promotion du bouddhisme », l'auteur montre encore que :

- Le Grand maître propose la notion de « l'utilisation de nouvelles entreprises économiques pour faire pousser des fortunes saines ». Il associe foi et travail, rendant la population des croyants bouddhistes « plus jeune » et « plus intellectuelle ». Il change ainsi fortement l'ancienne impression des gens à propos du bouddhisme.
- Il lance la vogue des « Campagnes », grâce à l'organisation des « campagnes multidirectionnelles », non seulement elles permettent le développement éclatant des activités sociales, mais de plus, grâce aux activités, il amène le bouddhisme au sein de la société en y apportant de bonnes manières et de même, à travers le monde, permettant ainsi aux peuples des cinq continents de connaître la civilisation chinoise grâce à

Fo Guang Shan.

- Il n'hésite pas à corriger les mauvaises habitudes du bouddhisme traditionnel, lui permettant ainsi de se débarrasser des idées conservatrices et rétrogrades, pour vivre avec son temps, se créer du neuf et se développer sans cesse.

De plus, dans « Les vœux prononcés pour le bouddhisme », il y a huit points de « différence » et dans « les objectifs à illuminer », il y en a quatre. En tout, il y a un total de trente-deux points. En fait, « différent » veut aussi dire « particulier ». Le bouddhisme humaniste selon le « Modèle Hsing-Yun » possède en fait ces trente-deux points « particuliers » qui ressortent dans l'esprit des disciples et des hommes, à travers le monde.

Partant du point de vue de la recherche en Economie et en Gestion, le « Modèle Hsing-Yun » s'est révélé très concurrentiel sur le marché national et international. Ceci est dû, non seulement à la « différenciation » (trente-deux points de différence), mais aussi à la capacité de satisfaire ses clients, car, et c'est le plus important, ce leader possède six talents :

1. Une faculté d'assimilation extrême.
2. Une grande clairvoyance.
3. Une grande puissance de persuasion.
4. Une exécution scrupuleuse.
5. Une capacité de diffusion gigantesque.
6. Une grande puissance vitale détachée de soi.

Ces six talents de leadership peuvent répondre aux définitions que j'ai données du Grand maître il y a dix ans. A l'époque, je l'avais décrit comme :

- Un révolutionnaire religieux déterminé et fidèle à sa parole.
- Un Grand maître créatif, charitable et profondément instruit du Dharma.
- Un éducateur fraternel et pédagogue.

A la veille de ses quatre-vingts ans, en se retournant vers sa promesse de l'époque : « Je suis un moine, je dois bien le mériter. », même s'il est sévère avec lui-même, il devra s'accorder une note « très satisfaisante ».

IV. Quelques petites histoires

Le grand amour que possède le Grand maître force le respect. Il a dit : « Toutes les personnes âgées sont mes parents, tous les jeunes sont mes enfants, tous les hommes du monde font partie de ma famille. »

En 2002, le Grand maître m'a invité à animer l'émission « Etudier les livres de première classe » avec Wanglixing. Quand nous l'avons invité à cette émission, le responsable de la BLTV s'est exclamé : « C'est grâce à votre invitation, que le Grand maître a bien voulu apparaître sur sa propre station de télévision. »

La maison d'édition « La civilisation du monde » a publié six de ses livres. Chaque fois il a dit : « Ne vous souciez pas des droits d'auteur, si vous aimez ces livres, publiez-les. » Quand nous avons envoyé les droits, il nous les a toujours fait renvoyer par son secrétaire en nous disant : « le travail d'édition est un travail pénible. ». Nous ne pouvions alors que faire suivre ces droits à Fo Guang Shan sous forme de dons.

Il disait souvent : « Il ne faut pas avoir peur de perdre : perdre, en réalité, c'est gagner. » il disait même : « Laissez les gens profiter de nous, c'est cela qui montre notre valeur. » Au début des années 1990, l'hébergement de M. Xujiachun au temple Hsi-Lai a causé un grave malentendu entre le Grand-maître et le gouvernement chinois, c'est seulement depuis peu de temps que ce malaise s'est dissipé.

Le Grand maître m'a invité à visiter l'université Foguang à Yilan, là où il peut reconnaître chaque bâtiment, chaque fleur, chaque plante. J'ai perçu le sentiment de sa gratitude : son enseignement et sa propagation du Dharma ont débuté à Yilan ; en même temps, j'ai pu ressentir les différentes pressions qu'il éprouvait pour maintenir cet établissement de hautes études.

Dans le grand salon de Fo Guang Shan sont accrochés trois cadres : « Faire de bons actes, dire de bonnes paroles, avoir bon cœur ». Le Grand maître disait : « Chaque fois que les hommes politiques arrivent dans cet endroit, ils peuvent voir ces neuf caractères. » Le reste se passe de commentaires.

En dehors de promouvoir le bouddhisme humaniste, son grand souci de ces dernières années, ce sont les désaccords entre les groupes ethniques de Taiwan et la nécessité de développer les relations entre la Chine et Taiwan.

V. « Le miracle Hsing-Yun » à travers le monde

Le Grand maître disait avec sincérité : « S'agissant des bonnes relations que j'ai eues avec les autres, je n'y ai aucun mérite, il suffit d'y mettre l'émotion, le Dharma et un cœur sincère. »

Quand je l'ai connu, j'éprouvais pour lui, plus d'admiration pour ses conceptions et ses idées, que de compréhension des difficultés qu'il avait rencontrées sur le chemin de la propagation du bouddhisme humaniste. Au fond de mon cœur, je me demandais :

- Quelle est donc cette sagesse qui lui a permis de transformer les théories profondes du bouddhisme pour en faire un ensemble que chacun puisse comprendre ?
- Avec quelle détermination a-t-il a ensuite éclairé ces théories par des démonstrations formelles ?
- Comment a-t-il pu avoir un tel talent pour diriger avec cohérence cette gigantesque organisation ?
- Comment a-t-il pu, à l'âge de cinquante huit ans, avoir la générosité d'abandonner la direction de Fo Guang Shan, afin que le mouvement devienne démocratique ? Et par la suite, comment a-t-il pu créer un autre espace bouddhiste encore plus large, outre mer ?
- Enfin, comment a-t-il pu, par la force du vœu, par la cause et condition, par les vertus, toujours « créer à partir de rien », répandre le bouddhisme sur la terre entière à partir d'un endroit, d'une région, d'un pays ?

Pour tous ces passages et détails que je voulais connaître, j'avais trouvé auparavant, un certain nombre de réponses dans le livre « Handing Down the Light – The Biography of Venerable Master Hsing-Yun » écrit par Fuzhiying. Maintenant, grâce aux descriptions du Vénérable Man-Yi, j'ai enfin obtenu des réponses plus complètes.

Le grand économiste du XXe siècle, Joseph Schumpeter, a dit avant sa mort en 1950, aux Peter Druker Père et Fils : « Si tout ce que l'on sait de moi, c'est que j'ai écrit quelques livres et inventé quelques théories, je pense que ce n'est pas suffisant. Car si tu n'as pas transformé la vie de l'homme, tu ne peux pas dire que tu as transformé le monde. »

Durant ces cinquante dernières années, par ses œuvres et ses réalisations, « le bouddhisme humaniste » que le Grand maître a promu, a transformé la vie de l'homme et aussi ce monde, tel « une révolution tranquille » qui émerge pacifiquement dans le monde entier.

Ces dernières années, il a été souvent invité à visiter la Chine et son amour pour ce Pays a semé des germes d'amitié qui, tôt ou tard, seront profitables et purifieront l'esprit des hommes dans la société.

Grace à la propagation de la BLIA à travers le monde, grâce à l'ouverture progressive de la société chinoise, le Grand maître Hsing-Yun a encore davantage d'entreprises du bouddhisme humaniste à réaliser, de chemins du bouddhisme humaniste, à parcourir.

Nous ne pouvons pas dire que sa réussite est due à la chance, nous ne pouvons pas considérer ses « entreprises » comme n'étant qu'une religion et surtout, nous ne pouvons pas limiter son influence au seul Taiwan. Ses apports ont réellement dépassé la religion, Taiwan, le temps et l'espace.

La première fois que Monsieur Yuqiuyu a rencontré le Grand maître, ses impressions étaient : « Le Grand maître est grand de taille, de style, d'esprit, de cœur, d'idées. » Plus on a l'occasion de l'approcher, plus on peut ressentir cette notion de « grandeur ».

Un petit moine de Yangzhou, qui est entré dans les Ordres à l'âge de douze ans, arrivé à Taiwan à l'âge de vingt-trois ans, sans parler un mot de taïwanais, en butte aux railleries, mais n'ayant aucune pensée illusoire, a donné ces cinquante ans d'effort pour créer un monde de bouddhisme humaniste sans limite.

C'est un autre « Miracle Hsing-Yun » en dehors du « Miracle économique de Taiwan ».

Gaoxijun
Professeur honoraire de l'Université de Wisconsin
Fondateur du Commonwealth Publishing Co., Ltd.

Avant-propos

A chaque époque, apparaissent de nouvelles notions de valeur et de pensée qui, discrètement, poussent l'homme à aller de l'avant. « Le bouddhisme humaniste » est justement cette orientation de la pensée humaine dans la société actuelle.

« Le bouddhisme humaniste » c'est, comme le disait le fondateur du monastère Fo Guang Shan, le Grand maître Hsing-Yun : « ce que dit Bouddha, ce que veut l'homme, ce qui est pur, ce qui est beau ; tous les enseignements de dharma susceptibles d'aider au progrès du bonheur dans la vie sont du bouddhisme humaniste. » (*Paroles des pensées du bouddhisme humaniste*). Le Grand maître Hsing-Yun a passé sa vie à propager le bouddhisme humaniste, il pensait que le sens fondamental du bouddhisme humaniste est de « se préoccuper de la vie ». Car l'homme naît sur la terre, il y a alors « vie » et avec la vie, il y a « mort ». « L'essence » de la vie est d'être immortelle et invariable, c'est une existence éternelle, véritable et illimitée mais « l'apparence » que présente la vie, est mortelle et variable. Dans la vie, de sa naissance à sa disparition, quelles que soient les activités physiques et mentales quotidiennes, aucune qui ne soit « l'application de la vie ».

L'essence, l'apparence, l'application sont trois aspects inséparables et, ce que le bouddhisme humaniste recherche, c'est comment « appliquer » le Dharma à la vie quotidienne, pour transcender « l'apparence » de la mort, et de là parfaire « l'essence » de la Vie. Voilà le but essentiel de la propagation du bouddhisme humaniste du Grand maître Hsing-Yun. Il disait : « Le bouddhisme humaniste comporte la Vie, la vie et la mort, la vie matérielle quotidienne ; la Vie est l'essence du bouddhisme humaniste, la vie et la mort son apparence, la vie quotidienne son application et toutes les relations qui s'enchaînent dans le monde sont aussi le bouddhisme humaniste. » (*Paroles des pensées du bouddhisme humaniste*).

Selon le Grand maître, « le bouddhisme humaniste est le bouddhisme qui englobe la vie, qui libère de la mort et qui assure la vie quotidienne. Le bouddhisme humaniste honore les vertus , encourage la pratique, respecte les cinq préceptes et les dix bons actes, insiste sur les six Paramita et les quatre Samgraha. Il comprend la causalité, applique la bienveillance, la compassion, la joie, l'équanimité. Il propose le respect et la tolérance, recherche la paix et l'harmonie mondiale » (*Paroles des pensées du bouddhisme humaniste*). Il est aussi « le bouddhisme commun des cinq véhicules » (*La bouddhisme humaniste- série : le bouddhisme. Les pensées de base du bouddhisme humaniste).* « Les cinq véhicules » sont : l'homme, Deva, Sravaka, Pratyeka et Bodhisattva. Le Grand maître pense que le bouddhisme de l'homme et du Deva est plus mondain, celui de Sravaka et Pratyeka plus transcendant. Les Bodhisattva possèdent en même temps l'esprit mondain des uns et la pensée transcendante des autres. Dans le Dharma des cinq véhicules, le Grand maître encourage les disciples de Foguang à

« suivre le chemin des Bodhisattva, en bénéficier soi-même et en faire bénéficier les autres, apprendre soi-même et apprendre aux autres, s'éveiller et éveiller les autres, considérer que les autres et moi sont inséparables et uniques, puis harmoniser les dharmas des cinq véhicules pour obtenir le bouddhisme humaniste. » (*Le bouddhisme humaniste- série : le bouddhisme. Les pensées de base du bouddhisme humaniste*). Ainsi l'état ultime du bouddhisme humaniste est : « la non différence entre l'autre et moi, l'unité et la coexistence, l'harmonisation des dharma-mondes, l'absence de toute barrière » (*Foguang text-books : Foguang study*).

Les pensées du bouddhisme humaniste qu'enseigne le Grand maître, y compris l'étude de la Vie, l'étude de la Mort, l'étude du Futur, les notions d'amour filial, de vertu, de sentiments, de croyance, de fortune, de médecine, de politique, de société, d'internationalisme... sont contenues dans ces nobles concepts. Comme il le disait : « le bouddhisme humaniste est le bouddhisme radical, c'est une religion qui propose la joie et l'harmonie, une religion basée sur la cohabitation, la co-possession, la coexistence, le partage, la joie totale, une religion humanisée qui surpasse l'honneur, la richesse et les frottements entre les hommes ! » (*Liaisons Foguang*). Face aux sujets fortement liés à la vie quotidienne tels « la vie en famille, la gestion des bien, le comportement envers autrui, l'hygiène de vie, la gestion d'un budget, l'art de gouverner, le contrôle de ses sentiments, le savoir-vivre, la croyance, la communication avec les autres etc. », le bouddhisme humaniste propose des directives précises. C'est pourquoi le Grand maître croit fermement que « le bouddhisme humaniste est la boussole qui conduit l'homme vers le vingt-et-unième siècle, la lumière que les hommes de la terre recevront dans le futur. » (*Collection Bouddhisme. Histoire. La lumière nouvelle du bouddhisme humaniste*)

Comme objectif d'enseignement, celui du bouddhisme humaniste du Grand maître est d' : « utiliser les enseignements de Bouddha comme des clés, pour améliorer notre vie, utiliser le Dharma pour purifier nos pensées, faire en sorte que nous puissions avoir le Dharma comme lien pour rendre notre vie plus signifiante et plus valorisante. » (*Le bouddhisme humaniste- série : le bouddhisme. Comment bâtir le bouddhisme humaniste).* Le Grand maître voulait créer « la terre pure mondaine » avec « la paix et l'harmonie universelle » et « la jouissance de la joie Dharma » (*Le bouddhisme humaniste- série : le bouddhisme. Comment bâtir le bouddhisme humaniste),* c'est pourquoi il créa le monastère Fo Guang Shan, la Buddha Light International Association (BLIA), espérant par là rassembler la force des quatre groupes de disciples pour propager le bouddhisme humaniste et, à travers l'application de la « Voie de Bodhisattva », réunir les dharmas mondain et transcendant. Ceci fait, la vie sera encore plus harmonieuse.

Dés lors, le bouddhisme humaniste est le bouddhisme unique reliant le Dharma et la vie. Le bouddhisme humaniste est inséparable de la vie car « si le bouddhisme s'éloigne de la vie, il ne sera plus le Dharma dont nous avons besoin, ni la boussole qui oriente notre existence. Si le bouddhisme ne peut enrichir le contenu interne de notre vie, alors son existence sera vaine. » (*Les discours du Grand maître Hsing-Yun II. Mes expériences religieuses.)*

I. Le bouddhisme humaniste est l'idée de base du Bouddha

Comme « le bouddhisme humaniste possède une nature humaine, réelle, applicable à tout moment, bénéfique, joyeuse, charitable, égale » (*Universal Gate Bouddist Journal. Les humbles opinions sur les développements périodiques du bouddhisme chinois*), il peut satisfaire facilement les désirs de l'homme moderne qui aspire à posséder en même temps bonheur et richesse et il peut aussi transcender la vie spirituelle. C'est pourquoi il semble bien qu'il soit devenu le courant principal des pensées bouddhistes actuelles et aussi un tourbillon qui soulève des vagues de recherches diverses.

A l'heure actuelle, on peut trouver aux quatre coins du monde, des séminaires, conférences, revues spécialisés et études traitant du bouddhisme humaniste. Parmi eux, un petit nombre propose des points de vue sur la pensée du bouddhisme humaniste et son influence sur les hommes dans la société actuelle, mais la plupart s'intéressent plutôt à la question : Qui est le premier fondateur du bouddhisme humaniste ? Et non pas : Comment définir cette doctrine ? Comment la propager et comment l'appliquer ? Par exemple, certaines personnes qui se croient spécialistes du bouddhisme, n'écoutant que leur opinion ou leurs préférences, prétendent que le bouddhisme humaniste a été inventé par tel ou telle Grand maître. Il en est même qui publient des textes traitant des origines et des différences entre « le bouddhisme humaniste », « le bouddhisme de la Vie » et « le bouddhisme de la vie quotidienne », ou discutent de celui ou celle qui fut le premier à proclamer le « bouddhisme humaniste » etc.

En réalité, quelle que soit la personne qui fut la première à prononcer le terme « bouddhisme humaniste », « bouddhisme de la Vie » ou « bouddhisme de la vie quotidienne », cela n'a aucune importance, ce n'est pas la question dont nous voulons débattre dans ce livre. Comme disait le Vénérable maître Hsing-Yun : « Le bouddhisme humaniste n'est le bouddhisme personnel de personne. On ne peut même l'attribuer au sixième patriarche, Maître Huineng, pour sa théorie : « le Dharma est dans le monde, il ne faut pas le chercher en dehors du monde », ni même au Grand maître Taixu pour ses pensées : « Nous admirons Bouddha, mais notre réussite dépend de notre personnalité ». Pas plus au Vénérable Cihang pour « Le revue du bouddhisme humaniste » qu'il a fondée en 1946 dans le Sud-est asiatique. Quant aux autres, il est tout simplement inutile d'en parler. (*Universal Gate Bouddist Journal. Humbles opinions sur les développements périodiques du bouddhisme chinois*)

Dans l'esprit du Grand maître, « le bouddhisme humaniste est originellement la propriété du Bouddha ; Bouddha est né sur la terre, a pratiqué sur la terre, a atteint l'éveil sur la terre, a enseigné sur la terre. Tous ses enseignements sont adressés aux hommes, on peut donc dire que le bouddhisme humaniste est effectivement l'enseignement de base du Bouddha. » (*Universal Gate Bouddist Journal. Humbles opinions sur les développements périodiques du bouddhisme chinois*). A cause de sa compréhension profonde de la nature humaniste du Bouddha, quand le Grand maître a écrit, en 1954, « Le conte du Sakyamuni Bouddha » à Yilan, il a décidé de décrire un Bouddha mondain, et non pas un Dieu qui apparaît et disparaît sans laisser de trace.

Dans la préface du « Conte du Sakyamuni Bouddha », il écrivait : « chaque fois que je décris les moments où Bouddha se donne pour nous les hommes, je ne peux m'empêcher de verser des larmes ; je suis profondément ému par sa sympathie, sa compassion et sa sagesse. » C'est ainsi que, même s'il sentait que « parfois, ce sont les états de Bouddha et non ceux des hommes », il pensait « ne pas donner aux lecteurs une impression artificielle et seulement dire que c'est d'abord un homme, mais un homme qui est devenu Bouddha. » (*Le conte du Sakyamuni Bouddha. Préface)*

Le Grand maître n'a pas peur de dire qu'en écrivant, il se sentait navré vis-à-vis de Bouddha pour l'avoir décrit d'une manière trop humaine. A la parution du livre, le Vénérable Mingzang a critiqué le Grand maître pour avoir décrit Bouddha comme un « homme », estimant que c'était là une forme d'irrespect. Mais le Grand maître a répondu : « Dès lors qu'il s'agit d'enseigner à des hommes ordinaires, n'ayant d'intellectuels que le nom, comment se rapprocher de Bouddha, il m'est impossible de le faire autrement. » (*Le conte du Sakyamuni Bouddha. Préface*)

Ayant profondément assimilé l'esprit de Bouddha et nourrissant de bonnes intentions, il pensait que les livres publiés sur le bouddhisme sont nombreux mais ne permettent aux lecteurs de comprendre qu'une partie des théories du bouddhisme et non son intégralité. C'est ainsi qu'il a fini par dire « il faut connaître Bouddha, alors on connaîtra le bouddhisme ! » (*Le conte du Sakyamuni Bouddha. Préface*). Il pensait que : «Le bouddhisme humaniste doit d'abord humaniser Bouddha. Nous devons partir de la croyance d'un bouddha humain pour établir une vraie croyance, puis la transcender progressivement pour connaître le Dharmakaya du Prajna, le Bouddha de la Vérité, de même qu'il faut commencer par le primaire, puis passer par le secondaire, pour arriver à l'enseignement universitaire. Les mérites du Bouddha sont sans bornes, on ne peut les comprendre d'une simple pensée ni les embrasser d'un seul regard, il est normal qu'il faille les découvrir pas à pas. » (*Le bouddhisme humaniste – séries. Les pratiques. Le Grand Bouddha*)

A partir de ces données, nous pouvons, en lisant « Le conte du Sakyamuni Bouddha », comprendre que sa conception du « bouddhisme humaniste » part du « Bouddha humain »: « il faut connaître le bouddha du monde des hommes pour connaître ensuite le bouddha de notre cœur, puis, si nous connaissons le bouddha de notre cœur, alors nous connaîtrons le Dharmakaya du Bouddha. »

(*Le bouddhisme humaniste – série. Les pratiques. Le Grand Bouddha*) et le Grand maître ajoute une définition plus précise du bouddhisme humaniste : « En fait, le bouddhisme humaniste est le cœur, la voie, les théories de chacun de nous » (*Universal Gate Bouddhist Journal. Les humbles opinions sur les développements périodiques du bouddhisme chinois*). Selon lui, « le bouddhisme humaniste est l'enseignement initial du Bouddha : Bouddha a enseigné durant quarante-neuf ans non pas aux dieux, aux démons, aux animaux ou aux damnés de l'enfer, mais bien aux hommes ; le dharma adressé aux hommes s'appelle donc évidemment « le bouddhisme humaniste » (*Liaisons Foguang*)

II. Le pratiquant réalisant le bouddhisme humaniste

L'idée du Grand maître est très claire : le bouddhisme est de nature humaine, il est, originellement humaniste, donc, peu importe qui lui a ajouté le terme « humaniste ». Mais de ce fait, certains peuvent se poser des questions : pourquoi brandir le drapeau du « bouddhisme humaniste » ? Et voici que le Grand maître lui-même, s'efforce de « promouvoir le bouddhisme humaniste », de « propager le bouddhisme humaniste », pourquoi donc ? En fait, c'est bien cette question que ce livre cherche à éclaircir et c'est aussi le but de la rédaction de cet ouvrage.

Nous savons tous que, avant la naissance de Bouddha, la Vérité n'a pas diminué d'un iota. Quand Bouddha est né, elle n'a pas augmenté non plus. Comme il est dit dans l'*Agama Sutra* : « Que Bouddha soit né ou non, ce Dharma est éternel, il siège dans le Dharma-dhatu ». C'est dire que la vérité du Dharma n'a pas été inventée par Bouddha, il l'a seulement découverte, assimilée et retransmise aux hommes. Ainsi, même si Bouddha ne l'avait pas découverte et propagée, le Dharma lui, existerait quand même. Cependant, la question est que, si Bouddha ne l'avait pas assimilée, puis habilement expliquée par les théories réalistes et compréhensibles telles « *Les quatre nobles vérités* », « *Le noble sentier octuple* », « *Les douze chainons de la coproduction conditionnelle* », comment les hommes ordinaires pourraient-ils entendre, croire au Dharma et en bénéficier ?

Par le même raisonnement, si le bouddhisme possède une nature humaine, mais si personne n'utilise le langage et les méthodes que la majorité des gens de notre société peuvent comprendre, puis les présenter, les propager, alors comment pouvons-nous nous approcher du bouddhisme, l'apprendre et le pratiquer ? Si le bouddhisme n'est pas rentré dans le monde, dans la société, dans la foule, dans la vie, pour être connu, accepté et appliqué par les gens, il perdra sa nature humaine et alors, comment pourra-t-il encore porter le nom du « bouddhisme humaniste » ?

Ainsi, le bouddhisme humaniste n'est pas une théorie à étudier, enfermé chez soi : il doit être intégré dans la vie quotidienne, il doit être sorti à l'extérieur, être propagé, impulsé. La propagation du bouddhisme doit, en dehors des enseignements théoriques, être accompagnée de différentes activités et entreprises, donnant aux gens des indications, des moyens et des occasions d'approcher, de participer, d'en bénéficier, et en même temps d'entraîner la propagation du bouddhisme. De cette manière, le bouddhisme pourra entrer dans la société, dans les familles, dans la vie, dans le monde. Il pourra développer toute sa puissance d'enseignement. Il sera alors, le vrai « bouddhisme humaniste ». Ainsi le Grand maître disait : « Pour propager le bouddhisme humaniste, le plus important, ce sont des pratiquants le mettant en pratique. Ce n'est pas simplement crier quelques slogans, ni répéter quelques phrases de sutra, car tous les bouddhismes sont du bouddhisme humaniste ! » (*Universal Gate Buddhist Journal. L'esquisse du bouddhisme humaniste*).

C'est pour cette raison que, depuis plusieurs années, le vénérable Grand maître ne cesse de parcourir les cinq continents pour enseigner le Dharma. En même temps, il écrit des livres et crée des écoles, car « C'est l'homme qui propage le dharma, et non le dharma qui propage l'homme ». Comme la direction des lieux de culte a besoin d'hommes qualifiés, il a, pour les former, créé seize collèges bouddhistes en cinquante ans et depuis 1991, il a créé successivement quatre universités aux Etats-Unis, à Taiwan et en Australie (dont une, en préparation). Actuellement, Fo Guang Shan possède huit universités localisées à Taiwan et une cinquantaine d'écoles chinoises dans le monde entier. Le Grand maître encourage également la réédition du Tripitaka, la traduction des sutras en chinois moderne, la publication des livres bouddhistes, la création de maisons d'édition, de journaux, de chaînes de radio et de télévision, de bibliothèques, de galeries d'art... Car le Dharma a besoin de la civilisation pour perdurer. Le Grand maître développe des œuvres de charité en créant des maisons d'accueil pour enfants et personnes âgées, espérant ainsi pouvoir s'occuper de l'homme tout au long de sa vie. Il ne cesse d'organiser différentes activités, amenant habilement des hommes de niveau et d'âge différents, à apprendre le bouddhisme. Il a créé la BLIA, afin de donner à tous les disciples, l'occasion de servir le bouddhisme lui permettant ainsi de devenir une religion universelle, doublée d'une organisation moderne.

Le plus important est que tout ce que fait le Grand maître, reste dans le cadre du bouddhisme humaniste. Comme il le disait : « Quand je parle ou quand j'écris, il faut que tout le monde comprenne, quand se construit un lieu de culte, il faut que tout le monde se sente concerné, quand des activités sont organisées, il faut que tout le monde puisse y prendre part et le faire dans l'insouciance, pendant les conférences, il faut que tout le monde obtienne la joie du dharma ». Lors des lectures à l'étranger, la traduction simultanée est toujours proposée et plusieurs de ses livres ont été traduits en une dizaine de langues différentes. Le Grand maître s'intéresse toujours aux besoins de chacun, car pour lui, le seul bouddhisme utile est le bouddhisme humaniste, celui dont l'homme a besoin. (*Buddha Light Study. Préface*)

III. Les chemins de la propagation du bouddhisme humaniste

Comme le Grand maître a mobilisé tous ses efforts durant plusieurs dizaines d'années pour réaliser ses idées sur le bouddhisme humaniste, son apport et sa réussite sont reconnus et confirmés par la plupart des gens. Ainsi, les hommes de la société actuelle pensent tous que : « Si le Grand maître Taixu a été le promoteur du bouddhisme humaniste, le Grand maître Hsing-Yun en est le réalisateur. » Cependant, beaucoup se demandent quand le Grand maître a prononcé le terme « bouddhisme humaniste » pour la première fois. A ce propos, le Grand maître a dit : « Je suis diabétique depuis plusieurs dizaines d'années. Mon médecin me dit que c'est héréditaire, mais aucun de mes parents proches ne l'est, alors le médecin me répond que l'hérédité peut prendre source dans les générations antérieures, parfois plusieurs générations avant ». Et il enchaîna : « je veux dire par là que mes pensées à propos du bouddhisme humaniste, sont en fait des traits de caractère innés chez moi. Avant d'entrer dans les ordres, je possédais déjà ces caractères : être en empathie avec les gens quels qu'ils soient, penser aux autres, leur apporter la joie, aimer la foule, aider les gens, aimer l'harmonie, l'unité et la coexistence. Peut-être, avant ma naissance, étais-je déjà destiné à être un pratiquant du bouddhisme humaniste, car dans mon for intérieur, j'ai toujours souhaité le bonheur pour les autres, espéré que le bouddhisme pourrait bien se développer, espéré pouvoir aider les autres et faire ce que je peux, espéré que, grâce aux efforts de tous, l'idéal de la terre pure mondaine pourrait se réaliser. Donc, chaque fois que j'en ai l'occasion, je progresse pas à pas, je ne suis influencé par personne, c'est seulement là mon caractère naturel. » (*Ainsi dit*).

La conversation ci-dessus, peut dissiper l'erreur de certains qui, dans le passé, croyaient que la doctrine du bouddhisme humaniste du Grand maître, pouvait lui venir de telle ou telle personne. Ceux et celles qui s'intéressent à la vie du maître savent qu'il a toujours proposé « la pratique simultanée des huit écoles », toujours pensé que le bouddhisme humaniste ne devait pas se différencier selon les Ecoles et œuvré pour éviter que le bouddhisme soit divisé. Dans le passé, les gens du monde bouddhiste aimaient faire la différence entre le Chan et le Jingtu, surtout durant le période des cinq dynasties. Chacune des deux Ecoles voulant être le courant principal, leurs disciples se combattaient et se diffamaient. Les disciples de Chan se moquaient de ceux de Jingtu en disant que c'était un bouddhisme dépendant des aides extérieures, une Ecole pour personnes d'esprit lent. Ceux de Jingtu répondaient en traitant les autres de vaniteux, plus théoriques que pratiques, pleins de préjugés, inflexibles et manquant de sentiment religieux. Face à ces querelles, le Grand maître estimait que « si l'Ecole Chan pense que charger le bois, porter l'eau, faire un clin d'œil font tous partie du Chan, alors pourquoi répéter le nom de Bouddha ne le serait-il pas ? Pour le Chan, la méditation consiste à rattacher le cœur à un seul état et pour le Jingtu, la diction répétée du nom de Bouddha doit permettre de se détacher du monde extérieur. N'est-ce pas là, l'état du Dhyâna ? Qu'y a-t-il de mal à se concentrer sur Amitabha Buddha ? Pourquoi le critiquer ? Pour le Grand maître, le Chan et le Jingtu doivent se tolérer et vivre en harmonie, pour être conformes à l'esprit du Dharma. » (*Universal Gate Bouddist Journal. Humbles opinions sur les développements périodiques du bouddhisme chinois*).

Durant toute sa jeunesse en Chine, que ce soit à Qixia ou à Jiaoshan, chaque retraite de sept jours était toujours « une pratique simultanée de Chan-Jingtu ». Ensuite, à Taiwan, plus d'une centaine de fois, il a organisé des « pratiques simultanées de Chan-Jingtu ». Chaque fois, il a réuni des centaines ou des milliers de participants et tous étaient enthousiastes et joyeux. Le Grand maître a dit alors « la compréhension vient du Dharma, la pratique vient de la simultanéité de Chan-Jingtu ». Par la suite, il a même élargi cette idée en disant : « pour promouvoir le bouddhisme humaniste, il faut élargir la pratique simultanée de Chan-Jingtu » et en faire une « pratique simultanée des huit Ecoles. » (*Liaisons Foguang*)

La pensée du bouddhisme humaniste du Grand maître est ainsi décrite par le Professeur-adjoint du Département des religions de l'Université Foguang, M. Lanjifu : « Elle prend source du Chan, mais ne se limite pas à la seule école Chan et s'harmonise avec différentes écoles. Elle se caractérise surtout par son penchant pour la pratique simultanée du Chan et du Jingtu, estimant en effet que cette pratique est en totale concordance avec la pensée du bouddhisme humaniste. Bien qu'il n'encourage pas la pratique de l'Esotérique, il ne le rejette pas non plus mais prône l'harmonie entre Exotérique et Esotérique. Le Grand maître a organisé des conférences bouddhistes sur le thème : Exotérique/Esotérique et des services religieux : Chan/Jingtu/Esotérique, dans le monde entier. Il a également envoyé des disciples pour étudier le bouddhisme tibétain. Sa pensée bouddhiste regroupe le bouddhisme primitif, le bouddhisme de la branche du sud, le Chan, le Tiantai, le Huayan, le Jingtu etc. En même temps, il combine les résultats des recherches bouddhistes avec le Confucianisme et le Taoïsme. On peut dire qu'il rassemble toutes les études intérieures et extérieures. » (*Universal Gate Bouddhist Journal. Right Dharma, Light Back on: Humanistic Buddhism in the Hands of Master Hsing-Yun*)

Le point de vue du Professeur Lanjifu est très perspicace et traduit bien la réalité, car, comme le Grand maître l'a dit lui-même : de toute sa vie, il n'a jamais eu en main un quelconque diplôme, ni été dans une école officielle ; par contre, il a reçu une série complète d'enseignements bouddhistes de différentes écoles, telles Le Collège de Vinaya, l'enseignement de la discipline de Baohuashan, Tiantai, Xianshou, Weishi, Sanlun, Jinshan, Tianning et Gaomin. Il a été hébergé au temple Tianning, a étudié dans les temples Jinshan et Qixia, a visité le temple Lingyanshan, et participé tous les ans à la retraite de Baohuashan. En outre, il nourrit une grande estime pour l'Ecole Huayan du Grand maître Dushun et un grand intérêt pour l'Ecole Tiantai du Grand maître Zhizhe. Il a également suivi les vénérables Yuanzhan, Juemin, Zhifeng pour étudier le Vijnaptimatrata-sastra, l'Abhidharmakosa-sastra, le Hetuvidya-sastra, le Chan etc. Non seulement le Grand maître a reçu un enseignement bouddhiste complet qui lui a fourni une base solide, mais de plus, durant ses années au collège bouddhiste de Ziaoshan, le vénérable Shengpu et le professeur Xuejianyuan lui ont appris la littérature chinoise et certains jeunes vénérables lui ont enseigné les mathématiques, les langues étrangères, la biologie etc. Il disait, à l'époque : « je sentais tout à coup que mon esprit s'ouvrait ;

toutes les connaissances du monde affluaient vers moi. C'est ainsi que la semence du nouveau bouddhisme, l'éducation adaptable à l'humanité ont peu à peu germé dans mon cœur, sous forme de projet précis. (*Ainsi dit*)

A l'époque, il n'était qu'un étudiant au collège bouddhiste Ziaoshan, mais il s'est inspiré de la vie de « Chan agraire » de Maître Baizhang et de celle de « Chan industriel » de Maître Taixu et il avait déjà compris que le bouddhisme doit créer des entreprises, que les disciples bouddhistes doivent produire pour aider le pays, qu'ils doivent avoir une vie de « Chan mondain » pour pouvoir survivre. C'est dans cette optique qu'il espérait créer une petite école et une ferme. A l'âge de vingt-deux ans, il fut nommé Abbé au temple Huazhang à Nanjing et, en voyant les installations de la ferme, de l'usine, de l'école... au sein du temple, il a senti ses idées se fortifier et l'image qu'il avait du bouddhisme de l'avenir, devenir de plus en plus resplendissante : « Si on veut développer le bouddhisme, il faut avoir des entreprises pour supports. » (*Liaisons Foguang*)

Ses idées de propager le bouddhisme humaniste se réalisèrent pas à pas, grâce au temps et aux conditions favorables. Il a planifié sa vie en plusieurs étapes en commençant par le stade de « l'écrivain », sachant très bien que l'influence de l'écriture est sans limite. Ainsi durant son séjour au collège bouddhiste de Ziaoshan, il a successivement envoyé des articles aux différents journaux, tels « *une lettre sans suite* », « *le victime de l'égalité* », « *la voix de l'argent* », « *l'auto-éveil de la victoire* », et aussi toutes sortes de poèmes et textes en prose. Ensuite, il a été engagé successivement comme rédacteur des « Articles Supplémentaires. Nouvelles Vagues » du quotidien La Nouvelle Jiangsu et des « Articles Supplémentaires. Rayons Solaires » du quotidien Xubao. Surtout, le « magazine mensuel Vagues Déchainées » qu'il a rédigé avec le vénérable Zhiyong à Yiching a recueilli l'estime du vénérable Daxing, rédacteur en chef du magazine « La Marée », ce qui l'a grandement encouragé. (*Universal Gate Buddhist Journal. Les douze questions au Grand maitre Hsing-Yun*)

Après 1949, à Taiwan, il a commencé à éditer l'hebdomadaire « Juechun », puis les magazines « La Vie », « Le Bouddhisme d'aujourd'hui » puis le bimensuel « L'Eveil ». En 1953, il a été invité à donner une lecture de Dharma à Yilan et depuis, il a créé des classes de langue chinoise, d'écriture, des associations de jeunes, des jardins d'enfants et des chorales. Il a même dirigé les jeunes dans la campagne pour la propagation du Dharma. Et ainsi jusqu'en 1967, date à laquelle il crée le Monastère Fo Guang Shan et entame sa route de la « Propagation du bouddhisme humaniste ».

IV. « Le bouddhisme humaniste Hsing-Yun », une étude vaste et profonde

Tout d'abord, le Grand maître propose « la copropriété des quatre groupes », « le développement simultané des huit Ecoles ». Selon lui, le bouddhisme Mahayana en Chine compte huit Ecoles dont quatre s'intéressent à la pratique : le Chan, le Jingtu, l'Esotérique et le Vinaya et quatre à la théorie : le Huayan, le Tiantai, le Vijnaptimatrata et les Trois-Traités. Comme il a été dit plus haut, il pense que le bouddhisme humaniste ne se différencie pas de celui des Ecoles et, pour lui, le fait d'encourager les disciples à choisir, est une manière de disséquer le bouddhisme. De plus, par la faute de certains qui ne recherchent qu'une libération personnelle, le bouddhisme a souvent été considéré comme une religion retirée, fermée, personnelle et détachée du monde des hommes.

Pour éliminer les mauvaises habitudes et coutumes du bouddhisme traditionnel et pour changer l'image négative laissée par les gens du passé, le Grand maître, après la création de Fo Guang Shan, a demandé à ses disciples Tzu-Hui de mener une étude du bouddhisme primitif ; Tzu-Jung et Tzu-Chia, le bien-être social ; Tzu-Yi, l'histoire du bouddhisme ; Tzu-Yan, Hui-Kai et Yong-Ben, le Tiantai ; Man-Ting, les Trois-Traités ; Yi-Kong et Yi-Chun, le Huayan ; Yi-Yu, le Vijnaptimatrata. De plus, il créa des halls de méditation et de récitation au monastère. Son idée était de relier entre elles toutes les Ecoles bouddhistes, quelle que fût leur origine ; pourvu qu'elles enseignent le dharma, il les acceptait toutes avec joie. Bien sur, chaque fois qu'il entendait parler de « bouddhisme humaniste », il en était ravi. Aussi, il émit le vœu de regrouper les différentes écoles et courants bouddhistes, afin de revenir à l'idée initiale de Bouddha. C'est pourquoi nous ne pouvons pas dire que sa conception du bouddhisme humaniste a été influencée par telle ou telle personne : cette conception était innée chez lui. Au début, quand il a proposé ce concept, non seulement il a été rejeté mais de plus le Grand maître a été l'objet de railleries et sa position considérée comme simpliste. Les vagues de critiques, d'opposition, de questions et de dédain ont déferlé sur lui, mais le Grand maître n'a pas varié d'un iota.

Le 14 mai 1996, à la veille des trente ans de Fo Guang Shan, le « China Times » écrivait : « Il y a trente ans, le Grand maître Hsing-Yun avait déjà prévu les marées de ce monde et impulsé le « bouddhisme humaniste ». A l'époque, non seulement, l'idée n'a pas été acceptée, mais elle a été rejetée et moquée. Et aujourd'hui, trente ans après, le monde bouddhiste de Taiwan franchit le pas et propose lui aussi le « bouddhisme humaniste ». De même, en Asie, en Europe, en Amérique, en Australie et en Afrique, partout où existe le bouddhisme, tout le monde se réveille, et répond favorablement. Insensiblement, le terme « bouddhisme humaniste » devient synonyme de « contemporain », « moderne », « progressiste », « réaliste »... »

En fait, à l'heure actuelle, non seulement toutes les pagodes bouddhistes taïwanaises pratiquent-elles le bouddhisme humaniste, mais celles de la Chine également et le bouddhisme japonais, coréen, thaïlandais etc. s'intéressent aussi au bouddhisme humaniste, notamment partout où existe la BLIA. Mais, comme disait le professeur Chenbin, responsable du centre de recherche du bouddhisme de l'Université Sichuan : « Aux yeux du monde, le bouddhisme humaniste est devenu la bannière du Fo Guang Shan. » (*Universal Gate Bouddhist Journal. Right Dharma, Light Back on: Humanistic Buddhism in the Hands of Master Hsing-Yun*). Selon lui : « le Vénérable maître Hsing-Yun n'est pas l'inventeur du bouddhisme humaniste, mais il en est le réalisateur, il le propage de toutes ses forces, il en fait la raison de vivre de plusieurs dizaines de millions de personnes, il le concrétise par des « hardwares et softwares ». ... Il a publié des thèses telles « *Les pensées de base du bouddhisme humaniste* », « *Comment construire le bouddhisme des hommes* » etc., il a édité « *Le bouddhisme humaniste – vol.10 de la série Le Bouddhisme* », un ouvrage de 300.000 caractères, décrivant avec méthode la pensée du bouddhisme humaniste. D'autres discours, textes, journaux, maximes, œuvres littéraires etc. font également jaillir les étincelles de sagesse de la pensée du bouddhisme humaniste. Nous pouvons ajouter que, toute l'œuvre, toutes les réalisations du Grand maître sont centrées sur le bouddhisme humaniste, formant ainsi l'« Etude du bouddhisme humaniste Hsing-Yun » et imprimant leur sceau dans l'histoire de la pensée bouddhiste. » (*Universal Gate Bouddhist Journal. Right Dharma, Light Back on:*

Humanistic Buddhism in the Hands of Master Hsing-Yun).

Le point de vue du professeur Chen est non seulement objectif et pertinent, mais aussi exhaustif : dans le texte « *Right Dharma, Light Back on: Humanistic Buddhism in the Hands of Master Hsing-Yun* », il a mené nombre de recherches approfondies sur la pensée du bouddhisme humaniste du Grand maître.

Toutefois, le but de cet ouvrage n'est pas de rechercher la place du bouddhisme humaniste du Grand maître Hsing-Yun, ni de définir qui a été le créateur du bouddhisme humaniste, mais seulement de faire comprendre au monde, à travers des témoignages réels et le comportement du Grand maître, ce qu'est le bouddhisme humaniste, quels sont le sens et le contenu du véritable bouddhisme humaniste. Car nous devons faire effort afin que chacun comprenne son sens exact, sa notion de la coexistence, sa pensée de l'Unité, puis l'applique dans la vie quotidienne.

Ici, je voudrais encore préciser que, si ce livre porte le titre de « Le bouddhisme humaniste selon le Modèle Hsing-Yun », c'est parce que le Grand maître possède un langage, une méthode, des concepts, une pensée, des objectifs originaux, tendus vers la propagation et la réalisation du bouddhisme humaniste. De même que son engagement, son esprit, sa compassion, sa sagesse, son courage, sa rigueur, sa persévérance, sa patience, son grand cœur, sont tous des éléments importants de sa réussite, et aussi des sujets dont nous voulons discuter.

Ci-après je vais utiliser les quatre points suivants:

I. « Un langage différent pour enseigner le Dharma »,
II. « Une méthode différente pour promouvoir le Dharma »,
III. « La particularité des vœux prononcés»,

IV. « La particularité des objectifs à mettre en lumière et à atteindre ».

Ceci afin d'étudier la manière de propager et de réaliser la pensée du bouddhisme humaniste du Grand maître Hsing-Yun.

Chapitre I

Les merveilleuses vérités : explication et recommandation

Un langage différent pour enseigner le Dharma

Il est dit dans le *Sutra de l'Ornementation Fleurie* : « Le Dharma, s'il n'est pas expliqué ne peut être assimilé, quelle que soit l'intelligence de l'élève ». Le bouddhisme est une religion de foi en la sagesse, possédant des théories très profondes et merveilleuses. Toutes ces vérités qui donnent des réponses exhaustives aux mystères de la vie, sont en fait des armes importantes permettant au bouddhisme de rester éternellement d'actualité et solide. Bien qu'ayant connu plusieurs dissensions religieuses, il conserve le respect et la croyance des hommes et est en passe de devenir une des plus grandes religions du monde. Cependant, la Tripitaka est immense et contient des théories difficiles et ardues. Si personne ne les explique et les présente, la plupart des gens ne peut les assimiler facilement. Elles deviennent alors des obstacles sur le chemin de la propagation et du développement du bouddhisme.

De plus, par le passé, l'enseignement du bouddhisme traditionnel était strictement réservé au Sangha et la plupart des Maîtres enseignait le Dharma en partant du point de vue des ordonnés, donc du bouddhisme transcendant. Par exemple, pour parler de la vie, ils utilisaient « *la souffrance, la vacuité, l'impermanence* », pour parler de l'argent, ils disaient : « *l'or est un serpent venimeux* », pour parler du couple : « *il faut être ennemis pour que les routes se croisent* », quant aux enfants, c'étaient « *des fauteurs de dettes* » ....En raison de sa passivité vis-à-vis des besoins réels, le bouddhisme s'est ainsi détaché de la vie ; plus encore, par sa pensée inerte et ses théories compliquées, il s'est rendu incompréhensible pour la majorité des gens qu'il a, de plus, souvent induits en erreur.

Enseigner le Dharma en tenant compte de la perception populaire

L'enseignement du bouddhisme traditionnel est rempli de pensées négatives, de plus, les méthodes utilisées sont trop rigides et trop conservatrices, il est difficile, dans ces conditions de susciter la foi. C'est pourquoi, dès sa jeunesse, le Grand maître réalisa que « si le langage et les méthodes utilisés pour enseigner le Dharma ne sont pas compatibles avec le peuple et avec l'époque, alors le bouddhisme ne pourra être universellement populaire. (*Universel Gate Buddhist Journal. Introduction*). C'est pourquoi, pour le Grand maître, le premier pas de la propagation du bouddhisme humaniste, est de vaincre la rigidité et de moderniser les méthodes et le langage utilisés pour enseigner le Dharma ; c'est-à-dire ne plus suivre les idées anciennes, ne pas se placer en position de bouddhisme transcendant, en niant les contraintes de la vie mondaine : argent, honneur, famille, sentiments etc.

Dans la conception du Grand maître, « le bouddhisme est une religion basée sur l'homme ; le Dharma et la vie sont inséparables, car en quittant la vie, le Dharma disparaît. » (*Paroles des pensées du bouddhisme humaniste*) Aussi, il « adhère à l'idée de base du Bouddha, impulse le bouddhisme mondain, affirmant que la société est un lieu de culte, que le Dharma ne peut se détacher de la vie, que le couple n'est pas composé d'ennemis, que les enfants ne sont pas des fauteurs d'endettement, que l'argent ne ressemble pas toujours à un serpent venimeux et le rang social à un méprisable rebut. Bien au contraire, le couple peut s'entraider sur le chemin du Dharma, la fortune, si son origine est saine, peut créer de plus en plus d'activités et d'entreprises bouddhistes, le rang social régulièrement acquis est un moteur de progrès, la recherche de la joie et de la sérénité dans cette vie est bien plus importante que l'attente du passage vers la vie future. C'est en pratiquant le Dharma sur la terre qu'on peut propager la charité et la compassion et transformer le monde encrassé, en terre pure Foguang. » (*Foguang textbook. Foguang study*)

Comme son but est de « créer la terre pure de la famille, la terre pure de la société, la terre pure du cœur », le bouddhisme humaniste doit « répandre des semences de compassion et des parfums de joie. » (*Merit Times. Entre l'ignorance et l'illumination*). « La joie » est la pensée toute particulière du bouddhisme humaniste. Depuis le tout début, le Grand maître s'est engagé à « répandre la joie dans le monde », car « la fondation d'une famille, grâce aux affinités de joie, peut nourrir la tolérance et créer ensemble l'avenir. Une société remplie des éléments de joie possède sans aucun doute une base arrière puissante, la joie d'un pays ne peut venir que de la paix et du bonheur du peuple. Passer de la compréhension de la joie à sa création, puis à sa propagation, c'est là le développement de la nature humaine, l'élévation de la qualité humaine. » (*Foguang textbook. Foguang study*) C'est ainsi que le Grand maître propose

« un enseignement du Dharma optimiste et joyeux. » (*Humanistic Buddhism series. Buddhism. Comment développer le bouddhisme humaniste*)

Le Grand maître disait : « La souffrance, la vacuité, l'impermanence sont les pensées de base du bouddhisme, les trois dharma sceaux dont parlait Bouddha, mais à l'heure actuelle, nous devons savoir les utiliser avec discernement. Car, si le bouddhisme parle de souffrance, c'est dans le but de rechercher le bonheur et la joie ; la souffrance est une réalité mondaine, mais ce n'est pas notre but. L'objectif du bouddhisme est de se débarrasser des souffrances pour rechercher la joie. En fait, le bouddhisme est une religion joyeuse. » (*Humanistic Buddhism series. Buddhism. Comment développer le bouddhisme humaniste*) Il ajoutait : « Habituellement, devant le portail d'une pagode, se dresse une statue de Maitreya Bodhisattva que l'on nomme aussi « le Bouddha de la joie ». Il suffit de franchir le portail pour qu'il nous apporte la joie. Il est dit dans les Sutras : Quand Bouddha enseignait, tout le monde disait « Nous sommes heureux de vous écouter » et, plus tard « Nous sommes pleinement heureux de croire en votre enseignement, de le recevoir, de l'honorer et de le mettre en pratique. » C'est aussi une manière d'impulser la joie du Dharma et du Chan. Quand la pratique des bodhisattvas dans le bouddhisme atteint l'état de vacuité entre l'autre et moi, la fin du « faire bénéficier soi-même et l'autre », on les appelle alors « les bodhisattvas du degré de la joie ». Il existe d'autres appellations telles « les bodhisattvas de la joie de diamant », « les bodhisattvas de la joie de Chan dissimulée ». On voit bien par là, que le bouddhisme est une religion qui inculque la joie, allant de la joie individuelle à la joie dharma universelle. » (*Humanistic Buddhism series. Buddhism. Comment développer le bouddhisme humaniste*)

« La joie est la qualité essentielle des vérités bouddhistes, la joie est l'essence exquise de la pratique du dharma. » (*Foguang textbook. Foguang study*) Le Grand maître pense que la joie est la chose la plus précieuse au monde. Si un homme n'est pas heureux, même s'il possède tout l'or du monde, sa vie n'a pas de sens. C'est pourquoi le Grand maître impulse toujours une pratique joyeuse, dans le but de guérir cette maladie qu'est le « pessimisme ».

Apporter la foi par des réflexions justes

S'agissant de l'expression « l'or est un serpent venimeux », le Grand maître pense que le bouddhisme ne condamne pas totalement l'argent. Comme il est dit : « le dharma n'est ni bon ni mauvais, le bien et le mal ne sont que des phénomènes », l'argent peut amener les gens à faire du mal mais aussi du bien. Pour le bouddhisme, l'argent gagné de manière honnête est appelé « fortune saine ». La fortune saine peut aider au développement des entreprises et apporter la joie à la société. Quant à dire que l'amour est la racine de la décadence de la vie, il pense au contraire que les conjoints, les enfants, les parents ou les amis peuvent, grâce au respect et à la compréhension mutuels, devenir de bons compagnons et former de merveilleuses familles. Il a dit : « un sentiment mal géré peut devenir un obstacle, mais « la purification de l'amour est la compassion, l'amour transcendé est la sagesse ». Si l'on peut transcender l'amour en bienveillance et compassion, alors « la bienveillance peut stopper l'avidité et la compassion, la colère ». C'est pourquoi, il propose de: « Purifier les sentiments par la raison, ennoblir les sentiments par la compassion, contrôler les sentiments par les règles, orienter les sentiments par les vertus. » (*Foguang textbook. Le bouddhisme utilitaire. La gestion des sentiments*)

Le bouddhisme humaniste du Grand maître n'écarte pas l'amour mais ne le considère pas comme la racine de la vie et la mort. Le Grand maître a dit: « Même s'il est vrai mais n'apporte pas beaucoup d'intérêt dans la vie réelle, alors on peut ne pas le considérer. » (*Ainsi dit*). En écoutant ceux qui interprètent les préceptes d'une manière négative : « ne pas faire ceci, ne pas faire cela », la plupart des gens en arrive à penser que se soumettre aux préceptes, revient à être enchaîné et donc ils tardent à s'engager sur le chemin du bouddhisme. C'est pour cette raison que le Grand maître précisait : « La soumission aux préceptes n'est pas un esclavage, mais une libération », « Les prisonniers sont ceux qui ont enfreint la loi, enfreindre les cinq préceptes, c'est aussi perdre sa liberté », car « L'esprit de base des préceptes est de ne pas accaparer; en respectant autrui et ses biens, on obtient la liberté ». Il insistait encore, en passant de la manière « passive » à la manière « active » : « ne pas tuer mais protéger la vie, peut nous apporter la santé et la longévité ; ne pas voler mais au contraire donner, peut nous apporter la prospérité ; ne pas se mal conduire sexuellement mais respecter l'honneur des autres, apporte l'harmonie familiale; ne pas mentir mais savoir louanger peut apporter la considération d'autrui ; ne pas s'enivrer et éviter la sujétion à toute drogue apporte la bonne santé et garde l'esprit sain. » (*Buddhism Series. Les théories. Comment être un disciple bouddhiste*)

Le Grand maître a l'habitude de parler de manière dynamique et directe pour donner confiance à ses auditeurs et les diriger vers la voie. Son bouddhisme humaniste est vivant et humain, il utilise souvent des exemples : Comment Bouddha s'occupait du bhikshu malade, comment Bouddha protégeait les shramaneras etc. pour montrer que Bouddha était en réalité très humain et que le bouddhisme est une religion basée sur les hommes. C'est ainsi que, face aux règlements, il part toujours du point de vue des besoins et des faiblesses de la nature humaine. Il pense que, d'une manière générale, on n'enfreint pas sciemment les cinq préceptes, il s'agit plutôt de « mauvaises actions » incontrôlées, c'est pourquoi il encourage la pratique des préceptes.

Il refuse les idées passives, le pessimisme du bouddhisme d'antan et affirme que la vie ne peut être détachée de l'argent, de l'amour, des titres, du pouvoir, du matériel... et que l'on ne peut tout nier en bloc. On ne peut demander aux hommes de rejeter le monde, il faut « les orienter grâce à une juste réflexion, à organiser une vie matérielle raisonnable, une vie politique droite, une vie sociale serviable, une vie morale bienveillante, une vie familiale respectueuse, une vie sentimentale pure. » (*Humanisticl Buddhism Serie. Le bouddhisme. Comment développer le bouddhisme humaniste*). Il demande au monde bouddhiste de: « ne plus appliquer les idées transcendantes du bouddhisme à tous les disciples, au risque de les rendre passifs et pessimistes. Il faut au contraire, leur inculquer un bouddhisme gai et optimiste pour accroître leur bonheur, leurs vertus, leur compassion, pour que leur vie devienne meilleure. Ce sont là les véritables enseignements du Bouddha. » (*Humanistic Buddhism Serie. Le bouddhisme. Comment développer le bouddhisme humaniste*)

Le Grand maître utilise un langage direct, actif et gai pour expliquer les Vérités du Dharma et montrer le côté humain, vivant, actif, joyeux, bénéfique et universel du bouddhisme. Ce concept a été apprécié par le professeur Chenbin de l'université de Sichuan qui a dit : « En s'opposant aux penchants inhumains du bouddhisme des dynasties Ming-Qing, le Vénérable maître Hsing-Yun met l'accent sur l'humanisation du bouddhisme. Il amène les gens à assimiler d'une manière précise, les théories profondes du bouddhisme humaniste. Il ne pense qu'à l'intérêt des hommes, à l'amélioration de leur vie quotidienne. II cherche à transformer leur dégoût de la vie, en volonté d'amélioration, de sollicitude, de purification, de solennité. Face à leurs besoins, il les encourage, afin qu'ils puissent accéder à l'état de « se sentir bien, d'être heureux dans le dharma présent » comme le recommandent les sutras. (*Universal Gate Bouddhist Journal. Right Dharma, Light Back on: Humanistic Buddhism in the Hands of Master Hsing-Yun).*

La vulgarisation du Dharma

A part le fait d'accentuer le caractère « joyeux » du bouddhisme humaniste, le Grand maître pense encore que le bouddhisme ne peut plus continuer avec les méthodes d'enseignement du passé telles « Quatre-vingt-dix jours pour parler *Merveille* » ou « traduire un langage abstrait en employant un autre vocabulaire tout aussi abstrait », car tout ceci n'est plus adapté à notre époque. Il souhaite utiliser les romans, la prose, les poèmes, les pièces de théâtre, les conférences à grande audience, pour présenter les merveilleuses théories du bouddhisme. Il préconise la modernisation, l'humanisation, la socialisation, l'universalisation du bouddhisme, et plus encore, sa vulgarisation, la mise en valeur de son côté artistique, l'utilisation des techniques audio-visuelles… C'est pourquoi, depuis plusieurs années, en sus des revues et des magazines littéraires, Fo Guang Shan a encore publié d'autres livres de lecture bouddhistes plus populaires, tels des contes pour enfants, des bandes dessinées, des biographies, textes en prose et romans. Surtout, depuis 1953, après avoir été invité à Yilan et avoir ainsi entamé officiellement le chemin de la propagation du Dharma, le Grand maître s'est toujours efforcé d'utiliser des exemples ou des histoires vivants et humains pour expliquer le vocabulaire ou les théories difficiles, afin que les gens puissent les comprendre, se sentir proches du bouddhisme et dès lors, les appliquer à leur vie quotidienne et se créer ainsi une existence remplie de joie et bonheur.

Pour atteindre cet objectif, le travail le plus important du Grand maître est « la popularisation du Dharma ». Il reconnaît que, dans les premiers temps, il a dû consacrer beaucoup de temps à la réflexion, la documentation et la préparation, afin de trouver des anecdotes ou des exemples pour expliquer des théories compliquées, ou un langage plus simple pour rendre accessible un vocabulaire difficile. Mais sa conviction que « Le bouddhisme humaniste doit être compréhensible, réalisable et bénéfique » (*Paroles des pensées du bouddhisme humaniste*) n'a jamais fléchi.

Cette idée de « popularisation », de vulgarisation, lui vient de l'époque où, âgé de quinze ans, il étudiait au collège bouddhiste Ziaoshan. Les professeurs d'alors possédaient tous une très large culture et une connaissance approfondie, tant de la théorie bouddhiste, que des sciences sociales; les cours de littérature, de géographie, d'histoire, de biologie étaient enseignés d'une manière très vivante, donc faciles à retenir. C'est pourquoi, à l'époque, le Grand maître pensait souvent : « si le Dharma pouvait aussi être expliqué de la sorte, le résultat devrait être meilleur. » (*Les cent histoires d'antan. Il faut avoir l'Idéal pour pouvoir le réaliser*)

C'est pour cette raison qu'à son arrivée à Taiwan, les cours étaient donnés de manière traditionnelle au sein du collège, mais dès qu'il s'agissait de s'adresser au grand public, le Grand maître empruntait toujours le chemin de la vulgarisation. Beaucoup pensent que c'est une solution de facilité que de vulgariser le Dharma et certains le trouvent alors trop superficiel. En réalité, les conférences données par le Grand maître ne se sont jamais écartées du

Dharma, simplement, il ne ressemble pas à ceux qui répètent à satiété « Laozi a dit », « Confucius disait... », « Zhuangzi a dit... », ou même « Bouddha disait... », « Dans les sutras, il est dit ...». Le Grand maître a seulement mis le Dharma et les autres courants de pensée en harmonie ; il en résulte que son discours est imprégné de philosophie et de théorie bouddhistes, sans jamais donner l'impression de pontifier. M. Yosida Minoru, journaliste au « Sun News » japonais, ayant écouté le discours du Grand maître le 29 octobre 1991 à la salle des conférences du « Sun News », s'exclama : « Durant deux heures, le Grand maître Hsing-Yun n'a pas prononcé une seule fois le mot « Bouddha », mais dans ces deux heures d'exposé, tous les mots sont du Dharma ». Son camarade de promotion, le vénérable Zhuyun, ajoutait: « Il est difficile de dire de quel paragraphe ou de quel sutra est venu le dharma dont parlait le Grand maître Hsing-Yun ; mais si vous croyez que son discours n'est pas du dharma, vous oubliez qu'aucune des phrases qu'il prononce, ne s'éloigne de la théorie bouddhiste. Car son dharma a été travaillé, assimilé et réparti dans chaque sutra et chaque sâstra, sans figurer spécialement dans tel ou tel paragraphe ou sutra ». Et le professeur Lizhonghe disait aussi : « La plupart des Vénérables utilisent le langage de Bouddha et non celui des hommes ; le Grand maître Hsing-Yun, par sa compréhension de la nature humaine, utilise le langage du cœur, il a ainsi bâti un pont reliant les hommes à Bouddha. » (*Journal de Hsing Yun, October 1,1993*)

Le Grand maître : un réformateur original dans l'histoire du bouddhisme

Son disciple depuis plus de cinquante ans, le Vénérable Tzu-Jung, a une connaissance approfondie sur ce sujet. Selon lui, le Grand maître fait souvent référence aux paroles des sages, mais il ne s'agit certainement pas de citations littérales : c'est une sorte d'« auto assimilation intérieure » venant de sa propre compréhension et de son expérience de méditant. Ce n'est pas comparable avec la manière qu'utilise la plupart des gens pour faire une citation : emploi d'un vocabulaire compliqué ou simplification excessive. Dans sa thèse : « *Le Grand maître, un réformateur original dans l'histoire du bouddhisme* », il a, par de nombreux exemples précis, montré comment le Grand maître utilisait le langage populaire pour expliquer les théories et les termes. Ainsi :

Pour les six harmonies de révérence, le Grand maître traduit par :

1. *l'harmonie en vision permet la même compréhension devient* : « Dans le domaine spirituel, établir la compréhension réciproque ».
2. *l'harmonie en discipline permet la pratique d'ensemble* : « Dans le domaine légal, tous sont égaux ».
3. *l'harmonie en intérêt permet le partage égal* : « Dans le domaine économique, partager équitablement ».
4. *l'harmonie en pensée apporte la joie commune* : « Dans le domaine mental, les pensées sont en concordance ».
5. *l'harmonie en paroles permet la non dispute* : « Dans le domaine du langage, vivre harmonieusement et sans dispute ».
6. *l'harmonie en comportement permet la cohabitation* : « Dans le domaine comportemental, ne pas envahir l'espace d'autrui ».

Pour « les dix grands vœux de Samantabhadra Bodhisattva », la transposition s'établit ainsi :

1. *Respecter tous les bouddhas* : respecter toute personnalité.
2. *Complimenter Bouddha* : savoir pratiquer l'éloge en paroles.
3. *Pratiquer le Dana d'une manière étendue* : donner avec le cœur.
4. *Se repentir des mauvais karmas* : améliorer tout son comportement.
5. *Cultiver les mérites avec plaisir* : aider matériellement les bonnes actions.
6. *Faire tourner la roue du Dharma* : œuvrer à la propagation du Dharma.
7. *Demander aux bouddhas de rester* : protéger les sages.
8. *Suivre continuellement les enseignements de Bouddha :* suivre les chemins de la vérité.
9. *Se rallier à la volonté de tous les êtres vivants* : respecter l'opinion du peuple.
10. *léguer les mérites reçus* : tendre vers le mérite parfait.

Dans sa thèse *Traité sur le vrai sens de la démocratie, de la liberté et de l'égalité du bouddhisme*, pour « se refugier auprès des trois joyaux » et « se soumettre aux cinq préceptes », il a utilisé les formulations suivantes :

Se refugier auprès des trois joyaux :

1. *Bouddha est comme la lumière* : se réfugier auprès de Bouddha, c'est allumer la lumière en son cœur, créer pour soi-même une centrale d'énergie.

2. *Dharma est comme l'eau* ; se refugier auprès du Dharma, c'est capter, sans l'épuiser, l'eau du dharma, créer pour soi-même une fontaine.
3. *Sangha est comme une rizière* ; se refugier auprès du Sangha, c'est cultiver les fruits de Bodhi, créer pour soi-même une terre fertile.

Se soumettre aux cinq préceptes :

1. *Ne pas tuer* : c'est-à-dire ne pas envahir la vie des autres. Ne pas tuer et de plus, protéger la vie, pour obtenir naturellement la longévité.
2. *Ne pas voler*, c'est ne pas s'approprier les biens des autres ; ne pas voler, et en plus savoir donner, alors naturellement, on obtient la richesse.
3. *Ne pas se mal conduire sexuellement*, c'est ne pas s'attaquer à l'honneur et l'intégrité d'autrui ; ne pas se mal conduire et en plus respecter autrui, naturellement on obtient alors l'harmonie.
4. *Ne pas mentir*, c'est ne pas trahir la confiance des autres ; ne pas mentir, et en plus respecter sa parole, on obtient ainsi naturellement la bonne réputation.
5. *Ne pas s'adonner à la drogue*, c'est ne pas attenter à sa raison. Mener, de plus une vie normale et, naturellement, on obtient la bonne santé.

Dans la thèse *Commentaires sur l'intérêt des six Paramitas pour soi-même et pour autrui*, il a souligné les points suivants :

1. *Dana* (charité) permet de récolter dix fois ce que l'on sème et de corriger toute tendance à l'avarice.
2. *Sila* (pratique des préceptes) permet de purifier les trois karmas et de corriger un éventuel penchant vers la malveillance.
3. *Ksanti* (patience) permet d'apporter tout bénéfice à l'autre et à soi-même et de corriger nos pulsions haineuses.
4. *Virya* (persévérance) permet de réussir toute entreprise et de corriger nos habitudes de paresse.
5. *Dhyâna* (méditation et concentration) permet de réguler notre corps et notre esprit et de discipliner nos pensées vagabondes.
6. *Prajna* (sagesse) permet de prendre conscience de la vacuité, d'acquérir l'insouciance et de corriger nos croyances fausses.

Et aussi :

1. Le Dana est-il pour les autres ou pour soi-même ? En apparence c'est pour les autres, en réalité, c'est pour soi-même. Le Dana peut guérir « l'avidité et l'avarice », ce qui est un moyen de s'enrichir.
2. Le Sila, est-ce l'emprisonnement ou la liberté ? En apparence, c'est l'emprisonnement, en réalité, c'est une garantie de liberté. Le Sila peut nous éviter « l'infraction », c'est donc un chemin de sécurité.
3. Le Ksanti, est-ce une perte ou un gain ? En apparence, c'est une perte, en réalité, c'est un gain. Le Ksanti peut adoucir « les pulsions coléreuses », c'est une leçon du savoir-vivre.
4. Le Virya est-il joie ou peine ? En apparence c'est pénible, en réalité, c'est une joie. Le Virya peut guérir la paresse, c'est une voie vers la réussite.

5. Le Dhyâna est-il passif ou actif ? En apparence, il est passif, en réalité, il est actif. Le Dhyâna aide à contrôler « le vagabondage des idées », c'est la voie de l'insouciance.
6. Le Prajna s'obtient-il par l'extérieur ou par l'intérieur ? En apparence, il vient de l'extérieur, en réalité, on l'obtient de l'intérieur. Le Prajna peut guérir « l'ignorance », c'est la voie de la raison.

Dans sa thèse *Des quatre nobles Vérités aux quatre Vœux universels*, il disait : « Les Vérités de l'univers que Bouddha a découvertes sont « Souffrance: Dukkha (Sanskrit: *dukkhāryasatya*), Apparition de l'attachement : Samudaya (Sanskrit: *samudayāryasatya*), Elimination de l'attachement : Nirodha (Sanskrit: *dukkhanirodhāryasatya*), Voie menant hors de la souffrance : Magga (Sanskrit: *dukkhanirodhagāminī pratipad*) », puis de-là s'étendent vers l'immense Dharma. Cependant, ce ne sont que des étapes théoriques que Bouddha a établies en fonction de l'essence des vérités, et à travers les pratiques, elles se développent en « les quatre Vœux universels ». C'est pourquoi, il pense que :

- *Dukkha* : parce que la vie est remplie de souffrances. C'est pourquoi il faut émettre le vœu « les êtres vivants sont infinis, j'émets le vœu de les libérer tous » ;
- *Samudaya* : parce que les souffrances viennent du Karma. C'est pourquoi il faut émettre le vœu « les soucis sont incessants, j'émets le vœu de les éliminer » ;
- *Nirodha* : pour aider les êtres vivants à obtenir l'Eveil, c'est pourquoi il faut émettre le vœu « la voie de Bouddha est ultime, j'émets le vœu de l'atteindre » ;

- *Magga* : pour amener les êtres vivants sur la voie, c'est pourquoi il faut émettre le vœu « les Dharmas sont innombrables, j'émets le vœu de les étudier tous ».
(*Universal Gate Buddhist Journal. Le Grand maître : un réformateur original dans l'histoire du bouddhisme*)

La pensée du bouddhisme humaniste selon le Grand maitre

Dans les discours que le Grand maître adresse au public, il utilise souvent les quatre expressions : « Ne pas oublier sa première idée » extraite du *Sutra de l'Ornementation Fleurie,* « Etre un ami sans être invité » du *Vimalakirti Nirdesa Sutra,* « Ne pas s'attacher aux anciennes querelles » du *Sutra des huit réalisations des Bodhisattva,* « Suivre l'affinité sans se laisser influencer » du *Traité de l'éveil de la foi du Mahayana,* pour encourager les disciples à « ne pas oublier sa première idée » et à « ne pas s'attacher aux anciennes querelles » face aux parents et amis, il faut savoir « suivre l'affinité sans, pour autant, se laisser influencer » dans la vie et « être un ami sans être invité » dans les activités publiques. Dans le texte de *L'esquisse du bouddhisme humaniste,* il a écrit « Ne pas répondre aux rancunes par d'autres rancunes qui ne cesseraient jamais.», un extrait du *Sutra of Illuninating Light* qui montre que « Répondre aux rancunes par des rancunes, ne peut jamais les éteindre. Seul un comportement vertueux peut déraciner toutes les rancunes ». Il a également introduit les quatre manières d'éviter les commérages, un extrait de l'*Ekottarikagama Sutra* : « Ne pas diffamer autrui, ne pas s'attacher aux commérages ; examiner sa propre conduite et voir si elle est droite ou non ». Ceci pour démontrer que le bouddhisme est une religion faite pour l'homme et que tous les problèmes de la vie trouvent leur parfaite solution dans le Dharma.

Le Grand maître aime reprendre les traditionnelles paroles de sagesse dans son enseignement mais, après les avoir assimilées, il les adapte et transforme en langage d'aujourd'hui, un langage « populaire sans être vulgaire », une langue « simple mais non rudimentaire », pour que les auditeurs « le ressentent cœur et âme puis l'assimilent par la pratique, afin d'en retirer la joie. » (*Les cent histoires d'antan. Préface*)

S'agissant du contenu spirituel du bouddhisme humaniste, le Grand maître a une vision et des explications particulières. C'est ainsi qu'il a dit :

« Le bouddhisme humaniste est le bouddhisme dont tous les hommes ont besoin, il ne se limite pas à l'enceinte des pagodes : la famille et la société sont aussi des lieux de culte. Le but essentiel du bouddhisme n'est pas seulement de transcender les âmes vers l'autre monde, mais surtout d'harmoniser la société, clarifier la politique, faire fructifier l'économie, gérer les différentes entreprises de la vie d'une manière vertueuse, construire une vie significative et valorisée, conformément au bouddhisme humaniste enseigné par Bouddha. » (*Commentaire des relations entre le bouddhisme et les empereurs des différentes dynasties*)

« Le bouddhisme humaniste met l'accent sur la purification des pensées et des vertus dans la vie quotidienne, et la transcendance dans la vie spirituelle. Si on croit à la causalité et qu'elle est bénéfique dans la vie, alors la causalité est le bouddhisme humaniste ; si on croit à la compassion et qu'elle est bénéfique dans la vie, alors la compassion est le bouddhisme humaniste. » (*Universal Gate Buddhist Journal. L'esquisse du bouddhisme humaniste*)

« Le bouddhisme humaniste n'est pas de création récente : c'est un enseignement hérité directement de Bouddha, partant des méthodes de base de la purification de l'âme. Cependant, il ne néglige pas pour autant, le côté constructif de la vie matérielle. Il apprend aux hommes comment utiliser la sagesse pour gérer la fortune, comment utiliser l'esprit transcendant pour réussir les entreprises mondaines, et de là, créer une terre pure mondaine, riche et courtoise. » (*Commentaire des relations entre le bouddhisme et les empereurs des différentes dynasties*)

Une perception profonde du bouddhisme humaniste

Le Grand maître est persuadé que le vrai bouddhisme humaniste consiste à penser que « la réalité est plus importante que les paroles mystiques, la foule que la personne, la société que les endroits retirés, faire bénéficier les autres que bénéficier soi-même » (*Buddhism Collection. History. La redécouverte du bouddhisme humaniste*). Surtout « nous croyons au bouddhisme, non pas pour le considérer comme une compagnie d'assurances, en espérant que les bouddhas pourront nous donner des protections à bon compte : Nous espérons que l'enseignement de Bouddha pourra générer les directives qui nous aideront à améliorer notre vie, que le Dharma pourra purifier nos pensées et rendre notre vie plus significative et valorisée. » (*Humanistic Buddhism Serie. Le bouddhisme. Comment développer le bouddhisme humaniste*)

Et comment appliquer le bouddhisme humaniste dans la vie de tous les jours ? Pour cela, le Grand maître pense « qu'il faut suivre les sutras du bouddhisme, propager les concepts de la protection de l'environnement du Bouddha, utiliser la sagesse Prajna pour organiser la vie réelle de tous les jours. Chacun doit respecter les règlements et les vertus, tant familiales que sociales pour améliorer le niveau de vie matérielle. Il faut respecter les règles du bon sens, les principes issus de la raison et de la psychologie, la sagesse physique et les règles de l'action de l'homme. Car s'il y a principe, il correspond à la volonté de l'homme ; s'il y a l'homme, l'esprit, la raison et le principe, il y a bouddhisme humaniste. » (*Universal Gate Bouddhist Journal. Humbles opinions sur les développements périodiques du bouddhisme chinois*).

Le bouddhisme humaniste insiste sur la pratique dans la vie quotidienne, particulièrement sur la purification de l'esprit. Dans un discours adressé aux disciples de Hong-Kong, en expliquant que le bouddhisme humaniste est basé sur le soin du cœur, le Grand maître disait : « Bouddha utilisait tous les dharmas, c'est pour guérir tous les cœurs ; si tous ces cœurs ne sont pas pris en compte, pourquoi tous ces dharmas ? ». Pour encourager tout un chacun à purifier et embellir son cœur, il ajoutait que les problèmes de la vie ne sont rien d'autre que celui de « la vie et la mort ». Le bouddhisme humaniste étudie justement ces deux problèmes. Après la « mort » revient la « vie », ainsi la vie et la mort ne diffèrent guère, de même que la formation, l'existence, la destruction et la disparition des objets de l'univers, ressemblent aussi au remplacement des vieilles voitures. C'est pourquoi nous ne devons pas craindre : il suffit de suivre la direction de notre « cœur », alors nous resterons insensibles aux tribulations de la vie et de la mort.

Le Grand maître insiste surtout sur la caractéristique essentielle du bouddhisme humaniste : « La vie est le Dharma, le Dharma est la Vie ». Le bouddhisme humaniste doit être perçu à partir de la vie ; hors de la vie, hors du monde, il n'y a pas de Dharma à chercher. Comme sa conception du bouddhisme humaniste est imprégnée de philosophie approfondie et s'intéresse de près aux problèmes de la vie, plusieurs chercheurs chinois se sont montrés intéressés et y attachent beaucoup d'attention : Le professeur Chenbin de l'université de Sichuan a écrit *« Right Dharma, Light Back on : Humanistic Buddhism in the Hands of Master Hsing-Yun »*. Le professeur Matianxiang de l'université de Huhan, département de philosophie, section Religions, a publié « *La réalisation de la terre pure mondaine à partir des études du bouddhisme humaniste – les « quatre approches » du Fo Guang Shan* ». Le professeur Tangyijie, président du département de philosophie et de culture chinoises de l'université de Beijing, auteur de « *Les significations du bouddhisme humaniste* » et le Dr Zhanghua du département de philosophie de l'université de Beijing qui a écrit « *Le bouddhisme humaniste des Grands maîtres Taixu et Hsing-Yun et la modernisation du bouddhisme chinois* » et d'autres encore.

Dans sa thèse, le professeur Chenbin écrivait : « Le Grand maître Hsing-Yun a approfondi le Tripitaka, il possède une grande connaissance des sutras bouddhistes, des règlements de discipline et des chroniques historiques. Il utilise souvent des passages de sutras dans ses discours. Il s'intéresse de près aux sutras traitant le bouddhisme humaniste, notamment les *Agama-sutras* qui sont considérés comme des sutras originels, ainsi que ceux qu'utilisait Bouddha pour nous enseigner le savoir-vivre, mais qui ont longtemps été négligés par le bouddhisme chinois, tels *Upasakasila-sutra, Yu-ye-sutra, Bei-sutra* etc. Dans la série *Foguang textbook-Foguang study,* figure un chapitre intitulé « *citations extraites des sutras bouddhistes applicables au bouddhisme humaniste* » évoquant une centaine d'extraits pour « donner des indications sur les bases du bouddhisme humaniste et aussi pour faire la démonstrations précise des origines du bouddhisme humaniste ». Le contenu comprend : la protection de l'environnement, la gestion et l'éducation, l'éthique familiale, l'abolissement du mal et la pratique du bien, la gestion des biens, le comportement entre amis, l'entretien de la santé, la vie mondaine. Les sutras de référence sont : *le Dharmapada-sutra, les Agama-*

sutras, le Bei-sutra, le Parinirvana-sutra, les six Paramitas-sutra, le Bodhisattva-gocaropaya-visayavikurvana-nirdesa, le sutra de la médecine de Bouddha, l'Upasaka-sila-sutra, le sutra de la contemplation du cœur, le Sutra de l'Ornementation Fleurie, le sutra de l'Estrade, le Mahaparamita-sastra etc. » (*Universal Gate Buddhist Journal. Right Dharma, Light Back on: Humanistic Buddhism in the Hands of Master Hsing-Yun*)

Concernant les grandes lignes que le Grand maître a suivies pour décrire les pensées de base du bouddhisme humaniste, on peut relever les points suivants:

Le Dharma commun des cinq véhicules est du bouddhisme humaniste ;
Les cinq préceptes et les dix bons actes sont du bouddhisme humaniste ;
Les quatre Samgrahas sont du bouddhisme humaniste ;
Les six Paramitas et les quatre Apramanas sont du bouddhisme humaniste ;
La Causalité est du bouddhisme humaniste ;
Le Chan, le Jingtu, la Voie médiane sont du bouddhisme humaniste .

Le professeur Chenbin a vérifié que toutes proviennent des principaux sutras du bouddhisme initial et du bouddhisme Mahayana. De plus, il note également : « D'autres sujets dans le discours du Grand maître tels, retirer bénéfice pour soi-même et autrui, la fidélité, l'amour filial, la modestie, la politesse, la tolérance, la repentance, l'économie, la persévérance, la justesse de vues, l'accord avec soi-même, l'amabilité, la charité parfaite, la terre pure mondaine etc. sont tous, sans exception, issus des sutras. » (*Universal Gate Buddhist Journal. Right Dharma, Light Back on: Humanistic Buddhism in the Hands of Master Hsing-Yun*)

« Etudiant le contenu du bouddhisme humaniste enseigné par le Grand maître, il constate que presque toutes les paroles sont issues des sutras et que tous les actes reflètent l'esprit du Dharma. Il s'agit d'un bouddhisme authentique et non d'une doctrine nouvelle qui serait étrangère au Dharma », dit-il. Comme le Grand maître, il est persuadé que « la pensée du bouddhisme humaniste de Bouddha est une vérité intangible et pérenne. »

Face aux critiques concernant la simplicité du bouddhisme humaniste, il disait encore : « la pensée du Grand maître Hsing-Yun est riche et profonde, bien qu'il l'exprime avec simplicité, dans un langage accessible à tous. Le contenu est en réalité, très profond : c'est le résultat des expériences de son enseignement durant de longues années, venant d'une assimilation approfondie du Dharma, de la réflexion sereine sur le développement du bouddhisme, et aussi de sa compréhension et de sa sensibilité face à la mentalité de l'homme contemporain, et non une théorie imaginée dans le vide. » (*Universal Gate Buddhist Journal. Right Dharma, Light Back on: Humanistic Buddhism in the Hands of Master Hsing-Yun*) Il pensait: « Il faut avoir étudié et réfléchi d'une manière approfondie sur le développement du bouddhisme humaniste au siècle dernier et aussi sur le bouddhisme en général et encore avoir une pratique réelle du bouddhisme humaniste, pour comprendre le Grand maître et le sens de son bouddhisme humaniste. » (*Universal Gate Buddhist Journal. Right Dharma, Light Back on: Humanistic Buddhism in the Hands of Master Hsing-Yun*) Finalement, il concluait: « Les anciens disaient: si on explique le texte en modifiant les mots, Bouddha vous en voudra durant trois vies, mais si on s'éloigne d'un seul mot du sutra, votre texte deviendra parole du démon. Si nous utilisons ce principe pour étudier les explications du Grand maître sur le bouddhisme humaniste, nous pouvons être certains qu'il n'a pas donné d'explications biaisées, et surtout qu'il ne s'est jamais éloigné d'un mot du sutra. » (*Universal Gate Buddhist Journal. Right Dharma, Light Back on: Humanistic Buddhism in the Hands of Master Hsing-Yun*)

Le professeur Chenbin est un grand savant chinois ; le fait qu'il ait pu comprendre l'esprit et la pensée du bouddhisme humaniste du Vénérable maître Hsing-Yun qui a enseigné le Dharma à Taiwan durant cinquante ans, est un grand réconfort pour ce dernier, lui qui, depuis sa jeunesse, s'est efforcé de propager le bouddhisme et qui, pour cela, a reçu d'innombrables critiques, railleries et subi d'incessantes pressions.

Le Dharma enseigné par le Grand maître est proche de la vie quotidienne

Le professeur Linmingchang de l'université Danjiang disait, lui : « Le Dharma enseigné par le Grand maître Hsing-Yun s'est développé en partant des problèmes de base du simple citoyen, tels la joie de vivre, les nécessités matérielles, la morale, l'harmonie familiale, les joies simples et en allant jusqu'aux grands idéaux telles l'entraide universelle, la terre pure bouddhiste etc. Tous les hommes s'intéressent à la joie, la fortune, la morale, la famille et il les dirige pas à pas, en restant apparemment très proche de leur vie quotidienne. » (*Universal Gate Buddhist Journal. L'homme religieux bâtissant le bouddhisme humaniste*). Félicitant le Grand maître, le Professeur déclarait : « Ses thèses sur l'unification du bouddhisme et de la vie sont méticuleuses et exhaustives. Ses efforts rendent au bouddhisme l'image qui est la sienne : non seulement une religion, mais encore une manière de vivre. Non seulement il ne perturbe pas la vie quotidienne des hommes, mais encore il leur apporte joie et paix ; non seulement il ne nuit pas à leur travail, mais encore il contribue à son amélioration. De même, face aux problèmes de rang social, d'argent, de famille, de sentiments, de morale, il a toujours trouvé une solution » (*Universal Gate Buddhist Journal. L'homme religieux bâtissant le bouddhisme humaniste*).

Il est dit : « Il faut bien comprendre pour pouvoir expliquer aisément ». Sans avoir pratiqué et étudié d'une manière approfondie, il est très difficile de parler du Dharma d'une manière simple et facile à comprendre. Tous les enseignants du Dharma le savent : il est facile de parler des théories bouddhistes de façon incompréhensible. Par contre, il est extrêmement difficile de les exprimer par un langage accessible à tous. Par le passé, les gens croyaient que meilleurs étaient ceux qui tenaient des discours incompréhensibles. Le Grand maître pense lui, que c'était trahir l'idée de base de Bouddha et c'est pourquoi, il persiste à utiliser la « vulgarisation » pour expliquer et propager les merveilleuses Vérités, et à mettre en harmonie la vie de l'homme contemporain et le Dharma.

Aujourd'hui, après cinquante années d'efforts et de persévérance, le discours populaire du Grand maitre est comme une brise qui réveille la terre. Le Grand maître a transformé le bouddhisme sombre et triste, en une vie et une force nouvelles, pleines d'énergie. Il a donné du bouddhisme une image neuve qui lui permet de pénétrer activement dans le monde. Dans le passé, la plupart des disciples étaient des vieillards analphabètes, aujourd'hui beaucoup de jeunes intellectuels s'intéressent au bouddhisme. Jadis, rares étaient ceux qui se reconnaissaient bouddhistes, aujourd'hui, les gens en sont fiers, lors des cérémonies bouddhistes, les dirigeants se présentaient en position d'invités d'honneur et s'asseyaient en haut sur l'estrade, aujourd'hui, ils participent personnellement et s'asseyent en bas pour écouter. Encore récemment, l'armée, les écoles, les chaînes de télévision n'autorisaient pas les vénérables à venir parler du dharma, aujourd'hui, elles se disputent pour les inviter et enfin, les hommes d'aujourd'hui utilisent tout naturellement le signe des « mains jointes » et même, l'expression « aller vers une autre vie », a remplacé peu à peu l'expression « décédé ». Il est facile de constater que le développement du bouddhisme actuel n'est plus comparable avec celui d'antan.

La soif de Dharma des hommes d'aujourd'hui

Ce qui touche le plus le Grand maître est que, dans le passé, personne ne voulait écouter parler dharma. Si parfois, quelques rares disciples se présentaient, l'orateur multipliait les remerciements. Aujourd'hui, non seulement les invitations adressées au Grand maître sont incessantes mais chaque séminaire qu'il donne, affiche complet. Ainsi, les entrées aux trois jours du « séminaire bouddhiste » annuel au Mémorial Sun-Yat-Sen de Taipei, étaient complètes quinze jours avant, et ceux qui n'ont pas pu trouver de billet ont été obligés de regarder à l'extérieur sur un écran de télévision.

En 1975, le Grand maître a été invité à donner un séminaire au Musée National des Arts, créant ainsi « le premier séminaire religieux dans une salle nationale » ; puis au Hall Sun-Yat-Sen, et enfin au Mémorial Sun-Yat-Sen et ce jusqu'à l'année passée (2004), qui est justement sa trentième année. Les séminaires ont lieu une fois par an, parfois deux, sans jamais avoir connu d'interruption. Chaque fois, la durée est de trois jours, le Grand maître utilise la forme discursive pour évoquer successivement *les Agamas-sutras, le Sutra de Lotus, le Vimalakirtinirdesa-sutra, le Sutra de Diamant, le Parinirvana-sutra, le Maharatnakuta-sutra* etc., mais aussi la forme chantée pour présenter *le Sutra de l'Estrade, les points importants des trois pratiques Chan/Jingtu/Esotérique,* et aussi des séries de trois sujets tels « *la vision bouddhiste de la Femme, le Bonheur et la Longévité, la Politique* », « *la conception bouddhiste de la Morale, la Richesse, l'Avenir* », « *Ce que pense le bouddhisme du Destin, des Pouvoirs Surnaturels, du Savoir et de la Pensée* », « *la vie et la croyance, la vie et la morale, la vie et la pratique* », etc. pour intégrer le Dharma dans la vie quotidienne d'une manière accessible à tous.

L'an dernier, en accord avec les thèmes proposés : « *les enseignements de la vie* » et « *l'étude de la vie et de la mort* », le Grand maître a choisi « *l'étude bouddhiste de la Vie, la Mort, et les Conditions de la vie* » comme série de sujets, utilisant la sagesse et la bienveillance qu'il s'est forgées depuis des années, pour aider les hommes à ouvrir la serrure de la vie, répondre à leur trouble face aux problèmes de la vie et la mort et leur indiquer le sens de leur existence. Durant ces trois jours, la salle était comble. Comme disait le directeur du Mémorial, Monsieur Zhangruibin, « chaque année, le nombre d'auditeurs potentiels dépasse largement le nombre de places proposées, ceux qui n'ont pas pu entrer ne peuvent que regarder la diffusion à l'extérieur du Mémorial ou à la télévision ». On peut voir par là le charisme de son discours et la brillance, l'éclat de sa rectitude morale.

Durant ces trois jours, on compte plus de dix mille auditeurs sur place et, parmi eux, bon nombre de savants et de professeurs de différents niveaux., tous émerveillés et émus par le langage simple et les multiples exemples utilisés par le Grand maître pour expliquer, de façon approfondie, les difficiles « Enseignements de la vie », les conduisant à réfléchir sur les qualités, le sens et la valeur de la vie à travers le point de vue du Dharma, et surtout pour résoudre leurs inquiétudes face à la vie. Le discours de ces trois jours est retransmis intégralement par le quotidien « L'Union », créant une grande sensation dans tout Taiwan. Par la suite, le rédacteur en chef de ce quotidien est allé spécialement à Taipei, pour présenter ses remerciements au Grand maître, prouvant qu'ils avaient perçu l'attrait de son discours et aussi le besoin du Dharma de tous. Cette démarche a sensiblement orienté la future direction des reportages du média taïwanais.

Initier le développement du bouddhisme à Hong-Kong

L'événement annuel du Fo Guang Shan ayant la même importance que le séminaire du Mémorial Sun-Yat-Sen, est bien celui donné au Coliseum de Hong-Kong. En 1987, le Grand maître fut alors invité au Grand Hall Shatian de Hong-Kong et au Centre Liangxiandi de Youmadi pour donner un séminaire. Deux ans plus tard, l'évènement s'est déplacé au Coliseum pouvant accueillir plus de dix mille personnes et est ainsi devenu un des événements annuels les plus attendus du milieu bouddhiste de Hong-Kong. Depuis dix-huit ans, cette manifestation affiche complet tous les ans.

Le séminaire du Grand maître a profondément changé la vie et les croyances des habitants de Hong-Kong. Ainsi, dans le passé, à cause des superstitions dues aux jeux de hasard, les gens rejetaient les ordonnés, les chauffeurs de taxi leur refusaient même le transport. Le Grand maître trouva le sujet qui les intéressait le plus : « Comment s'enrichir » et leur démontra que le Dharma pouvait apporter les justes notions qui leur permettraient d'obtenir la richesse. Il les encouragea à devenir leur propre dispensateur de richesse, car le travail, l'économie, le service, la raison, le pardon, l'humilité, la gratitude etc. sont tous « d'autres formes de richesse », tant spirituelles que matérielles. Suite aux enseignements du Grand maître, les habitants de Hong-Kong considèrent aujourd'hui les ordonnés, comme des « Dieux de richesse », un autre symbole de richesse.

Aux yeux du Grand maître, la foi des disciples de Hong-Kong est très forte, avec une attitude très dynamique. Généralement, dès qu'ils émigrent vers un endroit, ils y cherchent d'abord où se trouvent les pagodes, avant de demander comment gagner de l'argent. Surtout, dés qu'ils entendent un enseignement de dharma, ils les font tout de suite partager avec les parents et amis du monde entier. Ainsi, quand le Grand maître a parcouru les cinq continents pour enseigner le Dharma et construire les lieux de culte, les immigrants de Hong-Kong étaient les plus chaleureux, ils participaient, ils encourageaient, ils finançaient, ils se dévouaient, et jamais ils ne s'en vantaient. Le Grand maître disait : « Si le bouddhisme internationalisé que j'ai impulsé, a du succès aujourd'hui, on devra dire que c'est grâce à l'aide des disciples de Hong-Kong. »

Le Grand maître attribue toujours ses succès aux autres, mais visiblement, ce sont ses séminaires qui ont initié le développement du bouddhisme à Hong-Kong. Comme disait le journaliste Zhaoruming : « Un respectable retraité me disait, il y a peu : Depuis l'arrivée du Grand maître Hsing-Yun du Fo Guang Shan de Taiwan, les séminaires bouddhistes publics de grande envergure deviennent de plus en plus nombreux. » (*Le son des Marées. Vol.79. #3. Le résumé des activités bouddhistes dans les quartiers de Hong-Kong depuis ces dix dernières années, Mars 1998)*

Depuis dix-huit ans, hormis les grands séminaires au Coliseum, le Grand maître a aussi été invité à la Maison d'arrêt Chizhu et au

Camp de refugiés Yajie Laojie pour parler sur le thème : « Comment passer la vie en prison » et « Les méthodes de libération des souffrances ». Il a encore été invité par le Collège Xinya, l'Université de Hong-Kong, l'Université de la langue chinoise de Hong-Kong, la Faculté Polytechnique de Hong-Kong etc. pour parler du « Chan », « Le monde du vingt-et-unième siècle », « la notion de Science dans le bouddhisme » etc., toujours pour expliquer le point de vue du bouddhisme envers les sentiments, la famille, les hommes, la société, la politique, le monde etc.

A Hong-Kong, le dharma du Grand maître est devenu la nourriture morale de beaucoup de gens et surtout, en 1997, à la veille du retour de Hong-Kong à la Chine, il a accompagné les habitants pour traverser les moments de désarroi et de peur. Le Grand maître leur disait alors que tout se passe dans « le temps d'une pensée », notre corps (extérieur) doit être aménagé à partir de notre cœur (intérieur), avec le respect et la tolérance, l'égalité et la paix. Savoir se contenter, savoir vivre dans l'égalité et dans la sagesse et alors, les circonstances extérieures ne pourront pas nous toucher. Il a même organisé la réunion annuelle de la BLIA de 1997 à Hong-Kong et le discours d'introduction avait pour sujet « la Perfection et l'Insouciance », dans le but d'orienter les habitants de Hong-Kong vers un avenir stable.

Depuis dix-huit ans, les habitants de Hong-Kong sont fortement imprégnés par le dharma du Grand maître et eux aussi, comme le Grand maître, ont écrit plusieurs pages de l'histoire du bouddhisme. Par exemple, en 1995, la chorale des hymnes de Fo Guang Shan est allée à Hong-Kong, c'était la première fois qu'une chorale bouddhiste se présentait au Coliseum. En septembre 2001, par le truchement des medias, les habitants des trois régions chinoises (la Chine, Taiwan et Hong-Kong) ont assisté à la cérémonie de signature de l'évènement : « L'accueil de la relique de la phalange du Bouddha par l'Organisation Bouddhiste Taïwanaise ». En février 2002, la compagnie aérienne Dragon Air a affrété un vol de Taipei à Xi'an via Hong-Kong, inaugurant ainsi le premier vol reliant des deux Chine. La Phoenix Satellite TV a retransmis intégralement l'évènement, les medias des trois régions se sont réunis pour réussir cette première retransmission en direct. De même, en mars 2004, « le Concert de musique bouddhiste des deux Chine », réunissant les hymnes bouddhistes des Ecoles Tibétaines, Theravada et Mahayana, a suscité une profonde émotion, car, non seulement, il représente le premier pas de l'effort fourni par les deux mondes bouddhistes chinois pour propager ensemble la musique bouddhiste chinoise, mais aussi un moment historique dans l'histoire du bouddhisme chinois.

Comme disait le responsable du « Office of the Founding Master » le Vénérable Miaoguang, dans son article : l'édition spéciale des dix-huit annexes d'enseignement du Dharma du Grand maître Hsing-Yun à Hong-Kong : « grâce à l'enseignement et à la propagation du bouddhisme humaniste du Grand maître, les habitants de Hong-Kong ont reçu, non seulement la nourriture pour leur vie entière, mais aussi la réponse à la question de « la Vie et la Mort », leur permettant de grandir, de se fortifier, de résoudre les problèmes de la vie et ainsi d'en développer la chaleur, la signification et les valeurs ».

L'irrésistible charme Hsing-Yun

En Malaisie où l'islam est pourtant la religion la plus suivie, la puissance du sentiment religieux des disciples bouddhistes et la foi envers le bouddhisme ne sont pas moindres qu'à Taiwan et Hong-

Kong. Tous les ans, sans date fixe, ils invitent le Grand maître pour donner des séminaires et, à chaque fois, l'événement est spectaculaire. Ainsi, en 1992, le Grand maître a été invité à donner un seminaire à Penang. Plus de trois mille auditeurs se serraient dans le grand hall Dewan Tunku prévu pour ne recevoir que deux mille personnes et un autre millier se sont vu refuser l'entrée sans même pouvoir profiter d'une diffusion sur écran de télévision. Les gens piétinaient à l'extérieur, certains criaient : « Laissez-moi entrer, je veux voir mon Maître ! Pourquoi ne puis-je pas voir mon Maître ? » Face à cette scène, le Premier Ministre de Penang, M. Xuzigen n'a pu s'empêcher de dire dans son discours d'introduction : « Ce qui se passe ce soir m'a ouvert les yeux et a renforcé ma décision de construire une salle de sport couverte de dix mille places. Ainsi, la prochaine fois que Maître Hsing-Yun viendra, tout le monde sera satisfait. » (*Journal de Hsing Yun. 04/10/1992*).

Finalement, avant que ce Palais des sports ne soit terminé, le Grand maître a été invité pour donner un seminaire sur « Le sens de l'hospitalité dans le bouddhisme humaniste » en 1996, à l'occasion de « La Cérémonie des trois refuges et d'offrande des lampes des dix mille fidèles », organisée par la BLIA Malaisie et l'Association Bouddhiste Malaise. La cérémonie a eu lieu au Stade Shah-Alam à Kuala-Lumpur, plus de quatre-vingt mille personnes y assistaient, créant ainsi l'événement d'enseignement bouddhiste le plus spectaculaire jamais vu à ce jour.

En réalité, non seulement en Malaisie ou à Hong-Kong, mais partout où est passé le Grand maître, il en est résulté « le tourbillon Hsing-Yun ». En plus de la chaleureuse ambiance sur place, les journaux publiaient de pleines pages pour retracer l'événement. De nombreux journalistes appelaient cela « L'irrésistible charme Hsing-Yun ».

Comment le Grand maître peut-il donc avoir un tel charisme et un tel prestige ? Comment ses enseignements peuvent-ils traverser les frontières et passionner le monde entier ?

En examinant le langage du Grand maître, nous constatons qu'il possède des caractéristiques dont manquent la plupart des gens. Ci-dessous, nous essayerons d'en citer dix.

Enseigner le Dharma en partant de la condition de l'homme

Le langage qu'utilise le Grand maître pour expliquer le Dharma est avant tout très humain, son dharma n'est pas formel, il ne conte pas monts et merveilles, pas plus qu'il n'incite au surnaturel ou au mystérieux. Simplement, il part de la condition humaine, d'une manière aussi réaliste que conviviale, parfois en suivant le sens commun, parfois en utilisant une méthode opposée pour pousser les gens à réfléchir à partir de points de vue différents. Le Grand maître considère le bouddhisme comme une éducation et, en fonction des besoins de l'homme, il enseigne un dharma humain et vivant, permettant aux hommes de retirer inspiration et bénéfice de ses exposés. Ainsi, le Grand maître enseigne que tous les phénomènes existent en fonction de causes, conditions et effets et donc, même entre parents et enfants, si les affinités touchent à leur fin, la séparation interviendra. C'est pourquoi il encourage les hommes à bien appréhender les bons moments et à s'entraider mutuellement. (*Universal Gate Buddhist Journal. L'esquisse du bouddhisme humaniste*)

Entre belle-mère et belle-fille, le Grand maître dit en souriant qu'elles doivent savoir « danser le tango » : si tu avances, je recule, si j'avance, tu recules, ainsi, tout naturellement, il ne peut avoir de frictions. (*Entre l'Ignorance et l'Illumination*). Entre conjoints, le secret pour être un bon époux est : « rentrer à l'heure du repas, ne pas avoir trop d'argent en poche, être à deux dans les rencontres mondaines, dire où tu vas ». Le secret pour être une bonne épouse est : « savoir réconforter avec tendresse, cuisiner avec goût, faire du cercle familial un endroit joyeux, ne pas prendre de décision seule. » (*Discours du Grand maître Hsing-Yun (4). L'éducation du Bouddha*). De même pour l'harmonie entre hommes, le secret est : « C'est toi le grand et moi le petit ; c'est toi qui es heureux et moi qui souffre, c'est toi qui as raison, moi je suis dans l'erreur ; c'est toi qui possèdes et non moi ». (*Discours du Grand maître Hsing-Yun (2). La vie et la Pratique*)

Il explique aux disciples de Fo Guang Shan :

- L'homme est vivant, il doit être dynamique et ne pas reculer devant un petit problème personnel, sous peine de n'avoir aucun avenir.
- Ne pas parler du malheur, ni ressasser des griefs : le mal d'aujourd'hui disparaîtra demain. Nos espoirs, notre futur, appartiennent à l'avenir : celui qui n'a pas d'avenir sera abattu par le présent.
- Fo Guang Shan est un lieu de culte du bouddhisme humaniste, et le bouddhisme humaniste, c'est pratiquer la voie du bodhisattva, vaincre les difficultés, supporter même l'insupportable, avancer malgré les problèmes. Si on ne ressent ni problèmes, ni souffrances dans notre cœur, alors il n'aura pas non plus de problèmes et de souffrances dans ce monde.
- L'homme doit construire sa vie au sein du groupe, l'individu qui s'est détaché du groupe perdra sa force, en admettant qu'il reste en vie.

- L'homme doit savoir se déterminer, savoir se dire que, par le passé, les conditions n'étaient pas suffisantes et qu'il convient donc de savoir apprécier les bonnes conditions d'aujourd'hui. Tant de temps a déjà été gaspillé ! Peut-on encore continuer à être paresseux ?
(*Ainsi dit*)

Le Grand maître pense qu'en dehors des besoins matériels, la joie, la satisfaction, la compassion, la vérité sont aussi des ingrédients indispensables à la vie. « La joie est un bon médicament pour la vie, la satisfaction est une source de richesse, l'honneur est un facteur de progrès, la charité est le comportement typique d'un pratiquant de la sagesse ». Il les nomme « les quatre cardinaux de la vie ». (*Hsing-Yun's dharma words*)

Selon lui, « l'Etude de l'Homme » proposée par l'université de Beijing est un grand progrès en ce qu'elle enseigne à savoir se réveiller du « Matérialisme » et comprendre l'existence de « l'Homme » en dehors de celle de « l'Objet ». Mais il pense qu'il n'est pas suffisant de faire des recherches uniquement sur « l'Homme », il faut encore étudier son « Cœur », car l'homme est une union de corps et cœur. Depuis toujours, les Chinois le disent : « le ciel et la terre possèdent le même cœur », seule compte « l'union du cœur et du corps » et il faut harmoniser le matériel et le spirituel pour bien remplir son rôle d'homme. (*Les cent histoires d'antan. L'importance de l'étude de l'homme*)

Si le dharma exposé par le Grand maître est rempli d'humanité et d'art de vivre, c'est parce qu'il possède une profonde compréhension du bouddhisme, ses connaissances générales sont immenses et approfondies, notamment sa connaissance de « l'homme ». C'est pour cette raison qu'il parvient toujours à partir d'une base humaine pour exposer le dharma de la vie. Comme disait le professeur Chenbin : le Grand maître est un aimable et respectueux enseignant, un conseiller rempli de sagesse, il sait comment apprendre aux gens à utiliser le dharma pour améliorer leur manière de vivre. Le professeur Chenbin estime que l'œuvre « *Modeste table, Sage nourriture* » du Grand maître est un outil important pour mener une vie Prajna. Ainsi :

- Tout succès est le résultat d'une bonne entente entre les hommes ; la condition de cette entente doit se fonder sur le respect mutuel.
- Il est mieux de cultiver son esprit, de s'attacher à la vertu, à la raison et à la vérité, qu'être féru de géographie.
- En restant calme et paisible, on se retrouve naturellement de bonne humeur ; en étant modeste et humble, on trouve naturellement des affinités.
- La largeur d'esprit peut mener à la tolérance, l'honnêteté peut mener à la générosité ; la diligence peut secourir la maladresse, la frugalité peut éviter la pauvreté.
- Un ami de plus peut signifier un ennemi de moins ; un effort de plus peut représenter un revers en moins.
- Ne pas se créer de soucis matériels mais être riche spirituellement ; ne pas craindre la pauvreté mais être maître et heureux chez soi.
- Quand on est malade physiquement, on a besoin d'un médecin ; quand on a un problème spirituel, c'est sur soi-même qu'il faut compter.
- Une vie passée à recevoir est une cause de pauvreté ; une vie de joie et d'équanimité est source de richesse.

- Seul le courage après l'échec peut apporter l'espoir ; seul le labour profond permet une bonne récolte.
- Etre au service des autres, c'est aussi nouer de bonnes affinités ; aider les autres, c'est aussi s'aider soi-même.
- Seules les personnes fortes savent être tolérantes, seules les personnes intelligentes peuvent l'être ; être tolérant, c'est être courageux et brave. La tolérance est l'expression de la responsabilité et de la dévotion.

Le professeur Chenbin pense que ces maximes contiennent une profonde pensée philosophique, de même qu'une grande élégance littéraire qui les rend faciles à lire et à retenir. Elles sont le résultat de la sagesse Prajna du Grand maître, leur contenu est encore plus riche et plus proche de la vie quotidienne que celui de « Modeste table, Sage nourriture » de M. Hongyinming. (*Universal Gate Buddhist Journal. Right Dharma, Light Back on: Humanistic Buddhism in the Hands of Master Hsing-Yun*)

Les conduites du savoir vivre

En réalité, il n'y a pas que le « Modeste table, Sage nourriture de Foguang » : De toutes les œuvres, tous les discours, tous les enseignements quotidiens du Grand maître, aucun qui ne serve à enseigner les principes du savoir vivre, que ce soit le comportement envers autrui, ou la pratique personnelle de chacun. A propos du problème de la foi, tout est imprégné de l'aspect humain et de l'expérience du vécu.

« La pratique » selon le Grand maître est « d'abord bien réussir à être un homme » ! Il dit : « La pratique ne signifie pas qu'il faille se retirer dans les montagnes pour réfléchir, ni s'enfermer seul pour se contempler le nombril. De même, la pratique ne se limite pas à réciter les sutras, les Dharani, scander les noms des bouddhas ou méditer. Etre responsable et laborieux au travail, être honnête et droit dans la vie, c'est aussi de la pratique. Etre sincère et loyal envers autrui, c'est aussi de la pratique. Faire du bénéfice à partir du capital sans tricher, diriger le pays en servant le peuple, en respectant sa parole et la loi, c'est encore de la pratique » (*Universal Gate Buddhist Journal. Discussion sur les problèmes contemporains. Ce que pense le bouddhisme du problème de la pratique*). Il propose « la campagne des trois bons actes », en espérant que tout le monde pourra « faire de bons actes, dire de bonnes paroles, avoir bon cœur », c'est là aussi une manière de purifier nos trois karmas.

Ses conseils sur la manière de réciter les noms des bouddhas sont les suivants: 1. Il faut les dicter joyeusement. 2. Il faut les dicter avec tout son cœur, 3. Il faut les dicter sans être attaché à quoi que ce soit d'autre, 4. Il faut les dicter avec concentration, de façon précise et simple, mais facile à comprendre. Sur les méthodes de pratique du Chan, il pense qu'il n'est pas nécessaires de chercher un endroit spécial et merveilleux : si l'on peut chasser les illusions, l'ignorance et les soucis de son esprit, même au cœur du plus fort brasier, on pourra faire tourner la roue du Dharma, obtenir la sérénité de son corps et de son cœur. Comme il le disait : « Pratiquer le Chan ne demande pas nécessairement un endroit avec montagne et rivière : si l'esprit est limpide, le feu s'éteindra de lui-même ».

Certains posent souvent la même question : Ceux qui ne croient pas à une religion doivent mourir, ceux qui y croient doivent également mourir, alors pourquoi faut-il croire à une religion ? Le Grand maitre leur explique clairement qu'un croyant, par ses nobles pensées et par sa pratique, peut renforcer sa sagesse et sa force face à la mort. « Si on peut comprendre que la vie et la mort sont des choses toutes naturelles, et considérer la mort comme un retour à la maison, n'est-ce pas là une chose paisible et heureuse ? Et donc si l'on sait bien utiliser les différentes pratiques du bouddhisme, non seulement on ne sent plus de grisaille et de souci dans la vie mais de plus, face à la mort, on n'éprouve ni tristesse ni peur, c'est là l'intérêt de la croyance, c'est là l'intérêt de la pratique. » (*Universal Gate Buddhist Journal. Discussion sur les problèmes contemporains. Ce que pense le bouddhisme du problème de la pratique*).

Envers ceux qui, après une courte durée de pratique, s'empressent de s'isoler, s'enfermer, pour soit disant « comprendre la vie et se détacher de la mort », le Grand maître est sévère. L'an dernier (NB : 2004), dans son exposé sur « l'étude de la vie dans le bouddhisme », il a posé une question à l'assemblée : Depuis toujours, y a-t-il quelqu'un pour « comprendre la vie et se détacher de la mort » ? Qu'est-ce que « comprendre la vie et se détacher de la mort » ? Et il l'a expliqué ainsi : « être satisfait durant la vie, être sans crainte devant la mort », de même « aider les autres durant la vie, avoir des mérites après la mort », c'est là « comprendre la vie et se détacher de la mort ». A un niveau plus élevé, « accepter la mort naturellement et émettre le vœu de revenir », « ne pas renaître aux royaumes du mal et se présenter devant la terre des bouddhas », « renaître dans la fleur du lotus et ne plus subir le Samsara » sont évidemment « comprendre la vie et se détacher de la mort ». Mais le plus important est : « accepter la vie et préparer la mort », c'est-à-dire : « pouvoir percer les vérités de la vie, comprendre son sens et sa valeur, et vivre dans l'insouciance ; connaître le monde d'après la mort, être plein de confiance et d'espérance en l'avenir sans craindre la mort, transcender la vie et la mort, c'est là « comprendre la vie et se détacher de la mort ». »

Le Grand maître insiste sur l'importance de la croyance : « La religion peut orienter la direction de la vie, elle peut relier le passé, le présent et l'avenir ; aussi, tout le monde doit avoir une croyance, car la croyance nous permet de connaître les règles à suivre et les objectifs à atteindre. » Quant à la question : est-ce que tous les croyants sont de bonnes personnes ? Le Grand maître répond : « Pas nécessairement ! Tous les hommes ne sont pas semblables. Mais, si on a une croyance, on a un objectif et on a la force de se régler ; dans notre intérieur, il y a un maître, c'est pour cela qu'il faut avoir une croyance. » (*Universal Gate Buddhist Journal. Discussion sur les problèmes contemporains. Ce que pense le bouddhisme du problème de la pratique*).

Le Grand maître pense encore que chacun doit choisir « son propre Maître », dans une des religions du monde, que ce soit le Catholicisme, le Protestantisme, l'Islam, le Bouddhisme etc., même si les objets de croyance se distinguent l'un de l'autre. Mais, qu'on le nomme Dieu, Allah, Bouddha ou d'autres noms locaux, en réalité, chacun n'est que « le Maître » que le croyant détermine lui-même ; les noms sont différents, mais la signification est la même. Chacun de nous a son propre Maître, qu'il s'appelle Jésus, Mohammed, Confucius, Jéhovah ou Guangong, il suffit de croire fermement en Lui, mais il ne faut pas se croire dépositaire de l'unique vérité, ni tenter d'imposer son Maître aux autres. Les différentes religions doivent pouvoir vivre en harmonie et cohabiter pacifiquement, pour ne pas détruire la nature intrinsèque de la recherche de perfection, caractéristique essentielle de toute religion. (*Universal Gate Buddhist Journal. Discussion sur les problèmes contemporains. Ce que pense le bouddhisme du problème de la pratique*).

Durant son voyage en Australie, le Grand maître a proposé qu'un homme puisse avoir deux religions, car il pensait les Australiens très ouverts et non sectaires. Qu'ils soient catholiques ou protestants, il suffit qu'ils croient que le bouddhisme est bon et compatissant pour l'accepter et le suivre. En fait, à Taiwan, beaucoup ont deux religions et si l'on demande à un pratiquant du Taoïsme quelle est sa religion, il répond souvent: « Je suis bouddhiste ». De même, les disciples bouddhistes pratiquent eux aussi, toutes sortes de rites taoïstes. Et le Grand maître en conclut : « En fait l'homme doit placer sa croyance en la nature de Bouddha : tout le monde possède la nature de Bouddha et l'essentiel est de croire à soi-même. » (*Extraits des paroles de la pensée du bouddhisme humaniste*)

Le comportement social du Grand maître est empreint de chaleur humaine

Le bouddhisme humaniste n'encourage ni les théories, ni la logorrhée. Ainsi, le Grand maître n'aime pas utiliser les expressions ou théories telles « La vacuité du Mahabhuta (les quatre éléments qui forment tout objet) » ou autre. Il préfère expliquer le Dharma d'une manière humaine, facile à accepter et riche de bénéfice. « L'humanité » est une caractéristique importante de la pensée bouddhiste du Grand maître. Son comportement envers les hommes et les problèmes est rempli de chaleur humaine. Un exemple : Il y a une quarantaine d'années, le groupe de patinage artistique américain « Blanche-Neige », faisait une tournée à Taiwan. Un étudiant du collège bouddhiste de Fo Guang Shan dit alors que, s'il ne voyait pas ce spectacle, il le regretterait toute sa vie. Le Grand maître, l'ayant appris, l'a envoyé à Kao-Hsiung pour acheter du matériel scolaire, en lui laissant entendre qu'il pouvait ne rentrer que le soir, avant l'extinction des feux. Grâce à l'habileté du Grand maître, l'étudiant a ainsi vu son vœu exaucé.

Autre exemple : Avant le période des examens, certains étudiants utilisaient des lampes de poche la nuit, pour étudier en cachette, ce qui est interdit par le règlement du collège, mais le Grand maître faisait semblant de ne pas s'en apercevoir et il essayait même de les « couvrir ». Il savait aussi que les étudiants étrangers ne s'habituaient pas au petit déjeuner chinois et demanda donc à la cuisine de leur préparer du pain. Le règlement des écoles bouddhistes traditionnelles fixe le réveil à quatre heures et demie du matin, le Grand maître pense que Fo Guang Shan est le lieu de culte du bouddhisme humaniste : tout le monde y passe la journée à propager le Dharma ; il a donc retardé l'heure du réveil à cinq heures et demie, pour que chacun ait assez de sommeil, donc de forces.

Pour pouvoir s'occuper de la vie, de la pratique et des différents services sociaux des disciples, le Grand maître a organisé le « Sangha Affairs Committee », et aussi le « Monastics' Relatives Committee » pour intégrer les parents des disciples ordonnés à la grande famille Foguang, et le « Benefactors' Board » pour rendre hommage aux bienfaiteurs de la cause bouddhiste.

Jamais le Grand maître n'a employé une parole sévère envers les disciples. Il n'a qu'une infinie capacité de compassion et d'encouragement. Il pense toujours aux autres et se met toujours à leur place. Par exemple, si des couples participent ensemble à une quelconque activité, il demande de ne pas les séparer. Si le mari n'est pas croyant et se contente d'accompagner son épouse, le Grand maître dit à ses disciples de ne pas le forcer à chercher à le convertir. Ainsi, l'épouse du fondateur de « Taiwan Lifeline International » M. Caozhongzhi, est une bouddhiste pratiquante : Depuis qu'elle a suivi les trois refuges au Pu-Men Temple il y a une trentaine d'années, elle nourrit une grande estime pour la pensée du bouddhisme humaniste et elle encourage son époux à s'en rapprocher. N'étant pas lui-même croyant, Monsieur Cao est parfois bien ennuyé mais, comme il aime bien son épouse, il l'accompagne souvent au temple, sans grande conviction il est vrai. Un jour, après un service religieux, Madame Cao a conduit son époux devant le Grand maître et lui a dit : « Maître ! Pourriez-vous inciter mon époux à croire au bouddhisme et lui apprendre à respecter tous les rites de vénération de Bouddha ? » Voyant l'embarras de Monsieur Cao, le Grand maître s'empressa de répondre : « Monsieur Cao n'a pas besoin de vénérer formellement Bouddha, il lui suffit de pratiquer le bouddhisme. » Depuis, non seulement monsieur Cao déploie une grande activité charitable dans la vie sociale, mais il est aussi très actif en faveur des activités bouddhistes, et il répète toujours : « C'est le Grand maître Hsing-Yun qui l'a dit : je ne suis pas obligé de vénérer Bouddha, il me suffit de pratiquer le bouddhisme. » C'est parce que le Grand maître pense que « Pratiquer le bouddhisme » est plus important que « Vénérer Bouddha » que Monsieur Cao est devenu bouddhiste et c'est là, une bien belle anecdote.

Dans le règlement traditionnel, la cérémonie d'acceptation des cinq préceptes ou des bodhisattva-préceptes dure une semaine complète. Le Grand maître pense que nombreux sont ceux qui ne peuvent la suivre, en raison d'un emploi du temps trop chargé ou faute de temps libre. Il a donc ramené la durée de la cérémonie à vingt-quatre heures : on commence le samedi et termine le dimanche. De même, « le service d'offrandes aux bouddhas et aux gardiens célestes » du Dharma-Service Terre et Eau, est habituellement organisé à trois heures du matin. Le Grand maître l'a reporté à cinq heures. Dans tous les lieux de culte Fo Guang Shan à l'étranger, toutes les activités, que ce soit les dharma-services, les discours et séminaires ou autres, sont exprimés ou chantés dans la langue du pays.

En 1989, suite aux événements du quatre juin à Tian-An-Men, MM. Qianjiaju et Geyang du Mouvement Démocratique Chinois, ont été hébergés à Hsi-Lai Temple. Beaucoup craignaient que cela puisse amener des complications politiques mais le Grand maître a dit : « Nous avons seulement agi pour aider nos compatriotes et aussi pour l'aspect humain. » Pour lui, ces visiteurs ne sont que des hommes ordinaires et les pagodes ont le devoir de les aider en cas de besoin. Finalement, grâce à cette affinité, M. Qianjiaju s'est soumis aux trois refuges le 5 novembre 1989 et est devenu disciple bouddhiste et pourtant c'est bien lui qui disait : « Je suis un marxiste convaincu, un parfait matérialiste, pourquoi me réfugier dans le bouddhisme à mon âge ? Si je l'ai fait, c'est parce que le bouddhisme proposé par le Grand maître Hsing-Yun est mondain et non transcendant. Le grand maître a fondé Fo Guang Shan dans le but de propager le bouddhisme humaniste et pour créer la terre pure humaine, avec quatre grands objectifs : Propager le Dharma par la culture, développer les talents par l'éducation, améliorer la vie en société par la charité, purifier le cœur par la pratique en commun. Son but est de semer la lumière, le bonheur et la joie dans le monde. Tous ces objectifs concordent avec ceux que j'ai fixés dans ma pratique quotidienne. » (*De l'envie à l'extinction – l'autobiographie d'un économiste. Préface. Le quotidien Shibao, 01/06/1993*)

Dans le bouddhisme, le Dharma se divise en mondain et transcendant. Généralement, les gens nomment le Dharma mondain « la Vérité ordinaire », et le transcendant « la Vérité parfaite ». Certains croient que le bouddhisme respecte le transcendant et méprise le mondain. En réalité, « le Dharma se trouve dans la vie du monde : il ne faut pas chercher l'éveil en dehors de la vie. Chercher le Bodhi en dehors de la vie, serait chercher les cornes du lapin ». C'est pourquoi le Grand maître a toujours mis l'accent sur le bouddhisme de la vie : dormir, parler, marcher ou faire toute autre chose, tout doit être conforme aux enseignements de Bouddha, et c'est aussi là le but de la propagation du bouddhisme humaniste tel que le conçoit le Grand maître.

Etre à l'écoute de la pulsation des époques, pour enseigner le Dharma

Deuxièmement, le Grand maître sait parfaitement percevoir la pulsation des époques pour enseigner le Dharma. Face aux problèmes cruciaux de la société actuelle et au désarroi de l'homme : querelles ethniques, déchirement des communautés d'avant et d'après la vague d'immigration de 1949, élections politiques et leurs conséquences en termes de conduite de chaque parti etc., il parvient toujours à élaborer un raisonnement convaincant. Le Grand maître aime bien appréhender les problèmes actuels : il les dissèque, il cherche à comprendre les interrogations, puis, dans ses propos, il expose ses idées et son point de vue. Non seulement il permet ainsi aux hommes d'aujourd'hui de trouver un cap, mais en même temps, il leur laisse également matière à réflexion.

Ainsi, en mai 2003, le SRAS (Syndrome Respiratoire Aigu Sévère), a envahi l'Asie. Le Grand maître était au Japon à l'époque et, en plus de la rédaction immédiate de la *Prière pour l'épidémie de SRAS*, il a dit : « l'endiguement de la propagation du SRAS ne se fera pas grâce à l'action et aux efforts d'un seul individu ou d'une seule organisation : il faut que tous les hommes se réveillent, se rendent compte du problème, se comportent vertueusement pour améliorer les mœurs de la société et purifier le cœur de l'homme. Que chacun cultive les vertus, nourrisse la compassion, pratique la bonté, fasse bénéficier les autres. Que chacun élimine ses désirs de tuer, de gaspiller, de se mal conduire, et avec la foi et l'esprit de repentance, nous prierons les bouddhas et les bodhisattvas pour qu'ils nous donnent encore une fois un monde de lumière ». Trois jours plus tard, le Grand maître abrégeait son séjour au Japon et rentrait à Taiwan, avec le vœu de passer ces moments difficiles avec le peuple taïwanais. Juste à ce moment, à l'hôpital Hebing de Taipei, une jeune infirmière et un médecin perdaient la vie. Sous l'influence du battage médiatique, les gens vivaient dans la peur, surtout ceux qui étaient mis en quarantaine et qui en étaient encore plus effrayés, allant parfois jusqu'à se suicider. Lors de l'interview par les journalistes de la chaîne de télévision Dongshen et de la BLTV, le Grand maître a encouragé la population en disant : « Ne pas « perdre les pédales » devant le danger et ne pas s'effrayer devant les changements. Avec la compassion, la sagesse, la pureté, la foi, on peut passer du danger à la paix. » Il souhaitait que tout le monde « dicte calmement le nom d'Avalokitésvara Bodhisattva : par la détermination que nous apportera le Bodhisattva et par la compassion que nous nourrirons nous-mêmes, nous changerons notre karma commun ». Et il disait aussi : « être en quarantaine apporte beaucoup de restrictions dans notre vie, mais en y réfléchissant bien, nous pouvons alors profiter de l'occasion pour nous repentir, méditer, purifier nos corps et âme, ainsi nous pourrons certainement vaincre le danger et retrouver la paix. »

Le Grand maître expliquait que l'épidémie de SRAS est un karma commun de l'homme, pour l'améliorer, il faut que tout le monde purifie ses corps et âme. Il s'exprimait ainsi:

1. Prévenir les calamités et les karmas, est plus important que prier.
2. La pratique du bouddhisme doit commencer par soi-même.

3. La foi est une force, une contribution, un sacrifice, une auto-restriction.
4. Sachons nous repentir, sachons reconnaître nos erreurs, alors l'affinité sera naturellement bonne.
5. La liberté de tous est plus importante que la liberté individuelle, qui ne doit pas être développée exagérément.

Le 10 juillet, le Grand maître fut invité par la pagode Nan-Puto en Chine, pour participer au « Grand Dharma service », organisé par les associations bouddhistes des deux Chines et celles de Hongkong et Macao pour prier afin de vaincre le SRAS et apporter la paix au monde. Dans son exposé, il a dit que la SRAS est dû au karma commun de tous les êtres vivants et donc, l'arme majeure pour vaincre le SRAS, est la purification des corps et âmes. Chacun doit faire de bons actes, dire de bonnes paroles, avoir de bonnes pensées. C'est en ayant la force de la bonté, que l'on peut éliminer le mauvais karma. Il pense que, hormis les prières et la récitation de sutras, tout le monde doit pratiquer les trois bons actes. Si tout le monde possède la compassion et la sagesse du Dharma, automatiquement, viendront de bons effets, ce qui correspond à « la lumière peut supprimer l'obscurité, le Dharma peut apporter la sérénité ».

Par la suite, en 2004, après l'élection présidentielle du 20 mars à Taiwan, des problèmes de discordes entre partis et des incidents inter-ethniques se sont succédés, à l'instigation de différents auteurs. Le Grand maître a alors publié : *La grande réconciliation – Sauver Taiwan*, demandant à tous les partis politiques, à tous les niveaux, d'oublier les rancœurs et d'arrêter les querelles, proposant que chacun fasse un pas en arrière et que tous s'unissent pour l'avenir et le bonheur du peuple taïwanais. De même, avant cet événement, il avait publié *Il n'y a pas de « vrais » Taïwanais : Tous les habitants de Taiwan sont des Taïwanais*, espérant que tous pourraient éradiquer la notion de race et créer ensemble une société merveilleuse et harmonieuse.

Ensuite, il a écrit *Ce que je pense de l'alternance des générations*, espérant que les organisations et les partis politiques pourraient les consulter dans les domaines de la gestion et de l'emploi du personnel. Et pour marquer cette volonté, à l'occasion de l'assemblée générale de la BLIA de 2004, le Vénérable Hsin-Ting a été élu président de la ROC Headquarters de la BLIA. En septembre de la même année, le Fo Guang Shan Religious Affairs Commitee organisait une assemblée générale, élisait neuf nouveaux membres et proposait le jeune Vénérable Hui-Han, âgé de quarante ans, en tant que septième directeur du Comité, montrant ainsi le véritable esprit démocratique de « l'alternance des générations ». Le Grand maître disait : « Quel que soit le pays ou l'organisation, seule la présence des jeunes pourra apporter des sources infinies de force et d'espoir ; seule l'alternance des générations pourra nous mettre en accord avec l'époque, et perdurer. » (*Lettre aux disciples 2005*).

En outre, face aux fraudes, le Grand maître a publié *Que le peuple supporte l'élection anti-corruption, Le danger des religions hérétiques, Comprendre la causalité et Vivre l'insouciance – Parlons éducation.* Face aux problèmes de communication et d'harmonisation des religions et des races, il écrivait *A chacun son père, L'harmonie des races, La civilisation multi faciale, Le citoyen du monde, Respecter les différences, Le Terrien* etc. pour promouvoir la pensée du « Village-Terre » et de l'« l'Unité et la Coexistence ».

La meilleure boussole pour atteindre la paix mondiale

Depuis la création de la Buddha Light International Association (BLIA) en 1992 et l'organisation de sa première assemblée générale, à chaque assemblée générale annuelle, le Grand maître a successivement présenté des exposés ayant pour sujets « la joie et l'harmonie », « l'unité et la coexistence », « le respect et la tolérance », « l'égalité et la paix », « la perfection et l'insouciance », « la vie et la nature », «une vérité pour tous », « la résolution et le développement », « la conscience de soi et la pratique de la voie du Bouddha » etc. qui, non seulement présentent les orientations à suivre pour les membres Foguang, mais sont aussi la boussole spirituelle orientant les hommes contemporains vers la lumière, l'espoir et l'avenir. Ces exposés ont été traduits en anglais par la pagode Nan-Tien Temple d'Australie et ont été très admirés par le gouvernement australien, comme étant la meilleure boussole pour la création d'une société harmonieuse et l'obtention de la paix mondiale.

Le Grand maître pense également que, dans la vie, on est, soit dans l'ignorance, soit dans l'illumination, et que l'ignorance et l'illumination ne se distinguent que par une simple pensée ! Dans l'ignorance, tout paraît sombre et ténébreux, lors de l'illumination, la lumière et la sagesse réapparaissent. Ainsi, en espérant utiliser le Dharma pour dénoncer l'ignorance dans la vie, durant trois ans, depuis la création du « Merit times » (le 1er avril 2000), il a publié successivement plusieurs articles intitulés « Entre l'ignorance et l'illumination ». A travers ces articles, il transforme son assimilation personnelle du Dharma en une œuvre montrant l'orientation à donner à la vie.

Avec un total de mille-cent-vingt-quatre chroniques, ces articles ont été groupés en une série de livres intitulée « *Entre l'ignorance et l'illumination* ». Ces ouvrages traitent des efforts à consentir pour la paix mondiale, de la protection de l'environnement, de la sauvegarde du niveau de vie des citoyens, de la pratique morale de l'individu, et enseignent également la voie de la cohabitation entre parents/enfants, belle-mère/belle-fille, époux et amis, ainsi que d'autres sujets, tels la purification du cœur, la politique, l'économie, les études, le tourisme, l'emploi, l'amour etc. Pour toutes ces questions, le Grand maître expose sa façon de penser, son raisonnement, ses idées et propose des solutions. Surtout, en ce qui concerne les sujets contemporains tels « l'éducation de la vie » et « l'étude de la vie », on compte plusieurs dizaines d'articles, comprenant : « les codes de la vie », « la mouvement de la vie », « la valeur de la vie », « l'énergie de la vie », « l'immortalité de la vie », « respecter la vie », « l'étude de la vie » etc.

Depuis que ces articles sont publiés sur le « Merit Times », ils reçoivent un accueil très favorable et font l'objet d'échos élogieux des lecteurs, car ils touchent un nombre important de niveaux différents, et les sujets traités correspondent aux besoins de notre époque. De plus, chaque article est illustré d'exemples et d'anecdotes pour permettre aux lecteurs de comprendre les théories philosophiques, parfois ardues, de la vie. Certains adorent les théories philosophiques du Grand maitre, d'autres aiment la valeur littéraire de ses écrits. Grâce à ces livres, certains ont pu corriger leurs mauvaises habitudes, d'autres ont retrouvé la joie et l'harmonie familiale. L'Université de l'état de l'Arizona, le Centre éducatif de la ville de Cambridge à Boston, l'Université de l'état du Michigan etc., ont choisi « *Entre l'ignorance et l'illumination* » comme livre de cours. Beaucoup d'écoles et de centres d'études taïwanais sont dans le même cas. Actuellement, « *Entre l'ignorance et l'illumination* » est comme beaucoup d'autres œuvres, traduit en anglais, portugais, espagnol, allemand, français, japonais etc., montrant bien que le bouddhisme humaniste du Grand maître est de son temps : social et international.

La pratique détendue du dharma, transcendant ou mondain

Troisièmement, le Grand maître a l'habitude de s'appuyer sur les faits pour parler théorie, et aussi d'utiliser les théories pour discuter des faits. Non seulement il fait s'harmoniser parfaitement les faits et les théories mais surtout sa culture générale et sa connaissance du bouddhisme sont très étendues et c'est pour cette raison que les dharmas transcendant et mondain peuvent être pratiqués d'une manière paisible et décontractée, à travers le passé et le présent et de l'Orient à l'Occident. Comme le disait le Vénérable Tzu-Hui dans le texte « Douze questions au Grand maître Hsing-Yun », cette qualité pédagogique tient au fait qu'il a reçu un enseignement complet dans les écoles bouddhistes. De plus, durant les années passées à l'école du Vinaya Qixia, comme la bibliothèque de cet établissement détenait des livres venus de l'Ecole Normale du district, il a pu lire énormément : depuis les romans populaires chinois jusqu'aux œuvres occidentales, des petits textes en prose jusqu'aux romans célèbres : « Le Comte de Monte-Cristo », « Guerre et Paix », « Le Vieil homme et la Mer », « Foster », « Les souffrances du jeune Werther », « La Dame aux Camélias », l'œuvre de Tolstoï, les études philosophiques de Dewey etc., ce qui lui a permis d'acquérir une grande magnanimité, une vision large et une pensée ouverte. Ainsi, par exemple, sous l'influence de l'idée de Dewey : « Nous devons revaloriser », le gouvernement taïwanais voulait, il y a une trentaine d'années, interdire la fête des dévotions : le « worshipping festival ». Le Grand maître a alors rédigé un texte pour dissuader les autorités de prendre cette décision. Il pensait, en effet, que le worshipping festival n'est pas uniquement une croyance populaire, mais qu'il représente aussi les coutumes de l'ancienne société agricole, quand les gens profitaient de cette journée pour se réunir, faire la fête, lier des relations, pour oublier un peu le poids des travaux quotidiens et obtenir quelque soulagement. Le degré d'activité de la société actuelle n'étant pas moins élevé que celui du passé, le gouvernement devait, pour lui, « reconsidérer » la valeur du worshipping festival, le réglementer minutieusement, en corriger les points négatifs, lui accorder une nouvelle signification, pour permettre aux hommes d'aujourd'hui de profiter de ces activités pour éliminer leurs soucis et purifier leur cœur. (*Les cent histoires d'antan. Reconsidérer les valeurs*). A l'époque, le Grand maître a beaucoup insisté auprès du gouvernement pour « améliorer le worshipping festival » au lieu de l'interdire. (*Awaken the world*)

Durant les années passées en Chine, comme il aimait beaucoup la littérature, il a lu presque toutes les œuvres de Hushi, Linyutang, Bajin, Luxun, Laoshe, Maodun ou celles de Bingxin, Guomoruo, Shencongwen, Xudishan. Plus tard, quand il est arrivé à Taiwan, il a également parcouru les textes et les romans de Xiebingying, Qiongyao, Gaoyang, Xuyu... qu'ils soient classiques ou contemporains. De surcroît, le Grand maître connaît bien l'ancien chinois, et notamment plusieurs textes datés des dynasties Qing, Han, Tang et Sung, il peut les citer par cœur. Dans ses écrits et notamment en écrivant « *Entre l'ignorance et l'éveil* », il a cité beaucoup d'exemples historiques, dans le but d'utiliser le passé pour rappeler le présent.

D'un autre côté, le Grand maître s'intéresse aussi à la technologie moderne et aux problèmes de nos jours, tels l'internet, les e-mail, le clonage, les greffes, l'euthanasie, l'homosexualité, les bébés éprouvette etc. et il donne aussi sa façon de voir pour répondre aux questions posées par les disciples. Toutes ces questions et réponses récoltées durant les séminaires ont été publiées successivement dans *Universal Gate Buddhist Journal* et ont reçu des retours enthousiastes des lecteurs.

Hormis les problèmes sociaux, le Grand maître utilise souvent ses exposés pour inciter les disciples à réfléchir sur les problèmes de pratique et de croyance du bouddhisme. Ainsi à cette question: « De Sakyamuni Bouddha, Bhaisajyaguru Bouddha, Amitabha Bouddha, lequel est le plus grand ? » Il répond : « Dans le bouddhisme, tous les bouddhas sont égaux, les bouddhas et les bodhisattvas ne sont pas classés par ordre ou par mérite, il n'y a pas de grands, ni de petits. De même, dans le bouddhisme, le catholicisme, le protestantisme, l'islam, le taoïsme etc., les maîtres portent des noms différents : Bouddha, Jésus, Dieu, Mohammed, Laozi etc., en fait, ils sont seulement l'image que le croyant imagine : les noms sont différents, mais la signification est la même. » (*Universal Gate Buddhist Journal. Discussion sur les problèmes contemporains. Ce que pense le bouddhisme de l'éducation de la vie*).

Ou encore : « Amitabha bouddha se trouve dans la terre pure de l'Ouest, Bhaisajyaguru bouddha réside dans le monde de l'Est, alors où donc se trouve actuellement Sakyamuni bouddha ? » La réponse est évidemment « le royaume de gloire et de paix perpétuelle». Mais où se trouve-t-il en fait ? Le Grand maître dit : « l'homme est matérialiste, ce qu'il voit est le monde de la vie et de la mort, c'est le corps apparent du Bouddha (Nirmanakaya) ; le pratiquant de Chan est spiritualiste, ce qu'il voit, est un monde éternel et c'est là le corps dharma de Bouddha (Dharmakaya). L'esprit est Chan, c'est seulement avec le Chan qu'on peut savoir où se trouve Bouddha. Il est dit : « Par l'affinité, Bouddha est venu au monde ; sans l'affinité, Bouddha repart vers l'extinction » mais l'extinction n'est pas la mort, c'est l'état de Nirvana. Bouddha se trouve actuellement dans le monde de Nirvana et où se trouve ce monde de Nirvana ? : Il est partout. Quand la pratique atteint l'état d'éveil, l'homme a accompli sa vie, il peut entrer dans le grand univers et être au côté des bouddhas. » (*Universal Gate Buddhist Journal. Discussion sur les problèmes contemporains. Ce que pense le bouddhisme de l'éducation de la vie*).

Et, avec humour, le Grand maître demande à ses disciples : « Si tous les hommes du monde vont à la terre pure d'Amitabha, quelle langue utiliseront-ils pour communiquer ? » C'est une question amusante, et la réponse du Grand maître est très simple : « Bouddha enseigne le Dharma sur une seule tonalité, chacun l'interprète à sa manière. C'est comme dans le monde, quand un enfant adopte naturellement la langue du pays où il est né. Dans la terre pure, il y a donc « la langue dharma » pour communiquer. En plus, « sourire » est une langue commune du monde. Dans la terre pure, les gens sont métamorphosés à partir de fleurs de lotus, ils peuvent donc communiquer par simple pensée, il n'y a pas d'obstacle de langage. » (*Ainsi dit*)

Comme à la question de « Comprendre la vie et se détacher de la mort » dont nous avons parlé ci-avant, et aussi celles de « Où se trouvent le paradis et l'enfer ? », « Croyant ou non-croyant, personne ne peut éviter la mort, alors quelle est donc la différence ? », les réponses du Grand maître sont toujours pertinentes et permettent aux hommes de sortir de leur trouble, comme s'ils s'éveillaient d'un mauvais rêve.

Le Grand maître pense que la manière de propager le Dharma doit répondre à « l'harmonisation entre le moderne et le traditionnel ». Cette certitude se fait sentir d'une manière toute naturelle dans ses discours ou exposés. En 1991, durant la retraite de trois mois d'Arhat-préceptes organisée à Fo Guang Shan, le Grand maître a parlé des « Cent discours pour ordonnés », que ce soit « les principes de gestion du personnel », « l'architecture des pagodes », « le fonctionnement des postes monastiques », « les activités des dharma-services », « les règles des services de repentance », « l'ordre et le règlement », « les règles de la pratique », « le matériel utilisé dans les pagodes » etc. Tous ces problèmes, il les connaît parfaitement et les explique clairement. Il espère que, grâce aux pratiques au sein des monastères, l'enseignement des disciplines, l'esprit de tradition pourra se perpétuer, car c'est en perpétuant l'histoire qu'il y a civilisation, qu'il y a vie.

Parce que le Grand maître a reçu une éducation monastique complète dans son enfance, il a gardé des principes d'esprit traditionnel et aussi de profondes qualités bouddhistes. Ainsi, bien qu'il impulse « la modernisation », en utilisant des langages, des moyens, modernes et vécus pour enseigner et propager le Dharma, rien ne paraît vulgaire, c'est un point que bien d'autres personnes ne peuvent égaler, pas plus qu'elles ne parviennent à le comprendre.

Enseigner le Dharma en utilisant de nombreux exemples

Quatrièmement : le Grand maître aime utiliser des exemples dans son enseignement, il emploie des anecdotes, des Gong-An, pour expliquer des théories difficiles, permettant ainsi aux gens de comprendre et donc de nourrir leur foi pour le bouddhisme. Ainsi les histoires dont parle souvent le Grand maître comme « Maître Yi-Shiu portant la femme », « Maître Jindai cultivant des orchidées »,

« L'urine de Maître Zhaozhou », « La faute de l'érudit », « Le riche et ses quatre épouses », « Les deux fantômes se disputant un cadavre », « Un mort en plus », « La querelle des cinq doigts de la main », « La perte du contrôle de soi durant une rencontre sportive », « Jeanne qui pleure et Jeanne qui rit » etc. Tout le monde peut comprendre et en même temps qu'on en sourit, on peut percevoir le sens profond de l'histoire.

En 1990, lors d'un exposé au centre culturel Zhongzheng à Kaohsiung, le sujet était « Le comportement mutuel des époux ». Le Grand maître racontait que le Maître Chan, Jindai, aimait cultiver les orchidées. Un jour, un disciple inattentif a bousculé et cassé la plante. Il avait peur que le maitre se fâchât et se présenta chez lui pour s'excuser. Maître Jindai lui dit : « Je cultive l'orchidée pour le plaisir d'une part et pour embellir l'environnement d'autre part, je ne l'ai certes pas cultivée pour me mettre en colère. » Le Grand maître a utilisé l'anecdote pour faire comprendre aux disciples que nous sommes venus au monde pour rechercher la joie et le bonheur et non la colère. C'est par amour et aussi par désir de passer ensemble une vie heureuse que deux personnes se marient, certainement pas pour se disputer.

Ce jour-là, une disciple était venue avec son mari à qui elle essayait d'inculquer le bouddhisme, mais sans succès. En sortant de la salle, le mari regarda tendrement sa femme et lui dit : « les époux se marient par amour et non par colère. » La femme se sentit heureuse et répétait sans arrêt : « Cet exposé représente tellement pour nous. »

Le Grand maître aime bien aussi employer des exemples pour comparer et expliquer les termes et les théories bouddhistes. Il dit : « Le karma » est le code secret de la vie; « Vers une autre vie » c'est comme immigrer ; « Dire de bonnes paroles » ressemble à

« la bouche rayonne » ; les enfants sont « le dédoublement » des parents ; faire de bons actes c'est « le génie génétique » etc.

Souvent, le Grand maître cite certains Gong-An de l'Ecole Chan pour montrer le côté merveilleux du Chan. Surtout, le Grand maître lui-même, a vécu dans les halls de Chan, a fait des recherches sur le Chan et a connu un certain éveil. C'est pourquoi, quand il en parlait, M. Sima-zhongyuan pouvait dire: « les paroles que prononce Maître Hsing-Yun sont pénétrantes et profondes. Cela ne vient certes pas uniquement des connaissances, ni de l'expérience accumulée : c'est le résultat de la pratique et de l'illumination. Il utilise l'esprit libéré de Bouddha pour percevoir la clarté, la limpidité et le naturel des phénomènes et objets complexes du monde et pour en saisir les caractéristiques et l'essence. » (*Les ordonnés et les laïcs*)

En 1989, lors de la visite du Grand maître à sa famille en Chine, l'écrivain chinois Baihua a assisté à l'exposé du Grand maître sur le Chan. Il l'a décrit ainsi : « Son accent reste le même, il parle tranquillement de sujets difficiles et rendus pourtant faciles à comprendre. C'est comme quand la lune émerge des nuages, quand la chandelle dissipe l'obscurité, comme la source jaillissant du rocher, apportant à l'audience une fraîcheur inouïe. Les auditeurs sont moitié ordonnés, moitié laïcs mais les applaudissements crépitent régulièrement. Je pense qu'ils sont comme moi et assistent à ce genre d'exposé pour la première fois. Beaucoup de gens s'attendaient à écouter des théories bouddhistes profondes et compliquées et ils sont heureusement surpris de recevoir une sagesse aussi proche de la vie quotidienne. Depuis la révolution culturelle, en Chine, les communications entre hommes ne sont plus des liaisons spirituelles, des échanges de sagesse, pas même pour se donner des nouvelles. Au contraire, on postillonne du brouillard pour dissimuler la vérité, on hurle pour écraser les petits, on abuse de la sévérité pour intimider les faibles... C'est pourquoi, quand ils ont entendu les paroles Chan du Grand maître Hsing-Yun, adroites, simples et pleines d'humour, il est bien normal qu'ils aient ressenti de la fraîcheur, de la sympathie et de la joie. » (*Le quotidien Zhongyang. Le cadeau parfumé – note sur le Grand maître Hsing-Yun. 17/05/1989*)

L'an passé (2004), le Grand maître fut invité par le département de sociologie de l'université de Taiwan, à donner un exposé à la salle de conférence internationale. Le sujet traité était « L'éducation de la conscience de soi à l'école Chan ». Il a utilisé plusieurs Gong-An et petites histoires autour du sujet, pour parler des vérités de « Chan » et de la « Conscience de soi ». L'humour et la sagesse du Grand maître faisaient naître, de temps à autre, les sourires des professeurs et étudiants de l'audience qui s'empressaient de noter les merveilleuses paroles entendues.

Souvent, le Grand maître utilisait également les incidents survenus dans la vie quotidienne de ses disciples et dans la sienne, comme sujets d'enseignement, ou encore, le comportement de Bouddha et des sages, décrits dans les sutras. Par exemple comment, après son éveil, Bouddha continuait inlassablement à parler Dharma et à enseigner à ses disciples jusqu'à ses derniers jours. Comment il se chargeait lui-même de l'Alm-procession, de ses lessives, de ses travaux ménagers. Comment il aidait le bhikshu aveugle à raccommoder ses vêtements, comment il soignait le bhikshu malade. Comment il se comportait à l'enterrement de son père et comment il s'efforçait d'aider son pays et son peuple etc. Et, parmi ses disciples, comment Sariputra construisit le monastère Jetavana, comment Ananda s'occupait de son maître, comment Mahakatyayana menait les discussions, comment Purana se dévouait pour aller enseigner dans les zones désertiques, comment

Upali travaillait, comment Cudapanthaka balayait avec son plumeau etc. Et encore parmi les grands sages chinois, comment le sixième patriarche Huineng prenait son mal en patience au moulin, puis au sein du groupe des chasseurs, comment Maître Baizhang concevait l'importance des tâches quotidiennes, comment Maître Weishan maçonnait les murs, chargeait les briques et plaçait les tuiles. Comment Maître Yangshan menait paître le buffle et parcourait les déserts pour les explorer, comment Maître Huangbi labourait la rizière et cueillait les légumes, comment Maître Yunyan réparait les sandales, comment Maître Linji bêchait la terre et plantait les pins, comment Maître Tanxia arrachait les mauvaises herbes et soignait les fleurs etc. Toutes ces anecdotes étaient souvent racontées par le Grand maître dans ses exposés.

Le plus surprenant est que la même histoire, le même exemple, la même phrase, quand ils sont prononcés par le Grand maître, sont particulièrement attachants ; c'est une subtilité que les autres n'arrivent pas à imiter. Sa traductrice du dialecte taïwanais et de la langue japonaise depuis plus de cinquante ans, la Vénérable Tzu-Hui, disait : « Ce sont les caractéristiques de l'art d'enseigner du Grand maître, et c'est aussi le secret de son charme. » Le Grand maître, lui, disait : « C'est tout simplement parce que j'ai déjà parlé durant plus de cinquante ans. »

Enseigner le Dharma en fonction des circonstances favorables

Cinquièmement : le Grand maître sait comment saisir les circonstances favorables. Il réussit toujours à être au bon moment, au bon endroit et devant le bon auditeur pour expliquer toutes sortes de dharmas et il le fait avec douceur et psychologie, apportant ainsi aux gens confiance et espoir. Ainsi, le livre *Discours du Grand maître Hsing-Yun*, réunit des centaines de discours que le Grand maître a prononcés dans des lieux allant des petites salles de campagne aux salles de conférence nationales, des universités aux camps de l'armée, des maisons d'arrêt aux usines, des camps de refugiés aux salles de sport. Les auditeurs et les sujets sont tout aussi variés : « Comment faire l'homme » pour les jeunes, « Familles bouddhistes » pour les auditeurs féminins, « La manière de bien vivre sa vieillesse » à l'adresse des personnes âgées, « Ne pas négliger les quatre petits » destiné aux enfants, « Les bâtisseurs de la vie » pour les ouvriers du bâtiment, « La beauté corporelle et la beauté intérieure » pour les esthéticiens, « La beauté de la littérature » adressé aux écrivains, « Bouddha contemple le bac d'eau, il y voit quatre-vingt-quatre mille insectes » à l'usage des scientifiques, « Entre les religions » adressé au monde religieux, « Ce que pense le bouddhisme de la politique » pour les hommes politiques, « L'échange des cultures » destiné aux célébrités, « Même en terre étrangère, la graine doit germer et s'enraciner » à l'adresse de la diaspora chinoise.

En outre, dans un discours adressé aux membres de la BLIA, le Grand maître disait : « Le but ultime de la BLIA est : « Que la lumière de Bouddha éclaire les trois mille royaumes, que l'eau du Dharma parcoure les cinq continents ». Mais, à vrai dire, il ne faut pas que ce soit seulement « la lumière de Bouddha », l'important est que chaque « lumière de moi » puisse éclairer universellement. Et il faut savoir se détacher du « moi » pour se libérer et pour que « la lumière » puisse se constituer, alors, tout naturellement, cette lumière pourra éclairer tous les êtres. » (*Journal de Hsing Yun. 22/10/1994*)

Pour les disciples qui participent aux groupes « dicter le nom de Bouddha », le Grand maître disait : « Notre cœur a cumulé trop de juste/faux et bon/mauvais et dicter le nom de Bouddha est en fait une « construction de la psychologie ». C'est aussi « une construction de l'espoir », afin de faire de notre cœur une terre pure. Quant à la question : Où se trouve la terre pure ? La réponse est : à la seconde même où l'on dicte le nom de Bouddha, elle est dans le cœur de chacun. Chaque nom prononcé dans l'esprit de « croire, vouloir, appliquer », chaque pas de la déambulation autour des statues de Bouddha nous rapprochent du chemin de la terre pure. Ainsi, les récitants du nom de Bouddha sont tous des architectes qui cherchent à construire leur univers intérieur. » (*Journal de Hsing Yun. 16/12/1994*)

Dans le discours qu'il adressait aux étudiants en médecine de l'université de Singapour, en parlant de la question du clonage, le Grand maître disait : « Tous les phénomènes du monde suivent la loi de la coproduction conditionnelle, une semence sans la terre, la lumière, l'air, l'eau ... ne peut germer. Comme tout suit la loi de la coproduction conditionnelle, le clonage ou le génie génétique ne sortent pas du cadre de la causalité. » (*Universal Gate Buddhist Journal. Discussion sur les problèmes contemporains. Ce que pense le bouddhisme de l'euthanasie*).

Les connaissances du Grand maître sont très étendues, il connaît bien les études, tant orientales qu'occidentales, de même que les matières générales. Dans ses discours, que ce soit sur l'éducation ou la pratique, il arrive toujours à saisir les bonnes circonstances, en harmonisant les faits et les théories. De plus, il le fait avec gentillesse et psychologie. Par exemple, aux étudiants du Collège bouddhiste d'Afrique, il disait : « Le noir est la plus belle couleur du monde ». Aux disciples en difficulté dans leurs études, il racontait, pour les encourager, les anecdotes de sa jeunesse, quand il avait été puni par ses maîtres parce qu'il n'arrivait pas à retenir ses leçons. Pour réconforter les disciples qui chantent faux, il leur disait : « Les autres chantent fort, tu les accompagnes à voix basse. S'ils chantent à voix basse, tu peux seulement remuer les lèvres, même sans la voix, contempler et écouter est aussi une pratique. » Ses paroles sont toujours encourageantes et indiquent toujours aux gens, une solution.

Parfois, certains disciples essuyaient des échecs et s'enfonçaient dans la souffrance. Il les encourageait en leur disant : « Le monde est impermanent, ce qui est bon peut devenir mauvais, mais ce qui est mauvais peut aussi devenir bon. Avec du courage et de la persévérance, l'avenir peut devenir meilleur. »

Certains avaient des problèmes familiaux, entre frères ou entre époux. Il leur disait : « Réfléchis encore un peu, il a certainement des qualités que tu n'as pas encore perçues. » Le Grand maître est lui-même habitué à changer énergiquement les situations fausses, c'est pourquoi, il disait toujours à ses disciples : « Il suffit d'avoir la confiance pour avoir l'avenir ; il suffit d'avoir le Dharma pour tenir la solution. »

La compréhension à l'égard des autres du Grand maître, se laisse voir totalement dans *Les Prières Foguang*. Il se mettait à la place des soldats, des agriculteurs, des pêcheurs, des gendarmes, des enseignants, des personnels soignants, des futures mamans, des personnes âgées, des malades, dans sans-abri etc. pour adresser des prières à Bouddha. Chaque phrase, chaque mot sont remplis de compassion, d'encouragement et de sagesse et nous apportent tant d'émotion en les lisant !

Les prières émouvantes

Le 1er janvier de cette année (2005), le vénérable Mangeng, Phd de l'université de Beijing, représenta Fo Guang Shan pour assister au « Grand dharma-service pour les millions de sinistrés du Tsunami en Indonésie », organisé par le département des religions du Ministère de l'Intérieur et l'Association des groupes bouddhistes chinois, à la pagode Lingguang de Beijing. Durant la cérémonie, Le Vénérable Mangeng a lu la *Prière pour les Sinistrés du Tsunami en Indonésie, en Inde et dans l'Asie du Sud,* du Grand maître :

> « Ô grand et compatissant Bouddha !
> Je Vous supplie d'aider ceux qui ont survécu au sinistre :
> Donnez-leur la force de revivre, qu'ils comprennent que vie veut dire espoir ;
> Donnez-leur le courage d'avancer, qu'ils comprennent que vie veut dire force.
> Je Vous prie de leur offrir Votre protection,
> Que leurs blessures corporelles et mentales soient guéries,
> De leur offrir la force de concentration, pour que leur douleur soit apaisée... »

Quand le vénérable Mangeng arrivait aux passages les plus touchants, toute l'audience, y compris le Président du département des religions M. Yexiaowen, le vice-président M. Qixiaofei, et des milliers de disciples ordonnés et laïcs, était en larmes, devant l'immense compassion et la dévotion du Grand maître.

En outre, au moment des événements du 11 septembre, aux

Etats-Unis en 2001, le Grand maître était justement en tournée là-bas. A chaque étape de son voyage, en plus de montrer son attention sur ce sujet, il utilisait les théories de la Coproduction conditionnelle, la Causalité, le Karma, la vie et la mort, l'Impermanence, la Compassion etc. du bouddhisme pour ouvrir les yeux des gens et leur proposer les manières de faire face. Par la suite, quand le Grand maître a été invité devant les ruines des tours jumelles pour une cérémonie de purification, il adressa une prière aux victimes, en toute sincérité : « *Dans cette attaque terroriste du vol 911, vous avez inutilement perdu la vie. La plupart d'entre vous sont protestants et catholiques, votre Dieu vous a certainement emmenés au paradis. Nous sommes des bouddhistes venus de l'Orient, d'une part pour vous présenter nos condoléances, et d'autre part, pour vous lire des prières, en espérant pouvoir renforcer vos affinités pour atteindre le paradis. Toutes les contrariétés de ce monde, nous espérons que vous pourrez vous en détacher, vos parents et enfants seront aidés par le gouvernement et les hommes de bonne volonté et même, un jour, ils seront utiles à la paix et à la prospérité des Etats-Unis. Vous pouvez partir en paix* ! » (*Universal Gate Buddhist Journal. Après 911 – Report de la tournée du Grand maître Hsing-Yun aux Etats-Unis*)

Les paroles de la prière ont été traduites en anglais, tous les participants avaient les larmes aux yeux, ils étaient émus, non seulement par la compassion que montrait le Grand maître, mais surtout par le respect qu'il réservait aux autres religions.

Le Grand maître comprend bien l'état psychologique des gens, et il arrive toujours à les consoler et à les aider dans les moments difficiles, c'est pourquoi il est aimé par eux. Un proverbe chinois dit que « celui qui est aimé par le peuple, connaît la prospérité ». Cette phrase ne se limite pas à la politique : en réalité, peu importe ce qu'on fait, elle est une vraie maxime, car c'est en gagnant l'amour d'autrui qu'on améliore son affinité. Aussi, le bouddhisme dit-il qu'il faut « élargir ses affinités », et avant même d'atteindre la voie de Bouddha, il faut chercher l'affinité humaine.

Le Grand maître dit souvent que tous les phénomènes du monde ne sortent pas du cadre de la causalité. L'illumination de Bouddha, à l'époque, relève de « la coproduction conditionnelle », montrant qu'aucun des phénomènes du monde ne peut exister seul, ni survenir arbitrairement. Il faut que toutes les conditions soient remplies pour qu'il se produise. Parce que l'homme ne peut exister seul, chacun dépend des autres pour survivre, c'est là la notion de « L'Unité et la Coexistence ». Le Grand maître saisit profondément l'importance de « cause et conditions », « lier l'affinité », « l'affinité collective », aussi, il propose les idées de « Création collective », « Unité et Coexistence ». Par la suite, le Président taïwanais, M. Lidenghui, a parlé de « l'unité de la vie » et il a même changé l'expression « purifier les cœur et âme » proposée par le bouddhisme en « réformer les cœur et âme », de même que l'actuel président M. Chenshuibian cite souvent le Grand maître : « si Dharma il y a, solution il y a ». A cela, on peut percevoir l'influence de la compassion et de la sagesse du Grand maître.

Pas d'obscurités de langage en enseignant le Dharma

Sixièmement : non seulement le Grand maître a toujours la bonne réponse mais, avec lui, il n'y a jamais d'obscurité de langage : son raisonnement est clair, net et cohérent. Ses explications sont simples mais précises et ne sortent pas du sujet ; aucune n'est inutile. De plus, le Grand maître se montre toujours bienfaisant et sympathique, son expression est vivante et riche. Comme il donne souvent des séminaires à travers le monde, les organisateurs prévoient chaque fois, des interprètes en langue locale mais parfois, avant même que les phrases soient traduites, les applaudissements crépitent déjà dans la salle, tandis que les rires éclatent sans cesse, car les gens ont deviné le sens de ses paroles, grâce à ses gestes et expressions.

La gentillesse du Grand maître est aussi la raison pour laquelle il n'y a pas de distance entre lui et les autres. Par exemple, depuis que le Grand maître a commencé à tenir les séminaires bouddhistes dans les salles nationales, celles-ci affichent complet chaque fois et parfois, en voyant des retardataires qui ne trouvaient pas de place, le Grand maître les invitait directement sur l'estrade. Ce geste faisait chaud au cœur.

Le Grand maître dit souvent qu'il n'est pas fort en langues, mais chaque fois qu'il arrive dans un pays étranger, il s'efforce d'étudier les termes usuels de la langue concernée : bonjour en anglais : « Good Morning », merci : « Thank You », comment allez-vous ? en japonais : « おげんきですか », bonjour : « おはようでざいます », bonjour en malaisien « Khabar baik », merci en thaïlandais : « Khob Khun Ka », « Bonjour » en français, au revoir en espagnol : « Adios », merci en allemand : « Danke » etc. Puis, dans les rencontres, d'une manière toute naturelle, il surprend les disciples en les prononçant, et réduit ainsi la distance qui les sépare. Ceci montre bien l'empreinte de chaleur humaine, la gentillesse du Grand maître et aussi son caractère tellement humain.

Le Grand maître voyage à travers le monde, souvent les séjours sont très courts, cependant beaucoup de gens voudraient pouvoir le rencontrer. Que ce soit pour un enfant ou pour un simple citoyen, si le temps le permet, il essaie toujours de les satisfaire. Il y en a d'autres qui voudraient que le Grand maître leur dise une phrase ou un mot pour orienter leur chemin dans la vie. Mais s'il est facile de prononcer de longs discours, ce n'est pas le cas en n'utilisant qu'un mot ou une phrase et qu'il/elle soit bénéfique. Mais quand il pense qu'une telle phrase peut parfois transformer le destin d'un homme, en plus de donner sans cesse des « une phrase » aux gens, il emploie les maximes qui leur seront bénéfiques telles, « *Etre d'entière bonne volonté* », « *S'adapter à toutes les circonstances* », « *La philosophie d'être second* », « *Laisser les autres se servir de toi* », « *Suivre l'affinité sans se laisser entraîner* » etc. Ces maximes sont regroupées en une série de livres, intitulée « *Les cent histoires d'antan* ».

Depuis que les « *Les cent histoires d'antan* » ont été publiées, beaucoup de disciples, en lisant les « une phrase » du livre, en ont reçu de grands encouragements qui apportent la force dans leur vie. Ainsi, M. Wenqi, de Hong-Kong, expliquait que : Face aux problèmes de la vie quotidienne, il utilisait « *Telle est la destinée* » pour faire face ; quand il se sentait frustré, il utilisait « *Etre d'entière bonne volonté* » pour se consoler ; quand la paresse survenait, il utilisait « *Il y a un moment où l'on doit se reposer* » pour se mettre en réserve. En ce qui concerne les rapports entre individus, il se refugiait dans « *Mieux vaut créer l'affinité que la haine* ». Quant à la gestion financière, ce fut « *Seul l'argent utilisé est sien* », pour les questions de travail, « *Ne pas comparer, ne pas se préoccuper* ».

Le Grand maître regarde les gens avec compassion, ses écrits leur apportent lumière et espoir, ses discours sont remplis d'amour. Beaucoup de « une phrase » du Grand maître ont adouci le cœur des gens et apporté dans leur vie, couleur et force.

En outre, le respect qu'il a envers les gens est en lui-même une communication sans parole. Chaque fois qu'il rencontre une personne étrangère, même s'il ne comprend pas ce que dit l'autre, il ne le quitte pas des yeux pour lui montrer son respect.

Parce qu'il n'y a pas de barrière de langage dans son enseignement, le Grand maître a amené de plus en plus de personnes étrangères à s'intéresser au bouddhisme. Il a ainsi exporté le bouddhisme vers le monde et réalisé le vœu « Que la lumière du Bouddha éclaire les trois mille mondes ; que l'eau du Dharma coule sur les cinq continents ».

Répondre avec exactitude aux questions posées

Septièmement, le Grand maître a l'esprit vif, adroit et humoristique. Parfois, une seule phrase lui suffit pour répondre à une question embarrassante. Par exemple, En 1989, le Grand maître présidait « le groupe de IBPS » qui se rendait en Chine pour rendre visite à la famille. Baihua, l'auteur du roman « L'amour interdit », lui demanda : « Quel est le plus grand progrès dans la Chine d'aujourd'hui? » Il répondit clairement : « La réforme ! »

En 2000, le Grand maître est allé inaugurer la statue de Bouddha dans le hall de lecture Nantian de Fo Guang Shan en Australie. Le sénateur australien Ross Cameron lui demanda : « Parmi les dirigeants religieux actuels, lequel est le meilleur ? ». La réponse fut : « Celui que vous préférerez sera le meilleur ! »

Il y eut une période pendant laquelle la société de Taïwan était très agitée. L'émission de télévision « News' Plaza » invita le Grand maître pour une interview et Litao, le producteur de l'émission, lui demanda de résumer en une phrase la réponse à la question : « Comment améliorer le climat social ? » Il répondit : « Que tout le monde porte Bouddha dans son cœur ! »

Au printemps 2002, le Grand maître a proposé au monde bouddhiste taïwanais de se réunir pour accueillir *la relique de la phalange de Bouddha* prêtée par la Chine à Taïwan, dans le but de rapprocher les deux gouvernements. C'est là que le journaliste de la chaîne de télévision Fenghuang de Hongkong lui demanda : « A partir de maintenant, vous allez certainement encore jouer un rôle important, comment souhaitez-vous être considéré ? » Le grand maître lui répondit : « Comme un simple moine : je ne suis qu'un simple ordonné ».

Le 31 mars de la même année, *la relique de la phalange de Bouddha* était reconduite à la pagode Famen de Xi-an après un séjour de 37 jours à Taïwan. En atterrissant à l'aéroport de Xi-an, un journaliste lui demanda : « Quel est le premier mot que vous voulez prononcer maintenant ? » Il répondit : « Mission accomplie ».

Parfois, des gens viennent visiter Fo Guang Shan. Après avoir vu *la grande cité des bouddhas*, il leur arrive de dire d'un air méprisant : « C'est une culture de béton à Fo Guang Shan, les statues de bouddhas sont toutes en ciment. » Le Grand maître répondit avec humour : « Nous ne voyons que des bouddhas, nous n'avons pas vu de ciment ».

Dans les années 50, Taïwan était soumis au couvre-feu : toute réunion était interdite. Chaque fois que le Grand maître souhaitait se rendre à la campagne pour propager le Dharma, il y avait toujours des policiers pour l'en empêcher. Un jour, au milieu d'une lecture, les policiers sont arrivés, l'un d'eux lui ordonna : « Dis-leur de partir ! » Le Grand maître lui répondit : « Quand j'aurai terminé, ils partiront de leur plein gré ».

A part ces anecdotes, des gens, souvent, lui demandent :

« Y a-t-il des extra-terrestres ?

- Tous les bouddhas le sont !

- Pourquoi ne vieillissez-vous pas ?
- Je n'ai pas le temps de vieillir ! »

- Dans le monde, entre l'amour, la liberté, la vie, la fortune, lequel est le plus important ?
- Le Dharma, la causalité sont les plus importants.

- Où se trouvent les quatre Grands Bodhisattvas ?
- Avalokitésvara se trouve dans la Compassion ; Maitreya dans la force du vœu ; Manjusri dans la Sagesse, Samantabhadra dans la Pratique. »

Les réponses du Grand maitre sont pertinentes. Face aux questions délicates, elles fusent du tac au tac. Quelques phrases suffisent pour résoudre des problèmes difficiles. Par exemple, le lendemain de l'attaque terroriste 911 aux Etats-Unis, le journaliste du Los-Angeles Times M. Steve Young est venu au temple Hsi-Lai pour interviewer le Grand maître en lui disant : A la suite de cet événement, les gens se posent la question « Où est Dieu ? » Qu'en pensez-vous ?

Le Grand maître répondit : « On ne doit pas blâmer Dieu. Dans la foi, on ne peut mettre toutes les responsabilités sur le dos des autres, les karmas de chacun sont aussi responsables. On peut distinguer les bons karmas, les mauvais karmas, les karmas en commun et ceux en particulier. La croyance religieuse d'aujourd'hui devrait évoluer : au lieu de s'attacher à « Dieu », on devrait s'intéresser à « l'Homme ». Selon le bouddhisme, tout le monde est « Dieu », tout le monde est « Bouddha », tout le bien et le mal survenus dans le monde sont dus aux « Causes » (Karma) accumulées depuis toujours, pour arriver aux « Effets » d'aujourd'hui, additionnés, bien sûr, des « Conditions ». C'est pourquoi, la Causalité inclut Dieu, Bouddha, et aussi nous-mêmes.

Il y a plusieurs années, le fondateur du département de recherche du bouddhisme indien de l'Université Wenhua M. Zhangqiyun disait : « Le Grand maître Hsing-Yun déborde de trésors, il est unique en notre siècle ». Pourquoi ? Parce qu'il y a le Dharma. Et l'esprit adroit et humoristique du Grand maître est en fait, l'image de la sagesse.

Mettre en concordance les paroles et les actes

Huitièmement, le Grand maître est un homme de parole, ses paroles et ses actes sont concordants, les dharmas qu'il expose sont ceux qu'il a réalisés lui-même et donc convaincants. Par exemple, il apprend aux disciples de Foguang à « Apporter aux autres la confiance, la joie, l'espérance, l'aisance ». Quand il voyage à l'étranger, il n'aime pas déranger les disciples et pourtant, il y a toujours beaucoup de gens qui viennent, soit à l'aéroport, soit au lieu de culte pour dire bonjour ou au revoir. Alors, quelle que soit la durée du voyage ou la fatigue physique, il leur adresse quand même un discours, en espérant leur apporter un peu de dharma, un peu de joie.

Cette manière d'apporter aux autres, la confiance, la joie, l'espérance, l'aisance, est en fait une révélation de sa compassion. Cette compassion, il en a été imprégné depuis l'enfance par sa grand'mère maternelle, qui était une bouddhiste pratiquante, ce qui fait qu'étant tout petit, il n'osait pas tuer un moustique, une mouche, une fourmi ... au contraire, il les aimait beaucoup.

Autres exemples : Dans les campagnes, on ne donne à manger aux chiens qu'une fois par jour et le plus souvent le soir, alors, souvent, il se privait de manger pour le donner aux chiens. Les animaux qu'il élevait, tels les pigeons, les poussins, les oiseaux, il ne voulait pas qu'on les tuât et il lui est arrivé de sauver une poulette blessée qui a fini par grandir et pondre. Après la création du monastère Fo Guang Shan, on trouvait souvent des pigeons ou des écureuils blessés ; il s'est occupé d'eux, les soignant et leur donnant des noms. Avant l'existence du monastère, Fo Guang Shan était un lieu désert, maintenant, on peut y entendre les chants de centaines d'espèces d'oiseaux. C'est là qu'on peut sentir l'immense compassion, la sagesse et le vœu du Grand maître.

Le Grand maître a nourri une grande compassion dans son enfance et, encore aujourd'hui, il cultive toujours ce concept. Il dit souvent à ses disciples : « On peut perdre n'importe quoi dans la vie, seule la compassion est indispensable. » Il rappelle aussi souvent aux parents, d'inculquer aux enfants la compassion et ne pas leur permettre de jouer avec la vie des petits poissons, des petites crevettes ou d'autres petits animaux. Comme disait l'auteur de « *L'immense Hsing-Yun* » M. Linqingxuan : « La pensée, l'esprit, les idées du Grand maître apportent non seulement à la société d'aujourd'hui une révélation, mais exercent une influence profonde pour le futur. Son comportement compatissant est aussi un exemple à suivre. »

Le Grand maître est né à la campagne. En raison de la pauvreté de sa famille et aussi grâce à l'influence de sa grand'mère maternelle, il s'est forgé un caractère courageux. Souvent, pendant que les adultes travaillaient à l'extérieur, il nettoyait et mettait la maison en ordre afin de ménager aux parents, une heureuse surprise à leur retour. De même, faire bouillir l'eau, cuire le riz, couper du bois, labourer, repiquer les plants de riz etc., il a tout fait. Avec toutes ces expériences, il a appris à connaître l'importance de la réalité et non à se satisfaire de la seule théorie. C'est pourquoi il dit toujours : « Le bouddhisme humaniste ne consiste pas à répéter sans cesse les slogans, ni les théories, mais à les appliquer dans la pratique de tous les jours. » Et il est bien qualifié pour parler ainsi.

Une vie entière à propager le bouddhisme humaniste

Le bouddhisme parle de « rembourser les quatre dévouements », le Grand maître préserve un cœur de gratitude : « pour la grâce d'une goutte d'eau reçue, je la rends par une cascade ». Par exemple, durant son ordination, le vénérable Yuezi était le maître de cérémonie. C'est alors que le Grand maître commit une faute d'inattention. Heureusement le vénérable Yuezi était juste à côté pour le couvrir. Le Grand maître ne l'a jamais oublié et, après la création de Fo Guang Shan, il est allé expressément à Hong-Kong pour l'inviter à devenir Abbé à Taïwan.

Au moment où le Grand maître et d'autres ordonnés, ont été accusés d'espionnage et emprisonnés, la grande bienfaitrice du bouddhisme, Mme Shun-Zhanqingyang a employé tous les moyens pour les faire libérer. Par la suite, elle n'a jamais cessé de soutenir le bouddhisme toute sa vie. Après son décès, le Grand maître, voulant lui rendre grâce, s'est occupé de ses funérailles et l'a installée dans le mausolée de Fo Guang Shan, de même pour M. Zhangjianfen de Sanxiang et M. Zhaomaolin de Jiangsu. Le Grand maître dit toujours : « Je le fais pour le bouddhisme ».

Quand il était à Qixia, une année où il était gravement malade, son maître lui a envoyé un demi-bol de légumes macérés. Il les a mangés avec émotion, en émettant le vœu d'être un bon moine pour remercier de l'amour du maître et ce vœu, il l'a bien accompli.

Le Grand maître respecte ses promesses et il les tient toute sa vie. Il est entré dans les ordres à l'âge de douze ans, à la suite d'une promesse. De même, la création de Fo Guang Shan est également le résultat de promesses qu'il avait faites à ses disciples. D'autres entreprises encore, tels les collèges, universités et lieux de culte, ont été réalisées après avoir promis.

Pour respecter ses promesses, le Grand maître a souvent dû faire de longs trajets. Etant la plupart du temps aux Etats-Unis, il lui est arrivé de devoir subir un voyage en avion de quinze ou seize heures pour donner un séminaire, promis, l'année d'avant, à Taïwan. On peut penser qu'un séminaire n'est pas chose très importante et qu'il est possible de l'annuler ou le reporter. Mais le Grand maître, pour tenir parole, préfère subir la fatigue du voyage et ne pas modifier la date. C'est pourquoi, par la suite, il évitait de s'engager sur des activités décidées trop à l'avance, de peur de ne pas pouvoir respecter sa promesse.

Le Grand maître dit qu'il ne possède pas beaucoup de qualités, mais il se sait « raisonnable », « homme de parole » et « ponctuel ». A cause de sa ponctualité, il a parfois dû perdre du temps à attendre et il s'est déjà moqué de lui-même en disant : « J'ai ainsi *attendu* toute ma vie. » En effet, que ce soit pour prononcer un discours ou donner un séminaire, il arrive toujours dix minutes à l'avance, de peur de se faire attendre. En réalité, depuis plus de trente ans, toutes les activités organisées par Fo Guang Shan auxquelles participait le Grand maitre commencèrent toujours à l'heure. Avec ses disciples, parfois, il se montrait même une ou deux minutes plus tôt et pour les réunions en public, il attendait l'heure exacte pour faire son apparition, de peur que certaines personnes ne soient pas encore arrivées et il disait : « Trop tôt est aussi un défaut ».

D'habitude, le Grand maître est toujours en avance et certains disciples lui disent : « Tu es le maître, pourquoi est-ce toi qui dois attendre ? » Il répond toujours en souriant : « Attendre est une culture morale, attendre est une pratique, attendre est un art. » (*Ainsi dit*)

Le Grand maître a dit : « L'établissement de l'ordre et du règlement de Fo Guang Shan est dû à plusieurs raisons mais, être à l'heure, est aussi une qualité très importante qui aide le monastère à maintenir sa discipline. » Comment le Grand maître a-t-il pris cette habitude ? Cela date de son enfance, du temps où il étudiait les Cinq Classiques et les Quatre Livres dans une école privée. Il a entendu les petits élèves de l'école occidentale d'à côté qui répétaient : « Aller à l'école en short et en chemisier, ne pas être en retard, même d'une minute ». Il trouva la phrase simple et facile à retenir, alors il la répétait sans cesse dans sa tête. Par la suite, quand il dit aux gens de dicter le nom de Bouddha, il ajoute : « Je dicte l'heure et je respecte l'heure toute ma vie ; si vous dictez le nom de Bouddha, comment est-il possible que vous ne deveniez pas Bouddha ? » (*Ainsi dit*)

Le Grand maître ne demande jamais à un disciple de lui servir quelque chose, il le fait toujours lui-même. Son comportement émeut souvent les gens qui demandent à être bénévoles et lui, pour les remercier, il est souvent « le bénévole des bénévoles ». Il enseigne toujours à ses disciples en leur montrant l'exemple. Ainsi, au début de la création du Collège de bouddhisme oriental, certains professeurs venaient de Taipei. Pour gagner du temps, souvent, ils arrivaient le samedi soir pour donner classe dans la journée du dimanche. Chaque samedi soir, le Grand maître les attendait au portail du monastère, leur préparait de quoi manger et organisait leur hébergement avant de regagner ses quartiers.

Pour financer la construction des écoles, il passait des nuits entières dans les funérariums pour dicter les sutras, c'est ainsi qu'il a incité Mlle Lixingtao (la Vénérable Tzu-Chuang) à entrer dans les ordres. Pendant les fêtes de la nouvelle année, il allait lui-même dans la cuisine pour préparer les pâtes, réservant les dons des visiteurs au financement des écoles. Au début de la création de Fo Guang Shan, comprenant que les talents sont primordiaux pour la propagation du bouddhisme, il a envoyé les disciples Tzu-Chuang, Tzu-Hui, Tzu-Jung, Tzu-Jia, Tzu-Yi, Yi-kong à l'étranger, dans le but d'en faire des enseignants d'élite. Nous voyons là le grand vœu d'éducation du Grand maître, de même que l'ampleur de sa vision et la profondeur de sa sagesse.

Toutes les pensées du Grand maître sont concentrées sur la propagation du « bouddhisme humaniste ». Comme le disait le vénérable Tzu-Jung : « Tous les discours du Grand maître, toutes les entreprises bouddhistes qu'il a créées, de même que son comportement dans la vie quotidienne, rien qui ne représente les conceptions et les pratiques du bouddhisme humaniste. » (*Universal Gate Buddhist Journal. Le Grand maître, révolutionnaire de l'histoire du bouddhisme*)

Faciliter la résolution des querelles

Neuvièmement, le Grand maître s'exprime avec beaucoup de tact, il est objectif, juste et clairvoyant et il arrive toujours à mettre tout le monde à l'aise. C'est pourquoi il est souvent sollicité pour résoudre les querelles. On le surnomme « le Luzhonglian du bouddhisme ». Après son intervention, les querelles sont souvent résolues.

Par exemple, en 1967, Mme Yu-Jianyucan du district de Yilan, était candidate à l'élection au Sénat et elle a battu son adversaire,

M. Zhangxueya, de 42 voix. Mais, à l'époque, le parti Kuomintang voulait un élu masculin et le lendemain de l'élection, c'est M. Zhangxueya qui a été proclamé vainqueur. Mme Yu-Jianyucan était très mécontente et a décidé de porter plainte. Comme elle est bouddhiste, les caciques du parti sont allés trouver le Grand maître pour lui demander de la dissuader. Connaissant la gravité de la situation, le Grand maître accepta d'essayer. Justement à cette époque, il venait de reprendre la direction du « Centre d'aide Lanyang » (devenu par la suite « la maison de charité Yilan »). Il était prévu d'attribuer le poste de directeur au disciple laïc M. Lijuehe, le Grand maître a donc demandé à M. Lijuehe de céder ce poste à Mme Yu-Jianyucan. M. Zhangxueya et Mme Yu-Jianyucan ont eu satisfaction tous les deux et une guerre fut ainsi évitée. (*Les cent histoires d'antan. Arbitrer une querelle n'est pas une affaire simple*)

Au début de 1971, le maire de la ville de Kaohsiung M. Wangyuyun et le sénateur Mme Zhaoxiuwa se querellaient et aucun des deux ne voulait céder. L'affaire a été portée en justice mais les divers arbitrages du gouvernement sont restés vains. Le bureau du parti à Kaohsiung a demandé l'aide du Grand maître qui les a invités à Fo Guang Shan, c'est ainsi que l'affaire a été enfin résolue. (*Les cent histoires d'antan. Arbitrer une querelle n'est pas une affaire simple*)

En 1994, le maire de la commune de Dasu M. Huangdengyong a demandé à la base militaire navale de payer un montant annuel de dix millions de yuans au titre de « compensation de l'utilisation de l'eau potable », faute de quoi il allait ordonner la fermeture des dix puits que l'armée avait creusés sur le territoire de la commune et, à partir du 20 juin, procéder à la coupure de l'eau et de l'électricité. Le général Gaofapeng est allé à Fo Guang Shan pour expliquer la situation au Grand maître et lui demander de l'aide. Ayant mesuré la gravité du problème, le Grand maître a téléphoné au chef du district Kaohsiung, Mme Yu-Chenueying et demandé aux deux parties de venir à Fo Guang Shan pour essayer de trouver une solution. Finalement, les deux parties se sont mises d'accord, M. Huangdengyong a reporté le délai afin que l'armée puisse s'approvisionner. (*Les cent histoires d'antan. Arbitrer une querelle n'est pas une affaire simple*).

De même, l'événement « Kwan-yin, ne pars pas ! » au parc public N° 7 de Taipei, celui du « Déménagement de l'entreprise Qingtianshen » de la commune Dasu, la querelle entre le producteur M. Lingfeng et l'impresario M. Xiayushun de l'émission « Huit mille li de route avec les nuages et la lune », dissuader M. Wubexong de se présenter à l'élection au poste de gouverneur etc... Tous ces problèmes ont pu être résolus grâce à l'arbitrage du Grand maître.

Parfois, entre les disciples du Fo Guang Shan, il peut y avoir quelques frictions. Par exemple, un jour, une Shigu chef de service, se plaignit au Grand maître en disant qu'elle ne savait pas comment diriger deux ordonnés de son groupe. Le Grand maître répondit : « Suivant les règlements bouddhistes, les disciples laïcs doivent le respect aux ordonnés mais, suivant la réglementation du travail, les ordonnés doivent aussi respecter leur chef de service, même si celle-ci est laïque. » C'est pourquoi le Grand maître pensait que cette question ne pouvait pas être abordée comme une simple querelle de personnes et ne pouvait être arbitrée en quelques phrases. Il fallait partir du travail quotidien, éclairer ces personnes avec capacité, pour qu'elles arrivent à se respecter, se tolérer.

Pour résoudre des problèmes difficiles ou pour arbitrer les querelles, le Grand maître pense que : « Si l'on s'en mêle, il faut alors avoir la clairvoyance ». Quel que soit le problème, quel que soit l'homme, ses jugements sont remplis de sagesse, il est objectif et juste, de plus, il pense à tout et il parle avec tact, c'est pourquoi les deux parties sont toujours satisfaites.

Si le Grand maître arrive toujours à dissiper des rancunes profondes, une autre raison importante en est qu'il ne considère pas l'arbitrage comme un problème ordinaire. Il se met toujours à la place des gens pour réfléchir. Comme son expérience de la vie est riche, il arrive toujours à les guider avec ses propres exemples. Parfois, il n'hésite pas à offrir ses intérêts propres, pour que les deux parties soient équitablement satisfaites.

« Que tout le monde soit satisfait » est en fait l'expression « win-win (Gagnant-Gagnant)» de l'homme moderne. Dans « *Entre l'ignorance et l'illumination. Les négociateurs* », le Grand maître écrit : « La négociation la plus réussie est celle qui tient compte, en même temps, des intérêts des deux parties ». Selon lui, « le plus important dans une négociation est de se baser sur le respect mutuel des deux parties. Il ne faut pas se centrer trop fort sur ses propres intérêts, il faut savoir communiquer, s'arranger avec patience ; seuls ceux qui savent respecter, communiquer, s'arranger font de bons négociateurs ».

Dans ses arbitrages, il arrive toujours à satisfaire les deux parties et atteindre le résultat « win-win », aussi on peut dire qu'il est un bon négociateur, un spécialiste de l'arbitrage, sans exagérer le moins du monde.

Nourrir le cœur de l'homme ordinaire avec le Dharma

Enfin, le Grand maître est compatissant et sincère : Dans sa jeunesse, il a appris à ne pas être agressif, il ne lance facilement, ni critique, ni reproche, il laisse toujours aux gens une alternative, sa compréhension, sa gentillesse leur apportent une grande douceur ; ceux qui l'ont côtoyé ont été ravis de sa compagnie et aussi émus par sa sincérité. Par exemple, pour montrer sa gratitude envers ses anciens maîtres, les Vénérables Xuefan et Yuanzan, il les a invités à faire un petit séjour à Hong-Kong. Comme ils avaient dû abandonner l'Ordre pendant la « Révolution culturelle », il leur disait : « je vous remercie de vouloir revenir dans l'Ordre du bouddhisme. Ce qui s'est passé n'est pas de votre faute, ce fut la tragédie de l'époque, c'est l'époque qui vous a trahis. »

Parfois, parmi les personnels de Fo Guang Shan, il y a aussi ceux qui ne remplissent pas les conditions et qu'on doit renvoyer. Chaque fois, le Grand maître leur parle d'abord de leur famille, de leur travail. Il les remercie de l'effort qu'ils ont fourni puis il leur explique les raisons pour lesquelles il doit les renvoyer. Il leur donne toujours deux mois de salaire supplémentaires comme dédommagement. Il ne formule jamais aucun reproche, aussi les gens ne se sentent pas humiliés et partent sans rancune.

Il ne sermonne pas facilement les gens : si tu as commis une faute, ou dit une sottise, il te l'explique calmement. Même face à ceux qui sont vraiment insupportables, il ne leur dira pas « Ce n'est pas bien ce que tu as fait », mais « Ce sera mieux si tu fais ainsi ». Il laisse toujours aux gens une alternative, un espace pour se retourner.

Le Grand maître est tolérant et généreux, il ne brime jamais ceux qu'il emploie, il leur accorde toujours tolérance et respect. Mais souvent, il reçoit en retour de la jalousie, des critiques, des diffamations, des obstacles, des attaques. Par exemple, durant des dizaines d'années, il n'arrivait pas à entrer en contact avec l'Association Bouddhiste Chinoise : chaque fois, la demande de visa restait sans réponse. De même, avec l'Association Amicale Mondiale des Bouddhistes, il n'arrivait pas à trouver l'affinité entre eux. C'est seulement en 1992 que la 18e Assemblée Générale de l'Association Amicale Mondiale des Bouddhistes fut organisée à Fo Guang Shan et qu'on y a enfin élu le Grand maître « Eternel Président Honoraire ». Pourtant, la 16e assemblée générale organisée en novembre 1988 à Hsi-Lai Temple, aux Etats-Unis, avait été prise en charge par le Grand maître, de même que la 20eme, organisée en octobre 1998 à Nan-Tian Temple en Australie.

Bien qu'il ait subi d'énormes injustices et d'immenses peines, il utilise toujours sa grande capacité de tolérance pour endurer. L'écrivain hongkongaise Melle Yeliling disait : « Les gens utilisent des verres déformants pour analyser ce propagateur de Dharma, qui est pourtant rempli de sagesse et empreint de chaleur humaine. Si le Grand maître Hsing-Yun n'avait pas développé le bouddhisme d'aujourd'hui comme une entreprise sociale, les gens garderaient encore une mentalité de croyance aveugle et, à dire vrai, on ne verrait pas tant de jeunes se dire bouddhistes. »

Comme il est dit : « La gloire est toujours talonnée par la calomnie ». Bien que les gens lui réservent le respect mais aussi les calomnies, le Grand maître n'attache d'importance, ni aux louanges, ni aux critiques. Il sait parfaitement s'adapter, et trouver le bon côté des choses. Pour ses yeux de sage, même les choses les plus ordinaires peuvent contenir d'immenses dharmas ; aussi tout ce qu'il dit et fait, peut emmener les gens vers le meilleur, la bonté, la beauté, la vérité.

Aux yeux du Grand maître, le bouddhisme est une religion de vérité, de bonté et de beauté. Quand on cherche la vérité, on ne triche pas, on œuvre avec honnêteté ; quand on cherche la bonté, on cultive la compassion, on pose de bons actes, on crée de bonnes affinités ; quand on cherche la beauté, on s'efforce d'embellir son environnement, de lui apporter une touche artistique. Pour arriver à l'état de vrai, de bon et de beau, dans ce monde, il n'y a que le bouddhisme. » (*Réponses à l'interview de la journaliste de « Haixia-xibao » de Singapour, Mlle Gaochin*)

Le Dharma selon le Grand maître se définit ainsi : « Ce que le Dharma nous apporte est un royaume bien étendu et non une seule Terre. Face à cela, la réussite individuelle est vraiment peu de chose. Mais le royaume du Dharma n'est pas non plus très grand, car il est dans notre cœur, donc notre cœur est encore plus grand que le royaume du Dharma. Le Dharma peut élargir notre pensée, transcender notre nature, c'est pourquoi le bénéfice que l'homme en reçoit est immense, sans limites et sans mesure. » (*Réponses à l'interview de la journaliste de « Haixia-xibao » de Singapour, Mlle Gaochin*)

Le Grand maître va fêter ses quatre-vingts ans et il continue à utiliser la méthode de « *vulgarisation* » pour propager le Dharma. Durant une longue période, il donnait tous les jours des émissions religieuses, simultanément sur les trois chaînes de télévision Huashi, Zhongshi, Taishi, telles « Les paroles-Chan de Hsing-Yun », « Les stances, par Hsing-Yun », « Les illustrations, par Hsing-Yun », « Hsing-Yun parle ». Ces émissions étaient toutes présentées dans un langage simple pour expliquer des termes, des contes, des chants et des théories souvent fort compliqués. Le discours étant facile à comprendre, les émissions du Grand maître suscitaient une foule d'échos favorables : certains jeunes, dépressifs, le remerciaient de leur redonner le goût de vivre, des couples le remerciaient pour avoir sauvé leur mariage, certaines belle-mère et leur bru le remerciaient de leur avoir permis de retrouver l'harmonie familiale, des vieilles personnes isolées le remerciaient de leur apporter un soutien moral. Tout cela le conforte encore plus dans sa conviction que « seule la vulgarisation pourra permettre aux gens ordinaires de connaître et d'accepter le bouddhisme. » (*Les cent histoires d'antan. C'est en ayant l'idéal qu'il y a réalisation*)

Je cite les paroles du Professeur Chenbin : « Le Grand maître sait bien parler, exposer, écrire, éditer des livres pour les hommes d'aujourd'hui. Il emploie des mots simples pour exprimer des concepts difficiles. Il a libéré le profond Dharma des bibliothèques des pagodes, en le transformant en source de dharma pour arroser le cœur asséché des hommes. » (*Universal Gate Bouddhist Journal. Right Dharma, Light Back on: Humanistic Buddhism in the Hands of Master Hsing-Yun)*

La description du Professeur Chenbin est vraiment appropriée et pleine de vie.

Chapitre II

Propager le Dharma pour apporter bénéfice aux êtres vivants

Une méthode différente pour promouvoir le Dharma

La floraison et le flétrissement de l'arbre Bodhi se succèdent mainte fois,
Le Mont des vautours reste silencieux et attend qu'on le réveille ;
Pourtant, il ne faut pas pleurer son assombrissement,
La propagation du Dharma est en fait la besogne du Sangha.

Ce poème est celui que le Vénérable maître Taixu a écrit quand il a fêté son cinquantième anniversaire sur le Mont des vautours, en voyant le dépérissement du bouddhisme indien dont seules sont restées les ruines, pour la contemplation des générations futures. Maître Taixu avait passé sa vie à vouloir faire prospérer le bouddhisme et, dans un moment d'émotion, il a laissé ces lignes.

« Promouvoir le Dharma et en faire bénéficier les êtres humains » ont toujours été les missions du Sangha. Comme il est dit : « Promouvoir le Dharma est comme une tâche ménagère, en faire bénéficier les êtres humains est toute une entreprise ». Dans toute l'histoire du bouddhisme, les pagodes ont toujours organisé des actions bénéfiques : planter des arbres pour créer les forêts, creuser des puits et ouvrir des canaux, construire des ponts et faire des routes, construire des moulins, des bains douches, aider les sinistrés, ouvrir des consultations pour les malades et leur donner des médicaments, héberger les voyageurs, aider les personnes âgées et les enfants, créer des cimetières, des écoles gratuites etc. Grâce aux entreprises apportant bénéfice aux hommes et améliorant leur vie, le bouddhisme a pu pénétrer la société, être demandé et accepté par les gens et devenir florissant.

Cependant, après les dynasties Shui et Tang, le bouddhisme s'affaiblit de jour en jour et plus encore après les dynasties Ming et Qing. Avec l'intervention de la politique, le bouddhisme a dû se retirer et se détacher du monde. De plus, dans le passé, le bouddhisme avait l'habitude de préférer le dharma transcendant et négligeait le dharma mondain. Généralement, les disciples bouddhistes ne prêtaient pas attention aux problèmes vitaux, ils ne cherchaient qu'à se libérer. Les gens en déduisaient que le bouddhisme était une religion pessimiste et misanthrope et ils le rejetaient.

L'origine de la création des activités promouvant le Dharma

Le Grand maître est entré dans les ordres à l'âge de douze ans, à la suite d'une promesse. Par la suite, il s'aperçut qu'en raison de la théorie d'auto libération, datant des périodes Ming/Qing, le bouddhisme de l'époque était rejeté par la société car, généralement, les pagodes n'organisaient pas de lectures ni d'activités religieuses, et encore moins des activités de charité et d'intérêt public. Les pagodes restaient fermées toute l'année et n'étaient ouvertes qu'aux seules les fêtes de dharma, pour permettre aux disciples de révérer et se repentir. C'est pourquoi, la société de cette période avait une mauvaise opinion du bouddhisme : elle pensait que les ordonnés étaient des « non-productifs ».

Face à ce genre de critiques, une idée prit naissance dans l'esprit du Grand maître : la mission de faire renaître la prospérité du bouddhisme. Il se rendit compte que : « Si le bouddhisme veut un avenir, il faut qu'il développe des entreprises. » (*Ainsi dit*)

Cette manière de penser date en réalité chez lui, de bien longtemps avant, avant même qu'il soit entré dans les ordres. Comme il accompagnait souvent sa grand-mère pour offrir l'encens et faire des révérences dans les pagodes, il voyait dans les grands halls, des statues de bouddhas, de dieux, de gardiens, de yamas etc., toutes fort grandioses et respectables. Par contre, on ne voyait aucune autre activité, ni ne ressentait l'affection des bouddhas envers les êtres humains. Dans son petit cerveau, il pensait déjà que cela n'était pas le vrai bouddhisme car pour lui : « Le vrai bouddhisme est d'apprendre aux hommes comment se libérer pour vivre sans souci, comment obtenir le bonheur et la joie. Si l'on n'arrive pas à propager ces conceptions et à développer des entreprises bénéfiques, que signifie donc le bouddhisme dans la vie ? » (*Ainsi dit*). En fait, dés cette époque, cette idée a déjà semé dans sa conscience la graine de révolution du bouddhisme et l'un de ses grands ouvrages visant au développement du bouddhisme, sera de créer différentes entreprises bénéfiques.

Le grand maître pense que chacun doit avoir une profession, surtout les moines bouddhistes qui doivent avoir comme concept et mission : « Promouvoir le Dharma est la tâche ménagère, faire bénéficier les êtres humains est l'entreprise ». Il propose que le sangha d'aujourd'hui ait comme objectifs : d'« enseigner des sutras, exposer des théories bouddhistes, écrire et éditer des livres, organiser des œuvres de charité, administrer les associations du culte, organiser une propagation de grande envergure, diriger la pratique d'ensemble, ainsi que servir les pagodes, créer davantage d'entreprises bouddhistes, pour continuer à faire prospérer le bouddhisme. » (*Comment être un homme Foguang. 8e lecture*)

C'est grâce à ce serment de l'époque que le Grand maître Hsing-Yun a, durant presque cinquante ans de vie monastique, conservé son idée de départ et s'est efforcé de la réaliser. C'est grâce à ce serment qu'existe le Fo Guang Shan d'aujourd'hui, avec plus de deux cents lieux de culte répartis sur les cinq continents et plus de cent associations de la BLIA dans plus de 70 pays dans le monde. Et tous appliquent tous les jours les quatre objectifs « Développer les talents par l'éducation, propager le Dharma par la culture, améliorer la vie en société par la charité, purifier le cœur par la pratique en commun ». Ils impulsent d'un même pas, les différentes activités et entreprises bouddhistes, conduisent habilement les hommes des différents niveaux de la société, vers une approche et une connaissance du bouddhisme et permettent ainsi au bouddhisme d'aller vers la société, vers les familles, vers la vie, vers le cœur de l'homme. Actuellement, sous l'effort de tous les *« hommes Foguang »*, non seulement le bouddhisme se développe d'une manière éclatante à Taiwan mais la semence du bouddhisme humaniste a pu être semée sur les cinq continents, réalisant ainsi le vœu : « Que la lumière du Bouddha éclaire les trois milles mondes ; que l'eau du Dharma coule sur les cinq continents ».

La création des entreprises et la promotion des activités bouddhistes sont en fait des moyens subtils pour répondre aux besoins de la vie et aux différentes affinités de chacun. Grâce à ces entreprises et activités, le bouddhisme se propage à travers le monde, pénètre dans la vie quotidienne, répondant ainsi à l'idéal du « bouddhisme humaniste ». Ainsi, cette méthode moderne d'un enseignement rempli de chaleur humaine et qui correspond à la vie, à l'époque, à la société, aux intérêts publics, est une partie importante de la pratique du bouddhisme humaniste du Grand maître.

Des profondes attentes, aux hommes de Foguang

« Le bouddhisme a besoin de créer des entreprises pour promouvoir le Dharma ». On peut dire que cette pensée se trouve partout dans les discours et les ouvrages du Grand maître et surtout dans « *Comment être un homme Foguang* ». Par exemple, dans la première lecture, il dit : « Pour un homme Foguang, c'est d'abord l'entreprise, puis soi-même », en plus, « la sainte mission du bouddhisme du futur, repose sur les entreprises du dharma ; l'éducation, la culture, les œuvres de charité, les activités et pratiques en commun sont tous des moyens subtils de propagation. » A cause de l'influence des dynasties Ming-Qing, les activités bouddhistes étaient devenues quasiment inexistantes et la qualité du sangha diminuait, la raison principale en étant due au manque d'entreprises. Les disciples, à part des cérémonies d'enterrement ou de prières, ne savaient pas qu'existaient d'autres liens entre le bouddhisme et eux ». Vint le Grand maître qui déclara : Les hommes de Foguang doivent avoir pour mission de « créer des entreprises pour promouvoir le bouddhisme et en faire bénéficier autrui », émettre le vœu « Que tous les hommes puissent s'éloigner de la souffrance, ne pas chercher ses propres bonheur et joie », et surtout celui d' « utiliser ces entreprises pour s'offrir aux trois joyaux et à tous les êtres vivants. »

Le Grand maître nourrit de profondes attentes envers les hommes-Foguang et, en même temps, il se sent heureux que les talents déployés ces dernières années par Fo Guang Shan et les autres associations bouddhistes, se soient exercés dans les maisons de retraite, les orphelinats, les crèches, les jardins d'enfants, les écoles, les rédactions de journaux et de magazines, les stations de radio et de télévision, les salles de conférence, les hôpitaux, les maisons d'édition, les bibliothèques etc. Il dit : « Notre entreprise a catapulté le développement du bouddhisme. » (*Comment être un homme Foguang. 1ere lecture*)

Dans la *2e lecture*, il ajoute : « L'homme-Foguang doit d'abord considérer la vie mondaine avant de penser à la vie transcendante », car, « bien que dans l'esprit du Mahayana, il y ait la notion de pensée transcendante, il faut d'abord faire des actions mondaines, faute de quoi on se détache de la vie réelle. Si on répète tous les jours, les slogans de « transcendance », on ne s'intéresse pas à la Patrie, à ses parents, à ses amis et ses concitoyens, alors, croit-on pouvoir être accepté par la société ? ». Ainsi, « L'homme-Foguang doit être convaincu que le seul et unique moyen de faire prospérer le bouddhisme, est de posséder d'abord des entreprises mondaines avant de rechercher le refuge transcendant ! »

Selon le Grand maître, « les hommes-Foguang doivent d'abord aider les vivants avant d'aider les morts ». Il ne nie pas le fait que « les mérites d'aider les morts peuvent créer les affinités de l'aide des vivants : une cérémonie d'enterrement bien réglée peut non seulement aider le défunt, mais aussi créer des affinités pour les vivants et les inciter à se rapprocher du bouddhisme. » Mais il croit que : « L'homme-Foguang doit d'abord s'armer avec la pratique des six Paramitas et les quatre Samgrahas ; les Bhiksus-Foguang doivent avoir pour but d'exercer les métiers de médecins, enseignants, missionnaires, ingénieurs, leaders etc. ; les Bhiksunis-Foguang les métiers d'infirmières, institutrices, professeurs de musique, de dessin, de lettres etc. Les laïcs-Foguang doivent encourager le vrai Dharma et le vrai Dharma, c'est le bouddhisme qui aide les vivants avant les morts ! » Et il ne se gêne pas pour dire : « Les apôtres du bouddhisme humaniste doivent connaître, non seulement les sutras, mais aussi posséder des connaissances générales, telles l'astronomie, la géographie, les sciences politiques, l'écriture, mais aussi les expériences religieuses et les comportements respectueux. Si on ne se munit pas de toutes ces connaissances, on ne pourra pas accomplir le travail d'aider les vivants. » (*Comment être un homme-Foguang. 2e lecture*)

C'est justement parce qu'« il est difficile d'agir pour aider les vivants, et facile d'accomplir les mérites pour les morts » et que « les cérémonies religieuses permettent de survivre, si bien qu'elles deviennent le métier des moines en général », que « le Sangha, symbole des maîtres de l'homme et des dieux, se perd à exercer le métier de réciter les sutras, trompe les hommes et gaspille de multiples talents. » (*Comment être un homme-Foguang. 2e lecture*). Ainsi, dans la 8e lecture, le Grand maître précise que « l'homme-Foguang ne considère pas la pratique des cérémonies religieuses comme un métier » : les cérémonies religieuses ne devraient être qu'« un des moyens pour lier l'affinité avec les disciples, elles ne peuvent devenir une profession ; les hommes-Foguang doivent garder une mentalité de sincérité et accomplir les cérémonies dans les règles, surtout ne pas les laisser devenir une pratique quelconque, instaurée dans le but de satisfaire les clients ». Pour le Grand maître, les services religieux devraient être « purifiés pour devenir une pratique d'éveil des hommes et aussi devenir un moyen subtil pour promouvoir le Dharma. »

Dans la 9e lecture, le Grand maître souhaite profondément que : « Nous, les hommes-Foguang, non seulement nous devons proposer les dharmas dans les salles de conférence nationales, mais nous devons aussi aller dans les campagnes pour guider les gens dans leur pratique du bouddhisme. Non seulement, nous devons organiser les œuvres de charité pour aider les pauvres et les sinistrés, mais il nous faut aussi développer l'éducation culturelle et semer des graines Bodhi. Non seulement nous devons guider les jeunes, mais aussi les enfants en bas âge, pour que les torches du Dharma brûlent indéfiniment. Non seulement nous devons élargir notre Ecole, mais encore la tourner vers l'extérieur, vers le monde entier. » Il pense sincèrement que tous les moines devraient pouvoir émettre le grand vœu de dire « on peut ne pas avoir de pagode, mais on ne peut pas ne pas avoir de mission ; on peut ne pas avoir de connaissances, mais on ne peut pas ne pas avoir de vertu ; on peut ne pas avoir de moyens, mais on ne peut pas ne pas avoir de dévotion. » (*Foguang textbook. Les connaissances bouddhistes. L'architecture bouddhiste*)

Le développement du nouveau destin du bouddhisme humaniste

Le concept de la création des entreprises bouddhistes du Grand maître, a certes été développé en raison du contexte historique et des facteurs environnementaux, mais une grande partie en est également due à l'influence de son maître, le Vénérable Zhikai. Comme il disait dans *Les cent histoires d'antan – Etre d'abord vache et cheval, dragon et éléphant ensuite*: « Mon maître, le Vénérable Zhikai était un entrepreneur en bouddhisme : en dehors d'enseigner à ses élèves, il avait ouvert l'école secondaire Zhongyang, le Vinaya-collège Qixia et, en même temps, il s'intéressait de près au développement économique du bouddhisme, il imitait la pratique d'autosuffisance du Grand maître-Chan Baizhang, il entretenait les forêts, créait des fermes, des briqueteries, des teintureries ... ».

Les exemples que lui proposait son maître, « la vie du Chan-agraire » du Maître-Chan Baizhang, puis « la vie du Chan-industriel » du Grand maître Taixu, ont tous exercé sur lui une grande influence. En plus, son tempérament personnel recélait le désir et le vœu de promouvoir le bouddhisme humaniste. C'est ce qui le poussa à déclarer la guerre à la tradition. C'est aussi parce qu'il a eu le courage de proposer des changements que le bouddhisme humaniste d'aujourd'hui peut connaître et développer un nouveau destin.

S'agissant de la lutte contre la tradition et de la modernisation, nous en parlerons plus tard. Je vais d'abord vous présenter succinctement ici, les entreprises et les activités de propagation du Dharma, organisées par Fo Guang Shan depuis sa création. Ceci pour montrer d'une part, les moyens pétris d'idées modernes du Grand maître et d'autre part, pour démontrer que le bouddhisme humaniste du Grand maître est venu de la « pratique », et non du rabâchage des « slogans ».

Le monastère Fo Guang Shan a été créé le 16 mai 1967, l'année prochaine sera donc sa 40e année d'existence. Depuis des années, à l'appel du Grand maître : « Les hommes-Foguang se doivent de développer « l'éducation », du jardin d'enfants, du primaire, du secondaire, jusqu'à l'université ; de la famille individuelle à la société entière ; de la vie des ordonnés dans les pagodes à la vie de tous les hommes dans la société. Les hommes-Foguang doivent propager « la culture » du bouddhisme dans toutes les familles et toutes les sociétés. Les hommes-Foguang doivent créer des entreprises de « charité » partout dans le monde. Les hommes-Foguang doivent semer le bonheur et la joie sur toute la terre » (*Comment être un homme-Foguang. 2e lecture*), les hommes-Foguang du monde entier s'efforcent donc de développer différentes activités dans les domaines de l'éducation, de la culture et de la charité.

Découvrir les talents par l'éducation

Dans le domaine éducatif, le Collège Shoushan a d'abord été créé en 1965. Deux ans plus tard : le 18 juin 1967, était donné le premier coup de pioche des fondations du Collège de Bouddhisme Oriental, qui fut le premier bâtiment en dur à Fo Guang Shan. On peut voir par là que le but principal de la création de Fo Guang Shan, était, pour le Grand maître Hsing-Yun, de développer l'éducation pour découvrir les talents. Actuellement, répondant aux critères du système éducatif de Fo Guang Shan, les établissements officiels sont : University of the West aux Etats-Unis, University Foguang à Yilan, University Nanhua à Jiayi, University Xintu à Shanxia, University Shegu à Zhanghua, l'Ecole secondaire Pumen à Kaohsiung, l'Ecole secondaire Jiuntou à Nantou, et aussi University Nantian en Australie (en cours de construction).

Dans le domaine de l'éducation laïque

L'objectif des établissements scolaires du Grand maître est de « forger les talents pour le bouddhisme et aussi de former des jeunes modernes, avec une pensée et un caractère sains, ainsi qu'un développement équilibré du corps et de l'esprit » (*Ainsi dit*). Pour ce faire, le système éducatif du Fo Guang Shan est divisé en deux départements qui dispensent, l'un « l'éducation monastique » et l'autre « l'éducation laïque ». Pour ce dernier, hormis les universités et les écoles primaires et secondaires citées plus haut, on compte encore Srimala Buddhist College, Vimalakirti Buddhist College, City Buddhist College, les cours donnés dans les maisons d'arrêt (les centres de rehabilitation Mingde Tainan, de Pingdong), ainsi que les jardins d'enfants, les crèches Ci-Ai, Hui-Ci, Ci-Hang, Pu-Men etc. et aussi plus de cinquante écoles de langue chinoise éparpillées sur les cinq continents.

Le Srimala Buddhist College a été créé en 1994, pour être un établissement scolaire bouddhiste de caractère mobile, destiné aux femmes célibataires de 25 à 45 ans, et acceptant de voyager à travers le monde. Il dispense un apprentissage simultané de théories bouddhistes et de connaissances générales. A ce jour, on y compte déjà 11 sections. Parmi les trois cents élèves graduées, plus d'une centaine est restée à Fo Guang Shan : Certaines sont entrées dans l'Ordre, les unes en tant que Shigu, d'autres tout simplement comme employées dans les différents services. On peut dire que le Srimala Buddhist College a apporté à la vie des femmes célibataires, une ouverture nouvelle, leur permettant de choisir une autre manière de vivre. Dans le même style que le Srimala Buddhist College, le Vimalakirti Buddhist College a été créé cette année (2005) pour les disciples masculins. Vingt-et-un candidats y ont été inscrits.

Concernant le travail de l'éducation laïque, notons qu'en 1988, le premier établissement de Fo Guang Shan aux Etats-Unis : Hsi-Lai Temple, fut créé. Par le passé, les missions catholiques avaient créé beaucoup d'écoles missionnaires en Chine. Le Grand maître pensa donc que les Chinois devaient, à leur tour, montrer leur reconnaissance et il décida de construire une université aux Etats-Unis. En 1990, après deux années de préparation, le dossier de l'établissement « Hsi-Lai University » fut accepté par le gouvernement américain. Ce fut la première université construite par le bouddhisme chinois dans un pays occidental.

Dés son inscription, elle fut reconnue par le ministère de l'éducation avec la mention « Excellent », et en 1994, elle fut autorisée à délivrer le I-20 aux étudiants internationaux, ce qui accrut son ampleur. En 2002, elle devint membre de la WASC (Western Association of Schools and Colleges) et fut la première université créée par les Chinois, qui obtint cet honneur, ouvrant ainsi une nouvelle page dans l'histoire de l'activité éducative chinoise aux Etats-Unis.

Au même moment, ont démarré les travaux de terrassement de la Foguang University à Yilan, (Taïwan). Pour financer ce projet, le Grand maître a lancé la campagne « Projet de construction d'une école par un million de personnes », dans laquelle chaque disciple consent un don de 100 yuen ($3) par mois. Le Grand maître pense que cette campagne est en elle-même, une forme d'éducation pour les hommes de la société. D'une part, elle permet aux étudiants de comprendre ce qu'est « la reconnaissance », d'autre part, elle permet aux donateurs de comprendre la relation de coexistence entre « la contribution », « le don », « l'équanimité », « la création en commun » et « moi pour les autres, les autres pour moi ».

Il a fallu huit longues années pour faire aboutir ce projet. Avant l'ouverture de l'université, le ministère de l'éducation a accordé une subvention d'un montant de 28 millions de yuen. L'université a ouvert ses portes en 2001 et a obtenu le titre du « plus beau centre universitaire du pays » parmi « les dix les plus », titre décerné par le ministère de l'éducation et le service de l'environnement (*Merit times, 27/09/2001*). L'an passé, en 2004, l'assemblée générale du Benefactor's Board fut organisée à Foguang University. De nombreux disciples, après avoir visité l'université, disaient : « on se sent honteux, nous n'avons pas fait grand-chose, alors que les Maîtres de Fo Guang Shan ont tant fait pour nous ! » La responsable de ce projet, la Vénérable Tzu-Hui, pense que le fait d'apprendre aux disciples à être modestes et à se transcender, est un autre enseignement, invisible celui-là, de cette campagne.

Dans cette même affinité, une autre université : Nan-Hua University à Dalin JiaYi, fut créée de la même manière par l'ensemble des hommes-Foguang et autres en 1996 et ce fut la première université privée gratuite de Taïwan.

Dans le domaine de l'éducation monastique

Par rapport à l'éducation laïque, Fo Guang Shan a développé l'éducation monastique bien longtemps avant et à travers le monde entier. Actuellement, sous le contrôle du département de l'éducation de Fo Guang Shan, on recense : Chinese Buddhism Research Institute, Tsung Lin University, International Department of Buddhist studies (English Buddhist College, Japanese Buddhist College, Chinese Program for International Students), Eastern Buddhist College (Shramanera, Fushan, Pindong), et les seize collèges bouddhistes du Undergraduate Department of Buddhist studies, comprenant FGS Men's Buddhist College, FGS Women's Buddhist College, Jilong College, Fushan, FGS Buddhist College - Dong Zen - Malaysia, African Buddhist Seminary, FGS Buddhist College - Hong Kong, FGS Buddhist College - Hsi Lai - USA, FGS Buddhist College - Bodhgaya- India, FGS Buddhist College - Nan Tien – Australia... En outre, l'IBPS Do Brazil, en plus de la création de « Enfants de

Tathagata » pour adopter plus de trois cents enfants des quartiers pauvres de Sao Paolo en leur apprenant un métier et le dharma, a inauguré cette année le Tathagata Buddhist College, avec 24 étudiants réguliers et plus de 200 étudiants en préparatoire.

Les étudiants sont issus de différentes races et différents pays du monde entier. Ainsi, cette année, parmi une centaine d'inscriptions à l'African Buddhist Seminary, 17 candidats ont été retenus : ils viennent du Botswana, de Chine, d'Indonésie, du Congo, du Malawi, de Namibie, d'Afrique du Sud, du Swaziland et de Tanzanie, l'âge moyen étant de 25 ans. Rien qu'au collège bouddhiste africain, on perçoit déjà le caractère multi ethnique et, si on réunit tous les collèges bouddhistes de Fo Guang Shan, cela ressemble, en plus petit, aux Nations Unies. On voit bien par là, l'image de véritable « harmonie raciale » que propose Fo Guang Shan.

L'an passé, Tsung Lin University a instauré « l'enseignement mobile » en envoyant les étudiants dans différents pays en fonction de la langue choisie : les Etats-Unis pour l'anglais, le Brésil pour le portugais, la Corée pour le coréen, le Japon pour le japonais etc. Le « Tienyen Buddhist e-College » dispense un enseignement à distance par le Web, pour propulser l'éducation vers les cinq continents. Depuis 2004, le Grand maître est allé lui-même à Hsi-Lai University, pour procéder à l'enseignement à distance, les sujets proposés étant « l'éducation de la vie », « entre les religions », « la guerre et la paix », « le suicide », « le destin » etc. Plus de 800 étudiants américains et canadiens se sont inscrits, qui discutaient avec le Grand maître sur le Web. Par la suite, les échos et les jugements favorables ont été incessants. C'est pourquoi le président de Hsi-Lai University, le Professeur Lewis R. Lancaster, demanda au Grand maître de revenir tous les ans pour y donner cours.

En outre, il existe des cours télévisés : A part la FGS TV Buddhist Education, le Grand maître a donné, pendant quarante ans, des émissions de « Dharma Education » simultanément sur les trois chaînes de télévision Taishi, Zhongshi, Huashi. Il devint ainsi le premier ordonné à enseigner le Dharma à la télévision et aussi le premier à enregistrer simultanément sur les trois chaînes malgré l'accord de non-interférence existant entre elles.

Ajoutons encore ceci : Actuellement, il y a une centaine d'étudiants de licence et de doctorat qui étudient en Chine, aux Etats-Unis, en Birmanie, en Inde, en Thaïlande, en Corée, en Europe etc. Cinquante deux ont obtenu leur diplôme de doctorat et deux cent vingt trois celui de Master. Ce sont tous des talents que le Grand maître a préparés pour réaliser son idéal de promotion de l'éducation. Selon lui : « Le bouddhisme doit enseigner et propager les théories, purifier le cœur des hommes avec le Dharma. Voilà l'aspect fondamental du bouddhisme. Voilà pourquoi le bouddhisme a besoin d'expliquer, de propager, d'éduquer. » (*Buddha Light's studies. Préface*)

Que tout le monde puisse recevoir l'éducation bouddhiste

Aujourd'hui, des salles de séminaires de Fo Guang Shan s'ouvrent un peu partout dans le monde, dans le but d'offrir aux hommes des endroits fixes pour écouter le Dharma, des occasions de recevoir l'éducation bouddhiste et d'accroître leur niveau de foi. Selon le concept « Que les pagodes ressemblent aux écoles, que les écoles ressemblent aux pagodes » (*Hsing-Yun's Dharma words*), le Grand maître pense que construire des écoles, est plus important que construire des lieux de culte. Actuellement, Fo Guang Shan compte 16 collèges, 3 universités, et le Grand maître voudrait encore élargir l'Ecole secondaire Pu-Men et en faire un campus, allant du jardin d'enfants à l'institut de recherche, en passant par les niveaux primaire, secondaire et universitaire. Il voudrait également ne pas se limiter à l'apprentissage des connaissances, mais aussi se consacrer au développement de l'esprit et du savoir-vivre. Selon lui, «Pour un homme, être diplômé ne veut pas dire qu'il sait travailler, qu'il sait vivre. Chacun a besoin de l'éducation sociale pour développer la relation mutuelle. » (*Hsing-Yun's Dharma words*)

Pour le Grand maître, le façonnage de la personnalité est beaucoup plus important que l'accumulation des connaissances. Il dit que: « la vie est plus importante que le savoir ; la vertu, que les intérêts ; la communauté que l'individu ; l'éveil que les dons » (*Journal de Hsing Yun. 16/07/1992*). Le concept de l'éducation du Grand maître, ainsi que les principes de travail qu'il a déterminés pour les disciples Foguang peut se résumer en: « Apporter aux autres la confiance, la joie, l'espérance, l'aisance ». L'esprit du disciple Foguang s'exprime, lui, par : « L'honneur appartient à Bouddha, le succès appartient à tout le monde, le profit appartient au Sangha, le mérite appartient au Dana ». Le concept du disciple Foguang se résume en: « C'est toi le grand et moi le petit, c'est toi qui as raison, moi j'ai tort, c'est toi qui possèdes et pas moi, c'est toi qui es heureux et moi qui souffre » etc.... (*Buddha light's studies*). Ces mots clés ont tous été appréciés par nombre de personnes et surtout par les enseignants des écoles. L'an passé, la vice-présidente du département de l'éducation de la province de Shandong-Chine, Mme Zhouguizhen a guidé un groupe de dix-huit personnes pour visiter Fo Guang Shan. En voyant les Dharma-words du Grand maître au département d'édition, ils se montrèrent intéressés et expliquèrent aux responsables du département, les vénérables Yongming et Yongjin, que c'étaient là les objectifs qu'ils souhaitaient atteindre.

Ils espéraient que leurs élèves pourraient avoir des caractères aussi parfaits en sortant de l'école. Quant à la carte que le Grand maître a éditée sur la « structure de l'histoire de la culture chinoise », carte sur laquelle sont indiqués les noms des empereurs des différentes dynasties, les hommes importants, les événements historiques, de même que les événements importants dans l'histoire du bouddhisme, de nombreux chercheurs pensent que c'est le meilleur document existant pour enseigner « le bouddhisme et la culture chinoise ».

Propager le Dharma par la culture

En dehors de l'éducation, la culture est un autre point important de la propagation du Dharma de Fo Guang Shan. Car la culture est non seulement une entreprise grandiose qui dure depuis des milliers d'années mais elle est aussi la base de l'éducation. Utiliser le « must » de la culture pour renforcer les racines de l'éducation laïque, permet aux hommes d'obtenir des bases solides. Ainsi, en 1977, Fo Guang Shan a instauré le « Buddhist Canon Committee », dans le but d'ajouter les ponctuations et les commentaires à la Tripitaka et de la rééditer. Actuellement, sont terminés les « Agamas-pitaka », « Chan-pitaka », « Jingtu-pitaka », « Prajna-pitaka », « Saddharmapudarika-pitaka » etc. En même temps, Fo Guang Shan se joignit aux académiciens chinois pour traduire les sutras en langue chinoise moderne et édita une série intitulée « Trésors du Sutra-pitaka chinois », comprenant 132 livres et destinée à faciliter la tâche de ceux qui cherchent à approfondir le sutra-pitaka. « L'encyclopédie Foguang » éditée en 1988 fut nommée « La collection complète du Bouddhisme » et obtint le prix de « Meilleur Livre de la Nation » l'année suivante. Il y a deux ans, en 2003, Fo Guang Shan a même regroupé les thèses de doctorat des érudits bouddhistes du XXe siècle sous le titre « Les traités littéraires du bouddhisme chinois », ainsi que les œuvres des érudits bouddhistes dans « La collection des traités de la culture bouddhiste chinoise ».

En outre, le bimensuel « Universal Gate Buddhist Journal » fut créé en 2001 et le premier numéro édité le 01/01. La revue comprend : les thèses bouddhistes, les commentaires des œuvres bouddhistes, le rapport des mouvements dans le domaine littéraire bouddhiste, l'édition des nouvelles œuvres littéraires, historiques et philosophiques, les textes choisis bouddhistes etc. La profondeur des publications, le pluralisme des contenus, la richesse des idées, non seulement marquent une nouveauté dans le domaine littéraire, mais sont aussi une création originale du monde bouddhiste. Le quotidien « Merit times » créé en 2000, apporte chaque jour aux hommes de la société, une version vulgarisée des dharmas. Il a été créé dans le but d'apporter de l'harmonie à la société et de purifier le cœur et l'esprit des hommes, avec, pour idée directrice, la recherche du bonheur pour les hommes et la quête de la paix dans le monde. C'est un journal pur et clair qui propage le bouddhisme humaniste et qui convient à tous les âges. De même, pour répondre aux gens qui posent souvent la question : « Quels sutras ou quels livres doit-on lire pour comprendre le bouddhisme ? », le Grand maître a dirigé la rédaction d'une série de « Livres du bouddhisme », divisée en dix sections: 1. Les théories. 2. Les Sutras. 3. Bouddha. 4. Les disciples. 5. L'histoire du bouddhisme. 6. Les écoles. 7. Les règles. 8. Les applications. 9. Les œuvres d'art. 10. Le bouddhisme humaniste. Par la suite, il a encore dirigé une autre série de « Foguang Textbook » de 12 livres, espérant pouvoir présenter le bouddhisme de façon plus complète et structurée.

Enfin, sous la gestion du Département de la Culture, on trouve encore : Foguang Publishing House, Foguang Cultural Enterprise Co., Ltd, Gandha Samudra Culture Company, le Centre Audio-visuel, les bibliothèques publiques, Foguang Culture and Education Center, Foguang International Translation Center, Foguang Bookstores (Kaohsiung, Taïpei, Yuanlin, Etats-Unis, Canada, Hong-Kong) etc., qui se chargent de la publication, la traduction, la vente, des livres bouddhistes et aussi de la production et la vente des disques et des vidéos des lectures et de la musique bouddhistes.

La création de « la fondation Fo Guang Shan pour la culture et l'éducation bouddhistes »

En 1987, pour fêter le vingtième anniversaire du monastère, Fo Guang Shan a organisé un Alm-Procession dans tout Taïwan. Le total des dons récoltés est réservé à la création de « Fo Guang Shan Foundation for Buddhist Culture & Education », dans le but de développer des activités culturelles et éducatives, comprenant la publication de la version électronique (C.D.), du Tripitaka, la création du Concours Mondial des théories bouddhistes et aussi l'organisation des séminaires académiques internationaux, tels le séminaire académique mondial des bouddhismes exotériques et ésotériques en 1986, le séminaire international des théories Chan à Fo Guang Shan en 1989, le séminaire académique des bouddhismes asiatiques en 1989, le séminaire académique des bouddhismes internationaux en 1990...et aussi pour aider les érudits qui veulent assister ou participer aux séminaires académiques internationaux.

Surtout, en 1990, Fo Guang Shan et la BLIA se sont rejoints pour organiser ensemble « Le concours mondial des études bouddhistes ». Les centres d'examen étaient éparpillés dans une vingtaine de pays sur les cinq continents. Il n'y avait pas de limite d'âge, de nationalité ou de croyances religieuses pour les candidats. Depuis, on compte plus d'un million de candidats par an, et c'est devenu un courant de pensée qui contribue notablement au développement d'une société lettrée et à la purification du cœur et de l'esprit des gens. Cet événement reçut non seulement les encouragements de tous, mais souleva un écho sensationnel dans le monde entier, et marqua une action sans précédent dans le monde bouddhiste.

En 2003, pour fêter les cinquante ans d'enseignement du Dharma du Grand maître, Fo Guang Shan Foundation for Buddhist Culture & Education a organisé le premier « Sounds of the human world – Venerable master Hsing-Yun – concours de la chanson bouddhiste » qui obtint un écho chaleureux et ouvrit ainsi une page nouvelle de la propagation du Dharma en musique. L'année suivante, à la demande générale, la fête fut reconduite et le résultat fut encore plus spectaculaire puisque plus de deux mille œuvres furent présentées dans le monde entier. Quatre vingt dix huit morceaux ont été retenus et le concours a duré six jours au Mémorial Sun-Yat-sen. Les candidats venaient des Etats-Unis, du Canada, du Brésil, d'Afrique du Sud, de Suède, d'Allemagne, de Grande Bretagne, de France, du Portugal, d'Australie, de Taiwan, de Hongkong, de Thaïlande, des Philippines, de Malaisie, de Singapour, de Corée et du Japon. Seize langues ont été utilisées pour interpréter ces œuvres musicales : l'anglais, le portugais, le suédois, l'afrikaans, le zoulou, l'allemand, le français, le chinois, le taïwanais, le Ke-Jia (un dialecte chinois), le thaï, le malais, le cantonais, le philippin, le japonais et le coréen. Plus de cinq cents candidats y participèrent.

L'organisation du « Sounds of the human world », à travers différentes nations, nationalités, âges, et langues, démontre non seulement l'absence de frontières de la musique bouddhiste, mais aussi l'utilité quotidiennement renouvelée, la vulgarisation, l'humanisation et l'internationalisation du Dharma du bouddhisme humaniste. Dans son discours d'introduction, le Grand maître disait : « Les lieux de culte de Fo Guang Shan à travers les cinq continents, en même temps que la propagation du bouddhisme humaniste, impulsent aussi le développement social, l'économie et la politique. La campagne de « Sounds of the world », elle, emmène les amateurs de musique à Taïwan pour participer à ce concours musical. La musique est comme la religion, elle est sans frontières ; une présentation musicale peut avoir une grande influence sur la création de la paix dans le monde et l'harmonie raciale. » (*Le quotidien Shanmen. 09/09/2004*)

Fo Guang Shan Foundation for Buddhiste Culture and Education a obtenu le Prix de la meilleure action pour l'amélioration du consensus social de la 2e campagne des Activités Sociales Taïwanaises en 1992, prix décerné par le Président taïwanais. Ceci montre bien que l'effort d'impulsion de l'éducation sociale de Fo Guang Shan a obtenu la reconnaissance de la société.

L'union du bouddhisme et de l'art

Dés sa création et pour réunir le bouddhisme et l'art, Fo Guang Shan a conçu le « Salle d'exposition des œuvres bouddhistes », et ensuite, successivement des « Galeries d'art Foguang » à travers le monde, y compris à Fo Guang Shan, au Centre de Taïpei, de Tainan, de Pingdong, au Hsi-Lai Temple des Etats-Unis, aux Nan-Tian Temple et Zhong-Tian Temple en Australie, au IBPS Paris en France, au Dong-Chan' Temple en Malaisie etc. dans le but d'exposer des œuvres d'art bouddhistes et aussi celles d'artistes connus. L'année dernière, en 2004, fut édité le « Recueil mondial des dessins bouddhistes pour faciliter le travail de ceux qui font des recherches sur l'art bouddhiste. Ceci est aussi une des grandes stratégies de la « Propagation par l'art » du Grand maître.

En 1998, la BLTV (Budda Light's Television) a vu le jour, puis en 2000, le « Merit Times ». La civilisation bouddhiste a été ainsi propulsée vers les cinq continents, grâce aux journaux et médias audio-visuels. A part tout ceci, les activités culturelles et éducatives proposées dans la période des débuts de Fo Guang Shan, telles les éditions mensuelles des sutras, les classes pour le public, l'école hebdomadaire, les séminaires pour disciples laïques, le centre de recherche de la culture indienne etc., furent les premières créations du monde culturel bouddhiste.

Améliorer la vie en société par la charité

A Fo Guang Shan, l'esprit de propagation du Dharma est plutôt centré sur la culture et l'éducation. Cependant, on ne néglige pas pour autant les œuvres charitables. Pour que les disciples bouddhistes puissent s'intéresser à la vie actuelle et espérer pouvoir « revivre » dans cette terre pure de Fo Guang Shan, durant cette vie et non devoir placer tous leurs espoirs en la vie future, le Grand maître a construit les homes pour personnes âgées Foguang : Lanyang Ren-Ai, Fungshan, ainsi que le Centre de Repos, encore en cours de construction. Il a aussi fait bâtir l'orphelinat Da-Ci pour élever et éduquer les enfants démunis, les cliniques Foguang, Cloud and Water Mobile Clinic, le Jardin de la Longévité etc., afin que les disciples puissent passer les quatre périodes de leur vie « Jeunesse, Vieillesse, Maladie, Mort » sans quitter Fo Guang Shan.

Aider les sinistrés dans les plus brefs délais

Il existe encore des services tels le Secours d'Urgence, le Secours d'Hiver, le Service Amical, la Banque des Dons d'organes, la Fondation Compassion etc., qui organisent différentes actions caritatives en fonction des besoins. Quels que soient les désastres naturels survenus dans le monde entier, Fo Guang Shan et la BLIA interviennent toujours dans les plus brefs délais.

Ainsi, lors du grand tremblement de terre survenu le 21/09/1999 à Taïwan, hormis, dans un premier temps, des dons immédiats d'argent et des secours matériels, des vénérables maitres conduisirent les disciples pour parcourir les endroits sinistrés afin d'aider à organiser les funérailles et les services religieux : Quatorze « stations de bienveillance Foguang » ont été mises en place pour aider spirituellement les survivants à retrouver leur courage et à sortir des ténèbres du sinistre. De même, on a fourni des maisons préfabriquées, reconstruit le village Foguang et les quatre écoles primaires, Zhongke, Fugong, Pinglin, Suangwen, pour un montant de vingt millions de dollars. Le nom de chaque donateur et l'utilisation de chaque somme d'argent ont été publiés publiquement par la suite.

En 1991, lors de la grande inondation survenue en Chine, la BLIA a immédiatement offert cinq cent mille dollars. En plus, pendant plusieurs années, sous la direction du Vice-président de la BLIA, M.Yankuanfu, une quarantaine d'écoles et une vingtaine de cliniques ont été successivement construites en Chine. En 2001, on a aussi aidé le gouvernement sénégalais à reconstruire une école secondaire (école secondaire La Terre), puis le gouvernement indien, à reconstruire le campus des étudiantes à Mundra en 2002 après le sinistre ; de même pour les régions désertiques du nord de la Thaïlande où ont été installées des canalisations d'eau potable etc.

Durant la sécheresse survenue en Papouasie-Nouvelle-Guinée en 1997, avec la coopération du législateur taïwanais, M. Shenzhihui et du représentant du commerce extérieur taïwanais en Nouvelle-Guinée, M. Caiminglong, le Grand maître a tout de suite demandé au Centre d'aide d'urgence de la BLIA-Australie de fournir plus de vingt mille dollars de vivres secs. Au même moment, le Grand maître a envoyé son disciple, le Vénérable Huikai, en Italie, avec un don de dix mille dollars pour aider à reconstruire l'église St François d'Assise, détruite par le tremblement de terre.

En décembre 2004, le nord de l'île de Luçon, aux Philippines, a subi le passage de deux tempêtes tropicales destructrices, produisant des éboulements, des inondations et causant d'énormes dégâts. Le Grand maître ordonna alors au Fo Guang Shan de Manille et à la BLIA-Philippines, d'agir immédiatement en offrant d'abord cent mille dollars au centre d'aide de la chaîne de télévision philippine ABS-CBN, pour porter secours à la zone sinistrée. Par la suite, ils ont encore récolté environ huit cent mille dollars philippins de riz, pâtes, eau, biscuits, huiles végétales, sel, couvertures, sandales et couverts etc. Plus de cent volontaires se sont mobilisés pour emballer ces dons et les distribuer aux deux mille cinq cents familles sinistrées.

La BLIA, faisant partie des Organisations Non Gouvernementales des Nations Unies, a offert en 2004, un montant de cent mille dollars à la Fondation des enfants de l'ONU, dans le cadre de la campagne d'aide aux sinistrés de l'Iran. Le 26 décembre de la même année, survint le tsunami le plus grave du siècle dans la région sud de l'Asie, c'était aussi le troisième jour du séminaire que le Grand maître avait coutume de donner une fois par an, au Mémorial

Sun-Yat-Sen. Le Grand maître a tout de suite rédigé la *Prière pour les sinistrés du tsunami des régions sud-asiatiques* et, après le séminaire, il a convié tous les participants à participer à un service religieux. Le lendemain, il encourageait Fo Guang Shan et toutes les BLIA du monde, à recueillir des dons, avec un objectif fixé à cinq millions de dollars. Les BLIA des régions sinistrées ont commencé tout de suite des actions d'aide, en offrant à la Thaïlande, l'Inde et l'Indonésie, une aide de cinq cent mille dollars chacune, pour construire des orphelinats A cette aide, s'ajoutèrent dix-huit millions de dollars taïwanais remis à la Maison de la Presse, pour financer la campagne d'adoption des enfants sinistrés. Les ordonnés et laïcs des Foguang University, Nanhua University, Fo Guang Shan Buddhist College, Pumen High School, Juntou High School, BLIA Young Adult Division, Buddha's Light Scouts Division, et les différentes branches de la BLIA à Taiwan, ont procédé à une Alm Procession à travers l'île, dans le but de recueillir des fonds. L'ex-Premier-abbé le Vénérable maître Hsin-Ting, est allé lui-même en Malaisie. Hormis le don de cent mille dollars de la part de Fo Guang Shan et de la BLIA, il a conduit les disciples ordonnés et laïcs du Fo Guang Shan, dans les régions sinistrées de Pulau Betong et de Penang et y a organisé un « service de commémoration des sinistrés du tsunami 26/12 ».

Les exemples cités ci-dessus ne représentent qu'une partie de l'action charitable de Fo Guang Shan. A part les activités organisées systématiquement durant toute l'année, Fo Guang Shan n'a jamais manqué d'être là, dés les premières heures suivant tout désastre survenu dans le monde. Mais, aux yeux du Grand maître, toutes ces actions de Fo Guang Shan ne sont pas l'essentiel. Le 15 janvier courant, dans son interview par Mlle Xiananci, journaliste du China Times, à propos de cette campagne pour le tsunami, il disait : « Fo Guang Shan est une organisation religieuse qui a pour objectif de propager le Dharma par la culture et l'éducation. Elle est différente des autres organisations de charité. Ce que nous faisons n'est qu'une petite part de notre pensée. Nous espérons pouvoir rejoindre le gouvernement, les autres organisations et les autres religions pour atteindre un résultat : Accumuler le sable pour élever des pyramides. » (*China Times. 16/01/2005*)

Fo Guang Shan a toujours mis l'accent sur la propagation du Dharma par la culture et l'éducation, et, pour ce qui est des activités de charité, nous avons pour principe que « secourir l'urgence est plus important qu'aider la pauvreté ». Il en résulte qu'en temps normal, il n'y a ni campagne de collecte de fonds ni propagande. C'est pourquoi la plupart des gens ignorent ce que fait Fo Guang Shan dans ce domaine. Certains doutent de la réalité même d'actions charitables et se posent la question de leur existence. Face à tous ces reproches et incompréhensions, les hommes Foguang maintiennent le principe de porter leur effort principal dans le domaine de la propagation du Dharma, sans pour autant négliger celui de la charité, « car la culture et l'éducation peuvent libérer d'une manière parfaite l'esprit humain, ce sont donc les vraies formes de charité. » (*Ainsi dit*). Le niveau de croyance des bouddhistes d'aujourd'hui est élevé, tout le monde possède la juste compréhension et la juste connaissance, les pratiquants sont de plus en plus jeunes, le niveau intellectuel de plus en plus élevé, la manière de voir le bouddhisme a complètement changé. Ces résultats montrent bien que la priorité donnée par Fo Guang Shan à la culture et à l'éducation est tout à fait justifiée et que leurs mérites ne peuvent être négligés.

Purifier le cœur de l'homme par la pratique en commun

En plus de son idée directrice « La culture et l'éducation d'abord, les activités de charité ensuite », Fo Guang Shan utilise aussi « la pratique en commun » comme moyen subtil de propagation du bouddhisme. Traditionnellement, les pratiques en commun dans les pagodes consistent à dicter le nom des bouddhas, organiser des cérémonies religieuses, lire les sutras, pratiquer la méditation etc. Le Grand maître lui, pense que « la pratique en commun ne doit pas se limiter à la récitation des sutras ou à la méditation : elle doit comprendre en plus des discours bouddhistes, des séances d'étude en commun, des séminaires, ainsi que diverses autres activités. » (*Universal Gate Buddhist Journal. Discussion sur les problèmes contemporains. Ce que pense le bouddhisme de la question de la pratique*). Il a dit : « Avant, le bouddhisme se limitait à lire les sutras et révérer Bouddha, c'est pourquoi il a perdu beaucoup de disciples. Le but du bouddhisme est d'aider universellement tous les êtres, il doit donc pouvoir permettre aux hommes de faire ce dont ils ont envie. Si tu n'aimes pas dicter le nom de Bouddha, tu peux pratiquer la méditation ; si tu ne crois pas au bouddhisme, ce n'est pas important, tu peux encourager les autres à faire de bons actes avec toi, pour le bouddhisme. Si tu n'aimes pas faire des révérences, tu peux tout simplement venir à la pagode pour prendre un repas végétarien. Si tu n'aimes pas les repas végétariens, tu peux encore venir pour lier amitié, participer à la chorale, ou écouter de la musique. Le bouddhisme humaniste que nous voulons promouvoir est pluraliste et multifonctionnel ; son but est de réaliser « l'enseignement en fonction des conditions et opportunités » accordées par Bouddha, en fonction des besoins de chacun. » (*Universal Gate*

Buddhist Journal. Discussion sur les problèmes contemporains. Ce que pense le bouddhisme de la question de la pratique)

Sous ce concept, les activités et pratiques organisées tous les jours par Fo Guang Shan dans le monde entier sont nombreuses, et variées ; beaucoup sont même entièrement neuves dans le monde bouddhiste. Ainsi les chœurs bouddhistes, les cérémonies de mariage bouddhistes, les groupes de pèlerinage, les services de révérences des fidèles, le pèlerinage en Inde, la cérémonie religieuse « Retour vers la méthode d'enseignement du temps de Bouddha », l'Alm procession du Nord au Sud de l'île de Taïwan, la réunion-dharma féminine, l'association des Méditants, le séminaire pour bénévoles masculins, le séminaire des femmes exceptionnelles, le Buddhist-city-college, les retraites monastiques durant les vacances, le rituel de la pratique du Chan, de la Terre Pure et de l'Esotérique, le comité des parents d'ordonnés, le Concours mondial des études bouddhistes... Toutes ces activités sont issues de la sagesse et de l'imagination du Grand maître.

Un événement marquant fut l'organisation, en 1970, du premier camp de vacances pour les étudiants des collèges bouddhistes. A l'époque, le gouvernement taïwanais imposait le couvre-feu et il était déjà difficile d'organiser des rassemblements ordinaires, a fortiori s'il s'agissait d'activités regroupant des étudiants. Mais il put avoir lieu grâce à l'habileté du Grand maître qui s'était assuré la coopération du « Comité des Patriotes ». Après ce précédent, les différentes manifestations estudiantines bouddhistes se succédèrent et Fo Guang Shan, hormis ce camp pour les étudiants universitaires, continua à développer successivement des colonies pour enseignants, enfants, mamans, personnes âgées etc. Toutes ces activités ont exercé par la suite, une grande influence sur le développement du bouddhisme.

Propagation du dharma dans les zones rurales

Le Grand maître sait parfaitement utiliser au mieux les ressources offertes par la société. Ainsi, au moment de la création de l'Orphelinat Da-Ci, il a demandé au directeur de la Banque de Communication, M. Xuhoaisen, d'en être le promoteur, dans le but de réunir toutes les forces de la société pour servir le monde. De toute sa vie, jamais il ne s'est approprié aucun mérite pour lui seul. Par exemple, lors de l'aide aux sinistrés du Tsunami, il a remis le produit des collectes aux Ministères des Affaires étrangères, de la Communication, de l'Education nationale et leur a laissé le soin de s'en charger, « traversant les buissons de fleurs, sans laisser aucune feuille s'accrocher ». Sa conception du travail est : « Il ne faut pas que je sois indispensable pour tout, mais si personne ne veut prendre la responsabilité, alors, je dois m'en charger. » (*Ainsi dit*) Surtout, face à un obstacle quelconque, il n'hésite pas à s'y confronter et sait fort bien retourner la situation. Dans tout qu'il a envie de faire, il trouve toujours la solution pour l'accomplir. Il a ainsi conduit le bouddhisme à réaliser maintes actions sans précédents. Par exemple, en 1953, il a créé un groupe de diction de sutras à Yi-Lan, incitant ainsi les disciples bouddhistes taïwanais à pratiquer ensemble. Aujourd'hui, dans plus de deux cents lieux de culte de Fo Guang Shan éparpillés dans le monde, chaque fin de semaine, les disciples récitent ensemble les sutras. A raison de 300 disciples environ par endroit, il y a ainsi plus de soixante mille de personnes qui pratiquent en même temps.

Hormis ces pratiques et pour attirer les jeunes, le Grand maître a également organisé des groupes de chant, des associations de jeunes, des classes de révision des cours académiques, littéraires et scientifiques, des classes de rédaction, des classes pour enfants, la confection de chars durant les parades des fêtes bouddhistes, la mise sur pied de groupes de jeunes pour enseigner le dharma dans les campagnes etc. Durant la semaine de fête d'anniversaire du Maitreya Buddha, tous les habitants de la province de Yi-Lan participent et le Grand maître a dû, pour les différencier, donner un nom à chaque commune : Commune-Compassion, Commune-Sagesse, Commune-Bodhi etc. Elles sont ainsi devenues ce qu'on pourrait appeler des communes « dharmanisées ».

Encourager les jeunes bouddhistes à sortir de chez eux

En dépit des efforts du Grand maître pour organiser différentes activités, le bouddhisme n'était toujours reconnu, ni par la société, ni par le gouvernement taïwanais de l'époque. Il fallut attendre la création du Jardin d'enfants Ci-Ai, qui nécessitait l'approbation gouvernementale. C'est seulement à ce moment-là que les gens comprirent que les activités bouddhistes apportaient également de grandes contributions à la société. Ces réactions firent comprendre au Grand maître que, si le bouddhisme voulait pénétrer dans la société, il lui fallait d'abord établir des entreprises bénéfiques pour les hommes. C'est pourquoi il commença à donner ses lectures dans les endroits publics, tels les auditoriums nationaux, pourquoi aussi il appela sans cesse les fidèles à « sortir de chez eux ». Ce concept a donc germé à cette époque et il est resté inchangé depuis.

Aujourd'hui, le Grand maître encourage fortement les « groupes d'étude ». Il pense que développer ces groupes est une voie importante pour la propagation future du dharma. C'est en développant des groupes d'étude que nous pourrons attirer des disciples plus jeunes et d'un niveau intellectuel plus élevé. C'est pourquoi le Grand maître a instauré lui-même les règles d'organisation et de déroulement des « groupes d'étude du bouddhisme humaniste » et recensé les matériels qui leur sont nécessaires.

Actuellement, dans plus de deux cents centres de Fo Guang Shan du monde entier, l'accent est donc mis sur le développement intensif des groupes d'étude, mais les activités organisées quotidiennement et le nombre de disciples participant aux pratiques en commun sont aussi innombrables. Ci-dessous sont citées certaines activités, regroupées en fonction de leurs caractéristiques et de leur contenu :

- *Activités diverses* : Les différents camps bouddhistes (pour étudiants, enseignants, personnes âgées, enfants, mamans), les associations de collèges bouddhistes, les associations pour jeunes et pour enfants, le Prix de la Photographie culturelle Foguang, le Prix de la Littérature Foguang (Crystal Lotus), le Prix de la Philosophie Foguang, les cérémonies à domicile à l'occasion de fêtes familiales , la cérémonie Foguang d'accession à l'âge adulte, la journée sportive parents-enfants, Sounds of the human world, le récital des chansons d'antan, les ventes publiques de charité, les tournois de basket-ball etc.
- *Activités de sagesse* : les lectures bouddhistes, le concours international des études bouddhistes, les séminaires, les groupes d'étude, les classes de recherche des sutras, les Buddhist City College, les classes pour fidèles, les classes pour jeunes, les classes pour enfants, les classes de « connaissance des sutras », les classes pour personnes âgées Sung-He etc.
- *Pratiques* : les retraites monastiques durant les vacances, les Alms Processions, les Rites du Chan, Terre pure et pratique ésotérique, la semaine de pratique approfondie de Chan, la

semaine de pratique approfondie de Jing-tu, la retraite des huit préceptes, la cérémonie des cinq préceptes et des bodhisattva-préceptes pour les disciples laïcs, le dharma service mer et terre, le mémorial service en trois périodes, la calligraphie des sutras, les services de repentance, les pèlerinages etc.

- *Conférences* : Conférence internationale des théories bouddhistes, Conférence d'étude pour jeunes, Conférence internationale des études de Chan, Séminaire international du Sangha bouddhiste, Conférence internationale pour femmes bouddhistes exceptionnelles, Conférence internationale pour bénévoles masculins, Congrès international des adolescents bouddhistes, Assemblée générale des membres de la BLIA, Assemblée générale des fidèles, Journée d'étude des pratiques administratives monastiques etc.
- *Cours de langue* : Cours de chinois, de japonais, d'anglais, de taïwanais, de cantonais, d'espagnol. Cours de langue pour les épouses taïwanaises d'origine étrangère etc.
- *Cours artistiques* : Ikebana, cours de cuisine, classes de calligraphie artistique, classes d'arts populaires, cours de dessin, classes de chant bouddhiste, chorales, classes musicales (instrumentales) etc.
- *Services sociaux* : Service pour enfants, Service amical, Service pour étudiants, Service des déplacements, Service hospitalier, Service pour personnes handicapées, Service pour étudiants étrangers, Service d'aide d'urgence, Nettoyage des rues, Recyclage des ordures, Plantation des arbres etc.

Encourager tout le monde à participer aux activités

En ce qui concerne les activités, le Grand maître pense que « l'homme doit faire du sport pour fortifier son corps, tout comme l'eau doit circuler pour conserver sa pureté. De même, si une communauté peut organiser souvent des activités, elle y trouvera toute l'énergie nécessaire pour être utile à ses membres. » (*Livres bouddhistes. Le règlement. Les activités communautaires*). C'est pourquoi, lors de la création de la BLIA en 1992, il la qualifia de « Communauté active ». Il disait : « Il y a deux mille cinq cents ans, Bouddha menait une vie active au sein des différents niveaux sociaux indiens, les disciples bouddhistes d'aujourd'hui doivent donc bouger et développer l'esprit charitable, joyeux et actif, pour pouvoir semer la lumière, l'espoir et la joie du bouddhisme dans chaque coin du monde, pour que chaque homme puisse jouir de la sérénité, de la paix et de la joie de la terre pure mondaine. » (*L'univers Foguang*). Il affirmait clairement : « Non seulement il est indispensable que le développement de la BLIA comprenne des rassemblements de la foi, mais il faut encore y organiser diverses activités pour consolider ses structures, car les activités engendrent la vie et génèrent la force. » (*L'univers Foguang*)

Et de fait, depuis la création de la BLIA, des milliers de personnes, des gens de tous niveaux prennent part à chaque activité importante et cette participation massive exerce une véritable influence et contribue à la purification du cœur humain.

Les activités représentatives de la BLIA

Parmi les activités les plus représentatives organisées par la BLIA durant ces années, on relève les suivantes :

- En juin 1992, la BLIA a coopéré avec le Comité pour la renaissance de la culture chinoise, pour lancer la campagne « Retrouver le cœur ». Des érudits et des spécialistes ont été invités pour prononcer plusieurs dizaines de discours, appelant les hommes à respecter la vie, à s'intéresser à la société, à retrouver la compassion, la gratitude et l'humilité qui existent originellement dans notre être.
- Depuis 1993, une « Cérémonie d'offrande de dix mille lanternes par les pratiquants de Chan, Jingtu et Esotérique » est organisée tous les ans. Elle emploie les pratiques de méditation, de diction des noms des bouddhas et des mantras, pour purifier le cœur de l'homme, retrouver les vertus et prier pour la prospérité de la Nation et pour instaurer la paix dans le monde.
- En 1994, la « Campagne des sept vertus de purification du cœur de l'homme», à travers le serment des sept vertus, diffusé dans les rues et sur les campus, avait pour but de proposer une prévention contre « le tabagisme et la toxicomanie, la violence, la corruption, l'alcoolisme, la dépravation sexuelle, les jeux de hasard et la grossièreté en paroles », afin de rendre le cœur de l'homme plus pur, établir une société plus sereine, endiguer le débordement des drogues, renforcer les vertus et procurer au peuple une vie paisible et bénéfique.
- En 1997, la campagne intitulée « Convoi de la compassion et de la gentillesse » a été organisée avec pour objectifs de « Purifier le cœur et l'âme, réorganiser les vertus, retrouver sa conscience, intégrer la société ». Quatre-vingts mille personnes y ont participé.
- En 2002, « La grande fête sportive des hommes de Foguang » a été organisée simultanément dans les cinq régions – le

Nord, le Centre, le Sud, Hua-Lien, l'Est – de Taïwan, avec une participation massive de plus de quinze mille membres. En dehors d'encourager les membres à pratiquer des sports en commun et améliorer les relations familiales, l'assemblée a aussi impulsé la campagne des trois bons actes : « Faire de bonnes actions, dire de bonnes paroles, avoir bon cœur ».

- Organisation de toute une série d'activités pour les jeunes, tels le concours « raconter une histoire », les voyages de découverte, les camps de vacances d'été, d'hiver, etc.
- Campagne « Ouvrir la fenêtre du cœur » en offrant des livres dans quatre maisons d'arrêt pour mineurs à Taipei, Taizhong, Tainan, Kaohsiung et aussi en organisant des retraites monastiques de courte durée à la maison d'arrêt de Taipei, pour donner aux détenus l'occasion de se remettre en question et de réfléchir avant leur libération.
- Organisation de séminaires bouddhistes dans les prisons, les casernes, les universités, les écoles secondaires et primaires, les halls nationaux et aussi animation des émissions télévisées bouddhistes, permettant ainsi d'élargir l'enseignement dans les différents secteurs de la société.

Parmi les activités en cours de préparation ou d'extension, figurent les suivantes :

- Créer des centres d'écoute téléphonique, pour offrir aux personnes dépressives l'occasion de parler et aussi pour leur donner des conseils et leur apporter la consolation par le Dharma.

- Créer des centres de conversation pour aider les personnes en difficulté à résoudre des problèmes graves, professionnels, familiaux et sentimentaux.
- Créer des groupes de consolation pour rendre visite aux malades, d'une manière organisée, soit à l'hôpital soit à leur domicile, en leur lisant les sutras et en leur offrant des lectures bouddhistes.
- Offrir des médicaments aux régions retirées, soutenir les cliniques mobiles, encourager les personnes bien portantes à aider les malades.
- Créer des centres d'accueil pour les femmes en quête d'emploi en leur offrant le gîte et le couvert durant leurs recherches.
- Créer des centres d'aide d'urgence pour les sinistrés.
- Créer des fondations d'aide aux personnes âgées pour aider des aînés isolés.
- Créer des maisons d'accueil pour loger provisoirement les sans abri.
- Créer des associations d'échange de livres bouddhistes, permettant ainsi aux membres d'échanger, et les livres qu'ils possèdent et en même temps, leurs points de vue.
- Organiser des activités de protection de l'environnement tels la plantation des arbres, l'économie d'utilisation de l'eau, le recyclage des ordures, la protection des animaux en voie d'extinction, le végétarisme etc.

  (*L'univers Foguang*)

L'organisation des activités développe les capacités de compréhension, de progrès, de sens des relations, de réussite. En participant, les membres de Foguang se lient d'amitié, échangent des idées, développent des talents cachés. En passant de l'ego de l'individu à l'esprit de groupe, à travers les activités, ils apprennent à s'entraider, à se lier d'affinité. Surtout, grâce aux activités organisées par Fo Guang Shan et la BLIA, non seulement la lumière du Bouddha pourra éclairer universellement, mais ces actions peuvent encore aider les deux gouvernements chinois à nouer des relations internationales et développer celles des peuples, chinois et taïwanais. En 2001, lors de sa visite à Hsi-Lai Temple, le Vice-président du Comité des Affaires Chinoises d'Outremer, M. Wuhsinhsing, a dit: « Taïwan possède deux ministères des Affaires étrangères : le Ministère officiel et la BLIA qui en est un autre, car ce que font les hommes-Foguang contribue à l'expansion de l'esprit taïwanais outre mer. » (*Merit Times. 14/08/2001*)

De même, en 1993, lors de la deuxième assemblée générale de la BLIA, l'ex-président taïwanais, M. Lidenghui, a déclaré que Fo Guang Shan et la BLIA ont modernisé et socialisé le bouddhisme, et qu'ils ont de plus, propagé le Mahayana chinois d'une manière organisée et planifiée vers la société internationale et réalisé ainsi le noble concept « Que la lumière de Bouddha éclaire les trois milles mondes ; que l'eau du Dharma coule sur les cinq continents ». En même temps, sur le chemin de la communication avec les pays étrangers, ils ont apporté une contribution indéniable. (*Le Quotidien Taiwan. 18/10/1993*)

Réaliser des œuvres bénéfiques et multi directionnelles

Bien que Fo Guang Shan soit un monastère, les actions bénéfiques qui y sont réalisées touchent des domaines multiples : culturels, éducatifs, caritatifs... et ces résultats sont tous issus de la pratique en commun. Les activités organisées chaque jour sont diverses et les effets en sont immenses. Prenons l'exemple du Centre de Taipei, créé en 1994 : Les bureaux du magazine « Universal Gate » et la maison d'édition Foguang, se trouvent au 5e étage. Du 10e au 14e étage, sont situés les halls de révérence et de méditation, l'auditorium, les salles de classe, le réfectoire, les salles de séminaire et de réception, le salon de thé, les bureaux etc. La BLIA Taipei, la Foguang University, la Fondation Jingtu de culture et éducation ... se situent tous dans le même bâtiment.

Le jour de l'inauguration, a été organisée une « Cérémonie de pratique commune de 49 jours, portant sur l'importance de la pratique simultanée de « bonheur et sagesse » et de « compréhension et application » ». Quarante neuf jours plus tard, on pouvait relever les chiffres suivants :

- Au service de repentance de la grande compassion : avec une cadence d'une à trois fois par jour, 77 services ont été réalisés en 49 jours, avec 35 000 participants venant de 22 villes taïwanaises. Le Grand maître a prononcé 74 oraisons, 72 d'entre elles ont été traduites en dialecte taïwanais par le vénérable Tzu-Hui, les deux autres par le vénérable Tzu-Jung qui, de plus, a aussi prononcé 2 discours.
- Dans le hall de conférences : On a dénombré 22 séances de conférence organisées par la Foguang University, la BLIA et le Centre Foguang de Taipei. S'y sont ajoutés 19 classes et discours donnés par et pour les disciples.
- Dans le hall de méditation : avec les séances fixes matin et soir et certaines séances provisoires à midi, on a recensé un total de 121 manifestations. Les participants étaient au nombre de 3 000, dont plus de la moitié composée d'étudiants d'université.

- A l'auditorium : 49 séances de lecture avec pour sujet « L'eau de la vie – le bouddhisme et moi » ont attiré 21 100 auditeurs, parmi lesquels plus de 50 personnes ont assisté à plus de 20 séances.
- Le Chan à travers le végétarisme : le thème a été traité en 56 sessions. Les participants tels Haobaicun, Jangkaoyan, Zhangxiaoci, Huzhiqiang, Yeshushan, Linfuchun, Zhaodashen, Li-an etc. portaient tous des noms socialement connus. Chaque session regroupait de 40 à 80 personnes. A part ceux qui venaient des différentes régions de Taiwan, plus d'une centaine d'autres venaient des Etats-Unis, du Japon, d'Australie, du Canada, d'Espagne etc. Les participants étaient regroupés en fonction de leurs professions et comprenaient des politiques, des économistes, des militaires, des gendarmes, des lettrés, des agriculteurs, des industriels, des commerçants, des enseignants, des acteurs, des journalistes, des religieux etc. Chaque séance comprenait des animations chantantes et des séances d'interprétation des 3 684 « sentences dharmas » étudiées.
- Dans les galeries d'art où 400 œuvres étaient exposées, on a recensé plus de 1 000 visiteurs par jour, pour un total général dépassant les 50 000.
- Les ventes publiques d'objets bouddhistes : 36 ventes au total, avec une recette de 26 millions de yuans, le tout offert à la Foguang University.
- Le réfectoire : il a été très fréquenté, avec une moyenne de 800 personnes par jour. Durant les cinq premiers jours suivant l'inauguration (du premier au cinquième jour du mois lunaire), on notait le chiffre record de 3 000 convives certains jours. A part les disciples participant aux services religieux,

on comptait des gens d'autres provenances : beaucoup d'employés des commerces des environs, de même que des cheminots de la gare proche sont venus y prendre leur repas.

- La librairie de la Maison d'Edition Foguang : une moyenne de 50 livres a été vendue chaque jour. Le livre « Etre d'entière bonne volonté » était offert aux participants et plus de 5 000 ouvrages ont été demandés durant ces 49 jours.

Après ces 49 jours de services religieux, les activités au Centre de Taipei n'ont guère diminué. Y ont été successivement organisés : le Buddhist City College, les lectures durant les jours de semaine, une journée de méditation, le service de l'Ornementation Fleurie, la classe de sutra approfondi, les classes de méditation, les classes artistiques, les réunions de l'association des femmes Foguang, la chorale Foguang, les pratiques de diction des noms des bouddhas etc. Actuellement, s'y ajoutent : « la BLTV », « le Merit Times », « Les galeries d'art Foguang », « Gandha Samudra Culture Company », « Oracle Record Company » etc. Le nombre des activités, l'étendue des niveaux touchés, la puissance de développement des capacités réelles, ont effectivement rempli la définition que le Grand maître avait donnée du Centre de Culte : « C'est l'endroit de réunion des bons amis, le station service sur le chemin de la vie, le parc d'attractions pour nourrir la sérénité, la terre sereine pour faire disparaître les soucis, le supermarché où l'on peut tout trouver, l'endroit pour apprendre les quatre Grands Vœux, la clinique pour guérir le cœur et l'âme, la Cour de justice qui protège l'équité sociale, l'école pour apprendre à retrouver sa conscience, le centre artistique pour transcender les cultures morales. » (*Foguang Textbook. Les connaissances bouddhistes. L'architecture des pagodes*).

Développer le bouddhisme moderne

Le Grand maître a fixé quatre grandes orientations pour le développement des centres Foguang : « La copropriété des ordonnés et laïcs, l'égale importance de la sagesse et de la pratique, l'harmonisation entre le traditionnel et le moderne, l'union entre le bouddhisme et l'art. » (*Journal de Hsing-Yun*). En suivant ces quatre orientations et leurs quatre objectifs, les différentes activités organisées par les centres Foguang sont complémentaires et sans conflits. Ce sont des réalisations concrètes de la conception du bouddhisme humaniste, tel que le conçoit le Grand maître. L'importance qu'il attache au développement des entreprises culturelles et éducatives et à l'organisation des activités à dates fixes ou non, a totalement changé le point de vue des gens qui, jusque là, avaient toujours considéré le bouddhisme comme une religion ne connaissant que les cérémonies religieuses de repentance et les œuvres de charité : une religion pour les morts.

Dans « La revue des trente ans de Fo Guang Shan », il est noté que le bouddhisme humaniste enseigné par Fo Guang Shan, a conduit le bouddhisme taïwanais vers une situation totalement différente de celle connue jusqu'à présent, avec une évolution:

- Du bouddhisme traditionnel au bouddhisme contemporain
- Du bouddhisme isolé au bouddhisme universel
- Du bouddhisme des hymnes au bouddhisme des chants
- Du bouddhisme de simple prière au bouddhisme d'entreprise
- Du bouddhisme régional au bouddhisme international
- Du bouddhisme anarchique au bouddhisme discipliné
- Du bouddhisme passif au bouddhisme actif

- Du bouddhisme simplement rural au bouddhisme omniprésent
- Du bouddhisme contemplatif au bouddhisme de bienfaisance
- Du bouddhisme restreint (disciples seuls) au bouddhisme ouvert (disciples et laïcs)
- De la relation « maître-disciple » au bouddhisme « professeur-élèves »
- Du bouddhisme de temple au bouddhisme d'auditoire
- Du sectarisme scolaire au bouddhisme respectueux des autres
- Du bouddhisme uniquement caritatif au bouddhisme diversifié
- Du bouddhisme strictement religieux au bouddhisme multiactif
- Du bouddhisme des vieillards au bouddhisme pour la jeunesse

Tous ces succès sont des réalités incontestables. Comme le disait le professeur Chenbin : « Mettre l'accent sur les entreprises est une stratégie majeure que le Vénérable maître Hsing-Yun utilise avec succès, pour rendre au bouddhisme sa prospérité. » Il ajoutait: « Le Grand maître Hsing-Yun est un entrepreneur talentueux pour ce qui est de gérer toutes sortes d'entreprises bouddhistes. Il a brillamment mené la création des revues « Universal Gate », « World Enlightenment », « Merit Times » etc., l'édition de « Foguang Tripitaka », « Foguang Encyclopedia »... offrant ainsi des modèles de réussite pour les différentes entreprises bouddhistes. » (*Universal Gate Bouddhist Journal. Right Dharma, Light Back on: Humanistic Buddhism in the Hands of Master Hsing-Yun*).

Le rédacteur en chef du magazine chinois « La voix du Dharma », le vénérable Jinghui, disait aussi : « Les entreprises de Fo Guang Shan créées par le Grand maître Hsing-Yun, sont des exemples de réussite de la renaissance du bouddhisme. » Il félicitait le Grand maître « d'avoir pris pour modèle les pensées du bouddhisme humaniste durant plusieurs dizaines d'années, d'avoir permis au bouddhisme de s'intégrer dans la vie quotidienne, pour marcher en parallèle et sans conflit, avec son époque. Les entreprises qu'il a créées sont en réalité des œuvres structurées pour réaliser « le bouddhisme humaniste » et « la modernisation du bouddhisme ». C'est ce qu'on peut nommer « le modèle Hsing-Yun ». (*Universal Gate Buddhist Journal. L'enseignement approprié et l'esprit contemporain – Réflexions sur le voyage du Grand maître Hsing-Yun en Chine pour propager le Dharma et visiter la famille*)

Dans son texte « Le Grand maître Hsing-Yun et le bouddhisme humaniste », l'ex-recteur de la Foguang University, M. Gongpengcheng, a établi une comparaison avec les autres organisations et noté que celles-ci ne savaient pas appréhender toutes les facettes de l'action à mener : Seul, le Grand maître a su saisir la pulsation de l'époque pour développer activement le bouddhisme contemporain, ce qui explique son côté révolutionnaire et l'importance des résultats qu'il obtient avec ses méthodes d'enseignement, de construction, de gestion et d'administration. Sa conclusion fut : Pour ce qui est de réellement promouvoir la tendance bouddhiste et la développer universellement, c'est encore le Grand maître Hsing-Yun et son monastère Fo Guang Shan qui sont les plus efficaces. ». Il ajoute enfin que les différences existant entre le Grand maître et les autres Vénérables ne sont pas uniquement dues à la quantité, ni à l'ordre des actions menées, mais bien plutôt à leurs caractéristiques.

Il est vrai que la différence entre le Grand maître et les autres ne se limite pas à la manière de propager le Dharma. Le plus important réside dans cette pensée du Grand maître quand il dit : « La propagation du bouddhisme humaniste doit suivre le chemin de l'humanisation, de la modernisation, de la socialisation, de l'universalité, elle doit se faire d'une manière vivante, artistique, industrielle, structurelle, et, à l'avenir, accentuer encore son effort d'internationalisation. ». (*Foguang Study. Préface*). Il pense que c'est le seul moyen qui permettra au bouddhisme de pénétrer au sein de la famille, de la société et du cœur de l'homme, qui lui permettra de s'intégrer à la vie pour devenir un bouddhisme vital pour les gens et que c'est là, en fait, l'avenir du bouddhisme.

Du fait de ces conceptions, il n'est aucune des entreprises bouddhistes et des activités de propagation du Dharma du Grand maître, qui ne recèle des objectifs et un sens profonds, de même que les multiples influences qu'elles exercent.

Quelques exemples ci-dessous permettent de les illustrer :

Unir la foi et l'action
Pour un rajeunissement du bouddhisme

Le Grand maître propose le concept de « produire des fortunes saines par la création d'entreprises nouvelles ». Il prône l'union de la foi et de l'action pour que les disciples soient de plus en plus jeunes, de plus en plus cultivés et qu'ils changent complètement leur manière de voir le bouddhisme. Cela permet aux gens qui, à l'origine, méprisaient le bouddhisme, de le respecter et de lui accorder foi, avec pour conséquence l'augmentation du nombre de fidèles et l'élévation de leur niveau intellectuel. C'est pourquoi il y a une différence difficilement imaginable entre le bouddhisme d'aujourd'hui et celui d'il y a quarante ans.

Il y a quarante ans, les bouddhistes cultivaient des pensées supra mondaines ; la plupart des moines pratiquaient l'ascétisme, l'auto libération et se consacraient aux cérémonies religieuses pour les morts. Personne n'enseignait le Dharma, personne ne cherchait à faire prospérer les pagodes. Dans ces conditions, les lieux de culte n'étaient que des endroits à révérer pour les vieilles dames. Par la suite sont apparus peu à peu, les écoles, les maisons de repos, les orphelinats, les cliniques etc., mais la plupart des gens gardaient la notion du « J'irai à la pagode quand je serai vieux », ou « je ferai du bénévolat quand je serai en retraite ».

En 1992, après la création de la BLIA, le Grand maître a créé le groupe des missionnaires laïcs et il encourageait les disciples à ne pas attendre d'être vieux ou retraités pour être bénévoles ; il leur proposait même de venir travailler comme « salariés » dans les lieux de culte bouddhistes. A travers les entreprises, il réunit la foi et l'action et incita ainsi de plus en plus de jeunes à rejoindre les groupes de missionnaires. Et le sombre bouddhisme des vieillards s'en trouva rajeuni de jour en jour, la triste inertie du passé étant remplacée par un nouvel état actif et florissant.

Dans l'interview qu'il accorda à la journaliste du « Asia Wall-Street Journal », Mlle Zhangtonghe, le Grand maître disait : « Depuis trente ans, Fo Guang Shan est toujours resté jeune, parce que les ordonnés sont tous de jeunes intellectuels et que la plupart des disciples sont aussi des jeunes. A chaque période de vacances, que ce soit d'été ou d'hiver, la plupart des inscriptions pour les camps, les retraites, les séminaires, sont souscrites par des jeunes. » (*Journal de Hsing Yun. 23/8/1997*). Durant le même mois de l'interview, 19 séances de « trois refuges et cinq préceptes » furent organisées dans le monde, plus de 3 000 jeunes s'y inscrivirent. Ce rajeunissement de l'âge moyen des fidèles donne au bouddhisme une image de prospérité.

C'est avec les gens talentueux que le bouddhisme se développe

En fait, depuis sa jeunesse, le Grand maître sait que le bouddhisme doit développer toutes sortes d'entreprises. C'est avec la création d'entreprises qu'on peut trouver des hommes talentueux et c'est grâce à eux que le bouddhisme peut prospérer. Ainsi, tout au début de la création du Centre culturel San-Chung, une conversation téléphonique a permis au Grand maître d'amener l'imprimeur, M. Wutianchang, à entrer dans le bouddhisme, où il est devenu par la suite, le Vénérable Hsin-Ping. De même, les Vénérables Tzu-Chuang, Tzu-Hui et Tzu-Jung ont connu le bouddhisme grâce à leur participation à la chorale, puis avec le bénévolat au Jardin d'enfants Ci-Ai et au Centre Culturel San-Chung. Elles ont pris la décision d'entrer dans les Ordres, par la suite.

Les premiers disciples du Grand maître possèdent tous des talents particuliers et leur contribution au développement de Fo Guang Shan est considérable. Ainsi du vénérable Hsin-Ping qui, depuis la création du monastère jusqu'à la prise en charge de la direction du Comité des Affaires religieuses, n'a jamais cessé de promouvoir harmonieusement le Dharma, grâce à ses talents de choriste, de peintre paysagiste et d'architecte d'intérieur. Sa douceur, sa droiture mettaient les gens à l'aise sous sa direction. La Vénérable Tzu-Chuang est spécialiste en construction : avec son petit sac de toile, elle parcourt les cinq continents pour visiter les travaux en cours et dirige ainsi plus de deux cent chantiers. La Vénérable Tzu-Hui a accompagné le Grand maître durant plus de cinquante ans, en tant qu'interprète. Elle s'est, de plus, montrée particulièrement talentueuse dans le domaine de l'éducation, puisqu'on lui doit la plupart des centres éducatifs, tant monastiques que laïcs. La Vénérable Tzu-Jung est une spécialiste du domaine social : hormis les centres de charité, elle a encore monté plus de 170 associations régionales et des milliers de sous-associations, dans les dix ans qui ont suivi la création de la BLIA.

Le successeur du Vénérable Hsin-Ping pour les cinquième et sixième mandats de Directeur du Comité des Affaires religieuses de Fo Guang Shan, le Vénérable Hsin-Ting, a également participé aux travaux de création du monastère : il y était chargé du règlement et de la discipline. De plus, c'est un bon orateur, et on le rencontre souvent aux quatre coins du monde où il donne des lectures ou des conférences. Bien qu'il ait quitté le poste de Directeur du Comité, il occupe maintenant les fonctions de Président de la BLIA/Taïwan et continue à se dévouer pour le Dharma. De même pour le Directeur actuel, le Vénérable Hsin-Pei : Bien qu'il soit jeune, il connaît bien toutes les règles bouddhistes. Ses connaissances, son comportement, sa modestie ont convaincu tout le monde du bien-fondé de sa position et du rôle qu'il est appelé à jouer, dans le développement futur de Fo Guang Shan.

D'autres encore, tels les Vénérables masculins Huilong, Huili, Huikai, Huiri, Huichi, Huichuan, Huikuan, Huizhao, Huifa, Huisheng, Huifang, Huixian, Huide, Huisheng, Huizai, Huishou, Huifeng ... et les venerables feminins Tzu-Yi, Yiyan, Yiheng, Yimin, Yikong, Yichen, Yizhao, Yifa, Yiyu, Yilai, Yichao, Yihong, Yongquan, Yongguang, Yonggu, Yongping, Yongrong, Yongming, Yongjin, Yongben, Yongdong, Yongyun, Yongfu, Manguo, Manlian, Manqian, Manke, Manren, Manzhou, Jueceng, Juenian, Juerong, Juepei, Miaoguang, Miaokai, Miaoshi, Miaolian, Miaoxiang,

Ruchang ... sont tous, selon leur spécialité, soit dirigeant d'un centre de culte, soit professeur d'université, soit rédacteur de quelque édition, ou encore responsable de quelque activité sociale ou administrative.

Il y a plus d'un millier de disciples ordonnés de Fo Guang Shan et s'ils peuvent se consacrer totalement au monastère, c'est d'abord parce que Fo Guang Shan n'est pas un groupe de fanatiques ignorants, mais bien parce qu'ils ont les mêmes idéaux, les mêmes orientations et la même vision de l'avenir. Quatre vingt dix neuf pour cent d'entre eux viennent du Collège Bouddhiste de Fo Guang Shan et il existe entre eux une communion de pensée et de concept. « Propager le bouddhisme humaniste, créer la terre pure Foguang » (*Foguang Studies*) voilà quel est leur objectif commun. De leur participation, ils retirent une perception claire de l'avenir et de l'espoir inhérent à la vie humaine. Cette augmentation du nombre des hommes talentueux, est la chose la plus réconfortante qui soit aux yeux du Grand maître. Pour lui, en effet, la longévité d'un groupe, la pérennisation de son élan vital, l'alternance des générations en son sein, ont besoin d'hommes de talent pour se réaliser. C'est pourquoi, dès la création du monastère, le Grand maître a fixé « Découvrir les talents par l'éducation » comme un de ses quatre objectifs principaux. Voilà qui est révélateur de la sagesse et de la hauteur de vue du Grand maître.

A Fo Guang Shan, chacun peut se développer et agir selon ses goûts et ses talents. Comme le suggère le Grand maître :

- Les gens qui ont la parole facile et l'esprit vif, peuvent s'exercer dans les domaines culturel et éducatif pour y être professeurs, enseignants, instructeurs, rédacteurs, écrivains etc.
- Les gens compatissants et tendres, peuvent exercer leurs ta-

lents dans les associations de charité, les hôpitaux, les maisons de retraite, les orphelinats etc.
- Les gens courageux, patients et organisés, peuvent être responsables des tâches administratives.
- Ceux qui ont l'esprit de synthèse et qui connaissent la gestion financière, peuvent exercer des tâches de comptabilité, de gestion, d'économat etc.
- Les disciples d'allure particulièrement distinguée, peuvent exercer des fonctions de maîtres de cérémonie, d'hôtesses etc.
- Les débutants pourront occuper des postes ordinaires dans tout genre de service, pour apprendre et aussi pour cultiver bonheur et sagesse.

En outre, le Grand maître encourage aussi les jeunes-Foguang à bâtir leur avenir, en partant dans les pays du Centre-Sud de l'Asie tels l'Indonésie, la Malaisie ... pour enseigner l'anglais aux enfants, leur apprendre un métier et en même temps éveiller leur foi dans le Mahayana, ce qui permettra de développer l'harmonie entre le Mahayana et le Hinayana et pourra même ouvrir une nouvelle page de l'histoire du bouddhisme.

Créer les entreprises mondaines avec l'esprit transcendant

Dans le discours d'ouverture de l'assemblée générale de la BLIA en 2004, intitulée « Conscience de soi et pratique de la voie du Bouddha », le Grand maître a proposé le concept « Utiliser les entreprises nouvelles pour développer des fortunes saines ». Il encourageait les disciples laïcs à développer des activités comme les salons de thé, les magasins d'objets d'art, les restaurants végétariens, les agences de voyage, les bureaux de consultants etc., ou encore de créer des usines, des fermes, des centres de production d'électricité et de traitement de l'eau, des supermarchés, des hôtels, mais aussi des cabinets d'assurances, des journaux, des stations de radio, des chaînes de télévision, ou encore des maisons de repos, des orphelinats, des jardins d'enfants, des crèches etc. Car « Le bouddhisme humanisé souhaite que nous possédions d'immenses joies, bonheur et fortune dans cette vie déjà. Le bouddhisme n'impose pas de vivre dans le dénuement, ni dans la recherche infructueuse du plaisir. Pour lui, plus nous possédons de fortunes saines, mieux c'est ; plus nous jouissons de la joie de dharma, plus c'est merveilleux. Et même si les joies et les fortunes de ce monde sont limitées, nous pouvons apprécier la joie dans le Dharma, chercher la fortune dans la foi, jouir de l'univers du cœur et de l'âme, posséder le monde dans sa totalité. Telle est la création d'un vrai monde de joie, de bonheur et de richesse. » (*Conscience de soi et Pratique de la voie du Bouddha*)

Le bouddhisme humaniste met l'accent sur « la recherche de la joie et du dharma au présent ». C'est pourquoi le Grand maître pense que « les pensées ascétiques de la Hinayana ne conviennent pas au bouddhisme des pratiquants laïcs » (*Recueil des discours du Grand maître Hsing-Yun (2). La vie et la pratique*). Il dit encore « Le bouddhisme n'appartient pas aux seuls ordonnés ou chercheurs, il doit être bénéfique aux hommes en général ». Le bouddhisme n'est pas théorique et abstrait, c'est une religion qui met l'accent sur la nature humaine, les caractères humanistes et qui peut apporter la joie et le bonheur dans ce monde » (*Paroles des pensées du bouddhisme humaniste*). Cette volonté du Grand maître, de faire bénéficier tous les êtres vivants, ainsi que la manière de le réaliser, correspondent bien aux commentaires du professeur M. Menglingpeng, du Département de philosophie de l'Université de Beijing : « Le vénérable maître Hsing-Yun a su unir les théories du bouddhisme et la créativité de l'époque contemporaine, pour faire découvrir le sens profond du bouddhisme, lui attribuer des caractéristiques modernes et parfaitement montrer le caractère positif de « créer les entreprises mondaines avec l'esprit transcendant » du bouddhisme humaniste. Le bouddhisme humaniste n'est plus une conception « froide » : Avec la personnalité parfaite et la pratique persévérante du Grand maître, il devient de plus en plus florissant. » (*Universal Gate Buddhist Journal. Créer les entreprises mondaines avec l'esprit transcendant – Les caractéristiques du bouddhisme humaniste et la personnalité du Grand maître Hsing-Yun*).

Organiser des activités pluralistes Pour l'internationalisation du bouddhisme

Dans le monde bouddhiste, le Grand maître est le premier à avoir eu l'idée d'organiser des activités. C'est pourtant l'organisation de plusieurs activités « pluralistes », qui entraîne le développement florissant de divers secteurs d'activité de la société et qui guide des hommes de différents niveaux vers le bouddhisme. C'est encore cette planification qui facilite l'intégration du bouddhisme dans la société, en y apportant une ambiance favorable et en permettant aux hommes des cinq continents, de mieux connaître la civilisation chinoise.

Dans le passé, certains pratiquants bouddhistes pensaient que les activités, les festivals par exemple, n'étaient que des actes vulgaires. Mais les manifestations organisées par le Grand maître sont, elles, créatives, pénétrées de spiritualité et de Dharma. C'est ainsi que le « Sounds of the human world » rassemble les hommes des cinq continents, pour créer ensemble des pièces musicales bouddhistes, les chanter et les propager conjointement et, pour chacun, purifier son cœur et son esprit. On ne peut donc pas les comparer avec les festivals habituels, car non seulement elles permettent d'exposer l'esprit du « Créer ensemble » de Fo Guang Shan, mais encore élargissent le champ du « bouddhisme international ».

Les activités sont les témoins de la force vitale. Dans l'esprit du Grand maître, l'homme doit être actif, sinon, il est, soit malade, soit mort. Il dit : « les habitants de la Terre Pure d'Amitabha doivent tous les jours « offrir aux bouddhas des habits et des fleurs ». Sakyamuni Buddha pratiqua l'Alm procession et enseigna après le repas, Avalokitésvara Bodhisattva aide toute personne en difficulté, Ksitigarbha Bodhisattva émit le vœu de devenir Bouddha le jour où l'enfer serait complètement vide : voilà bien des actes. Le Grand maître Xuanzhang, de la dynastie Tang, a traversé 800 li de désert, mais sans cette action, comment les sutras bouddhistes auraient-ils pu arriver en Chine ? » (*Livres de bouddhisme. Les règles. Les activités sociales*)

Pour le Grand maître, « Le Dharma n'est pas une connaissance, on ne peut le considérer comme une matière académique à étudier, c'est par la pratique que l'on peut le percevoir. Mais si l'on ne s'intéresse qu'à la pratique individuelle, le bouddhisme ne pourra pas s'intégrer dans la foule, dans la société. Aussi, pour élargir la propagation du bouddhisme, il faudrait, hormis les services religieux traditionnels, former des groupes sociaux, organiser différentes activités pour mobiliser davantage de disciples et mieux guider les hommes. » (*Le monde Foguang. Discours du Président*)

C'est pour cette raison que, depuis plusieurs années, le Grand maître a toujours adroitement organisé toutes sortes d'activités, amenant ainsi le monde à connaître et apprendre le bouddhisme.

Depuis 1997, à part les camps de vacances, les séminaires, les retraites de courte durée, les retraites des huit préceptes, les cérémonies des cinq préceptes, des bodhisattva-préceptes etc., et pour répondre à la demande des disciples, les Pratiques de Week-end sont organisées systématiquement tous les samedis et dimanches. S'y ajoutent d'autres activités sans date fixe, telles les méditations, les pèlerinages, les calligraphies de sutras, les services de repentance, les groupes d'étude, les classes artistiques, les rencontres sociales etc. Le Grand maître a aussi organisé de grandes campagnes telles « Retour à l'époque de Sakyamuni Buddha », « Convoi de la compassion et de la gentillesse », « Retrouver le cœur », « Campagne des sept vertus », « Rituel des pratiques de Chan, Terre pure et Esotérique »... Grâce à ces activités, on amène naturellement le Dharma au sein de la famille, afin qu'il devienne une force pour purifier la société.

Exposition internationale de plantes et de roches

Actuellement, tous les jours, il y a plus de cent activités et entreprises organisées par Fo Guang Shan à Taïwan et dans le monde. En même temps qu'elles purifient le cœur de l'homme, elles stimulent les autres activités sociales taïwanaises, tant publiques que privées.

Par le passé, on ne voyait que très peu de meetings à Taiwan et chaque fois, le nombre de participants n'était que de quelques centaines de personnes au maximum. Il en était de même pour les fêtes nationales, où souvent les seuls participants étaient des fonctionnaires, car le peuple y participait rarement. Maintenant, des activités sont organisées tous les jours, dans tous les coins du pays, avec des centaines, des milliers, parfois même des dizaines de milliers de personnes. Beaucoup de ces manifestations ont été initiées par Fo Guang Shan. Ainsi, depuis que Fo Guang Shan a organisé au Nouvel-an 2001, une grande « Exposition internationale de plantes et de roches », au moins dix expositions florales sont organisées tous les ans, un peu partout à Taïwan. Elles apportent ainsi à la société, la bonne habitude de rechercher la beauté, la bonté et la vérité.

Bien que des expositions similaires soient organisées à travers l'île, celle de Fo Guang Shan détient ses caractéristiques propres. En plus d'utiliser la beauté des fleurs, plantes et roches pour valoriser tout le monastère, telle une terre pure mondaine offrant aux visiteurs une agréable sensation de paradis, un zoo avec des animaux herbivores est aménagé. Il offre aux visiteurs, la possibilité d'entrer en contact librement avec les animaux, pour percevoir la beauté de la coexistence des vies. De même, à l'intérieur de l'immense zone naturelle de Fo Guang Shan, les visiteurs peuvent ressentir la sensation de communion avec l'environnement et de là, nourrir l'amour de la nature et la volonté de la protéger. Cette volonté est encore stimulée en offrant aux visiteurs, l'occasion d'assister à une classe sur le thème « La nature et la vie » pendant leur visite. Voilà bien une méthode subtile d' « Enseigner le Dharma par le divertissement. ».

L'exposition d'art floral et de roches aux formes insolites, organisée par Fo Guang Shan, est pleine d'intentions créatives et éducatives. Elle a suscité des commentaires élogieux de la part des visiteurs et attiré l'attention du gouvernement. Le Directeur du Département de l'agriculture du Ministère de l'Intérieur, M. Lijinglung, est venu lui-même lui rendre visite. Conscient du fait que Fo Guang Shan est le lieu de culte et de réunion des disciples du monde entier et que, chaque année, ils y reviennent par milliers pour vénérer les bouddhas et admirer les fleurs, le Directeur en a conclu que c'était là, le meilleur endroit pour présenter les belles plantes et fleurs taïwanaises. Il a donc proposé l'appui du Département de l'agriculture et offert des semences et des plantes à l'exposition, afin de dévoiler les beautés de Taïwan. (*Le quotidien du monastère. 23/02/2005*)

Enseigner le Dharma à travers l'architecture solennelle

Non seulement les activités organisées par Fo Guang Shan sont remplies de créativité, de concept, et de dharma, mais l'architecture de Fo Guang Shan est également une manière, silencieuse elle, de propagation du Dharma. Ainsi, en 1996, on a érigé une « Stèle de cent personnes » en granit noir, sur laquelle sont gravées les œuvres de calligraphie, les stances, les maximes et les dessins bouddhistes. Ce fut la première stèle réalisée à Taïwan et dans le monde bouddhiste. Comme les œuvres gravées sont remplies de Dharma, elles suscitent souvent l'admiration des visiteurs, réalisant ainsi l'objectif de propager le Dharma par les œuvres artistiques.

En outre, pour remercier les donateurs qui n'ont cessé de soutenir le développement de Fo Guang Shan, sans jamais rien demander en retour, le Grand maître a demandé, en 1991, au moment de la construction du Hall de Tathagata, de graver les noms de tous les donateurs sur la céramique du mur extérieur de la grande salle de conférence, au quatrième étage. Il s'agissait, d'une part de leur laisser de belles lettres et d'autre part, comme disait le Grand maître : « Ce mur est le livre de comptes de Fo Guang Shan, et le comptable est « la causalité » (*Ainsi dit*)

Pour établir la discipline monastique et appliquer le Dharma dans la vie, il a construit le réfectoire Yunziu pour permettre à tous les disciples monastiques et laïcs, aux fidèles et aux touristes, de prendre leur repas ensemble. Chaque jour à l'heure des repas, le défilé de plus de mille personnels et étudiants monastiques et laïcs, se met en place suivant l'ordre prescrit et suscite souvent les compliments et l'émotion des touristes.

« La dignité dans le comportement est un enseignement sans parole » : les comportements solennels peuvent aussi influencer les gens. Non seulement, Fo Guang Shan utilise la dignité, mais aussi l'architecture solennelle pour exprimer le Dharma. Aucun bâtiment de Fo Guang Shan qui n'ait été étudié personnellement par le Grand maître, avec les architectes. On y perçoit son concept et sa sagesse et cela mérite des observations. Prenons par exemple le réfectoire Yunziu où 3 000 personnes peuvent prendre leur repas en même temps. A l'intérieur de l'immense salle, n'apparaît aucune colonne. A part la salle de réfectoire du premier niveau, l'espace du deuxième niveau peut être aménagé en auditoire, réfectoire ou salle de cérémonies, selon les besoins. Les niveaux du troisième au sixième, sont occupés par des logements. Tous les escaliers et ascenseurs sont construits sur le côté extérieur du couloir périphérique, permettant ainsi l'accès aux différents niveaux sans déranger personne. Ainsi, lors des grandes manifestations, tout se passe dans le même immeuble et pourtant, il n'y a aucune interférence.

On peut dire que le bâtiment Yunziu est un chef-d'œuvre du Grand maître, l'aménagement des espaces de tout le bâtiment est empreint de sagesse et d'intelligence. Le Grand maître n'a jamais étudié l'architecture et pourtant, il a un coup d'œil exceptionnel pour l'organisation et l'utilisation des espaces. Il est particulièrement doué pour « sauver les espaces perdus ». Plusieurs endroits, laissés inoccupés par les architectes, ont pu, grâce à l'intervention du Grand maître, être rentabilisés. Par exemple, la galerie d'art au Nantian Temple en Australie, la salle de repas Ch'anyue à Hsi-Lai Temple aux Etats-Unis, la salle de recherches à ChuanDengLou de Fo Guang Shan... sont toutes des conséquences de son intervention. Sa conception de l'architecture est de pouvoir « utiliser les équipements technologiques pour remplacer les efforts physiques humains ». Avec ce principe, il pense que l'organisation des espaces et l'aménagement des intérieurs doivent répondre aux besoins et faciliter la vie des utilisateurs. Grâce à ses parfaites installations et à sa beauté architecturale, auxquelles s'ajoutent ses riches ressources humaines et financières, Fo Guang Shan cumule toujours plus d'activités, ce qui correspond à la volonté de propagation du Dharma, du Grand maître. Souvent, des organisations ou des associations empruntent les espaces de Fo Guang Shan pour organiser des réunions, des activités etc., amenant ainsi d'innombrables participants, tant chinois qu'étrangers, à faire la connaissance du monastère. C'est ce qui explique comment une montagne déserte, couverte de bambous, a pu devenir aujourd'hui, un important site bouddhiste, mondialement connu.

Réformer les pratiques corruptrices et les mauvaises habitudes Pour la modernisation du bouddhisme

Le Grand maître n'hésite pas à réformer les mauvaises habitudes du bouddhisme traditionnel, lui permettant ainsi de se débarrasser de son côté conservateur et rétrograde, de rattraper le temps perdu, de créer du neuf et de se développer. Il propose « l'harmonie entre le traditionnel et le moderne », dans sa réforme des mauvaises habitudes du bouddhisme traditionnel. De plus, il suit le mouvement de l'époque pour « moderniser » le bouddhisme et en donner une nouvelle image.

Depuis sa jeunesse, il a remarqué que : « La plus grande pratique corruptrice du bouddhisme traditionnel était le manque de discipline : c'était comme un tas de sable, où chacun faisait à sa guise ». Non seulement les tenues étaient hétéroclites, mais aucune réglementation sérieuse n'encadrait l'ordination, le rasage, la transmission des préceptes, l'éducation, etc., d'où des pratiques corruptrices déplorables. Car il est vrai que, s'il n'existe pas de règle stricte pour l'ordination, c'est, comme le disait le Vénérable maître Yin-Guang, courir le risque d'avoir n'importe qui comme disciples, de les voir abuser des facilités d'hébergement, de les voir enseigner les préceptes sans vraiment les connaître, de sorte que la morale et la structure du bouddhisme sont réduites en cendres : Les maîtres ne ressemblent plus à des maîtres et les disciples ne ressemblent plus à des disciples. Et surtout, en l'absence d'une règlementation stricte et aussi parfaite que possible, certains se transforment en parasites, vivant aux dépens du nom de Bouddha et s'appropriant les avoirs du temple au lieu de les utiliser pour le bénéfice d'autrui. » (*L'esprit d'Ecole. Les règlements de Fo Guang Shan*)

Tirant la leçon de ces constatations, c'est dès les débuts de Fo Guang Shan, que le Grand maître a instauré les différentes règles de fonctionnement, en se basant sur le respect des enseignements de Bouddha, sur les six harmonies et sur les préceptes et le règlement des écoles bouddhistes. Ainsi, pour la gestion des personnes, il impose : « la classification par niveaux, la règlementation des promotions et des pénalités, la rotation des postes de travail ». Pour l'exécution des tâches, il demande de : « travailler en équipe, diriger harmonieusement, ne pas faire ce qui n'est pas préconisé par Bouddha, ne suivre que le Dharma ». Et pour lui-même, il a démissionné de son poste de Premier abbé de Fo Guang Shan en 1985 et légué sa place à son disciple Hsin-Ping, donnant ainsi au monde bouddhiste, un bel exemple de démocratie.

En outre, il a instauré douze règles internes pour les disciples de Fo Guang Shan : « Ne pas différer le rasage journalier, ne pas passer la nuit chez le disciple, ne pas avoir de relations financières privées, ne pas déshonorer le Sangha, ne pas avoir de disciple privé, ne pas posséder d'argent personnel, ne pas construire de temple privé, ne pas avoir de relations privées, ne pas faire de collecte en privé, ne pas solliciter de recommandation, ne pas acquérir de propriété privée, se contenter de la nourriture de tous. » (*Revue pour le trentième anniversaire de Fo Guang Shan*) Et, au fil du développement de Fo Guang Shan, il a instauré successivement les règles pour les Shigu, pour les Zhaoshi, pour les employés, pour les parents des disciples etc.

La propagation du Dharma par les disciples laïcs

Après la création de la BLIA en 1992, le Grand maître a mis en place ses lois et ses règles de fonctionnement. Parmi elles, le système de propagation du Dharma par les disciples laïcs, est une grande révolution et une première dans le bouddhisme. Dans le passé, un laïc montant sur l'estrade, signait la fin du Dharma. Le Grand maître lui, pense que la propagation du Dharma doit être menée par l'ensemble des disciples, tant ordonnés que laïcs. Pour lui, le bouddhisme n'est pas la propriété privée du Sangha. D'ailleurs, le peuple chinois possède originellement les caractères du Mahayana et les quatre grands bodhisattvas du Mahayana, (à l'exception de Ksitigarbha qui apparaît comme ordonné), Avalokitésvara, Manjusri, Samantabhadra sont tous des laïcs, de même que Vimalakirti, Lady Srimala etc. Ils pouvaient tous enseigner le Dharma, pourquoi les disciples laïcs d'aujourd'hui ne le pourraient-ils pas ?

Guidée par l'ample vision et la sage insistance du Grand maître, la BLIA a formé des milliers de conseillers et présidents et aussi plus de cinq cents conférenciers, qui donnent des discours et des classes à travers les cinq continents. Grâce à ce renfort, la vitesse et les domaines de propagation du bouddhisme ne cessent d'augmenter. Grâce à l'association, les membres de la BLIA peuvent se lier avec le monde entier ; la richesse de la vie peut ainsi grandir et s'étendre infiniment.

« La discipline est comme une échelle qui nous permet de progresser, échelon par échelon et seule, une règle saine peut engendrer un Sangha sain et, au-delà, une renaissance du bouddhisme.» (*Revue pour le vingtième anniversaire de Fo Guang Shan*). Mais la discipline doit, elle aussi, être modulée en fonction du temps, du lieu et des hommes. C'est pourquoi toutes les règles de Fo Guang Shan sont instaurées en fonction de son développement et de ses besoins. Ainsi en est-il pour « Les règles structurelles » qui définissent l'organisation du « Conseil des Affaires religieuses », les élections, les études à l'étranger, la retraite, le classement des niveaux, les promotions, les éloges et les pénalités, la remise/reprise des postes de travail, les demandes de congé, les contrôles, les problèmes médicaux etc. Et pour accentuer le concept qui dit que « la législation est plus importante que la direction par la seule volonté d'un homme » et créer le bon exemple de l'alternance des générations, « les règles de retraite du Premier-abbé » ont été spécialement étudiées. « Comment être un homme-Foguang », « Les dix pensées de l'Avoir » pour les disciples laïcs et « Les dix pensées du Ne pas avoir » pour les ordonnés (*Recueil des discours du Grand maître (4)*) sont aussi des règles instaurées pour la bonne santé du groupe religieux. Surtout dans le domaine de la gestion financière, « Ceux qui gèrent l'argent n'ont pas de pouvoir, ceux qui ont le pouvoir ne peuvent pas gérer l'argent » (*Buddha Light's news*) est une conception de grande importance évitant toute pratique corruptrice.

Réformer les anciennes règles, contraires à la nature humaine

Le Grand maître pense que les règles sont rigides et que donc, en dehors du règlement stricto sensu, on doit aussi prendre en compte « l'aspect humain ». Car le facteur humain peut être harmonisé avec le règlement et ce dernier modifié, en fonction du temps et de l'espace. Ainsi, tous les détachés à l'étranger reçoivent, de retour à Taïwan, un ou deux jours de congé et une somme de 1 000 ou 2 000 yuans comme argent de poche. Les systèmes de retraite, de congés de maladie ou d'autorisation de visite à la famille, sont également des formules pleines d'humanité.

De même pour les anciens systèmes, que le Grand maître s'efforce d'améliorer. A son arrivée à Taïwan, il a convaincu le gouvernement que « Améliorer le worshipping festival » était préférable à « Supprimer le worshipping festival ». Il pense que les systèmes, de même que la législation, doivent pouvoir être modifiés l'instant venu. Suivre aveuglement et rester inerte, signifie bloquer tout progrès. Savoir corriger est la force motrice de ce même progrès. La discipline, elle-même, peut être aussi, soit modifiée, soit remplacée par de nouvelles règles, à l'exemple de Maître Baizhang et ses règles pures. » (*Foguang studies*) Toute sa vie, il a admiré Maître Baizhang pour avoir recréé les règles, sans toucher à la discipline traditionnelle. Pour lui, c'est la direction obligatoire à suivre si l'on veut moderniser le bouddhisme.

La pensée du Grand maître n'est ni conservatrice, ni arriérée. Ses méthodes de propagation du Dharma changent sans cesse en fonction du temps et prennent source à partir des besoins de l'homme. Tous les systèmes qui sont artificiels, injustes et contraires à la nature humaine, sont pour lui des systèmes à réformer. Par exemple, il préconise qu'un couple doit être hébergé dans la même chambre, qu'il n'est pas nécessaire de faire semblant d'être pauvre, ni de pratiquer l'ascétisme. Le Dharma doit apporter la joie aux hommes : c'est parce qu'on est heureux qu'on peut ressentir la dharma-joie. Il améliore les règlements monastiques, par exemple : retarder l'heure du service matinal, modifier le contenu des récits, propager le Dharma par le chant, organiser les cérémonies de Trois refuges et Cinq préceptes, de Terre et d'Eau... Dans la journée, chanter « l'Hymne aux trois joyaux » avant les réunions, réciter les « Quatre stances » avant les repas etc.

S'agissant des bâtiments monastiques, à l'unique hall de recueillement, il a ajouté les auditoires, puis les salles de conférences, les salons de réception, les bibliothèques et aussi les salles de recherches, les classes informatisées etc. Du Buddhist City College, il passe au Collège bouddhiste audiovisuel, puis au Collège bouddhiste en ligne, à l'enseignement à distance etc.

Beaucoup de centres de Fo Guang Shan sont établis dans de grands immeubles où l'on trouve, au rez-de-chaussée, des salons de coiffure, des karaokés, MTV, des salles de bowling... cela en a étonné plus d'un. Mais le Grand maître pense que c'est justement là, une image de la capacité d'adaptation aux circonstances, caractéristique de l'enseignement de Bouddha. Quand Bouddha conduisait ses disciples, pour pratiquer les Alm-processions dans les grandes villes, il a ainsi pénétré dans la société. C'est pourquoi, bien que ces immeubles soient remplis de toutes sortes de commerce, n'est-ce pas une bonne chose que de pouvoir y construire, à l'étage supérieur, la terre pure et le paradis ?

Les méthodes créatives de la propagation du Dharma du Grand maître

Le Grand maître a beaucoup de nouveaux concepts pour la propagation du bouddhisme humaniste, par exemple :

- Scolariser les pagodes : chaque abbé est un directeur d'école.
- Il faut faire des offrandes aux fidèles, c'est-à-dire les encourager avec de bonnes paroles et des éloges.
- Ne pas laisser Amitabha Bouddha rétribuer les fidèles à notre place : nous devons le faire nous-mêmes.
- Utiliser les équipements pour remplacer la force humaine.
- Pratiquer simultanément les huit Ecoles. Fo Guang Shan est une copropriété des quatre groupes.
- La compréhension se trouve dans le Dharma, la pratique dans l'exercice simultané de Chan et Jingtu.
- L'homme vénère Bouddha, les divinités peuvent aussi vénérer Bouddha.
- Il ne faut pas nécessairement vénérer Bouddha, il faut seulement pratiquer.
- Je me suis abonné aux journaux, tu les feuillettes ; j'achète des livres, tu m'aides à les lire.
- Les gens qui ont de l'argent aident ceux qui n'en ont pas, à se soigner. etc.

De plus, le Grand maître a commencé à instaurer des cérémonies d'offrande et des représentations artistiques, durant les « Lectures bouddhistes en public », dans le but de réussir « l'exercice simultané de Comprendre et Pratiquer ». De même que les campagnes « Chanter les stances », « Propager le Dharma par les chants » etc. sont aussi organisées dans le but de créer une image aux multiples facettes, pour attirer des disciples de différents niveaux sociaux. Depuis 1953, le groupe de chant de Yilan, l'édition des disques de musique bouddhiste, l'utilisation des diapositives dans les exposés, la création des écoles de weekend pour les enfants, les associations estudiantines, les groupes de mission, les émissions de radio et de télévision du bouddhisme, les chars de parade lors de la fête anniversaire de Bouddha ..., tous sont des créations du Grand maître.

Le Grand maître soutient que les méthodes de propagation doivent marcher avec leur temps, avec la foule. Aussi, il a commencé à aller devant les portes des temples, dans les usines, les écoles, les maisons d'arrêt, et aussi les halls nationaux et les casernes, pour donner des discours. Il utilise la musique pour parler du Dharma et les jeux de lumières pour en exprimer les merveilles. Il réforme la manière traditionnelle, en appliquant le système des séminaires pour communiquer et discuter. Il promeut les réunions familiales pour qu'elles maintiennent le contact entre les disciples et leurs proches. Il organise toutes sortes de conférences afin que chacun puisse donner son opinion. Il crée aussi toutes sortes d'activités, pour que tout le monde puisse créer l'amitié. Il a créé le premier hall de lecture de Taïwan (LuiYin Temple) et organisé la première mission à travers l'île : En 1955, pour faire la propagande de l'édition de la Taisho Tripitaka, il conduisit les jeunes Tzu-Chuang, Tzu-Hui, Tzu-Yung etc. pour une tournée de 49 jours à travers le pays.

De plus, pour que les disciples laïcs puissent participer activement aux activités de propagation du Dharma, il a créé la BLIA, le système des conférenciers laïcs etc.

Toute sa vie, il s'est efforcé d'impulser les fêtes des trois joyaux : la fête de Bouddha le 8 avril, la fête du Sangha le 15 juillet, la fête du Dharma le 8 décembre. Il a organisé le concours mondial du bouddhisme, il encourage les études pour une société lettrée. Il a créé la « BLTV », le « Merit Times », les Galeries d'Art Foguang, les salons de thé Foguang et aussi les universités Nanhua, Foguang et University of the West, aux Etats-Unis etc. Parmi eux, les départements comme « les études du futur, les études de la vie, les études de la vie et la mort », sont tous dispensateurs d'un enseignement de niveau universitaire.

Réorganiser les méthodes d'enseignement, en concordance avec l'époque

Les réformes du Grand maître ne rejettent pas en bloc les traditions : elles préconisent « l'harmonie entre le traditionnel et le contemporain ». Pour lui, le bouddhisme peut se diviser en « Dharma » et « Religion bouddhiste ». Le Dharma est l'ensemble des théories, telles la coproduction conditionnelle, la voie médiane, l'impermanence, la causalité etc. Ce sont les vérités de la vie, inchangées depuis les enseignements de Sakyamuni Bouddha jusqu'à nos jours. Vérités « immuables du passé au présent et restées neuves à travers des milliers de kalpas ». Mais, comme le bouddhisme vit dans le temps et l'espace, parfois, certaines cérémonies, règles ou prescriptions doivent évoluer en fonction de l'époque. Ainsi, avec les technologies actuelles, la majorité des communications écrites sont faites par e-mail (courrier électronique). De même que grâce aux transmissions radiophoniques et télévisées, une oraison qui, par le passé, n'aurait touché qu'un public très restreint, peut actuellement, être entendue ou vue par des milliers et des milliers de gens. C'est pourquoi, le Grand maître pense que, sans enfreindre les théories traditionnelles, on peut améliorer les méthodes de propagation en fonction de l'évolution des temps et des besoins des gens. Il dit : « Les théories sont traditionnelles, les méthodes sont modernes. Les pensées sont transcendantes, les entreprises sont mondaines. La vie routinière est conservatrice, la propagation du Dharma est progressiste. La discipline reste originelle, l'application est évolutive » (*Journal de Hsing Yun. 07/04/1993*). Tels sont les principes d'harmonie entre le traditionnel et le moderne. C'est dire que les méthodes pour enseigner le Dharma doivent être modernisées en fonction du temps et de la disponibilité des gens, mais que les théories de base du bouddhisme ne peuvent être contestées.

Pour le Grand maître, « moderniser » est un concept important dans le travail de propagation du bouddhisme humaniste. Pour lui, « moderniser » a le sens d'évoluer, renouveler, s'approprier, s'élever. « Moderniser » est en fait « utiliser des méthodes familières et agréables aux hommes d'aujourd'hui, pour propager les enseignements des bouddhas et des sages d'autrefois. » C'est aussi « En fonction des besoins de chaque époque et par les moyens les plus performants, montrer à la société, l'esprit compatissant du Bouddha, pour que le bouddhisme reste contemporain à toute époque. » (*Recueil des discours du Grand maître Hsing-Yun (4). Comment moderniser le bouddhisme*)

Il précise : « Non seulement le bouddhisme doit s'accorder avec les époques, mais il doit encore être utile à la Nation, à la société. C'est là, la justification de son existence, sinon, il sera éliminé. » (*Foguang studies. Préface*). C'est pourquoi, l'objectif du bouddhisme humaniste est de permettre aux hommes de la société, de pouvoir aisément accueillir le Dharma dans leur vie quotidienne, le pratiquer avec corps et cœur, l'expérimenter et l'assimiler. Si nous pouvons sentir la joie du Dharma et la relation qui existe entre lui et nous, alors le bouddhisme devient une nécessité. Alors, peu importe la Nation ou la région, il sera universellement accepté.

Le Grand maître estime que « Le bouddhisme modernisé est une religion qui a comme principe de base, de résoudre véritablement les problèmes de la vie quotidienne et de s'intéresser aux pensées de l'homme, et non de dispenser des paroles profondes, illusoires et irréalistes » (*Recueil des discours du Grand maître Hsing-Yun (2). La modernisation du bouddhisme*). C'est pourquoi il propose, dans son discours « Comment moderniser le bouddhisme », de « moderniser le langage du Dharma, moderniser la technologie des méthodes de propagation, adapter le rituel de la pratique à la vie quotidienne, diriger les lieux de culte comme des écoles » (*Recueil des discours du Grand maître Hsing-Yun (4)*). Dans son discours « *Comment établir le bouddhisme contemporain* », il dit : « Il faut avoir l'esprit combatif, le raisonnement optimiste, les entreprises bénéfiques, le caractère compatissant, sage et dévoué » (*Recueil des discours du Grand maître Hsing-Yun (4)*). « En proposant à la société, la compassion et la patience du bouddhisme, on peut espérer qu'elle pourra suivre les enseignements sur l'égalité, la coproduction conditionnelle, la causalité... et ainsi contribuer à conduire le monde vers un état de perfection. Tel est le but de la promotion du bouddhisme humaniste. » (*Humanistic buddhist series. Le Bouddhisme. La modernisation du bouddhisme*)

Là où il y a Dharma, il y a solution

La réforme a toujours été menée d'une manière pacifique, respectueuse et tolérante. Non seulement il y a conception, mais il y a aussi réalisation. Le Grand maître ne se met pas en opposition avec les autres, il pense que « réformer » ne veut pas dire abattre les autres pour se grandir soi-même, mais être en harmonie avec eux. » (*Ainsi dit*) Malgré cela, il a dû souvent, faire face aux attaques et aux critiques. Lors de la création des groupes de chant bouddhiste, il s'est fait agresser par les gens du monde bouddhiste et on l'a même menacé de mort. Mais le Grand maître n'a jamais accordé d'importance à cela. Pour lui, les offenses venant des autres ne peuvent qu'alléger notre karma.

De même, quand il a mené ses jeunes disciples dans les villages, les rues, les usines, les écoles, les bureaux, les associations, il a rencontré des obstacles, dressés par le monde bouddhiste. Parfois, le gouvernement s'y est également opposé. Ainsi, en 1955, il était invité par l'Université de Taïwan pour un séminaire. La date était fixée, les préparatifs terminés, mais, le jour même, l'événement a été annulé. Le motif invoqué était que « le bouddhisme ne pouvait pas pénétrer sur les campus universitaires. »

Pourtant, le Grand maître ne s'est pas laissé intimider : il a invité le professeur japonais Mizuno Kougen à venir donner cours dans les écoles taïwanaises, et créé des associations bouddhistes dans différentes universités. Pour promouvoir le bouddhisme, pour son idéal, il a réussi à écarter adroitement toutes sortes d'obstacles. Aujourd'hui, non seulement il est invité par les étudiants eux-mêmes, pour donner des séminaires dans leurs universités, mais aussi par d'autres grandes universités du monde entier, telles University of Connecticut, Yale University, Harvard University, U.C.Berkeley,

University of Hawai, UCLA des Etats-Unis, Ngee Ann Polytechnic et l'Université Nationale de Singapour, Bond University d'Australie, l'Université de langue chinoise et l'Ecole polytechnique de Hongkong etc. En 1989, il fut invité par l'Université de Beijing pour un discours public et devint ainsi le premier bhikshu à discourir dans un pays communiste.

Il a encore été nommé Président du département de recherches sur la civilisation indienne à l'Université Wenhua et aussi Professeur à l'Université Donghai (protestante) durant six ans, bousculant ainsi la règle qui interdisait aux moines de pénétrer dans les campus universitaires. A l'heure actuelle, on peut dire qu'il n'y a pas une seule université taïwanaise qui n'ait invité le Grand maître à donner cours ou prononcer un discours. De plus, il est fondateur de trois universités et de seize collèges bouddhistes et porte le titre de « Docteur honoris causa » d'établissements comme : Oriental University aux Etats-Unis, Mahamakut Buddhist University et Maha Chulalongkornrajavidyalaya University en Thailande, Dongguk University en Corée etc. Le Grand maître utilise le Dharma pour créer l'affinité, il a prouvé que « Avec le Dharma, il y aura toujours solution » (*Les cent histoires d'antan. Avec le Dharma, il y aura toujours solution*). Comme il le disait : « Les offenses des autres sont les éléments nutritifs de notre croissance. Ne prête pas trop attention au comportement des autres. C'est parce qu'on nous critique, nous corrige et nous pousse, que nous progressons. » (*Journal de Hsing Yun. 27/03/1994*)

De même encore : Les casernes étaient considérées comme zone interdite pour le bouddhisme. Il a fallu attendre l'époque où M. Haobaicun occupait le poste de ministre de la Défense nationale, pour que le Grand maître soit invité à y donner une lecture bouddhiste. De ce fait, un grand élan pour apprendre le bouddhisme s'est levé au sein de l'armée. En 1989, le Grand maître a même dirigé les séminaires organisés à Jinmen et Mazhu et reçu un accueil chaleureux du Général Huangsincheng et de M. Yejinrong. Par la suite, sur invitation du ministère de la Défense nationale, il a effectué une tournée des écoles militaires des armées de terre, de mer, de l'air et de la gendarmerie, de même que sur les lignes de front. Durant un mois, il a parcouru les îles de Taïwan, Jinmen, Mazhu, Dongsha, Lanyu etc. Il a été transporté dans toutes sortes de véhicules militaires, traitement qui n'avait jamais été offert à aucune personnalité du monde bouddhiste. Quant aux émissions de télévision, elle est loin l'époque où l'on disait « les moines ne peuvent pas se montrer à la télévision », loin aussi, celle où il fallait payer des millions de yuan pour une émission. Maintenant, ce sont les chaînes de télévision qui demandent au Grand maître de participer, en lui offrant 600 yuans de frais de transport pour chaque émission de 3 minutes.

Tous ces changements ont pu se réaliser grâce au courage du Grand maître et à sa capacité à surmonter les situations défavorables. C'est surtout grâce à sa compassion, sa sagesse, sa dévotion, sa tolérance, qu'il a pu mener à bien toutes ces grandes entreprises bouddhistes d'aujourd'hui. Il a l'idéal et la foi, il ne perd ni confiance, ni espoir, quel que soit l'obstacle. Bien sûr, le système qu'il a instauré pour le monastère Fo Guang Shan lui est d'une aide précieuse. Seul un système sain peut engendrer une organisation saine et c'est parce que l'organisation est saine qu'elle est en mesure de se développer vers l'extérieur. Comme il est dit : il faut d'abord « Eveiller soi-même » avant de penser à « Eveiller les autres ».

Le courage de réformer et l'établissement des systèmes du Grand maitre ont non seulement conduit le bouddhisme de l'état dispersé, vers un état organisé, ils ont encore permis à Fo Guang

Shan de mieux se développer et d'être apprécié à tous les niveaux de la société. Surtout, le seize janvier de cette année (2005), Fo Guang Shan a organisé la cérémonie d'intronisation de son nouveau Premier abbé, montrant ainsi au monde la systématisation de « l'alternance des générations » et le brillant avenir promis à son développement.

Donner des conseils à la Nation et à la société

Hormis les réformes apportées au bouddhisme, le Grand maître donne aussi parfois des conseils aux institutions nationales et à la société. Mais, comme disait la vénérable Tzu-Jung dans *Le Grand maître de la réforme et de la créativité dans l'histoire du bouddhisme* : « Ce n'est pas sur le moment qu'ils peuvent être acceptés ou qu'on peut en voir les conséquences ». Ainsi, il y a plus de vingt ans que le Grand maître a suggéré au gouvernement de développer le système routier, car la communication est la base du développement économique d'un pays. Il est regrettable qu'il ait fallu attendre ces toutes dernières années pour que les autorités prennent conscience de l'importance de ce secteur et qu'elles conçoivent le transport-express et créent la deuxième ligne d'autoroute.

Il y a plus de vingt ans, le Grand maître a suggéré au gouvernement de présenter des excuses aux familles des victimes des événements du vingt huit février et de leur rendre justice. Mais le gouvernement de l'époque n'y prêtait guère attention, créant ainsi une fracture entre le peuple et la Nation. En 1991, le Grand maître a recommandé à la BLIA d'organiser « la cérémonie religieuse pour la justice du 28 février », avec l'appui de certaines personnalités politiques. Bien que l'action ait plus ou moins influencé la politique de l'époque, elle fut un peu tardive. (Note : en 2005, à la veille du 58e anniversaire des évènements du 28 février, un sondage organisé par le quotidien Lianhe montre que plus de 70% de la population pense qu'on doit oublier cet évènement historique et ne pas raviver les blessures causées par les conflits ethniques. On voit que « la cérémonie pour la justice du 28 février » organisée par le Grand maître et certaines grandes personnalités de l'époque a quand même produit un certain effet.)

Il y a quarante ans, le Grand maître occupait le poste d'administrateur des affaires courantes de l'Association du bouddhisme chinois. A l'époque, il n'a cessé de proposer au gouvernement d'instaurer un « Code religieux ». Dans sa pensée, le bouddhisme pourrait ainsi se débarrasser des règles injustes et dépassées, figurant dans « la règlementation de la gestion des pagodes ». D'autre part, il espérait que les différentes branches du bouddhisme pourraient s'unir, si elles disposaient d'un règlement commun. Surtout il était persuadé que « la loi peut garantir la liberté de la croyance ». C'est un concept venu de l'Occident et c'est aussi le modèle qui pourrait servir à préserver l'existence du bouddhisme. Il espère que « dans le futur, toutes les religions pourront développer leur puissance d'une manière égale. C'est la raison pour laquelle il faut un Code religieux égal et légal. » (*Journal de Hsing Yun. 07/03/1995*). Bien que le Grand maître s'efforce toujours de lancer des appels au monde religieux pour faire aboutir ce projet, il existe encore des opposants et, jusqu'à présent, le projet n'a pas dépassé le stade de la préparation.

Pour la propagation du bouddhisme, le Grand maître a sa large vision, ses ambitieux objectifs, et aussi son immense enthousiasme et sa dévotion, même si, devant la réalité, on se sent parfois impuissant. Sa volonté de réformer n'a pas pour but de tout changer, ou de se singulariser. Simplement, il espère que le bouddhisme ne sera pas submergé par les courants de l'époque et qu'il pourra guider l'homme pour créer une vie belle et heureuse. Comme il l'a écrit dans son journal : « Je ne suis pas quelqu'un qui aime la réforme, je suis très conservateur. Mais, quand une règlementation ne convient plus à son époque, je dois avoir le courage de la changer, la corriger, et non la suivre aveuglément... Je ne suis pas quelqu'un qui cherche la nouveauté à tout prix, je suis très traditionaliste, mais en me basant sur l'esprit de perfection, je pense que je dois trancher et ne pas me satisfaire de l'état actuel. C'est pareil quand on marche : il faut lancer le pied pour pouvoir avancer. » (*Journal de Hsing Yun. 03/05/1992*)

C'est en se basant sur cette conviction qu'il a effectué, tout au long de sa vie, beaucoup de reformes et de créations. L'économiste, le professeur Gaoxijun, disait : « Le Grand maître Hsing-Yun, est le maître créateur du bouddhisme ». Le Père catholique Dingsungjun disait du Grand maître qu'il était : « le Martin Luther du bouddhisme ». L'auteur de « Transmettre la lumière », Melle Fuziying, affirmait, en parlant des réformes du Grand maître : « Non seulement, elles représentent le renouveau du bouddhisme, mais, pour les directeurs d'entreprises d'aujourd'hui, elles sont une source de référence et de consultation. »

Insérer les règles de la bienséance bouddhiste dans la vie Pour mettre le bouddhisme en harmonie avec la vie quotidienne

Le Grand maître préconise l'insertion des règles de la bienséance bouddhiste dans la vie quotidienne. Il espère ainsi, amener les hommes à revaloriser l'importance du bouddhisme dans leur vie et à ne plus attendre d'être à l'article de la mort pour y penser. Car c'est durant « la vie » qu'on a besoin du bouddhisme. C'est pourquoi il a instauré toute une série de cérémonies : Etre adulte, Nomination, Etre adolescent, Mariage... pour que le bouddhisme puisse passer de la notion de « servir les morts » à celle de « servir les vivants » et retrouver sa nature « vitale » et « humaine ». Il s'agit d'atteindre un objectif : « Dharmaniser la vie, vitaliser le Dharma ».

Depuis toujours, le plus grand malentendu à propos du bouddhisme, a été de le considérer comme une religion consacrée exclusivement aux défunts et la plupart des gens ne pensent au bouddhisme que lorsqu'il y a un décès dans la famille. Pour les fêtes comme les mariages, les naissances, les anniversaires, les pendaisons de crémaillère, etc. rares sont ceux qui pensent aux cérémonies bouddhistes. En temps normal, on ne sait pas à quoi sert le bouddhisme et il faut attendre « la mort » pour en avoir besoin aux funérailles. C'est pourquoi, par le passé, le bouddhisme avait tant de mal à pénétrer dans « la vie ».

Dans la société occidentale, du couronnement des monarques à l'abattage des animaux, en passant par la vie et la mort des hommes, tous les événements sont marqués par des cérémonies religieuses. Ainsi, en 1989, la Chambre des députés californienne a invité le Grand maître et les Vénérables du Hsi-Lai Temple, à célébrer par une cérémonie religieuse, la fête du Nouvel an. Ceci montre bien, qu'en Occident, la vie quotidienne ne s'éloigne guère de la religion.

Application du Dharma dans la vie quotidienne

Le bouddhisme d'antan ne se souciait que de la deuxième moitié de la vie des hommes et négligeait l'autre. De même, le seul objectif de nombreux disciples bouddhistes, était de pouvoir aller vers la terre pure après leur mort ; ils ne se souciaient guère de la vie présente et ne pensaient pas à appliquer le Dharma dans leur vie quotidienne. C'est pourquoi le bouddhisme s'étiolait peu à peu, pourquoi plus personne ne s'y intéressait. Depuis plusieurs années, le Grand maître met l'accent sur l'intégration des règles de la bienséance bouddhiste dans la vie quotidienne. Il insiste sur ce point en disant : « Les cérémonies bouddhistes devraient couvrir tous les domaines, de la vie à la mort et du mariage au funérailles. Il faut permettre aux disciples bouddhistes de trouver des points d'appui durant toute leur vie, de vivre dans la gratitude, la joie et la paix. Par exemple, à la naissance de l'enfant, l'emmener à la pagode pour lui donner un nom. A sa majorité, organiser la cérémonie du « Etre adulte » pour montrer qu'il peut déjà assumer la responsabilité d'une famille et contribuer à la vie de la société. A son mariage, lui offrir une cérémonie bouddhiste, avec les vœux et les prières des Vénérables. En outre, tous les événements : installer un autel, pendre la crémaillère, monter une usine, déménager un logement, commencer des travaux de construction… tout peut être célébré à la manière bouddhiste. Ainsi, le Dharma pourrait pénétrer dans la vie de tous les jours et atteindre ce but : l'humanisation du bouddhisme. » (*Foguang textbook. Approfondir les problèmes bouddhistes. La théorie des règles*)

Pour atteindre cet objectif, les centres Fo Guang Shan du monde entier organisent régulièrement des cérémonies pour leurs disciples. A la demande de disciples, le Grand maître a, en personne, baptisé des entreprises ou y a effectué des cérémonies de purification. Dans son livre *Foguang séries – Règlementation*, il a spécialement écrit un article intitulé « Règles de la bienséance dans la vie » dans lequel il présente les différentes cérémonies bouddhistes que l'on peut célébrer tout au long de notre existence.

La préconisation de toutes ces cérémonies a pour objectifs, d'une part, de montrer à la société, l'humanisme et la vitalité du bouddhisme et d'autre part, de corriger la vision erronée des hommes qui pensent que le bouddhisme est pessimiste, passif, coupé du monde. Il invite le monde bouddhiste à comprendre que « pratiquer les cérémonies religieuses solennelles, adaptées à l'époque, est une manière formelle d'appliquer la notion du « Ne pas chercher le Dharma en dehors du monde » » (*Foguang textbook. Les connaissances bouddhistes. Le mariage, les funérailles, les festivités*). S'agissant des funérailles, il insiste en disant que les cérémonies doivent être bénéfiques, non seulement aux défunts, mais aussi à leurs parents et amis. C'est pourquoi, à part les lectures de sutras, il faut encore donner des oraisons. Le Grand maître a lui-même donné l'exemple, lorsque, en 1993, la mère de M.Chengjianren, directeur du Syndicat National de l'époque (devenu par la suite ministre des Affaires étrangères, puis Ambassadeur aux Etats-Unis) est décédée. M. Cheng est allé lui-même à Fo Guang Shan, pour demander au Grand maitre de donner, le jour de l'enterrement, une oraison sur les vérités de la vie, à l'assistance.

Le Grand maître pensait que la démarche de M. Cheng était bienvenue car elle pouvait aider à améliorer la vision que les gens ont du bouddhisme. C'est pourquoi, en dépit d'un programme mensuel déjà arrêté, il a accepté l'invitation. A la veille des funérailles, il est revenu de Nouvelle Zélande pour y assister et donner l'oraison.

Le Grand maître promeut le bouddhisme humaniste. Il espère que, tant pour les disciples bouddhistes que pour les autres, tous les événements dans la vie quotidienne pourront être marqués par des cérémonies bouddhistes. Avec ces cérémonies, il espère que le Dharma pourra pénétrer dans l'esprit des gens, améliorer la vie au sein de la famille et rendre la société et la Nation plus heureuses et plus évoluées.

Transmettre le flambeau de la foi

Le Grand maître n'a cessé de le rappeler aux membres de l'association Foguang : Il faut bien comprendre que « la différence entre la BLIA et les autres associations, réside dans le fait que la BLIA possède une foi religieuse rigoureuse » (*Le monde Foguang*). Il insiste sur l'enseignement de la confiance, sur la transmission de la foi. C'est dans ce but qu´il fait chanter « l'hymne des trois joyaux » au début de chaque rassemblement, réciter « les quatre vers du membre de Foguang » avant les repas. C'est aussi pourquoi il a organisé toutes sortes d'activités, afin de cultiver la confiance et la foi des disciples. C'est encore pour cette raison qu'il organise l'élection des « familles Foguang » afin d'encourager « la transmission du flambeau de la foi » du bouddhisme.

Dans l'esprit du Grand maître, « La transmission du flambeau de la foi », signifie que tous les parents doivent être capables de transmettre la foi et les bons actes à leurs descendants, ce sont là « les legs les plus précieux » (*Foguang textbook. Foguang studies. L'éducation de l'homme Foguang*). Le Grand maître a toujours attaché beaucoup d'importance à la notion de famille *dharmanisée*, tout comme dans le bouddhisme japonais où c'est la cellule familiale qui est prise en compte et non l'individu. Il pense que c'est seulement ainsi que l'on peut introduire le Dharma au sein de la famille, de la vie. C'est pourquoi Fo Guang Shan s'est toujours focalisé sur l'objectif de « Dharmaniser les familles ». Dans toutes les activités organisées, les invitations sont adressées aux époux ou à la famille. C'est une grande spécificité de Fo Guang Shan et elle donne ainsi un bon exemple de soutien au vœu du Grand maître.

Et de l'idée de « Dharmaniser les familles », il voudrait passer à « Dharmaniser les communautés », puis à « Dharmaniser le monde ». Il insiste en disant : « l'homme Foguang qui veut réaliser le bouddhisme humaniste, doit utiliser l'esprit des bodhisattvas du Mahayana, pour ornementer la nation, aider les hommes, créer des entreprises bénéficiant aux autres et à soi-même ». Il souligne encore : « l'homme Foguang doit avoir pour idéal, non seulement de faire prospérer le bouddhisme, mais aussi émettre le vœu d'aider la société. Eduquer la société est l'œuvre de l'homme Foguang. La BLIA doit profiter de cette époque où tout le peuple se rassemble, pour développer les communautés, pour promouvoir la *dharmanisation* des communautés ». Et comment réussir la dharmanisation des communautés ? Le Grand maître explique : « On peut utiliser les activités, les festivités, les classes d'études, les camps de vacances, les séminaires... pour résoudre les problèmes au sein des communautés, offrir aux gens une ambiance d'étude, utiliser les Catvari-apramanani pour purifier les communautés, y restaurer l'ordre moral et la notion de valeur. Tel est le but à long terme de la dharmanisation des communautés. » (*Recueil des thèses sur « les pensées des Ecoles ». Comment créer la terre pure mondaine. Discussion sur la participation des hommes Foguang à la création des communautés*)

Dans le passé, les bouddhistes ne s'intéressaient pas à la vie actuelle et ils espéraient seulement aller vers la terre pure d'Amitabha Buddha après leur mort. Le Grand maître pense que ce genre de pensée est trop passif. Aussi, il a instauré le « Medecine Buddha Dharma Service », pour encourager les hommes à bien profiter de la richesse et de la joie du présent, bien cultiver les affinités, pour bâtir un meilleur avenir. Et sous le concept de « Mieux vaut aider les vivants que les morts », il développe « le mariage bouddhiste », « le service dharma de gratitude », « la cérémonie pour fêter la majorité »... modifiant ainsi l'ancienne habitude de « ne faire appel aux moines que lorsqu'il y a un décès dans la famille ».

Après des dizaines d'années d'effort, presque tous les évènements, dans la société taïwanaise actuelle, sont célébrés à la manière bouddhiste. Les militaires eux-mêmes, lui demandaient des talismans quand le Grand maître donnait lecture à l'Ecole militaire ou dans les casernes. De même, à l'heure actuelle, beaucoup d'éditeurs cherchent à publier les œuvres de la Maison d'Edition Foguang. Le ministère de l'Education encourage ses services à organiser leurs activités à Fo Guang Shan, afin d'utiliser le bouddhisme pour éduquer la nature des jeunes. Tout ceci montre que le bouddhisme a déjà pénétré profondément dans la société et que le but du Grand maître : « *Dharmaniser la vie et vitaliser le Dharma* », n'est plus très éloigné.

Préconiser un enseignement multidirectionnel Pour une humanisation du bouddhisme

De toute sa vie, jamais le Grand maître « n'a commis un acte contraire aux enseignements de Bouddha » et tout ce qu'il a entrepris, il l'a fait en réponse aux besoins des hommes. Pour se conformer aux nécessités de l'époque et des hommes, « sans en omettre aucune facette », il impulse différentes entreprises et activités. Dans ses discours, il a dit à ses disciples : « La pratique n'est pas une libération, personnelle autant qu'imparfaite, de soi-même mais une manière totale d'enseigner et d'en faire bénéficier tous les êtres vivants. » Grâce à cet « enseignement intégral » du Grand maître, le bouddhisme a pu entrer allègrement dans le monde.

Le Grand maître est un « missionnaire polyvalent ». De toute sa vie, il n'a jamais été élève d'une école officielle. Il n'a suivi aucun enseignement technique et pourtant, il sait tout faire : discourir, écrire, éditer, administrer, projeter, construire, aménager, organiser des activités, réglementer... Pourvu que ce soit pour aider les hommes, il n'hésite pas à s'efforcer de tout réaliser. Il disait : « Pour pouvoir guider les hommes sur la Voie, je veux pouvoir dire : « le Dharma est immense mais j'émets le vœu de l'apprendre ». (*Universal Gate Buddhist Journal. Des Quatre Nobles Vérités aux Quatre Grands Vœux*)

Le Grand maître n'a jamais suivi de formation à la rime ni au rythme, mais pour satisfaire l'amour des jeunes pour le chant, il a commencé, à Yilan, à écrire des chansons bouddhistes : « La terre pure d'Amitabha », « La chanson du missionnaire », « Le chant des jeunes bouddhistes », « Prières », « La rosée bienfaisante », puis « l'Hymne de Fo Guang Shan », « l'Hymne aux trois Joyaux »... Les paroles de toutes les chansons de la collection « Sounds of human world », ont été écrites par le Grand maître. Il a dit que tout ce qu'il faisait, était impulsé par les besoins des hommes et c'est ainsi qu'ont vu le jour, les pagodes, les collèges, les journaux, les chaînes radiophoniques et de télévision, etc. Il y a plus de quarante ans, lors de la création du groupe de récitation des noms des bouddhas, chaque année, au moment des « sept jours de service et à l'occasion de l'anniversaire d'Amitabha Bouddha », il a fallu composer des affiches avec des *Dharma words.* Il les a écrites, bien que n'ayant jamais appris la calligraphie. Ce fut le début de son œuvre calligraphique. Par la suite, d'autres fidèles et disciples lui ont demandé des dédicaces et il a toujours essayé de les satisfaire. Il y a une vingtaine d'années, pour remercier les donateurs pour la création de Hsi-Lai University (devenue Universty of the West) et la reconstruction de la pagode Ji-Le, il a signé des autographes pour les leur offrir. Du coup, le nombre des solliciteurs n'a cessé de croître. Fin 1996, un fidèle a demandé au Grand maître de lui écrire une paire de sentences parallèles sur papier rouge, à coller sur la porte, au Nouvel an chinois. Pour le satisfaire, le Grand maître a écrit « Paix et Prospérité ». Par la suite, les disciples l'ont fait imprimer à deux cent mille exemplaires pour le distribuer aux autres fidèles et, en quelques jours, le stock a été épuisé. Depuis lors, chaque année, avant le Nouvel an, le Grand maître écrit avec un grand respect, une expression de vœux pour tous les fidèles : « Infinie bénédiction pour le nouveau millénaire », « Bonne relation apporte bonne chance », « Une âme sereine apporte bonne fortune », « Soyez insouciants de corps et d'âme», etc., en souhaitant à tous, les immenses joies et trésors du Dharma. (*Enlightening the human being – L'exposition calligraphique du Grand maître Hsing-yun. Préface*)

Le style de la calligraphie du Grand maître lui est propre. Derrière ses mots, coule cette caractéristique du bouddhisme humaniste : le désir d'« apporter la joie aux gens ». En 2004, une exposition de photos des 50 ans de propagation du Dharma du Grand maître – *Nuages et Eau* - a été organisée en Malaisie et a attiré l'attention des galeries nationales malaisiennes. C'est pourquoi, en avril 2005, il a été décidé d'organiser une tournée mondiale de « *Enlightening the human being – L'exposition calligraphique du Grand maître Hsing-yun* », d'abord en Malaisie, puis vers les Etats-Unis, l'Australie, Hong-Kong, la Chine, etc.

Le Grand maître dit de lui-même qu'il n'a pas de grandes qualités, mais qu'il connaît bien la nature des hommes. Pour satisfaire leurs besoins, il s'efforce de tout faire et il encourage les disciples de Fo Guang Shan à se pénétrer de ce concept : « Ce n'est pas impossible, c'est seulement parce que tu ne veux pas le faire. Avec le courage, il n'y a rien d'impossible. Il n'existe pas de Bouddha-né, car, depuis toujours, la réussite vient de l'essai. Il faut oser tout prendre en charge et ne pas dire: je ne sais pas, mais seulement: j'ose, je veux, je fais le vœu de... Il n'est rien en ce monde qu'on ne puisse réussir. » (*Ainsi dit*).

Préparer dans la joie, les meilleurs plats végétariens

Tout ce que fait le Grand maître dans sa vie vient de la question : Comment aider les autres ? Par exemple il sait que « pour le peuple, la nourriture est aussi importante que le ciel ». Beaucoup de gens viennent à la pagode dans le seul but de se régaler d'un bon repas végétarien, c'est pourquoi on ne peut négliger ce point. Il citait en exemple l'ancien président taïwanais M. Tchang-Kaï-Chek qui aimait prendre ses repas à la pagode XueDu pour la bonne raison que les plats cuisinés à la pagode du Vénérable Daxin étaient à son goût. C'est ainsi qu'une affinité s'est créée entre lui et le bouddhisme.

Fo Guang Shan a aussi mis l'accent sur ce point pour ses visiteurs, montrant ainsi l'effort de recherche culinaire du monastère. Le Grand maître a souvent rappelé aux responsables de Pilgrims Lodge (le bâtiment d'hébergement) et Yun-Zhu-Lou (le réfectoire), qu'il faut y mettre un cœur joyeux pour préparer les meilleurs plats végétariens, pour tout le monde. Il leur faisait même des suggestions : « Il faut respecter les caractéristiques de chaque légume. Ce qui doit être bien cuit, il faut bien le cuire ; ce qui doit être croustillant, il faut le rendre croustillant. Les légumes plus fibreux doivent être cuits d'abord à l'eau, les cacahuètes doivent être préparées la veille, à feu doux. Les légumes croquants doivent être préparés dans une sauteuse avec de l'huile bien chaude. Les légumes tendres, par contre, doivent être cuits à feu doux et surtout ne pas être salés trop tôt. La plupart des gens ne comprennent pas les principes, voilà pourquoi ils ne savent pas cuisiner. » (*Ainsi dit*)

Non seulement il connaît les théories culinaires mais, dans ses débuts, il a même fait la démonstration de ses talents devant les fourneaux. Parmi ses premiers disciples, bon nombre ont pu hériter de ses talents : Les plats confectionnés par Xiaobixia Shigu sont connus à travers les cinq continents. Tous ceux qui ont eu l'occasion de les goûter, ne sont pas prêts de les oublier. Elle a même été invitée par la Hsi-Lai University pour y donner cours. Comme le dit le Grand maître : « Tout ce qui peut être utile, bénéfique aux hommes relève du bouddhisme humaniste, des moyens pour guider le monde. » (*Ainsi dit*)

Les contributions du bouddhisme humaniste

Les efforts multi directionnels du Grand maître ont su influencer le bouddhisme d'aujourd'hui, en lui apportant des aspects nouveaux:

- Accroissement de la communauté bouddhiste dans le monde.
- Intérêt croissant des jeunes pour l'étude du bouddhisme.
- Enseignement du bouddhisme par des disciples laïcs.
- Reconnaissance de la place du bouddhisme humaniste.
- Intérêt accru accordé par les médias, au bouddhisme.
- Circulation élargie des œuvres d'art bouddhistes.
- Respect de l'hymne bouddhiste.
- Développement des organismes Foguang.

- Reconnaissance du bouddhisme par les milieux éducatifs.
- Pratique du bouddhisme par des personnalités politiques
- Prise de refuge par des artistes.
- Excellents résultats aux concours d'études bouddhistes.
- Réussite de l'enseignement bouddhiste dans les prisons.
- Vers une vie en harmonie et en paix pour toutes les races.
- Réintégration des moniales du Theravada.
- Pour le bonheur des hommes et la pureté de la société.
- Développement universel de l'art bouddhiste.
- Respect et tolérance dans les discussions inter-religieuses.
- Distribution des œuvres bouddhistes dans le monde entier.
- Compréhension mutuelle grâce aux différentes conférences.

Voilà des « contributions au bouddhisme humaniste », dont les hommes-Foguang peuvent être fiers. Mais le Grand maître pense toujours que « Le succès appartient à tout le monde, mais la gloire n'appartient qu'à Bouddha ». Ainsi, lors de l'interview accordée à Mlle Gaoching, journaliste au quotidien singapourien Haixia, il disait : « Je ne pense pas que j'aie quelque mérite que ce soit, je ne fais que ce que je peux. » Il disait encore : « Je ne pense pas qu'il y ait de différence entre le bouddhisme, la société et moi, car je mène des tâches socio-éducatives et non uniquement religieuses. Je ne sais pas ce que je veux, mais je sais ce que veulent les hommes, les fidèles et j'essaie de les satisfaire. C'est en voyant les orphelins, les personnes âgées, isolées, les jeunes, abandonnés, que j'ai créé les orphelinats, les maisons de retraite, les collèges bouddhistes. C'est parce que les fidèles ont besoin de refuges spirituels que je construis des lieux de culte. Au total, Fo Guang Shan a créé seize collèges bouddhistes, neuf galeries d'art et plus de deux cent centres, à travers les cinq continents. De plus, dans toutes les mégapoles du monde, on trouve des chapitres et sous-chapitres de la BLIA. Tous ont été créés pour répondre aux besoins des fidèles. » (*Journal de Hsing Yun. 12/09/1996*)

De ces propos, on peut déduire que tous les projets de Fo Guang Shan, ont été lancés pour répondre aux besoins des fidèles. Ces besoins sont aussi multiples que variés : écouter et apprendre les sutras, pratiquer la méditation, dicter les noms des bouddhas, participer aux services religieux, manger végétarien, révérer Bouddha, discuter du Dharma, faire du bénévolat... C'est pourquoi les méthodes de propagation du Dharma de Fo Guang Shan, prennent aussi des aspects multiples. Il suffit que les fidèles aient besoin, il suffit que ce soit en relation avec le Dharma, alors aucune pratique ne reste négligée. C'est ce qui est dit : « Le Bouddha du 'Monde' n'abandonne aucun homme, le bouddhisme humaniste ne néglige aucune pratique mondaine. » (*Les cent histoires d'antan. Le sens réel de la pratique*)

Vivre trois cents ans

En 2003, le Comité des Affaires religieuses de Fo Guang Shan a publié « Nuages et Eau – recueil des images marquant les cinquante années de propagation du Dharma du Vénérable Maître Hsing-Yun ». Pour fêter la cinquantième anniversaire de sa mission à Taïwan, on trouve trois sentences qui révèlent les trois concepts du Grand maître : « Cinquante années de Temps, cinq continents d'Espace, une infinité d'Hommes ». Comme les nuages et l'eau, le Grand maître se laisse emporter partout. Le nombre de conseils donnés, les ouvrages publiés, les honneurs reçus sont innombrables ; les hommes, les objets, les évènements vécus et les lieux visités sont multiples ; le temps consacré à l'enseignement du Dharma est incommensurable. En dehors des heures de sommeil, il y consacre chaque minute, chaque seconde. On peut dire qu'il ne garde aucun instant pour lui-même.

En se basant sur son journal, certains ont calculé que le Grand maître fait deux fois et demie le tour de la terre chaque année, avec une moyenne de 160 km par jour. Rien que durant l'été 1993, il a été présent sur quatre continents en un mois, passant par la Russie, la Nouvelle-Zélande, l'Australie, Hong-Kong, la Grande Bretagne, l'Allemagne, la France, le Brésil, les Etats-Unis, le Canada..., avec un nombre d'heures de vol étonnant. Comment ne pas être ébloui par sa capacité vitale ? A l'occasion de son soixante-dixième anniversaire, il a dit en riant avoir vécu trois cents ans : « Je suis entré dans les Ordres à douze ans, et j'en ai soixante-dix cette année. Durant tout ce temps, je n'ai jamais pris de vacances, d'ailleurs je ne sais pas ce que signifie le mot « vacances ». Encore dix ans et je serai octogénaire. Depuis ma nomination comme Directeur de l'Ecole primaire Baida, à l'âge de vingt ans, il va donc y avoir 60 ans que je travaille. Durant toute cette période, ma quantité de travail quotidien doit être comparable à celle de cinq personnes. En comptant ainsi, j'ai donc vécu 300 ans. » (*Nuages et Eau*)

L'an prochain, aura lieu la 80ème anniversaire du Grand maître. En réalité, si on fait une comptabilité complète de tout ce qu'il a fait durant sa vie, son âge n'est pas de 300 ans, mais certainement beaucoup plus.

On ne peut tout citer dans ce livre, nous choisirons donc seulement ses activités les plus importantes de ces deux années (2003-2004), à partir du « *Rapport des activités de Fo Guang Shan*), pour justifier ce qui est dit ci-dessus.

En 2003 :

- Invité par l'Association Amicale Bouddhiste Chinoise, il assiste à un « Dharma -service de prière pour endiguer l'épidémie de S.R.A.S. et rendre la paix au monde », organisé par le monde bouddhiste des deux Chine, Hong-Kong et Macao, au monastère Nanputuo à Xiamen et, par la même occasion, préside la cérémonie d'inauguration du « Centre de recherche des études bouddhistes » créé simultanément par l'Université de Xiamen et l'Académie bouddhiste de Min-Nan.
- Il reçoit le titre de « Docteur honoris causa » de la Maha Chulalongkornrajavidyalaya University de Thaïlande.
- Il s'entretient avec le Président Bolanos du Nicaragua et le Président Portillo du Guatemala, en visite à Fo Guang Shan.
- Il assiste à la « Cérémonie de jumelage entre Humanistic Buddhism Study Group et World Vision Reader's Club », organisée dans le hall Tathagata de Fo Guang Shan.
- Il participe à la campagne : « Transmettre les connaissances dans les régions de haute montagne », organisée par la chaîne de télévision B.L.T.V. A cette occasion, il offre les livres « Cloud and Water » pour la vente de charité.
- Il assiste au concert de chansons bouddhistes : « Sounds of the World », organisé par Fo Guang Shan Foundation for Buddhist Culture and Education et donne lecture à plus de 300 jeunes participants, venus des Etats-Unis, d'Argentine, de Malaisie, d'Australie, de Hong-Kong, du Brésil, de Singapour, des Philippines, du Canada, de Taïwan, etc.
- Accompagné de l'attaché commercial des Iles Marshall, M. Tony, le Grand maître s'entretient avec l'ambassadeur des îles Marshall au Japon, Mme Capua et le Directeur du Taipei Economic and Cultural Office in Brunei Darussalam, M.

Chen Jinxian, qui, avec son épouse, l'invitent à se rendre aux îles Marshall et au Brunei Darussalam.

- Il assiste au séminaire « Les religions et le monde actuel », organisé par le Département de religion de l'Université de Foguang et Fo Guang Shan Foundation for Buddhist Culture and Education, au Temple Mototu au Japon. Dans son discours, il propose : la sobriété pour la vie matérielle, la solidité pour la vie spirituelle, l'abondance pour la vie artistique, la transcendance pour la vie religieuse.
- Don de fauteuils roulants, remis à l'Archevêque catholique Song Ruiyun de l'évêché de l'Amazonas (Brésil), pour l'église diocésaine St-Gabriel.
- Il préside l'inauguration du Temple Tathagata au Brésil, devant plus de dix mille personnes. Le Dr Alkimin, gouverneur de Sao Paolo, le Dr Francisco, commandant de la gendarmerie de Sao Paolo, le Dr Quinzenho, maire de la ville de Cotia, le vice-président de la B.L.I.A. M. Wu Poh-Hsiung, le représentant du Bureau des affaires économiques et culturelles de Taïwan au Brésil, M. Louis K. R. Chou et le consul général de Chine à Sao Paolo, M. Shenqing, se joignent à lui pour couper le ruban.
- Discours devant plus de cent participants au Temple Tathagata du Brésil, sur le sujet : Les Vérités du bouddhisme : l'Impermanence, la Coproduction conditionnelle, la Vacuité.
- Il préside la cérémonie de don de fauteuils roulants aux handicapés brésiliens, organisée par le Temple Tathagata, la B.L.I.A. Brésil et la Fondation Tsao-Chung-Gih.
- Il participe au « Interfaith Dialogue », organisé par l'église de Sao Paolo et le temple Tathagata et soutenu par les différentes organisations religieuses et l'administration de la ville

de Sao Paolo. Avec l'archevêque catholique, Dom Claúdio Hummes, ils échangent leurs points de vue sur « Les contributions des religions à ce siècle » et concluent par quatre propositions : 1. Respect et tolérance. 2. Diligence et enthousiasme. 3. Suppression de la violence. 4. Lutte pour la paix mondiale. Le discours est traduit en direct, en portugais, par le vénérable Jue-Cheng, pour plus d'un millier d'auditeurs.

- En tant que fondateur des universités Hsi-Lai et Nanhua, il préside, avec M. Marcia, administrateur délégué de l'université de Sao Paolo, une cérémonie de jumelage, en vue de futures recherches et d'échanges d'étudiants et de professeurs.
- Il est invité par l'université de Sao Paolo, pour donner une lecture sur « le Dharma et l'éducation », et présider la publication du nouveau livre « Vue d'ensemble du Dharma » en portugais. Le monde bouddhiste brésilien reconnaît unanimement que ce livre est le premier véritable manuel, dans l'histoire du bouddhisme brésilien.
- A Santiago du Chili, il reçoit le titre de « Docteur honoris causa » de l'université catholique St-Thomas. L'université l'a invité à planter un arbre en souvenir et les enseignants et étudiants ont signé une pétition « Lettre de vœux pour la paix du monde ». Plus de quatre cents personnes étaient présentes ; parmi elles, le chef du gouvernement chilien, les ambassadeurs, le recteur de l'Université Catholique du Chili, les disciples d'origine chinoise et les représentants des étudiants.
- Accompagné par le fondateur de l'université St-Thomas, Sr. Gerardo Rocha et l'administrateur, Sr. Jesus Gines Ortega, il rend visite au chef de la province de Florida au Chili, M. Pablo Zaraguetle et adresse un discours aux habitants.

- Face au problème racial, survenu à Taïwan après les élections, il publie l'article « Il n'y a pas de « vrais » Taïwanais : tous les habitants de Taïwan sont des Taïwanais », pour appeler le peuple à ne pas se diviser et se dresser les uns contre les autres.
- Il est invité à la cérémonie de la « Commémoration du succès du Maître Jian-Zhen, il y a 1 250 ans » organisée par la pagode Daming à Yangzhou. Les participants sont les monastiques et les laïcs des deux Chine et du Japon. Le Grand maître est l'unique invité représentant le monde bouddhiste taïwanais ; il y donne un discours.
- Il préside la cérémonie de lancement du tournage de la série télévisée « Avalokitésvara Bodhisattva ». Il explique les raisons du tournage de cette série, en disant : il y a dans le monde une force irrésistible, c'est la compassion. La compassion n'a pas d'ennemis. Si Avalokitésvara Bodhisattva est respecté et sollicité par tout le monde, c'est en raison de sa compassion. J'espère que cette série pourra exercer son influence, pour que tout le monde apprenne la compassion du bodhisattva.
- « La chorale des hymnes bouddhistes de Fo Guang Shan » est invitée par le Centre de recherche des arts bouddhistes de Chine, à participer à « l'exhibition exquise des musiques bouddhiste et taoïste », pour une représentation publique à Beijing et Shanghai. Le discours du Grand maître y est chaleureusement applaudi. Ce fut une innovation pour le monde bouddhiste chinois, et aussi une contribution active au développement de la musique bouddhiste chinoise.
- Invité par le président-directeur général de la compagnie Air China, il donne un discours sur « l'harmonie entre le travail et l'esprit ».

- Invité par le directeur du « China Youth Corp », le Pr. Lizhonggui, il donne une lecture aux membres de l'association, lors d'une réunion amicale.
- Invité par l'université de Hong-Kong pour l'inauguration de la bibliothèque de son centre de recherche sur le bouddhisme, le Grand maître leur offre une calligraphie personnelle et les ouvrages « Jingtu-pitaka », « Prajna-pitaka » et « Encyclopédie des doctrines bouddhistes ». Le Vice-recteur de l'Université, M. Lee Chack Fan, l'invite à parler de « la joie de Chan dans la vie quotidienne ».
- Il est invité par la Ville de Taidong (Est de Taïwan), pour la mise en service du « Pont Ri-Guang (rayons de soleil) ». Le nom du pont voulait dire que le soleil se lève à Taidong, et concordait aussi avec celui de la proche pagode Ri-Guang.
- Invité à l'Association commerciale et industrielle Zhiguang, il parle sur le thème « Réglementer la vie. »
- Il préside la cérémonie du « Séminaire des jeunes de Foguang, 2003 ».
- Il participe à l'émission télévisée « Dialogue spirituel, avec le Vénérable maître Hsing-Yun », émission organisée par la B.L.T.V. en collaboration avec la chaîne de télévision Zhongtian, (seize émissions au total). Par la suite, la maison d'édition Yuanshen les a réunies et publiées sous forme de recueil.
- Il organise simultanément au Mémorial Sun-Yat-Sen de Taipei et au Coliseum de Hong-kong, les « Lectures chantées de Chan, Jingtu et Esotérique ».

En 2004 :

- Il visite l'exposition cinématographique internationale du bouddhisme humaniste, organisée par la B.L.T.V. et participe aux émissions « Dialogue spirituel du siècle » avec le metteur en scène John Wu et l'acteur Zhang Tielin, entre autres.

- Il est invité au séminaire des jeunes de Foguang, pour participer à un « Dialogue sur la sagesse de la vie » avec le grand criminologue contemporain, le Dr. Henry Lee Chang-Yu.
- Echange de vues avec le Sangha de bhiksunis de l'Université centrale du Sangha, en Corée, sur les orientations futures du développement bouddhiste.
- Rencontre avec les représentants du 68eme séminaire exécutif de l'Association amicale mondiale des bouddhistes, le secrétaire exécutif de l'Association mondiale bouddhiste, M. Phallop Thaiarry, le président de l'Association des bouddhistes laïcs taïwanais, M. Huang Shu-Wei et Madame, etc.
- Il préside la séance d'ouverture et la soirée de bienvenue, de « l'Assemblée amicale de la B.L.I.A. section Asie », et donne les directives sur les futurs efforts à réaliser : 1. Dans les régions du Nord-est asiatique, le bouddhisme doit se développer dans les domaines culturel, artistique et sportif. 2. Dans les régions où se pratique le Hinayana, on peut entamer une démarche amicale, pour lier contact avec les habitants. Par exemple, créer des classes d'anglais pour enseigner la langue en même temps que la propagation du Dharma, afin d'atteindre un objectif de fructueux échanges mutuels.
- Réunion des cinq écoles monastiques de l'Association Bouddhiste Chinoise avec la Chorale des hymnes bouddhistes de Fo Guang Shan, pour organiser « la performance de la musique bouddhiste chinoise » à Macao, Hong-Kong, Kao-Hsiung, Taipei, Los Angeles, San Francisco, Vancouver, etc. Etendre ainsi l'influence bouddhiste et, en même temps,

écrire une nouvelle page dans l'histoire des échanges bouddhistes des deux Chine.

- Publication du texte « La grande réconciliation : sauver Taïwan ».
- Il est invité à la pose de la première pierre de l'Abbaye catholique Fu-Yuan de Zhenfushan, au village de Shanlin à Kao-Hsiung, sous la direction de Son éminence le cardinal Paul Shan Kuo-Hsi. Le Grand maître leur a fait une donation de cinq millions de yuans taïwanais.
- Il reçoit le titre de « Docteur honoris causa » de l'université coréenne Dongguo.
- Il assiste à la cérémonie de graduation à l'Université Hsi-Lai à Los Angeles, en tant que fondateur, avec remise du titre de « Docteur honoris causa » au président -directeur général de l'Université Dongguo, le vénérable Xuan-Hai.
- Il assiste à la célébration de la fête de l'anniversaire de Bouddha (Vesak), organisée en collaboration avec le monde bouddhiste du Sud de la Californie.
- Rencontre avec le délégué législatif, M. Yu Chengdao, le maire du village Dashu, M. Tseng Yingzhi et le représentant des habitants, M. Lai Pinghong, pour discuter des problèmes de législation religieuse et du développement du village.
- Publication du texte « Ce que je pense de l'alternance des générations », soulignant la nécessité de donner de l'avancement aux jeunes, pour préparer un avenir plein de force vitale et d'espoir.
- Il assiste à la cérémonie de la 5eme reprise/remise de la présidence de la B.L.I.A. au Taïwan Headquarter, entre l'ex-président M. Wu Po-Hsiung et son successeur, le vénérable Hsin-Ting.

- Il est invité par l'université de Taïwan, pour donner une lecture sur « L'éducation de la conscience de soi dans l'école Chan ».
- Inauguration de la route nationale de Dazu-ville à Zhanghua où il prononce un discours.
- Il est invité par le Président Chen Shuibian, à devenir Directeur délégué de « l'Association de la renaissance de la culture chinoise ».
- Avec le Pr. Gaoxijung, fondateur du magazine « Yuanjian » et le Directeur de l'Institut de sociologie Foguang, M. Zhaoning, il prononce un discours au « Forum international des jeunes : Etablir le contact avec le monde », organisé par l'université de Taïwan, l'Ecole Normale, l'Université Foguang et l'Université Nanhua.
- Il est invité par M. Xie Yindang, Commandant de la gendarmerie nationale, à donner une lecture au personnel de la gendarmerie sur le thème : « La loi et le sentiment humain ».
- Rencontre avec K. Sri Dhammananda, bonze aîné de l'Hinayana, pour la Malaisie et Singapour, le recteur de l'université, Sariputra Bhiksu, les bhiksus sri-lankais, les membres de l'Association des laïcs bouddhistes, etc. Ils sont tombés d'accord pour dire que le bouddhisme ne fait pas de différence entre le Mahayana et l'Hinayana, que le Dharma enseigné est identique, et ils émettent le vœu que toutes les associations bouddhistes puissent s'unir, pour faire prospérer ensemble le bouddhisme.
- Il reçoit, en Thaïlande, le titre de « Docteur honoris causa » de la Mahamakut Buddhist University.
- Rencontre avec le neveu du dernier empereur de Chine FuYi et son épouse, au centre de Fo Guang Shan à Vancouver.

A cette occasion, il leur dit que le plus grand bonheur dans la vie est de comprendre le monde du « néant », d'où on ne craint ni honneur, ni richesse, ni homme, ni chose, ce qui rend la vie insouciante et heureuse.

- Publication des 120 volumes de « L'encyclopédie des doctrines bouddhistes ».
- Il est invité par le gouvernement de l'île de Hainan (Chine), à visiter la construction du « Forum bouddhiste » et donne des conseils sur l'aménagement du jardin culturel. Par la même occasion, le Grand maître plante un arbre bodhi et écrit une sentence pour la pagode Nanshan. Au retour, il en a écrit une autre pour l'aéroport international « le Phoenix » de l'île de Hainan.
- Inauguration de l'école primaire et secondaire Juntou de la ville de Puli à Nantou, école construite par Fo Guang Shan. Ce fut la première école primaire et secondaire bouddhiste de Taïwan.
- Il préside la 10ème assemblée générale de la B.L.I.A. à Fo Guang Shan, avec un discours intitulé « Conscience de soi et pratique de la voie du Bouddha ».
- Publication de la version de luxe de « Illustrated world bouddhist art ».
- Publication des versions livres électroniques, P.D.A. (Personal Digital Assistant), de la série « Entre l'ignorance et l'illumination ».
- Premier enseignement à distance à l'Université Hsi-Lai à Los Angeles, les disciples des régions de Montréal, Vancouver, San Francisco, Fremont, San Diego le captent immédiatement.
- Invité par le comité d'organisation du « Prix des ressources mondiales » pour décerner le « Prix de la Terre », le Grand

maître y représente les organisations asiatiques et donne un discours intitulé « L'unité et la coexistence de l'homme et de la Terre », expliquant le regard porté par le bouddhisme sur la vie de la planète Terre et son engagement dans la protection de l'environnement.

- Il préside la cérémonie du lancement des travaux du centre Fo Guang Shan à Vienne.
- Organisation de la « Triple plate-forme précepte internationale » au NanTian Temple en Australie ; plus de 200 monastiques y participent, venus de Chine, de Taïwan, de Suède, de Nouvelle Zélande, d'Australie, etc.
- Lecture à l'université Da-Ye, intitulée « le paradis et la terre pure »
- Rencontre avec les représentants du Vatican : Son Eminence le Cardinal Crescenzio Sepe, Son Eminence le Cardinal Vinceno Paglia et le secrétaire, M. Giuseppe Noto, accompagnés de Son Eminence, le Cardinal Paul Shan Kuo-Hsi, représentant l'église catholique asiatique.
- Lecture sur trois jours consécutifs, au Coliseum de Hong-Kong et au Mémorial Sun-Yat-Sen de Taipei, avec comme sujets : « L'étude de la vie dans le bouddhisme », « L'étude de la mort dans le bouddhisme », « L'étude de la manière de vivre dans le bouddhisme ».
- Rencontre avec le Secrétaire général de l'I.A.R.F. d'Oxford, M. Andrew Clark, la Vice présidente de l'Association des femmes, Akiko Sekine, le Vice président de Rissho Kosei-Kai, Masamichi Kamiya, Mme Kiyoko Kizuka, Mlle Megumi Hirota, le directeur de Konko Church of I.Z.U.M., Yoshinobu Miyake, l'administrateur d'Ittoen, M. Takeshi Nishida, le vice président de Tamamitsujinja, M. Motoyama Kazuhiro,

M. Yuji Inokuma de Tsubaki Grand Shrine, etc., qui sont venus à Fo Guang Shan pour demander l'autorisation d'y organiser l'Assemblée générale de l'I.A.R.F. en 2006.

- Invité à la cérémonie d'ouverture de l'exposition d'art pariétal de Mai Ji Shan, le Grand maître, dans son discours, déclare : le Bouddhisme a apporté l'art pariétal à l'Est, donnant ainsi naissance aux grottes ornées Mogao à Dunhuang, Yungang à Datong, Longmen à Luoyang et Maijishan à Tianshui. L'exposition de ce jour, à Fo Guang Shan, permet aux habitants de Taïwan d'admirer les splendeurs de cet art sans avoir besoin de faire le voyage.
- Invité aux festivités des « 80 ans de la Ville de Kao-Hsiung », le Grand maître s'associe avec le maire, Frank Hsieh Chang-Ting et l'écrivain et poète, Lee Min-Yong pour parler sur : 1. Les expériences et sentiments personnels durant les années vécues à Kao-Hsiung. 2. Les conditions que doit remplir une grande ville à vocation internationale. 3. La manière d'approfondir la compréhension culturelle des habitants de Kao-Hsiung. 4. Les moyens d'éliminer les tensions raciales.
- Suite au désastre du tsunami, la B.L.I.A. a réagi au même moment en Indonésie, en Thaïlande, en Malaisie, au Sri Lanka, en Inde…, tant sous forme d'aide matérielle que spirituelle, cette dernière représentée par des services religieux. A Taïwan, la cérémonie s'est déroulée au centre de Taipei, sous la présidence personnelle du Grand maître.

Ce qui est écrit ci-dessus, n'est qu'une petite partie, extraite du Rapport des activités importantes de Fo Guang Shan. Elle ne comporte pas les activités quotidiennes du Grand maître: enseigner, donner des conseils, écrire, enregistrer les émissions télévisées, répondre aux demandes d'interview des journalistes, recevoir les visiteurs, répondre aux appels téléphoniques, mener les séminaires, visiter les chantiers, diriger les cérémonies religieuses, les activités, etc.

Les innovations du Grand maître

La vie du Grand maître est pleine d'actions innovantes. Dans « Nuages et Eau » (Photo-biographie des cinquante ans d'enseignement du Dharma, du Grand maître Hsing-Yun), sont relatées plusieurs de ces innovations au fil de ce demi-siècle.
Par ordre chronologique, on note :

1953

- Création du premier Groupe de chant des Jeunes bouddhistes, incitant ainsi bon nombre de jeunes, à rejoindre la troupe des missionnaires bouddhistes.

  Création de l'Association des Jeunes Etudiants, pour guider les étudiants du secondaire dans leur apprentissage du bouddhisme, en profitant des weekends et des congés, pour les emmener dans les campagnes, enseigner le Dharma.

  Organisation d'une tournée de 47 jours de mission, à travers l'île de Taïwan, pour promouvoir le bouddhisme et l'édition du « Taisho Tripitaka », en utilisant des méthodes d'animation telles les chansons, les projections de diapositives, les séminaires etc.

  Cette pratique moderne de l'enseignement a exercé une grande influence sur le développement du bouddhisme taïwanais.

1956

- Création de Ci-Ai, premier Jardin d'enfants du monde bouddhiste.

1957

- Enregistrement de la première série de disques de chansons bouddhistes : six disques en tout, comprenant vingt chansons bouddhistes. Ce fut un succès sans précédent, elles furent même radiodiffusées.

1964

- Impression des sutras chaque mois, en utilisant de nouvelles méthodes de ponctuation, pour diviser les textes difficiles en paragraphes. Ce fut une amélioration notable de la manière de lire les sutras.

1969

- Création du camp de vacances bouddhiste pour étudiants universitaires : le premier dans l'histoire du bouddhisme. Par la suite, organisation annuelle du camp de méditation pour étudiants, du séminaire des dirigeants, de l'ordination de courte durée..., conduisant les étudiants à apprendre le bouddhisme.

1970

- Ouverture de l'Orphelinat Da-Ci, destiné à tous les enfants du monde. Ce fut le premier orphelinat du monde bouddhiste.

1972

- Création du Comité des Affaires religieuses, fixant les règles de l'organisation du monastère, telles la distribution des tâches, les élections, les nominations, les promotions... en utilisant les méthodes de « travail en groupe », pour développer les entreprises bouddhistes, donnant ainsi l'exemple de la démocratie, au bouddhisme chinois.

1976

- Création du camp de vacances pour personnes âgées, afin de leur apporter le Dharma, qui leur permet de retrouver leur confiance en eux et d'exercer leurs talents.

1977

- Edition du « Foguang Tripitaka », avec la collaboration des académiciens ordonnés et laïcs chinois du pays et d'outremer. Tous les sutras y sont remaniés et divisés en seize catégories : Agama, Prajna, Chan, Jingtu, Lotus, Ornementation Fleurie, Yogacara, Tantrisme, Sravaka, Vinaya, Jataka, Histoire, Imagerie, Magazine, Art, Divers. Ajout de ponctuations, notes, explications des titres et thèses des spécialistes, afin que tout le monde puisse comprendre.

1978

- Création de Hsi-Lai Temple aux Etats-Unis. C'est un ensemble de bâtiments bouddhistes de caractère international ; on l'appelle « La Cité Interdite américaine ». Le temple représente « la civilisation spirituelle du bouddhisme de l'Orient, pénétrant dans la société technologique moderne de l'Occident ».

- Création de Pu-Men Temple à Taïpei. Premier centre bouddhiste situé à l'intérieur d'un immeuble moderne, il révolutionne la tradition qui imposait de ne construire les pagodes que dans des endroits retirés.

1979

- Diffusion de l'émission « Rosée bienfaisante » sur la chaîne de télévision Zhonghua. Ce fut la première émission télévisée dans l'histoire du bouddhisme. Par la suite, d'autres émissions l'ont suivie : « La porte de la confiance », « Les paroles Chan du Grand maître Hsing-Yun », « Les Dharma-words du Grand maître Hsing-Yun », « Les stances, racontées par le Grand maître Hsing-Yun », etc. Elles sont aussi diffusées sur les autres chaînes du pays et outre mer. Elles ont fait école et le monde bouddhiste emploie maintenant les émissions télévisées pour propager le Dharma.
- Représentation sans but lucratif, du « Festival des hymnes bouddhistes » au Mémorial Sun-Yat-Sen à Taipei. Ce fut la première présentation musicale bouddhiste dans une enceinte nationale.
- Conduite d'un groupe de deux cents ordonnés et laïcs, pour un pèlerinage en Inde, pendant 21 jours. Ce fut le plus important groupe de pèlerins de l'histoire du bouddhisme.
- Organisation du premier camp de vacances bouddhiste pour enfants, pour les aider à cultiver des racines solides et acquérir un bon caractère.

1980

- A la demande du fondateur de l'Université « La Civilisation Chinoise » M. Zhangqijun, le Grand maître a occupé la chaire du « Département de recherche sur la civilisation indienne ». Ce fut le premier département de recherche bouddhiste reconnu par le Ministère de l'Education nationale, ouvrant ainsi la voie à tous les départements de recherche religieuse.

- Organisation de « la Cérémonie de l'Offrande des Lampes de la Paix » (la première de l'année). Depuis, chaque année, elle est organisée le 1er jour de la Nouvelle Année chinoise, demandant la paix pour le peuple et la Nation, avec diverses activités : exposition florale, récit des contes bouddhistes illustré par des lampes en mouvement, etc. En 2002, fut organisée une exposition de lanternes mobiles, montées sur rail, rompant ainsi avec l'habituelle admiration passive des lampes.
- Organisation du camp d'enseignement bouddhiste pour les mamans, dans le but de fournir, à des femmes de la société, l'occasion d'apprendre le bouddhisme, d'être plongées dans le Dharma et de se transcender.

1982

- Jumelage de Fo Guang Shan avec l'ancienne pagode coréenne Tung-Dou, montrant ainsi l'exemple de l'harmonisation entre le traditionnel et le moderne, pour propager, pratiquer et mener ensemble, des recherches sur le Dharma, à la poursuite d'un idéal : Faire renaître le bouddhisme et en faire bénéficier la société.

1983

- Création du Palais d'exposition des ouvrages bouddhistes, premier musée d'ouvrages bouddhistes de Taïwan, avec une superficie de plus de 500m2, comprenant plus d'un millier d'objets d'art.

- Création de l'« Equipe d'aide médicale de Fo Guang Shan » pour aider les régions reculées de l'île. Le site internet d' « Assistance à domicile », deviendra la « Clinique mobile » en 1987.

1985

- Après avoir occupé le poste de Premier abbé de Fo Guang Shan durant 18 ans, il a, cette année-là, cédé sa place et confié les rênes au Vénérable maître Hsin-Ping, marquant ainsi une date historique, celle où « L'artère du Dharma irrigue le monde ». Non seulement les branches de l'Ecole Qixia se propagent dans Taïwan mais il donne aussi un bel exemple de démocratie au monde entier.
- Enseignement du « Sutra de l'Estrade » du sixième patriarche, dans une émission de télévision taïwanaise : une première dans l'histoire de la télévision chinoise.

1986

- Organisation du premier séminaire pour disciples laïcs, en deux parties « Théorie et Pratique », dans le but de perfectionner les qualités des disciples.

1987

- Pour fêter les 20 ans de Fo Guang Shan, il a organisé un « Alm-Procession Nord-Sud » de 600 km en un mois, avec comme idée directrice : « Ouvrir la voie de la prospérité de la Nation, de la renaissance du bouddhisme, de la lumière du monde, de la foi véritable du bouddhiste ».

- Sur invitation du ministère de la Défense, il a fait une tournée de séminaires dans les casernes et les prisons.
- A l'invitation du Président de l'Association bouddhiste malaise, le vénérable Jingming et de l'Association bouddhiste du Singapour, il a conduit un groupe de vingt personnes, pour une tournée de séminaires en Malaisie et à Singapour. Depuis leur création, vingt ans auparavant, c'était la première fois que ces associations invitaient des Vénérables étrangers.

1988

- Organisation de la première « Ordination de courte durée ». Huit mille personnes s'y sont inscrites, plus de mille ont été retenues et réparties en trois sessions. Ce fut une innovation dans l'histoire du bouddhisme.
- Inauguration du Hsi-Lai Temple, premier centre de Fo Guang Shan aux Etats-Unis. Il est aussi la plus grande pagode bouddhiste de l'Amérique du Nord. Dans le même temps, organisation de l'Ordination de la « Triple plate-forme », avec la participation de 300 moines venus de 16 pays. Ce fut la première à être organisée dans un pays occidental.
- Organisation de la « Seizième assemblée amicale des bouddhistes mondiaux » à Hsi-Lai Temple, première conférence bouddhiste internationale en Occident. Ce fut aussi la première occasion, pour les deux Chine, d'être représentées en même temps et dans l'égalité.
- Conduite du groupe d'aide médicale dans le Nord de la Thaïlande, pour propager le Dharma, donner des consultations gratuites et des aides matérielles, créer des centres médicaux et aussi créer la Fondation pour la reconstruction des

villages sinistrés du Nord de la Thaïlande. Ce fut une source d'espoir et de lumière pour les sinistrés d'origine chinoise. Ce fut aussi une page nouvelle dans l'histoire de la charité bouddhiste.

- A l'invitation de l'armée, il a assuré la présidence du « Groupe de missionnaires bouddhistes exotérique et ésotérique sur la ligne de front Jin-Men » pour donner des lectures dans le Hall Qingtian.
- Organisation de la « Retraite de courte durée en été » permettant aux disciples laïcs de faire l'expérience de la vie monastique.

1989

- Répondant à l'invitation de la Chambre des députés de l'Etat de Californie, le Grand maître a présidé une « Cérémonie religieuse pour célébrer la fête du Nouvel an ». C'était la première fois qu'une cérémonie bouddhiste était célébrée dans une salle de conférences occidentale. La même année, à Hsi-Lai Temple, il a rencontré le Dalaï Lama, chef spirituel du bouddhisme tibétain, écrivant ainsi une nouvelle page de l' « Harmonisation entre les bouddhismes exotérique et ésotérique ».
- Sur invitation de M. Zhaopucu, Président de l' « Association Bouddhiste Chinoise », il a conduit la délégation « I.B.P.S – Visite de la famille en Chine », pour rendre visite aux siens, mais aussi pour promouvoir le Dharma. Il a rencontré les Présidents chinois, MM. Yangshangkun et Lixiannian, au Palais des Congrès de Beijing et y a donné un discours en public, franchissant une nouvelle étape dans le processus de relations pacifiques entre les deux « Chine ».

- Création du « Comité des Bienfaiteurs », avec pour objectif de réglementer les différentes récompenses et priorités, octroyées pour encourager et gratifier les bienfaiteurs. Ce concept de « représenter le bouddhisme pour payer de retour un bienfait » est rempli de créativité et de chaleur humaine ; c'est une pure manifestation de l'esprit du bouddhisme humaniste.
- Lecture bouddhiste donnée au Coliseum de Hong-Kong, et organisation de la « Dharma-conférence des deux rives ». Cet évènement sans précédent a reçu un accueil triomphal. Depuis, la lecture est donnée tous les ans et elle est devenue un évènement marquant dans la vie de Hong-Kong.

1990

- Organisation du Concours mondial d'étude du bouddhisme, pour encourager les recherches sur le bouddhisme, fortifier le contenu de la vie quotidienne, purifier le cœur des hommes et former la bonne compréhension et la juste vision. Les centres d'examen sont dispersés à travers les cinq continents, le nombre des candidats atteint le million, les sujets sont traduits en une vingtaine de langues. Il existe aussi des centres d'examen audiovisuels et des concours de bandes dessinées.
- Introduction du projet d'ouverture de la Hsi-Lai University, auprès du Gouvernement américain par Hsi-Lai Temple. C'est la première université créée par le bouddhisme chinois en Occident. En 2002, elle est devenue membre de la Western Association of Schools and Colleges (WASC).

1991

- Au Mémorial Sun-Yat-Sen, cérémonie de création de la « BLIA Chunghwa Headquarters », première association religieuse privée à Taipei. Le Grand maître en a été élu Président, la Vénérable Tze-Jung, Première secrétaire. Plus de 3000 personnes y ont participé, permettant à l'idéal « Que la lumière du Bouddha éclaire les trois milles mondes ; que l'eau du Dharma coule sur les cinq continents » de s'ouvrir vers un autre horizon.
- L'émission de « Hsing-Yun's Dharma words » présentée sur la chaîne de télévision Zhonghua, a obtenu le « prix de la Cloche d'Or de l'institution sociale » décerné par les Services de l'Information. En 1994, la chaîne Zhong-Shi émettra « Hsing-Yun dit », et la chaîne Tai-Shi « Exemples racontés par Hsing-Yun ». Depuis lors, les trois chaînes de télévision taïwanaises programment quotidiennement des émissions bouddhistes.

1992

- Invité dans la salle de conférences du Tiara Hotel pour parler Dharma, il fut le premier Vénérable à donner une lecture publique en Indonésie.
- Organisation, avec la Ville de Kaohsiung, du « Mariage collectif de rite bouddhiste » présidé par le Grand maître. Vingt quatre couples y participaient et ce fut une innovation dans l'histoire du bouddhisme.
- Création du « Prix du Bouddha d'or » pour encourager les disciples à pratiquer l'idée et cultiver les mérites de l'altruisme de la Mahayana et à apporter davantage de contributions au pays et à la société.

- Présidence de la cérémonie d'inauguration de La BLIA-Ladakh Chapter à Ladakh, au Nord-Ouest de l'Inde. Le Grand maître y a donné lecture et organisé la cérémonie des trois refuges.
- Ordination des Shigu (au nombre de 24) : une première dans le monde bouddhiste.

1993

- Organisation du corps des « Maîtres de conférence » par la BLIA, pour permettre aux disciples ordonnés et laïcs, de porter ensemble la responsabilité de la propagation du Dharma.
- Organisation des « services de rites Chan, Jingtu et Esotérique, simultanés ». Impulsion donnée aux activités nouvelles de « purification du cœur », telles les 7 « anti » : tabac, violence, corruption, alcoolisme, débordement sexuel, jeux de hasard, grossièretés dans le langage.
- Création de Foguang University, grâce à la campagne « L'Université créée par un million de donneurs ». C'est un établissement qui met l'accent sur l'éducation humaine et qui a vu le jour grâce à l'effort de tous.

1994

- Jumelage avec le Temple thaïlandais Fashen (Dharmakaya). Le traité fut signé conjointement par le Grand maître et le Premier abbé de Fashen-Temple, Phra Sudha-amayan, avec le témoignage de 200.000 personnes, marquant ainsi une nouvelle page dans l'échange mutuel entre le Mahayana et l'Hinayana.
- Organisation de la cérémonie du rasage au Nan-Hua Temple, en Afrique du Sud, pour Romuald Ngouala, Francis

Foundoumouna, Roger Bikandou et autres, qui furent les premiers ordonnés bouddhistes africains de l'histoire.

1996

- Création de l'Université de Nan-Hua, première université pluridisciplinaire gratuite de Taïwan.
- Présidence de la « cérémonie de trois refuges et d'offrande de lampes » organisée au stade sportif Shah Alam de Kuala Lumpur et lecture sur « La chaleur humaine dans le bouddhisme humaniste ». Quatre-vingt mille personnes y participaient, marquant une nouvelle page dans l'histoire du bouddhisme malaisien.
- Organisation du séminaire mondial des femmes bouddhistes exceptionnelles. Ce fut le premier séminaire international pour les femmes du monde bouddhiste, avec plus de 500 participantes, venues de 15 pays.

1997

- A l'invitation du Vatican, rencontre avec le Pape Jean-Paul II, pour promouvoir l'échange mutuel entre les religions et prier pour la paix dans le monde.
- Création de la BLTV avec pour objectif, de purifier le cœur des hommes, harmoniser la société et relever l'image du bouddhisme. C'est la première chaîne de télévision taïwanaise réunissant la religion, l'éducation sociale et les divertissements, sans aucun encart publicitaire.

1998

- Avec la participation du Dalaï Lama, des aînés conseillers du Sri-lanka et du Grand patriarche du Cambodge, organisation de la cérémonie mondiale de la « Triple plate-forme Précepte » et de « trois refuges et cinq préceptes », dans le but de faire renaître la branche des Bhikshu-ni de la Hinayana et de la Vajrayana et d'unir harmonieusement les deux branches Mahayana et Hinayana. Durant la même période, secours apportés à plus de mille familles nécessiteuses.

- Accueil de la relique de la dent de Bouddha à Taïwan, avec le témoignage des conseillers seniors thaïlandais, tibétains, taïwanais… et des disciples bouddhistes venus du monde entier. Le Grand maître et Kunga Dodje Rinpoché, ont procédé à la cérémonie du passage de la relique, au quartier général de Comité Amical des Bouddhistes mondiaux de Bangkok. Ils ont, en même temps, donné un service religieux réunissant les trois branches bouddhistes, pour prier pour la paix dans le monde.

1999

- Conduite de « La chorale des hymnes bouddhistes de Fo Guang Shan » pour une tournée à travers 7 pays européens. Ce fut une réussite diplomatique marquée par de fructueux échanges de culture musicale.

2000

- Concrétisation d'un vœu essentiel du Grand maître : la « Célébration de la première fête officielle de Bouddha » au Mémorial Zhongzheng. Après des années de sollicitation, le gouvernement a enfin décrété jour férié national, la date de l'anniversaire de Bouddha. Le Président Chenshuiben y a prononcé personnellement le discours d'ouverture.

- Présidence de la première « cérémonie de bénédiction matrimoniale bouddhiste », 650 couples venus de 13 pays y participaient. L'année suivante, la même cérémonie fut organisée en Malaisie avec 360 couples participants. L'activité fut enregistrée au « Livre des records » malaisien.
- Création du Mouvement Scout Foguang : 344 jeunes scouts de 40 troupes participaient à la célébration. Le Grand maître leur a remis personnellement les drapeaux et le président de la BLIA-Taïwan, M. WuBosung, les sceaux.

2001

- Pour bâtir une société plus cultivée intellectuellement, création du « Humanistic buddhism study group ». Le siège principal se situe à l'école Guangming à Taizhong. De nos jours, il en existe plus de mille, répartis dans le monde entier.

2002

- Organisation d'une tournée de « propagation de Dharma à travers la péninsule indochinoise » d'une durée de un mois. Ceci a permis à l'harmonie entre la Mahayana et le Hinayana de progresser d'un grand pas.
- Conduite des différents groupes bouddhistes taïwanais en Chine, pour accueillir la relique de la phalange de Bouddha à Taïwan, sur des bases « totalement apolitiques » et « purement populaires », avec pour seul objectif, de favoriser l'amitié entre les deux peuples chinois. Le premier vol direct entre les deux Chine fut ainsi établi. Cette action a, non seulement encouragé l'union et l'harmonie au sein du monde bouddhiste taïwanais, elle a aussi permis aux deux peuples chinois d'établir des relations et échanges amicaux. La reli-

que a séjourné 37 jours à Taïwan, plus de cinq millions de personnes sont venues la contempler.

- Organisation du « Séminaire sur les chants et les hymnes bouddhistes par le Vénérable Hsing-Yun ». En harmonisant le traditionnel et le contemporain, en utilisant les récits, les chants et les hymnes décrits dans Dunhuang, le Grand maître a servi au monde un merveilleux festin littéraire et musical.
- Lancement de « la journée de protection de l'environnement par les médias : pollution zéro ». C'est à dire appeler les médias à suivre les campagnes : « trois bons actes : faire de bons actes, dire des bonnes paroles, avoir bon cœur » et « trois refus de mauvais actes : pas de sujets érotiques, pas de violence, pas de mensonges ». Demander aux médias de se discipliner, pour redonner à leur public, un exemple de société saine.

2003

- Pose de la première pierre du Mémorial de Bouddha. La construction de ce monument favorise la croissance de l'économie taïwanaise, l'amélioration de la société et la purification de l'esprit des hommes. Cet ensemble de bâtiments qui respecte les architectures orientale et occidentale, traditionnelle et contemporaine, deviendra un sanctuaire spirituel pour tous les bouddhistes du monde.
- Publication de « Nuages et Eau – Recueil des photos et images de cinquante années de propagation du Dharma, du Grand maître Hsing-Yun », première notice biographique du monde bouddhiste.

2004

- La BLIA est reconnue par l'ONU. Elle devient une des rares organisations non gouvernementales (NGO) chinoises et elle est aussi la seule organisation bouddhiste chinoise reconnue par l'ONU.

Si nous citons les actions ci-dessus, c'est dans le but de souligner l'idée directrice du Grand maître : « L'action du pratiquant du bouddhisme humaniste n'est pas dans ce qu'il a dit, mais dans ce qu'il a fait ». C'est ce qu'il a fait et, comme le disait feu le Président de l'Association Bouddhiste Chinoise, M. Zhaopucu : « Ce que Bouddha n'avait pas terminé à l'époque, le Vénérable maître l'a accompli. » (*Universal Gate Buddhist Journal. Le Grand maître réformateur du bouddhisme humaniste*). Le Grand maître n'est pas seulement le penseur qui a soutenu le bouddhisme humaniste, il est encore l'éducateur qui l'a propulsé et le religieux qui l'a exercé. Le bouddhisme humaniste du Grand maître présente non seulement des idées basées sur des théories justifiées, mais aussi des moyens subtils dans le domaine de la pratique. Comme disait le professeur honoraire de l'Université de Wisconsin, M. Gaoxijun : « Le Vénérable maître Hsing-Yun est un réformateur religieux déterminé, un innovateur compatissant et un éducateur fraternel. La réforme est venue de sa résolution, l'innovation de son attention, l'éducation de son amour. » (*Handing down the light. Préface*)

Si le Grand maître a pu s'en tenir fermement à sa conviction et réussir tant de grands ouvrages que des hommes ordinaires ne sauraient accomplir, c'est, comme l'imprimait le journal « China Times » la veille du 30ème anniversaire de Fo Guang Shan, que : « depuis toujours, que ce soit en Chine ou ailleurs, il est rare de voir une collectivité religieuse qui obtienne un tel développement multidirectionnel sur une durée de trente ans et qui, de plus, apporte à la Nation, à la société, aux hommes, tant d'attentions. Peut-être pouvons-nous dire : si tu peux émettre en permanence de grands vœux, une grande force, une grande compassion, à l'instar du Grand maître Hsing-Yun, alors tu pourras réellement exister. »

Chapitre III

Esprit charitable et Vœux compatissants
La particularité des vœux prononcés

Dans le bouddhisme, il est dit « Vouloir c'est pouvoir». La puissance du vœu est la force motrice qui permet à l'idéal de devenir réalité. Dans la vie, quelle que soit l'action que nous entreprenons, si nous n'avons pas une solide puissance de vœu, de volonté à l'appui, il est facile de se décourager au moindre obstacle et même de renoncer. C'est pourquoi, émettre les vœux est la confirmation de l'objectif, en même temps qu'une force invisible de persévérance. C'est en émettant les « vœux » qu'on peut réussir, qu'on peut avoir la « force ».

Emettre les vœux est très important dans le bouddhisme : il est dit dans « *l'inspiration pour l'engagement de la Bodhicitta* » : « Le diamant est résistant, mais la puissance du vœu l'est encore plus ; le néant est grand, mais le cœur l'est encore davantage ». Il est dit aussi : « Parmi les chemins qui mènent à la voie, parmi les tâches pratiques, émettre les vœux est le plus important. Le vœu émis, tous les êtres seront illuminés, la voie de Bouddha sera atteinte ». Tous les bouddhas, tous les bodhisattvas, ont atteint la voie grâce aux vœux émis. Sinon, comme il est dit dans « *Mahaprajnaparamita Sastra (Traité sur la perfection de la grande sagesse)* » : « Sans émission de vœu, pas d'action méritoire possible : le vœu est le guide qui mène au but ». Si nous ne formons pas de grands vœux, notre apprentissage et notre pratique du bouddhisme peineront à donner des résultats.

Dans le passé, les pratiquants bouddhistes disaient souvent « Suivons les affinités (vivons en accord avec les facteurs qui conditionnent une situation) ». Cependant, trop « suivre les affinités » peut faire perdre de vue les principes et même fausser le sens du terme, avec pour conséquence de laisser les circonstances extérieures modifier notre engagement initial. Le Grand maître a compris l'« inimaginable puissance du vœu » et il le dit : « Apprendre les bouddhas, c'est apprendre à émettre ces mêmes vœux, émis par les bouddhas et les bodhisattvas. Il faut changer « suivre les affinités » en « suivre les vœux », et utiliser la puissance du vœu pour embellir le pays et aider les hommes. » (*Recueil des discours du Grand maître Hsing-Yun (1). Les connaissances nécessaires pour apprendre le Dharma*)

Le Grand maître est entré à Qixia à l'âge de douze ans, puis, de Qixia il est venu à Taïwan et, de Taïwan, il a transmis le Dharma à travers les cinq continents. Il a, non seulement réalisé le grand vœu « Que la lumière du Bouddha éclaire les trois milles mondes ; que l'eau du Dharma coule sur les cinq continents », mais il a encore permis au « bouddhisme humaniste » d'éclairer le monde.

Le Bodhicitta de la grande époque[1]

Si nous analysons les succès du Grand maître, nous constatons que l'importante force motrice qui l'anime prend sa source dans son immense compassion et sa dévotion pour le bouddhisme. Selon sa biographie « *Handing Down the Light* », à l'âge de 19 ans, quand le Grand maître étudiait au Collège bouddhiste de Ziaoshan, il a contracté le paludisme. Tout son corps s'est couvert de furoncles purulents. Il lui fallait chaque jour, deux heures pour se déshabiller et c'était très douloureux. Son maître à Nanjing, le vénérable Zhikai, l'a appris et lui a fait parvenir un demi-bol de légumes macérés. Le Grand maître a écrit : « Quand j'ai pris ce demi-bol de légumes dans mes mains, j'étais au comble de l'émotion car j'y percevais l'amour d'un maître compatissant envers son disciple. Je l'ai mangé avec des larmes plein les yeux et, du fond de mon cœur, je sentais monter une énorme puissance de vœu. J'ai alors juré que je consacrerais toute ma vie au bouddhisme pour rendre le bienfait du maître envers moi. »

C'est de cette idée de rendre le bienfait du maître, qu'est venu son vœu inébranlable de servir le bouddhisme ; ce vœu qui lui a permis de vaincre les difficultés, les échecs, les injustices, les railleries, les diffamations, les attaques... sans jamais reculer d'un pouce. Grâce à cette puissance de vœu, il a abattu tous les obstacles se trouvant sur son chemin, progressant pas à pas et réussissant enfin à donner, du bouddhisme humaniste d'aujourd'hui, une nouvelle image.

La puissance de vœu du Grand maître a germé dans l'émotion ressentie envers son maître, mais en réalité, l'environnement de la

1. L'expression « La grande époque » désigne la période de la première moitié du XXe siècle, ces années troublées, qui virent la guerre sino-japonaise, les affrontements entre nationalistes et communistes et la séparation des deux Chine. NDT.

grande époque a aussi sensiblement nourri le Bodhicitta et développé en lui la compassion. En plus de subir l'éducation rigoureuse de l'enseignement monastique, il a traversé la guerre sino-japonaise et le conflit entre nationalistes et communistes. Non seulement il a été arrêté et emprisonné plusieurs fois, mais il a même été au bord de la mort. Ayant éprouvé lui-même, les souffrances de la guerre et de la grande époque, il a pu ainsi, ressentir la souffrance des hommes. Il disait : « Les gens entendaient le sifflement des balles et le fracas des bombes, moi, ce que j'entendais, c'étaient les appels des hommes en détresse. Les gens voyaient les cadavres éparpillés, ce que je voyais, moi, c'était le destin et l'avenir du bouddhisme. » (*Ainsi dit*). Il était persuadé que, seul le développement du bouddhisme pourrait soulager la souffrance des hommes. C'est ainsi qu'en 1949, il conduisit le groupe de secouristes monastiques pour arriver à Taïwan. Au début, on l'a pris pour un espion et emprisonné. Par la suite, comme l'épouse du Président Tchang Kaï-Chek était protestante, le bouddhisme a été durement opprimé. Mais, face aux obstacles dressés par les autorités, la conviction du Grand maître était bien déterminée et restait inébranlable. Il continuait à donner lecture et enseigner le Dharma, développant ainsi son enseignement à Taïwan.

L'immuable foi envers Bouddha

Le mauvais milieu environnemental peut certes, être vaincu par la puissance de vœu, mais les différentes tentations venues de la société, constituent aussi une grande épreuve. Le Groupe de moines secouristes emmené à Taïwan, à l'époque, par le Grand maître a fini par disparaître en raison du retrait successif de ses membres. Cependant, les officiers de la caserne Xuting de Tainan MM.

Zhuyiguan et Liukaiying appréciaient beaucoup le Grand maître. Ils le savaient polyvalent, donc précieux. Le Général Sunliren l'a même encouragé à entrer à l'Ecole militaire et lui a promis le grade de Général dans moins de dix ans. Mais le Grand maître lui répondit fermement : « Je suis un moine, je veux seulement être un bon moine. A quoi bon être un général ? » (*Universal Gate Buddhist Journal. Douze questions posées au Vénérable Maître Hsing-Yun*)

Beaucoup de journaux et magazines avaient l'intention de recruter le Grand maître quand il aurait quitté le groupe des moines secouristes, pour occuper un poste de journaliste ou de rédacteur, mais il a toujours refusé, fermement résolu à « ne rien faire qui ne se rapportât pas au bouddhisme ». A l'époque, certains capitulaient devant la réalité, revenaient à l'état laïque ou se convertissaient. Mais la volonté de « faire un bon moine » du Grand maître n'a jamais été ébranlée, il disait encore : « Même si Bouddha lui-même apparaissait et me demandait de me convertir, je ne me soumettrais pas. » (*Les cent histoires d'antan. Là où il y a Dharma, il y a solution*)

C'est grâce à cette foi inébranlable envers Bouddha et cette puissance de vœu de propager le bouddhisme, qu'il a pu persister en dépit des menaces et tentations de toute sorte. De même par la suite, quand l'Association Bouddhiste Chinoise a voulu l'écarter, de telle sorte qu'il n'a jamais pu développer le bouddhisme avec l'appui de cette association, il ne s'est jamais découragé. Au contraire, il redoublait d'efforts car il a toujours cru fermement que : « dans la vie, si on peut adopter l'attitude d'« être d'entière bonne volonté » pour réaliser son idéal, on pourra ne pas souffrir devant les amertumes, ne pas se sentir désarmé devant les difficultés. Tous les obstacles pourront être résolus dès qu'ils apparaîtront. » (*Les cent histoires d'antan. Etre d'entière bonne volonté*)

Ce refus de se soumettre devant les amertumes, les difficultés et l'adversité, cette largeur d'esprit de ne pas les considérer comme des obstacles, ont fait que, plus les attaques étaient violentes, plus sa foi s'intensifiait. Son unique pensée restait : « C'est en réformant le bouddhisme qu'on peut lever les obstacles, c'est en développant le bouddhisme qu'on peut apporter bénéfice aux êtres vivants. » (*Journal de Hsing Yun*). Depuis le début, le vœu qu'il a émis, c'est de répondre aux problèmes actuels et de faire prospérer le bouddhisme. Son esprit compatissant est aussi dû à sa compréhension de la souffrance des hommes et à sa volonté de les faire bénéficier. Comme il est dit dans *le sutra de l'Ornementation Fleurie* : « Que la souffrance du monde soit complètement éliminée, que les vœux soient émis dans le but d'apporter bénéfice aux êtres vivants. »

Dans le chapitre « *On ne peut ne pas croire à la causalité* » du livre *Les cent histoires d'antan*, il est raconté que, lorsque le Grand maître est arrivé à Taïwan en 1949, il était hébergé au Temple Yuanguang à Zhongli. Souvent, il voyait le Premier abbé, le Vénérable Miaoguo, rappeler la stance suivante à ses disciples : « Il est facile de cultiver les mérites au sein des Trois Joyaux, où une pièce donnée rapporte dix mille pièces en retour. Pour en être sûr, il suffit de se souvenir de l'empereur Liangwu : le don d'un chapeau de paille lui a rapporté un empire. » En plus de croire avec respect, il se demandait : « Il est vrai que le bouddhisme lui-même est un excellent champ de mérite, mais en tant que disciples bouddhistes, comment pourrons-nous développer au maximum sa valeur ? Par la suite, dit-il, j'ai fondé des collèges bouddhistes à travers le monde, avec l'espoir de faire germer les semences pour rendre les bienfaits de Bouddha. Chaque année, j'organise des séminaires pour développer les communications monastiques. Je crée des salles de lecture, des maisons de retraite, des cimetières, des centres médicaux, en espérant que toutes les personnes qui ont contribué au bouddhisme, pourront aller vers la Terre Pure, qu'ils pourront jouir du fruit de leurs bonnes actions dans cette présente vie. Voilà ma conception et ma pratique du bouddhisme humaniste. »

Combattre les malversations par les écrits

Concernant les ambitions du Grand maître au sujet des réformes, le vénérable Tzu-Hui dans *Les douze questions posées au Vénérable Maître Hsing-Yun,* a écrit : le Grand maître a commencé à percevoir le déclin du bouddhisme quand il suivait ses études dans les pagodes, durant sa jeunesse. Il s'aperçut alors que les responsables des pagodes menaient des vies décadentes et passives. De plus, certains aînés, profitant de leur position, casaient des relations personnelles pour administrer les pagodes. Les Premiers abbés n'étaient plus élus pour leurs compétences mais grâce à leurs relations. A l'époque, le Grand maître décida qu'il ne voulait pas être Premier abbé, refusant de se compromettre avec la célébrité, le pouvoir et la richesse. Il voulait simplement être un Vénérable enseignant et, s'il en avait les moyens, entamer la réforme du bouddhisme.

Car l'idée de réforme avait germé depuis bien longtemps dans l'esprit du Grand maître. Il pensait que « si l'on veut adapter le bouddhisme à notre époque, il faut le réformer pour le faire correspondre aux besoins de tous » (*Journal de Hsing Yun, 11/10/1995*). C'est pourquoi son intention première était d'« enseigner le Dharma par les écrits » et non pas de construire une pagode pour en être le Premier abbé. Sa volonté était de populariser, de vulgariser, mais aussi de rendre littéraire et artistique, ce Dharma si compliqué, afin que chacun puisse l'assimiler et l'appliquer dans sa vie quotidienne. Il se tenait lui-même pour un bouddhiste critique. Ainsi, à son arrivée à Taïwan, il avait vu des gens défiler derrière le drapeau du bouddhisme et pourtant pratiquer des activités hérétiques, de sorte que le bouddhisme était devenu une religion entachée de superstition. Il a donc publié, dans le magazine mensuel Juesheng, un article intitulé *Les souvenirs sont plus beaux que la réalité*, dans lequel il décrivait les activités et la pratique des relations humaines du bouddhisme de Chine, espérant pouvoir ainsi réveiller le monde bouddhiste taïwanais de l'époque.

Par la suite, quand il est devenu rédacteur en chef de l'hebdomadaire *Jueshi*, il a fait publier successivement nombre d'articles critiques :

- Protestation contre l'introduction de la corrida espagnole à Taïwan,
- Appel au gouvernement pour faire de la date de l'anniversaire de Bouddha un jour férié national,
- Proposition à l'Association Bouddhiste Chinoise d'envoyer des gens à l'étranger pour propager le bouddhisme,
- Condamnation du cumul des tâches de Premier abbé et de gestionnaire, dans les pagodes,
- Réglementation des examens dans le bouddhisme,
- Enquête à propos des propriétés des ordonnés,
- Discussions menées avec M. Zhufei du magazine « *Arbre Bodhi* »,
- Protestation contre certaines scènes du film « *L'incendie du temple du Lotus rouge* » nuisibles à l'image du bouddhisme, etc.

Tous ces écrits ont, par la suite, été classés dans la « *Collection des thèses Jueshi* ».

Le Grand maître possède toujours un grand sens de la justice, assorti d'un sentiment de protection du bouddhisme. Il pense que l'homme doit posséder des vertus et du courage et que protéger la religion, est de la responsabilité de chaque disciple. Non seulement il faut avoir le courage de parler, il faut encore être capable de se sacrifier pour la foi. Pour satisfaire à son grand vœu de propager et protéger le bouddhisme, il voulait utiliser les écrits pour combattre les malversations. Mais il n'est pas homme à ne posséder que l'enthousiasme, il nourrit aussi un idéal et s'intéresse à la réalité. Il disait : « Il en est qui cultivent d'abord un idéal et se soucient peu de la réalité. Je ne suis pas de ceux-là, car je sais que l'idéal seul, conduit souvent vers le vide, vers l'illusion. Moi, j'ai des objectifs : promouvoir le Dharma, en faire bénéficier les êtres vivants, faire prospérer le bouddhisme, sont mes objectifs, mais j'apprécie la réalité, car il faut aussi disposer de conditions réelles pour tendre vers son idéal. » (*Les cent histoires d'antan. Il faut avoir un idéal et pouvoir ensuite, le réaliser*).

Le refus d'être le Premier-abbé d'une pagode

Le Grand maître savait que, « écrire » permet de dire ce qu'on a envie de dire et d'exprimer son mécontentement. Il savait aussi que se limiter à critiquer, ou faire des propositions sans mener réellement d'action, ne pouvait déboucher sur aucun résultat réformateur. En analysant les « Trois réformes du bouddhisme » (théorie, règlements, biens) du vénérable Maître Taixu, il en avait conclu que l'échec était dû à l'aspect incomplet des « six conditions », notamment celles de la « Foule » et du « Lieu ». Il ne souhaitait pas se laisser accaparer par des fonctions de Premier abbé, mais il savait que, pour réformer le bouddhisme, il lui fallait disposer d'une base et d'un soutien logistique, car « scander en solitaire, des slogans au hasard des rues ne sert pas à grand-chose ». (*Ainsi dit*). C'est pourquoi, en 1948, lorsque la pagode Huazhang de Nanjing lui demanda d'occuper les fonctions de Premier abbé, il déclina cette offre, mais accepta, en accord avec le précédent titulaire, le Vénérable Yinyun, le titre de Directeur.

Par la suite, à Taïwan, de nombreuses pagodes : Yuanguang de Zhongli, Fayun de Miaoli, Lingying de Chingchaohu, Tianlung de Jiayi, le temple bouddhiste de Taizhong etc., ont successivement demandé au Grand maître d'assumer le poste de Premier-abbé, mais il n'a jamais changé d'idée. C'est ainsi qu'à Yilan, depuis 1953 et durant 50 ans, il a créé l'Association de diction des noms de Bouddha de Yilan, reconstruit deux fois la pagode Luiyin, sans jamais occuper le poste de Premier-abbé. Finalement, pour réaliser son idéal, il a enfin créé le monastère Fo Guang Shan, puis la BLIA, avec l'idée d'unir les deux forces, monastique et laïque, pour promouvoir ensemble le Dharma. Il souhaitait employer l'esprit de compassion et d'égalité, le respect mutuel, la tolérance, l'impersonnalité, la coexistence..., du bouddhisme et réunir toutes les religions existantes pour promouvoir la paix dans le monde.

Comme il le disait dans son livre *Les cent histoires d'antan – La transcendance du Vœu* : « Ces vingt années, bien que j'aie subi plusieurs opérations chirurgicales, je n'ai jamais interrompu mon travail de propagation du Dharma. J'ai enfin réussi à rassembler les représentants bouddhistes des deux « Chine » dans la même salle de séminaire. Je parcours la Chine, en priant pour la réunification pacifique et bénéfique des deux peuples. J'ai mainte fois agi pour persuader les Grand maîtres, d'organiser « la triple plate-forme » sur les lieux de naissance du Bouddha, en Inde et de rétablir le système du Sangha féminin dans les pays pratiquant le Hinayana.

J'ai construit des lieux de culte et des centres de BLIA à travers les cinq continents, réalisé l'égalité entre ordonnés et laïcs et élargi l'idéal du bouddhisme. Souvent la nuit, je m'interroge : sans la bénédiction du Bouddha qui a transformé les Vœux en Force, la réussite, une à une, de toutes ces missions sacrées aurait-elle pu s'accomplir ?»

Former de grands vœux

En fait, tous les succès dans sa vie viennent de ce vœu qu'il a formé : « Qui d'autre que moi pour la prospérité du bouddhisme ?» C'est là qu'il a trouvé la confiance, la force et le courage. Il a bien compris l'importance de l'émission de vœux, et encourage souvent ses disciples, ses élèves et ses fidèles, à former des vœux. Dans ses écrits, il cite des passages de sutras pour montrer que les bouddhas ont tous atteint l'Eveil, grâce aux vœux émis. Amitabha Bouddha a fondé la Terre Pure de l'Ouest grâce aux quarante-huit vœux (*Sukhavativyuha Sutra. Chapter 1*), Sakyamuni Bouddha a atteint l'Eveil en émettant cinq cents grands vœux (*Karunapundarika Sutra. Chapter 7*), Maitreya Bodhisattva a pratiqué les dix vœux et a été élu pour venir sur terre (*Sutra des questions posées à Maitreya*), Médecine-Bouddha, en voulant guérir les hommes, a émis douze grands vœux et a enfin fondé la Terre Pure de Cristal (*Bhagavan-bhaisajyaguru-vaiduryaprabhasya purvapranidhana-visesa-vistara*). De même, Manjusri Bodhisattva a obtenu la sagesse Prajna, grâce aux douze grands vœux (*Le sutra de la pratique de Manjusri énoncé par Bouddha*), Avalokitésvara Bodhisattva a émis dix grands vœux pour mener les hommes vers l'Eveil (*Le sutra de Lotus*), le grand vœu du Ksitigarbha Bodhisattva « Ne pas devenir bouddha tant que l'enfer n'est pas vide ; ne pas obtenir le Bodhi tant que tous les êtres n'atteignent pas l'Eveil » (*Ksitigarbhapranidhana Sutra*)...

Il est clair que chaque bodhisattva a formé des vœux immenses avant de pouvoir parfaire sa pratique. (*Universal Gate Buddhist Journal. Des quatre Nobles Vérités aux quatre Vœux universels*)

Habituellement, le Grand maître cite en exemples : le Grand maître Xuanzang qui émit le vœu « Je préfère mourir en avançant d'un pas vers l'ouest, que vivre en retournant d'un pas vers l'est », ce qui lui a permis d'accomplir la tâche de ramener les sutras en Chine ; le vœu du Vénérable maître Jianzhen « Devant l'ampleur des grands ouvrages à accomplir, la mort n'est rien » qui lui permit de promouvoir le bouddhisme au Japon ; ou encore celui du Vénérable contemporain Cihang « J'émets aujourd'hui le vœu de ne pas chercher pour moi, bonheur et mérite, ni être Pratyeka, Sravaka ou Bodhisattva. Je voudrais seulement, suivre l'ultime véhicule, développer le bodhicitta, être ensemble avec tous les êtres du monde-dharma, pour atteindre l'Anuttara-samyak-sambodi (Eveil total suprême) ». Il souhaite, par ces exemples, éclairer ses disciples, les encourager à prendre exemple sur le comportement de ces grands maîtres et les imiter en esprit pour émettre leurs vœux. (*Collection des livres sur le bouddhisme. Théories. Prononcer les vœux*)

La Vérité universelle, celle que Bouddha a éprouvée lors de son Eveil, se résume en « Quatre Nobles Vérités : la souffrance, l'origine de la souffrance, l'élimination de la souffrance, et le chemin menant à la fin de la souffrance » puis, de là, elle s'étend à l'immense Dharma. Néanmoins, ce ne sont que les étapes théoriques que Bouddha a établies à partir de l'essence de la Vérité. En les réalisant, il les a développées en « Quatre vœux universels ». Le Dharma n'attend pas des Quatre Nobles Vérités seules, une explication des phénomènes de l'univers : il veut essentiellement résoudre les problèmes vitaux de l'univers. C'est pourquoi le Grand maître insiste en disant : « La connaissance seule des quatre nobles vérités n'est pas suffisante, il faut encore avoir la puissance de vœu, la pratique, l'accomplissement ... » (*Universal Gate Buddhist Journal. Des quatre Nobles Vérités aux quatre Vœux universels*)

Transcender sans cesse la puissance de vœu

Il pensait sans cesse à appliquer le Dharma dans la vie quotidienne, c'est pourquoi il a écrit « *Les prières Foguang* » à l'usage des disciples, comme livre de chevet quotidien. A travers les vœux, on peut élever l'esprit et la foi, c'est là le Dharma le plus pratique et le plus vivant.

Parfois, il s'exprime aussi en citant son propre exemple. Tout au début, il a commencé par prier pour avoir la sagesse, la confiance et la force. Petit à petit, il a prié pour demander la santé, le bonheur et la réussite pour les parents et amis. Puis il a étendu sa prière pour demander la prospérité de la Nation, la joie de vivre dans la société, la paix dans le monde, l'illumination des hommes. Après cinquante ans, il a compris que « nous devons imiter l'esprit des bodhisattvas pour aider les hommes et non pas leur demander de le faire pour nous ». C'est alors qu'il a formé le vœu suivant : « Eminent et compatissant Avalokitésvara Bodhisattva, permettez-moi de prendre en charge les souffrances des hommes et de supporter les amertumes de la vie. Permettez-moi de suivre Bouddha, pour accomplir la bienveillance et la compassion, d'apprendre sa manière d'enseigner et d'en faire bénéficier tous les êtres vivants. ». Il encourage tout le monde : « Former le vœu ressemble à faire des études : il faut monter les échelons. Du petit vœu initial, il faut passer au grand vœu final. Il faut transcender sans cesse la puissance du vœu. » (*Les cent histoires d'antan. La transcendance du Vœu*). Il veut que les hommes Foguang puissent passer de « croire en Bouddha » à « révérer Bouddha », puis à « prier Bouddha » et à « apprendre Bouddha ». Transcender le « pratiquer le bouddhisme » en « agir comme agissent les bouddhas ». C'est là le vrai sens de la croyance, voilà la vraie pratique du bouddhisme humaniste. (*Discours à la conférence de BLIA-Comité de direction*)

Il explique l'importance du Vœu en donnant des exemples : « Apprendre Bouddha sans former de vœu c'est comme labourer la terre sans ensemencer, ou naviguer sans boussole. Sans semence, que peut-on espérer récolter ? Sans boussole, comment atteindre le but ? C'est pourquoi, il faut d'abord émettre des vœux. C'est comme remonter une montre ou mettre du carburant dans le réservoir d'une voiture, pour produire la force motrice, installer la boussole ou fixer les devoirs pour déterminer les objectifs à atteindre. » (*Collection des livres sur le bouddhisme. Théories. Prononcer les vœux*)

Il a pris comme exemple les vers du poète Lishangyin de la dynastie Tang : « Le ver à soie continue à donner de la soie jusqu'à sa mort. La bougie ne s'éteint que quand tout est consumé », pour dire aux disciples d'imiter les vers à soie et d'offrir leur vie au bouddhisme, de posséder l'esprit de « brûler soi-même pour éclairer autrui » pour, comme la bougie, apporter au monde la lumière. Il utilise le « ne pas chercher son bien-être, mais que tous les êtres puissent s'éloigner de la souffrance » du *Sutra de l'Ornementation Fleurie,* pour inciter les disciples à cultiver l'expérience de « labourer sans penser à la récolte », à pratiquer la conduite pure de « s'offrir sans attendre de récompense », à faire le vœu de « prendre en charge les souffrances des hommes, sans se plaindre ». (*Recueil des discours du Grand maître Hsing-Yun (1). Ce qu'un apprenti du Dharma doit savoir*)

Il est plein d'admiration et de respect pour la fidélité de Zhugeliang, mais il ajoute : « Toute action doit s'arrêter un jour. Tout au plus, peut-on employer une vie entière à rechercher son idéal. Seul le vœu bouddhiste est sans limite. » Il pense que l'immense vœu du Samantabhadra Bodhisattva « Même s'il n'y a plus de Vide, même s'il n'y a plus de Monde, mon vœu, lui, reste sans limite », et celui du Ksitigarbha Bodhisattva « Ne pas devenir Bouddha tant que l'enfer n'est pas vide » sont les conditions qu'un disciple bouddhiste doit réunir. (*Recueil des discours du Grand maître Hsing-Yun (1). Ce qu'un apprenti du Dharma doit savoir*).

Réaliser le grand vœu avec le cœur du bodhisattva

Selon le Grand maître, « le vœu vient du cœur » et former un vœu, revient à « agir avec le cœur ». Les plus précieuses ressources, les plus exceptionnelles richesses du monde ne se trouvent ni sous terre, ni au fond des mers, ni dans les banques, ni dans nos portefeuilles : elles gisent dans notre cœur. Le « cœur » est comme la terre des rizières qui a besoin d'être travaillée avant d'ensemencer, cultiver et récolter. De même que le sol doit être façonné pour pouvoir y construire les immeubles ou implanter les industries, notre cœur lui aussi, demande à être « employé » pour produire ses fonctions illimitées. C'est pourquoi le Grand maître encourage tout le monde à « faire le vœu de cultiver la compassion pour atteindre à l'égalité entre les autres et moi ; la sagesse pour pénétrer dans la mer du Dharma et en faire bénéficier les autres et soi-même ; l'humilité pour développer la modestie, et de là pouvoir progresser ; la joie pour nous permettre d'aider les autres sans regret. » Et même, manger « avec le cœur » donne bon appétit, dormir « avec le cœur » procure un bon sommeil, travailler « avec le cœur » engendre de bons résultats. Dans la vie, tout doit être fait avec le cœur pour progresser vers la perfection. (*Les cent histoires d'antan. La transcendance du Vœu*)

Il est persuadé que « prononcer les vœux peut renforcer notre confiance et notre détermination, intensifier notre esprit bodhi et notre foi, améliorer notre sens moral et notre intégrité » (*Conscience de soi et pratique de la voie du Bouddha. Discours prononcé à la conférence générale de la BLIA en 2004*). Pour lui, « prononcer les vœux n'est pas le devoir exclusif des bouddhistes : tous les hommes, dans la société, doivent le faire. Y mettre le cœur permet de bien faire les choses, émettre le vœu détermine l'objectif à réaliser. » (*Collection des livres sur le bouddhisme. Théories. Prononcer les vœux*).

« Prononcer les vœux, constitue une importante assistance et une précieuse force motrice pour la réussite de toute entreprise. Prononcer les vœux, ressemble à exploiter nos ressources intérieures qui sont notre plus grande richesse, intarissable et inépuisable. » (*Hsing-Yun's Dharma Words*) Savoir dire, par exemple : « Je veux prendre soin de mes parents et être cordial envers mes voisins ; je veux offrir mes services à la société ; je veux me sacrifier pour le bien de la communauté ; je vœux promouvoir la paix sur Terre afin que mon prochain puisse vivre dans l'harmonie ; je veux être un pont pour permettre la traversée du cours d'eau, je veux être l'arbre qui donne ombre et fraicheur, la goutte d'eau qui apaise la terre asséchée, le soleil et la lune qui apportent la lumière, la brise qui réconforte tous les êtres. » (*Conscience de soi et pratique de la voie du Bouddha. Discours prononcé à la conférence générale de la BLIA en 2004*)

Il a aussi conseillé aux participants du pèlerinage du Nouvel An de prononcer les « Dix vœux du Nouvel An » :

1. La paix dans le monde.
2. La réunification de la Chine.
3. La prospérité du bouddhisme.
4. La joie et la sérénité pour le peuple.
5. La prospérité pour la société.
6. Que tous les hommes soient vertueux.
7. Que tous les hommes possèdent la compassion.
8. Que les méchants soient écartés.
9. Que tous les hommes possèdent de bonnes affinités.
10. Que s'accroissement bonheur et sagesse.
    (*Journal de Hsing Yun. 27/01/1990*)

Il a utilisé le langage contemporain pour traduire les dix grands vœux de Samatabhadra Bodhisattva et prononcer les siens :

1. *Respecter tous les bouddhas* : je veux dorénavant respecter toute personnalité.
2. *Complimenter Bouddha* : je veux dorénavant savoir pratiquer l'éloge en paroles.
3. *Pratiquer le Dana d'une manière étendue* : je veux dorénavant donner avec le cœur.
4. *Se repentir des mauvais karmas* : je veux dorénavant améliorer tout mon comportement.
5. *Cultiver les mérites avec plaisir* : je veux dorénavant, aider matériellement les bonnes actions.
6. *Faire tourner la roue du Dharma* : je veux dorénavant, œuvrer à la propagation du Dharma.

7. *Demander aux bouddhas de rester* : je veux dorénavant, protéger les sages.
8. *Suivre continuellement les enseignements de Bouddha :* je veux dorénavant, suivre les chemins de la vérité.
9. *Se rallier à la volonté de tous les êtres vivants* : je veux dorénavant, respecter l'opinion du peuple.
10. *léguer les mérites reçus* : je veux dorénavant, tendre vers le mérite parfait.

Comme Amitabha Bouddha, il formait pour lui-même 48 grands vœux :

1. Je veux être une bougie et me consumer moi-même, pour éclairer les autres.
2. Je veux être une flaque d'eau claire, pour laver les impuretés et purifier le cœur.
3. Je veux être le soleil pour réchauffer la terre et faire mûrir tout être.
4. Je veux être un réverbère pour dissiper l'obscurité en apportant la lumière.

   ....

48. Je veux être un bodhisattva, me munir de bodhicitta et faire honneur au Dharma.
   (*Les cent histoires d'antan. La transcendance du Vœu*)

Il encourage ses disciples et aussi lui-même : « Avec le bodhicitta, prononce les grands vœux, fais de bons actes et ne t'arrête jamais. Si on est un jour moine, alors il faut sonner un jour la cloche, prendre la responsabilité de faire prospérer le Dharma et d'en faire bénéficier tous les êtres. » (*Recueil des discours du Grand maître Hsing-Yun (1). Ce qu'un apprenti du Dharma doit savoir*). Il a même émis le vœu d'être moine dans la vie d'après, en disant : « Mon plus grand bonheur dans cette vie est d'être moine, j'espère que je pourrai encore l'être, dans la vie prochaine et aussi dans les vies d'après. » (*Handing down the light*)

La meilleure éducation : se donner en exemple, en silence

Sur ce chemin de la vocation, le Grand maître s'est avancé sans rancune et sans regret, mais plein de Compassion et en formant le Vœu d'aider les êtres vivants. Et c'est avec cette puissance de Vœu, qu'il a vaincu tous les obstacles, créé le Monastère Fo Guang Shan et développé les différentes entreprises bouddhistes. Dans le texte *La transcendance du Vœu*, il est raconté que, tout au début (1966), quand il a acheté le terrain de Fo Guang Shan, les fidèles, en voyant l'aspect sauvage et désert de l'emplacement et l'incommodité des transports, se montraient déçus et disaient : « Qui voudrait venir dans ce coin perdu ? ». Mais le Grand maître ne se décourageait pas, il incitait ses disciples à travailler courageusement et finalement, grâce à la puissance du Vœu, ils ont réussi à transformer ces collines couvertes de bambous sauvages, en un somptueux monastère.

Pour les entreprises bouddhistes, le Grand maître se montre persévérant. Depuis sa jeunesse, il voulait créer pour le bouddhisme, un journal, une chaîne de télévision, une université... Tous ces objectifs ont été successivement atteints sous l'impulsion de la puissance de vœu. Il n'a pas créé une seule université mais quatre et aussi seize collèges bouddhistes ; non pas une chaîne de télévision mais beaucoup d'autres. En plus du Journal, il a encore créé la collection des « Textes traitant du Dharma », édité l'« Universal

Gate Buddhist Journal », etc. Parce que le vœu avait été prononcé, tout s'est réalisé. Il disait lui-même : « De toute ma vie, je n'ai jamais rien fait en me forçant, je suis les affinités et fais de mon mieux, jamais je ne cherche à obtenir quoi que ce soit. Cependant, dans la vie, avec le Cœur et la Puissance de vœu, tout se réalise quand les conditions sont remplies. » (*Ainsi dit. 29/10/2000*)

Toutes les entreprises du Grand maître se sont accomplies grâce à la puissance de vœu, et cet enthousiasme a souvent touché le cœur des gens et les a conduits à aider le bouddhisme. Avant à Yilan, quand le Grand maître conduisait les jeunes en mission dans les campagnes, souvent ils prenaient le train pour aller vers Ruifang ou Nanfangao. Le chef de gare de Yilan a été touché par l'enthousiasme et la chaleur de ces jeunes, il sentait qu'il était aussi de son devoir de les aider à purifier la société. Aussi, chaque fois, il aménageait les horaires des trains pour favoriser leur tâche.

Les anecdotes dans sa vie sont les meilleurs exemples pour nous tous. Ainsi, un jour, il allait de Taidong à Pingdong pour donner un séminaire. Pour protéger un magnétophone de 20 kilos, il l'a tenu sur ses genoux durant 5 heures. Ses jambes étaient paralysées en arrivant. Le médecin diagnostiqua une arthrite invalidante et pensait même qu'il faudrait peut-être amputer les jambes pour éviter la gangrène. Le Grand maître lui, n'était pas inquiet : pour lui, pouvoir rester tranquillement au même endroit pour écrire, n'était pas plus mal. Comme il ne s'était pas inquiété lui-même, il ne s'est pas rendu à l'hôpital pour la visite de contrôle et, par la suite, il guérit sans traitement. Il s'est dit que peut-être sa guérison était due à son habitude de porter des caleçons longs de flanelle. (*Réponses à l'interview de l'auteur de « l'Immense Hsing-Yun » L'écrivain Linqingxuan. 10/01/2001. Face à la vie, la vieillesse, la maladie et la mort*). Cependant, quelle que soit la raison, cette anecdote montre que, dans l'esprit du Grand maître, si le Dharma peut être propagé, la vie personnelle n'a que peu d'importance.

Les Regrets du Grand maître

Nous savons que le Grand maître n'a qu'une idée en tête : servir et faire prospérer le bouddhisme en y accordant toute la confiance, toute la puissance de vœu, sans se soucier de la vie ou de la mort. Cependant, en raison de différents obstacles dus au temps, à l'espace et aux hommes et aussi parce que toutes les conditions nécessaires n'étaient pas remplies, il y a certains faits que le Grand maître trouve irrémédiables et regrettables.

En 1948, le Grand maître et un groupe de jeunes moines favorables au bouddhisme humaniste, arrivèrent à la pagode Huazhang à Nanjing. Le Premier abbé de la pagode, le vénérable Yinyun, les reçut avec tant de bienveillance qu'il leur confia même la gestion de la pagode. Huazhang était à l'époque un lieu qui pratiquait des cérémonies religieuses traditionnelles et le Grand maître avait l'intention de la réformer. Il avait donc rédigé de nouveaux règlements, qui se heurtèrent à l'opposition du personnel existant. Précisément à ce moment-là, le vénérable Zhiyung voulait organiser une troupe de moines secouristes pour partir à Taïwan mais, pour une raison quelconque, il a dû abandonner le projet. Le Grand maître se proposa de reprendre cette mission et c'est lui qui emmena la troupe à Taïwan. Par la suite, il essaya de prendre des nouvelles du vénérable Yinyun mais en vain, ce qui, pour lui, reste un immense regret.

Depuis sa jeunesse, il voulait se consacrer entièrement au bouddhisme, mais certaines personnalités du monde bouddhiste ont toujours voulu l'écarter, de peur que sa présence puisse leur porter ombrage. Ainsi, l'Association Bouddhiste Chinoise a toujours refusé sa participation. En réalité, le Grand maître, lui, ne pensait qu'au bien du bouddhisme. C'est ainsi qu'il organisa le séminaire sur la gestion administrative des pagodes, pour nouer des amitiés au sein du monde bouddhiste. Il créa le Collège Bouddhiste Oriental dans le but de le confier à l'Association Bouddhiste Chinoise, espérant pouvoir former de jeunes talents. Cependant, à cause des préjugés de certains responsables, on l'a toujours écarté. Certains ont estimé que le fait que le Grand maître ne soit pas nommé Directeur de l'A.B.C. était une chose bien regrettable ! Le Grand maître le disait lui-même et, effectivement, ceci est bien regrettable, car il possède le concept et l'idéal pour faire progresser le bouddhisme et il n'a pas pu les développer totalement. (*Ainsi dit*)

Depuis toujours, le Grand maître lance cet appel : les bouddhistes doivent « s'unir, s'unifier, se mobiliser, échanger mutuellement » (*Collection des thèses Jueshi*) pour que le bouddhisme puisse avoir un avenir de grande envergure. Mais ceci ne s'est toujours pas réalisé, n'est-ce pas bien regrettable ? Il y a plus de quarante ans, la branche Mazhu de Yunlin voulait se joindre à l'Association Bouddhiste Chinoise et se voyait rejetée. Le Grand maître pensait que « Mazhu devrait avoir sa place dans le bouddhisme, au même titre que les autres protecteurs des temples » (*Universal Gate Buddhist Journal. Séminaire sur les problèmes sociaux actuels. Ce que pense le bouddhisme des croyances populaires*), il s'est efforcé de les défendre, mais en vain. Du fait que Mazhu n'est pas membre de l'A.B.C., le bouddhisme taïwanais compte quatre millions de fidèles en moins.

Le Grand maître nourrit l'espoir d'organiser un séminaire de haut niveau pour réunir tous les chefs religieux du monde, afin d'utiliser la force des religions pour résoudre les problèmes du terrorisme et pour instaurer ensemble la paix dans le monde, mais, à ce jour, ce projet n'a pu encore se concrétiser. Il y a plusieurs années, parce qu'il connaissait mal le Grand maître, le gouvernement chinois lui a refusé l'autorisation d'entrer en Chine. Il en a été désolé, mais il ne se sentait ni découragé, ni déçu. Par contre, feu le directeur de l'Union des Associations Bouddhistes Chinoises, M. Zhaopuchu, espérait toujours que le Grand maître pourrait apporter quelque chose au bouddhisme chinois, et cela n'a pas été possible de son vivant. Voilà une chose regrettable, tant pour M. Zhao, que pour le Grand maître.

Lier, dans la joie, l'affinité avec autrui

M. Zhaopuchu a passé sa vie à promouvoir le bouddhisme humaniste, à privilégier l'éducation pour cultiver les talents et surtout, à consacrer tous ses efforts au développement des différentes activités culturelles bouddhistes. Son concept et son vœu pour faire prospérer le bouddhisme et pour développer les relations entre les deux Chine concordent avec ceux du Grand maître, sans qu'ils se soient concertés. En 1986, ils ont été invités tous les deux, pour le soixantième anniversaire du roi Thaï et, dès la première rencontre, ils se sentaient comme de vieux amis. Trois ans après, en 1989, à l'invitation de M. Zhao, le Grand maître conduisait « la délégation I.B.P.S – Visite de la famille en Chine » pour son retour vers la patrie, après quarante années d'absence. En même temps, il s'appliquait à déployer la première activité missionnaire publique du monde bouddhiste taïwanais, sur le territoire chinois. Ce voyage a marqué un bon début pour les échanges mutuels entre les deux « Chine », dans les domaines tant religieux que culturel et éducatif ; il a vu en même temps, la naissance d'une amitié profonde entre les deux hommes. Le Vénérable Mangueng, docteur en philosophie à l'Université de Beijing, a publié, dans le numéro 22 du *Universel Gate Buddhist Journal,* un article intitulé « Le vénérable maître Hsing-Yun et M. Zhaopuchu », décrivant d'une manière profonde et émouvante, leur amitié et leurs efforts en faveur du bouddhisme des deux rives.

Dans le bouddhisme, il est dit qu'il ne faut pas « se plaindre que la nourriture monastique est sans saveur, ou que les sentiments des moines sont moins intenses que ceux des laïcs ». En réalité, par sa capacité à prêter assistance à autrui et à suivre les bons conseils des autres, par sa sincérité, sa compassion et la noblesse de son idéal, depuis sa jeunesse, le Grand maître a recueilli beaucoup de sympathies et d'admiration de la part de bonzes âgés et vertueux tels les vénérables maîtres Cihang, Miaoguo, etc. Il a aussi lié de profondes amitiés avec des religieux du monde entier. Ainsi, le chef du département international de l'Association bouddhiste japonaise M. Iwamoto a rencontré le Grand maître en 1974, lors de sa visite au Japon. En dépit de la brièveté du séjour, le jour du départ du Grand maître, M. Iwamoto a vidé ses poches et offert tout ce qu'il avait sur lui, au Grand maître. L'amitié entre le Grand maître et le chef de l'Ecole Chaodong, M. Niwa Rennpou, est aussi très profonde. Chaque fois que le Grand maître visite le Japon ou vice versa, il n'y a pas de mots pour décrire la joie de leurs retrouvailles. En 2003, le Grand maître s'est rendu à Séoul pour un séminaire ; le Premier abbé de la pagode Songguang, le vénérable maître Pucheng, a fait un voyage de plus de cinq heures de train, dans la tempête, pour le rencontrer. Bien que ne parlant pas la même langue, leur joie réciproque était perceptible. L'amitié entre ces hommes a surpassé, non seulement l'obstacle des langues, mais encore les frontières territoriales et les différences d'âge, car ils nourrissent le même concept du bouddhisme. En 1978, lors de la douzième Assemblée Amicale des Bouddhistes Mondiaux, organisée par le Japon, la négligence des employés de l'Association Bouddhiste Chinoise de Taïwan, a fait que l'A.B.C. n'a pas été inscrite sur la liste des participants. Le Grand maître est allé au Japon avec le vénérable Shengyin pour essayer d'arranger les choses et, avec l'aide de M. Iwamoto, l'inscription a été finalement acceptée. Immédiatement, la nouvelle fut annoncée à Taïwan et, sans attendre le retour de Grand maître, l'A.B.C. a présenté sa liste des participants. Le nom du vénérable Shengyin n'y figurait pas, pas plus que celui du Grand maître. Le vénérable Shengyin disait avec ironie au Grand maître : « Nous nous battons au front, eux, ils se partagent les bénéfices à l'arrière ». Cependant, le Grand maître ne s'en souciait guère et il répondit : « Je ne parle pas le japonais, pour moi, ne pas participer est aussi bien. » (*Ainsi dit*)

Courage et aussi sagesse

Le Grand maître a une vision globale de la situation. Il ne cultive aucune rancune et pense toujours au bon côté des choses. Pour lui, les chemins dans la vie sont nombreux : si une chose s'avère irréalisable, beaucoup d'autres restent à faire. Dans son esprit, pourvu que le bouddhisme soit prospère, être victime d'une injustice n'a aucune importance. Il regrette que le monde bouddhiste ne soit pas uni. Pour lui, « périr tous ensemble » ou « bons et méchants unis dans le même malheur » sont des idées stupides qui demandent à être réformées. C'est pourquoi il a publié un texte intitulé « *ne pas périr tous ensemble* » (*Les cent histoires d'antan*).

Pour promouvoir le Dharma, il ne pense jamais à ses propres intérêts et surtout, il ne recule devant aucune difficulté. En 1980, il avait envoyé les vénérables Tzu-Chuang et Yihang aux Etats-Unis pour installer une pagode, mais il s'avéra difficile de trouver un bâtiment qui convînt. Le Grand maître a alors décidé de venir avec le vénérable Hsin-Ting. Ils ont sillonné les rues tous les jours. Enfin, ils ont trouvé, dans la région de Gardiena, une ancienne église. A l'époque, ils n'avaient que 500 dollars sur eux, mais le Grand maître a utilisé sa sagesse pour vaincre les difficultés et ils ont réussi à l'acheter. Ce fut le premier site de Fo Guang Shan aux Etats-Unis et aussi le début de la propagation du Dharma sur le territoire américain.

Par la suite, au moment de la construction du Hsi-Lai Temple, en raison des difficultés financières et aussi des règlementations multiples de la loi américaine, six concertations publiques et cent trente cinq réunions ont été organisées. On peut dire que ce fut un dur labeur mais, finalement, tous les problèmes ont été résolus, et Hsi-Lai Temple est devenu le premier monastère bouddhiste de caractère international.

Le Grand maître aime vaincre les difficultés, comme il aime mener les réformes. Dans le texte intitulé « *Les cent histoires d'antan. Le côté courageux* », il écrivait que : au début, en arrivant à Taïwan, il sentait que le bouddhisme avait besoin de rehausser sa nature profonde, pour pouvoir aider les hommes et leur apporter bénéfice. Il avait également besoin de développement et de créativité pour marcher avec son époque et faire profiter la société. Il avait besoin des jeunes pour exprimer sa chaleur et éclairer le monde. Il avait besoin des entreprises pour former les talents et se suffire à lui-même. Mais, à l'époque, le monde bouddhiste était dirigé par des vieillards qui ne pouvaient tolérer ces propos. De plus, l'esprit conservateur du peuple ne lui permettait pas d'assimiler ces idées. Alors les fidèles refusaient de le financer pour ne pas prendre de risques, et les caciques du monde bouddhiste le menaçaient de mort pour l'effrayer. Mais il croyait fermement que Bouddha ne l'abandonnerait pas. Même sans le soutien des gens, il continuait à parler et à écrire : il soutenait l'égalité des sexes, l'égalité entre monastiques et laïcs. Il ouvrait des classes de tuteurs pour la langue chinoise, des chorales, des collèges bouddhistes, des camps de vacances pour étudiants, pour attirer les jeunes talents. En dépit des menaces des rustres, il continuait à « oser » agir. Malgré les attaques des esprits bornés, il « osait » faire face pour enlever les doutes de la tête des gens ; bien que ne trouvant pas d'hébergement, il continuait à « oser » se présenter partout, pour parler Dharma ; bien que sans un sou, il « osait » construire des pagodes pour loger les moines et recevoir les fidèles.

C'est parce qu'il a « osé » avancer coûte que coûte, que l'idée de réformer le bouddhisme originel a pu s'épanouir à Taïwan. Il a dit : « Oser, c'est vouloir, et c'est aussi assumer les responsabilités. Oser est synonyme de Courage et aussi, de Sagesse. »

Les concepts de réussite du Grand maître

Il est écrit : « Même s'il y avait une roue brûlante tournant dans ma tête, je ne perdrais pas ma foi à cause de cette souffrance » *(Sutra du témoignage de la bienveillance de Bouddha).* Le courage du Grand maître est, en fait, la matérialisation de ses Vœux et de ses concepts pour le bouddhisme. Il disait : « Avec les concepts, vient la puissance du Vœu ; si on a la puissance du vœu, on réussira. »

Les concepts de réussite du Grand maître sont, par exemple :

- Ne pas être des gens sans aveu.
- On peut être « inutile », mais non rester « ignorant »

- Ne rien demander aux autres : je dois me demander ce que je peux donner aux autres.
- Il faut savoir « apprécier » ses ennemis, c'est comme dans un match de basket-ball : il faut avoir des adversaires pour pouvoir jouer.
- Mieux vaut être une boule de neige qu'un ballon à gonfler. On peut rater un ouvrage, mais pas sa vie.
- Le monde appartient aux courageux. Tout ce qui est bénéfique aux hommes, il faut oser le dire, le faire, le penser, le réaliser. C'est ainsi qu'on peut vaincre les obstacles et réussir.
- Plus le Cœur est grand, plus la réussite est grande; plus la puissance de vœu est solide, plus la force est puissante.
- On peut trop manger, mais on ne peut pas parler outre mesure. Chaque chose doit être exprimée clairement, franchement ; il faut chasser les « apparences » au fur et à mesure qu'elles se présentent.
- On peut ne pas approuver les idées des autres, mais on ne peut pas refuser de les écouter.
- Il faut savoir nuancer les refus, car refuser à la légère peut souvent amener l'autre à perdre sa confiance en lui. Utiliser les moyens actifs pour remplacer les refus passifs est justement la meilleure manière de faire bénéficier, en même temps, soi-même et les autres.

Le Grand maître pense que « les conceptions ressemblent à des semences. On ne récolte que ce qu'on sème, c'est pourquoi, pour pratiquer le bouddhisme, le plus important est d'établir de justes conceptions. » (*Ainsi dit. 22/03/1995*)

Le Grand maître possède de très bonnes conceptions et un caractère lucide. Il écrit :

- Avoir de l'argent est une bénédiction, savoir comment le dépenser est une sagesse. Il ne faut pas nécessairement tout construire avec l'argent, il faut savoir tout orner avec la sagesse.
- Il faut être raisonnable, il ne faut pas toujours parler raison. C'est en étant raisonnable qu'on peut suivre les bons conseils des autres.
- Il faut être fidèle à ses engagements.
- Il faut savoir accepter les injustices, il faut aussi savoir supporter des défaites.
- Ne pas faire attention aux attaques d'autrui, si l'adversaire reconnaît ses torts. Souffrir une perte est parfois profitable.
- Il faut savoir s'accommoder avec les autres pour les choses simples, mais garder ses principes pour les choses importantes.
- Ne pas prendre à cœur la victoire ou la défaite.
- Pour promouvoir le Dharma, il ne faut pas se décourager, il faut savoir persévérer. Plus l'obstacle est grand, plus le défi est grand.
- Ne pas penser nécessairement que je suis indispensable, mais devant une bonne action que personne ne veut assumer, avoir le courage d'en porter la charge.
- Ne pas se plaindre, ne pas se décourager, apprendre à changer l'adversité en force.

Ne pas s'attacher aux apparences

Le Grand maître ne s'attache pas aux apparences : pour lui, « tout est à moi et rien n'est à moi » (*Les cent histoires d'antan*). Il pense que l'Honneur doit revenir à Bouddha et le Succès, à tout le monde. Il ne compare pas, ne calcule pas, ne craint pas les ennuis, ne fuit pas les responsabilités ; il fait serment d'apporter la joie dans le monde. Pour lui, « avoir ou ne pas avoir », « riche ou pauvre », sont semblables. Au début de sa vie monastique, il ne pouvait même pas écrire à sa famille, faute de moyens pour acheter les timbres. Arrivé à Taïwan, il a offert son unique robe au vénérable Zhuyun et cependant, il ne se sentait pas pauvre pour autant. Il sait donner sans regret et il sait recevoir sans embarras. Il n'a pas peur de subir des dommages et pense même que, subir des dommages, est en réalité un gain. Il disait : « C'est parce que tu as de la valeur que les autres profitent de toi » (*Les cent histoires d'antan*). Il fut l'un des premiers partenaires de la Maison d'édition Xinwenfeng et un autre associé l'a dépouillé de ses parts, pour les donner à quelqu'un d'autre. Il était le fondateur de l'Ecole Secondaire Zhiguang et on essayait sans cesse de l'en écarter. Il n'aime pas les disputes, mais il reste fidèle à son idéal : ce qu'il voulait faire, il s'efforce de le mener à bien.

Il « ne cherche pas l'argent » : si les fidèles lui en offrent, il leur dit d'acheter plutôt des livres bouddhistes, pour les faire circuler. Il ne pense qu'à distribuer des secours et lier de bonnes relations en disant : « Si je lie de bonnes relations avec les gens, eux aussi seront contents de le faire avec moi. Je n'ai pas d'autres talents, alors je ne peux qu'apporter l'émotion, le Dharma et un cœur sincère envers eux » (*Journal de Hsing-Yun*). Il essaie toujours d'aider les gens en difficulté, sans penser, à aucun moment, en recevoir compensation.

Il ne prend jamais de vacances, et ne possède pas de bureau privé. Il travaille souvent en voyage, en profitant de chaque seconde. Il sait fort bien créer et suivre les affinités ; il sait aussi être patient, pour attendre que mûrissent les conditions. Créer les collèges, éditer les journaux, monter les stations de radio et de télévision etc., étaient des ambitions de jeunesse, il lui a fallu trente ans pour les accomplir et pourtant, il a persévéré, sans jamais changer d'idée.

Il met toujours l'accent sur la situation générale ; tout ce qu'il préconise est systématique, planifié avec fermeté et réalisme. Il s'était promis d'être critique envers le bouddhisme et de ne pas devenir Premier abbé d'une pagode, c'est donc par nécessité, qu'il a fini par créer le monastère Fo Guang Shan et la BLIA : pour consolider son but et réaliser son idéal.

Il ne lève jamais la voix contre ses disciples, il reste toujours sympathique et poli. Il se met toujours à la place des gens, leur donnant la sensation d'être respectés et considérés. C'est pourquoi, partout où il va, les gens se bousculent pour le servir, considérant que c'est un grand honneur et une immense joie, de pouvoir travailler avec lui.

Il estime qu'il n'a pas grand talent, mais il pense posséder la compassion, les bonnes intentions, la patience, la sincérité, la sociabilité, la mesure, la gratitude, la raison, le courage. Et, réciproquement, il ne se sent jamais oppressé, en danger, en difficultés, victime d'injustice, dépassé, découragé, « en manque ».

Il a la faculté de « suivre son époque » : « la modernisation » qu'il préconise, n'est autre que la volonté de promouvoir le Dharma en suivant la tendance du moment. C'est pourquoi il souhaite l'harmonisation entre le bouddhisme traditionnel et le bouddhisme contemporain. Certains le trouvent trop moderne mais il reste, lui, persuadé que « moderniser » signifie « adapter », « progresser », « s'accorder », « parfaire ». Il cite en exemple : l'amorce de communication entre les deux Corée, les échanges entre la Chine et Taïwan, la compétition constructive des pays occidentaux dans les domaines économiques et technologiques, la liberté et la démocratie dans les domaines politiques, de même que « le programme en dix points » ou « le programme en douze points », du gouvernement taïwanais ou encore les « quatre modernisations » du gouvernement chinois. Tout ceci n'est rien d'autre que « Moderniser ». Marcher sur la Lune est bien un succès de la modernisation. Mikhaïl Gorbatchev a obtenu le prix Nobel à cause de sa politique de marche vers la démocratie. La réunification de l'Allemagne est aussi une image de la modernisation. (*Journal de Hsing-Yun. 25/12/1991*). Ainsi, en suivant cette vague incontournable de la modernisation, il s'efforce d'impulser l'harmonie entre le Mahayana et l'Hinayana, entre l'Exotérique et l'Esotérique, entre le Chan et le Jingtu, entre les Monastiques et les Laïcs, entre les deux sexes, entre le Mondain et l'Extra-mondain… et, dans tous ces domaines il a su obtenir de bons résultats.

Ses regards se tournent toujours vers l'avenir : il examine la situation générale et voit loin à l'avance. Surtout, il sait orienter les développements de toute l'époque. Cette année, en avril 2005, l'Office des Religions de Chine l'a invité à Hainan, à la « Table Ronde des Associations Bouddhistes de Chine, de Taïwan, de Hong-Kong et de Macao », pour en être le porte-parole officiel. Il y a présenté quatre propositions : renforcer l'union par la coopération, favoriser la réunification par la tolérance, développer la communication par les rencontres, fortifier l'ensemble grâce à une action politique concertée. Tous les participants lui réservèrent un accueil des plus chaleureux. Commentant l'invitation du président du Guomindang taïwanais, M. Lianzhan, par le gouvernement chinois pour le « voyage de la paix », il déclara, dans une interview accordée à la chaîne de télévision Feng-Huang : « c'est l'esprit ouvert de la Chine Populaire, c'est le printemps du Guomindang, c'est un tournant favorable pour le Parti Démocratique Progressiste. »

Son cœur bat toujours au rythme de l'époque. La création du

quotidien « Merit Times » avait certes pour but, de propager le bouddhisme mais le plus important, était de permettre aux disciples de Fo Guang Shan, de bien percevoir la pulsation de l'époque, d'apprendre à s'intéresser aux hommes et à nourrir une vision globale du monde.

Donner aux gens des moyens de subsistance, donner aux gens des affinités

A part l'ouverture de son esprit et l'étendue de sa vision, le Grand maître possède encore la capacité de détecter les talents et il sait aussi, leur donner des opportunités pour s'exprimer. Jadis à Yilan, vivait un officier, M. Zhuqiao, qui avait pris refuge sous le Grand maître et qui le considérait comme un père. Un jour, le Grand maître a découvert qu'il possédait un réel talent de rédacteur. Aussi, lors de la création des revues « le bouddhisme d'aujourd'hui » et « l'hebdomadaire Jueshi », il lui demanda son aide. A chaque séance de travail, le Grand maître lui servait le thé, parfois jusque très tard dans la nuit. Il lui préparait des petits plats et l'accompagnait jusqu'au moment où le travail était terminé. M. Zhu possédait un art particulier pour la présentation d'un texte : densité des lettres et images pour montrer la beauté de l'espace, choix des bordures pour augmenter les effets visuels, modifications des caractères pour accentuer les parties importantes du texte, etc. Toutes ces trouvailles étaient nouvelles à l'époque. Par la suite, le talent de M. Zhu fut reconnu par le gouvernement qui lui proposa le poste de rédacteur en chef du magazine « Art et Littérature. Le Lionceau ». La qualité de rédaction des magazines de l'époque a ainsi progressé, en grande partie grâce à la contribution de M. Zhu. Celui qui, le premier, avait découvert son talent était bien le Grand maître.

Le célèbre peintre Lizhijian, avant qu'il soit connu, a été présenté au Grand maître par le président du chapitre de la BLIA-LA de l'époque, M. Wujianshung. Quand le Grand maître a vu ses œuvres, il les a trouvées très chaleureuses, à l'image du caractère mondain du bouddhisme humaniste. Il lui a demandé de peindre une série de cent pièces intitulée « Sentiments humains ». Il s'est proposé de l'héberger pour qu'il puisse œuvrer dans le calme, puis, par la suite, il l'a aidé à exposer. C'est ainsi que M. Li acquit sa renommée et il répète toujours : « Sans le Grand maître, pas de Lizhijian. ».

Le Grand maître aime découvrir les talents. Il encourage les disciples qui possèdent une compétence quelconque et les aide à l'approfondir. De même, il s'efforce d'aider ceux qui n'ont pas été reconnus par la société. Hormis Lizhijian, il a aussi offert à Gao-e-tai une salle pour y travailler et organisé son exposition de peinture. En outre, il offre des bourses d'étude aux étudiants chinois et des aides financières aux chercheurs du bouddhisme. Il a hébergé le Dr. Qianshidu de l'Université de Harvard, à Fo Guang Shan et chargé des spécialistes, de l'aider dans son travail de thèse.

Il aime les talents, il les apprécie et surtout, il leur accorde son entière confiance ; il leur donne suffisamment d'espace pour exercer leurs capacités. Il a nommé M. Gongpengcheng Recteur de l'Université de Nanhua, en lui téléphonant, car il ne le connaissait pas auparavant ; de même pour le recteur Chenmiaosheng. Mais un fois la tâche confiée, il leur laissa une totale liberté. Quand l'University of the West a recruté M. Chennaichen, il a recommandé plusieurs fois au Premier abbé du Hsi-Lai Temple de l'époque, le Vénérable Tzu-Jung, de soutenir totalement M. Chen.

Le Grand maître sait parfaitement « créer des affinités avec les gens » et il aime « donner aux gens, des opportunités ». Quand, dans le bouddhisme, on parle de « Relâcher les animaux vivants (Donner la vie) », pour le Grand maître, le plus important est encore de « Relâcher les hommes ». Donner aux hommes des moyens de subsistance, des opportunités, ce sont là les façons actives de « Donner la vie » et aussi la meilleure manière de « Protéger la vie ». (*Universal Gate Buddhist Journal. Séminaires des problèmes bouddhistes contemporains. Les points de vue sur « l'Education de la Vie »*)

L'extraordinaire force d'âme du Grand maître

Hormis la grandeur de ses Vœux, le Grand maître possède beaucoup d'autres traits de caractère exceptionnels, qui contribuent également à sa réussite. C'est ainsi qu'il traite les gens avec indulgence, alors qu'il est très exigeant envers lui-même. De plus, il est persévérant : chaque jour, en dehors de promouvoir le Dharma, il ne cesse de lire et d'écrire. A la création du quotidien « Merit Times » en 2000, il a publié en première page et pendant trois ans, « *Entre l'Ignorance et l'Illumination* », puis et jusqu'à ce jour, il l'a remplacé par « *Hsing-Yun's Dharma Word* ». Il rédige des articles de fond pour « *Universal Gate Buddhist Journal* », il édite toutes sortes de livres et écrit aussi pour divers journaux et magazines. Il trace des dizaines de milliers de mots tous les jours, sans jamais s'arrêter.

La force d'âme du Grand maître est encore plus extraordinaire. A la suite de son opération cardiaque en 1995, le docteur lui a suggéré de marcher dix mille pas chaque jour. Alors, aussi chargé que se soit son emploi du temps, il persiste à accomplir cette tâche.

Quel que soit le travail, il l'a toujours exercé avec cœur. Ainsi, quand il fut nommé directeur de l'Ecole primaire Beita, à l'âge de

21 ans, il lui a fallu un mois pour changer totalement l'école. Sa réflexion à l'époque était : « Comme il fallait le faire, autant le faire convenablement ! ». C'est aussi le principe de travail qu'il maintient depuis cinquante ans.

Un jour, son camarade de classe, le Vénérable Zhuyun lui dit : « Tu ressembles à un roc, ce n'est pas facile de te déplacer ! ». Le Grand maître raconte : « A ce moment, je me suis dit : si c'est vraiment ainsi, alors laisse-moi donc devenir un roc ! » (*Ainsi dit*)

Le Grand maître sait s'adapter à toute situation difficile. Quand il pratiquait à la pagode Luiyin de Yilan, il y avait un disciple laïc, M. Linsungnian, énergique et efficace, qui l'aidait, mais qui, parfois manquait de politesse et mettait sa patience à rude épreuve : quand il arrivait à la pagode pour retrouver le Grand maître, il ne frappait jamais à la porte, il l'ouvrait d'un coup de pied, puis, voyant le Grand maître, il lui disait : « Ah, tu étais là ! ». A l'époque, le Grand maître oeuvrait à la pagode en tant que personnel externe, avec un salaire mensuel de 300 yuans. Chaque fois qu'il recevait sa paie, il utilisait 150 yuans pour acheter des chaînettes avec un pendentif bouddhiste, afin de les offrir aux jeunes gens. Car à l'époque, les jeunes protestants portaient tous une chaîne avec une croix, donc, pour promouvoir le bouddhisme, il offrait aussi des chaînes aux jeunes gens. Les 150 yuans restants, il les donnait aux Vénérables Tzu-Hui, Tzu-Jung, pour qu'elles puissent suivre les cours de l'école normale d'institutrices de Taizhong.

Un jour, il était chez Linsungnian et celui-ci lui demanda : « Leur as-tu donné de l'argent ? (en parlant des vénérables, normaliennes) ». Le Grand maître répondit par l'affirmative. Lin tapa du poing sur la table en hurlant : « Tu mériterais la mort ! Comment oses-tu leur donner de l'argent ? »

A ce moment là, le Grand maître se sentait bien triste pour le bouddhisme, car c'était justement la période où l'organisation protestante « Comité mondial du rétablissement de la morale » s'employait à fond pour recruter les jeunes. Pourquoi le bouddhisme refusait-il d'aider trois jeunes à suivre des études ? Il pensa alors quitter Yilan, estimant que le bouddhisme à Yilan était incorrigible. Mais, au même moment, à Taïnan, le vénérable Huifeng s'était querellé avec ses disciples et partait pour Xingzhu. Ses disciples de Taïnan sont allés à Xingzhu pour le rechercher, en affrétant quatre taxis. Le Grand maître s'est dit : « tu ne peux quand même pas laisser les disciples de Yilan louer quatre taxis pour te faire revenir ! Pour le bouddhisme, sois donc patient ! »

Et cette patience lui a permis de gagner vingt ans de pratique! Pour cela, il remercie l'endurance que les disciples de Yilan lui ont permis d'acquérir, beaucoup plus encore que les apports de l'éducation monastique de sa jeunesse, en Chine. C'est pourquoi il répète toujours dans ses discours : « Sur le chemin de la pratique, il n'y a que patience, patience, patience ; sans la patience, la voie ne sera pas atteinte ! Vœux, Vœux, Vœux ! C'est seulement en émettant les Vœux qu'on voit l'avenir. » (*Ainsi dit*)

Le Grand maître reconnaît : « Depuis tout petit, j'ai été entraîné à être patient : plus on m'attaque, plus je deviens résolu. Grâce à la patience, j'ai appris à endosser les responsabilités, à prendre des résolutions, à ne pas me décharger des devoirs, à concilier les inégalités. » (*Journal de Hsing-Yun. 08/06/1995*). Il ajoute: « Apprendre Bouddha, c'est apprendre à acquérir la force de la patience, de la foi, de la compassion, de la vertu, de l'humilité et de la sagesse. En possédant toutes ces forces, plus de problème en ce monde qu'on ne puisse résoudre, plus rien qui puisse nous effrayer. » (*Hsing-Yun's Dharma Words*)

Exercer avec un total dévouement, laisser les résultats suivre leurs affinités

Le Grand maître traite les gens avec bienveillance et aime partager la joie avec autrui. Il règle les conflits avec équité, en apportant toujours aux autres la confiance, l'espoir, la joie et l'aisance. Toute sa vie, il est resté fidèle à ses engagements. Il cultive l'affection, sans la repousser mais sans la chercher, sans jamais penser à lui-même. Sa conception de la vie est de « prendre le vide pour le plein », « trouver la joie dans la vacuité », « considérer la foule comme soi-même », pouvoir dire : « le bouddhisme, c'est ma vie ». Sa philosophie de la vie se résume en : «C'est toi le grand et moi le petit », « C'est toi qui possèdes et non moi », « C'est toi qui es juste, moi je suis dans l'erreur », « C'est toi qui es bon, moi je suis mauvais ». Pour lui-même, il n'oublie pas son idée de départ ; envers la société, il participe sans se faire prier ; envers ses coreligionnaires, il ne garde jamais rancune. Il encourage l'égalité des sexes, l'égalité entre monastiques et laïcs, revalorisant ainsi la position des bhiksunis. Il commence toujours par faire, avant de perfectionner. Il sait anticiper et ne pas se laisser prendre de court, il est habitué à « prendre le vide pour le plein ». Il fait tout avec un total dévouement et laisse les résultats suivre leurs affinités.

Surtout, il sait profiter du « temps perdu ». Souvent, il utilise le temps des transports pour écrire et rédiger. Il choisissait souvent les trains de nuit, ce qui lui permettait de reprendre directement le travail, le matin en arrivant. Toute sa vie, il a ainsi aménagé le temps, pour mieux exercer son travail de promotion du Dharma.

Dans « *The Record of Monastic's Virtuous Deeds* », il est dit : « A part révérer Bouddha, ne pas faire un pas inutile ; à part lire les sutras, ne pas allumer une lampe de trop ». En règle générale, sauf pour promouvoir le Dharma, il ne quittait jamais le monastère. Cependant, avec plus de deux cent centres Foguang et plus de deux cent chapitres BLIA dans le monde, avec aussi les universités et les associations des pays étrangers, qui l'invitent souvent à donner des discours et des séminaires, il lui est parfois arrivé de devoir, en un mois, faire plusieurs fois le tour de Taïwan, ou même deux ou trois fois le tour du monde. L'écrivain Linqingxuan a un jour, tracé sur la mappemonde le parcours du Grand maître durant un mois, en se basant sur son journal. Il dit : « Si on trace périodiquement le parcours du Grand maître sur une carte, on s'apercevra que, jamais dans l'histoire, un moine n'a fait tant de route pour promouvoir sa religion. » (*Universal Gate Buddhist Journal. Recueil des discours du Grand maître Hsing-Yun – Sourires et Emotion. Janvier 1993*)

Chaque fois qu'il arrive quelque part, le programme est toujours très chargé, les étapes s'enchaînent sans interruption et souvent, il n'a même pas le temps de faire une pause. Parfois, il n'a même pas eu le temps d'évaluer le problème qu'on le pousse déjà sur l'estrade. Heureusement, depuis tout jeune, il a reçu, dans les monastères, l'éducation du « ni vu, ni entendu » : il est habitué à ressentir avec le cœur et l'âme. Un simple coup d'œil, une simple explication, lui permettent de comprendre le fond du problème et de ne pas se sentir embarrassé.

Beaucoup de ses façons de dire, de penser, de voir ou de faire, sont en contradiction avec l'image traditionnelle offerte aux gens par le bouddhisme. Par exemple, il soutient que les pagodes doivent « Offrir l'huile et l'encens » aux fidèles car, si le bouddhisme ne s'intéresse qu'aux seuls intérêts du Sangha et néglige les besoins des fidèles, il finira par sombrer. Comment construire la nouvelle vie du bouddhisme ? Le Grand maître pense qu'il faut d'abord encourager les gens, leur apporter la confiance, la joie, la force... Il insiste : le Dana, la Compassion, dont parle le bouddhisme ne s'adressent pas aux autres, mais à soi-même. Pour lui, le Hinayana, qui pense que les moines ne peuvent rien « Offrir » aux disciples laïcs, est en contradiction avec la théorie qui dit : « Le Dana par le matériel ou par le Dharma : aucune différence ». Le bouddhisme apporte aux gens la confiance, la joie, l'espoir, pourquoi pas les biens matériels ? Pour lui, un bon chef est celui qui doit pouvoir tout faire et donc, il est convaincu que tout pratiquant du Mahayana, doit savoir tout faire.

Le bouddhisme humaniste que préconise le Grand maître s'intéresse à la vie. La « Vie Réelle » est immortelle mais, dans notre existence terrestre, nous devons quand même faire face à la « vie » et à la « mort ». Pour ce qui est de la mort, le Grand maître donne des descriptions très claires. Il compare la mort à un déménagement, à une nouvelle installation. « Pendre la crémaillère » est un heureux évènement, on doit en être content, n'est-ce pas ? Tout ce que les gens voient habituellement comme étant amer, difficile, triste ou impossible, il le voit et le décrit plein d'espoir et d'avenir. Et la mort elle-même n'est plus une chose triste. Voilà ce qu'est le bouddhisme humaniste selon le « Modèle Hsing-Yun ».

Consacrer toute sa volonté au bouddhisme

Le Grand maître parle toujours de « Respect et Tolérance », surtout vis-à-vis de la croyance religieuse. Personnellement, il n'a jamais laissé aucune difficulté ébranler sa foi sans faille envers le bouddhisme, mais il estime qu'il faut savoir respecter et tolérer les autres religions et avoir des relations consensuelles avec elles. De même, s'agissant des croyances populaires plus ou moins entachées de superstition, il estime qu'il faut les « transcender », les « relever » pour leur donner une position respectable. Avoir foi en une religion officielle est une bonne chose, mais être superstitieux n'est pas totalement mauvais, car c'est au moins une forme de foi. Bien pauvres sont ceux qui ne croient en rien ! C'est pourquoi il dit : « Avoir la foi » est mieux que « Etre superstitieux », « Etre superstitieux » est mieux que « Ne croire en rien », « Ne croire en rien » est moins mauvais que « Croire en des sectes perverses ».

Il pense même qu'un homme peut avoir deux religions à la fois. Ses idées paraissent parfois excentriques. En réalité, ce qu'il veut, c'est que le bouddhisme puisse se transmettre continuellement, que le Dharma puisse s'installer éternellement dans le monde. Son plus grand vœu est de pouvoir, par le bouddhisme, éduquer les hommes et leur apprendre à construire un monde dépourvu de guerre, de méchanceté, de tricherie, d'horreur. Il disait : « Bien que la liberté et la démocratie soient précieuses, la paix, la joie et le bonheur sont encore bien plus importants ». Pour répondre à l'interview du journaliste du quotidien japonais ZhaoRi, M. Yosida Minoru le 31/10/1991, en parlant de l'autobiographie du Vénérable maître Taixu :

« ....
Ma vie ressemble à l'écume des vagues sur la mer déchaînée ;
Puisse cette écume ôter toute souffrance.
Que tous les hommes s'unissent pour que mon vœu se réalise ;
Qu'ils cessent de s'entretuer,
Qu'ils se regardent avec bienveillance et jettent toutes leurs armes.

Que l'écume disparaisse, que se calme la mer, que la paix s'y installe ;
Que la lumière de Bouddha «éclaire toujours tout l'univers. »

Il trouvait que les pensées et les vœux de Maître Taixu et les siens étaient bien proches. C'est pourquoi, chaque année, à la fête d'anniversaire de Bouddha, il le relit une fois, par habitude. Et, pour réaliser cette perspective, il passe sa vie à accomplir ces vœux. Le professeur Yuzi du département de philosophie de l'Université de Beijing disait : « Le Vœu du Vénérable maître Hsing-Yun est transcendé par son dévouement à la propagation du bouddhisme humaniste, qui, en même temps a transcendé son assimilation du bouddhisme et renforcé sa confiance en cette tâche de promouvoir le bouddhisme humaniste. » (*Universal Gate Buddhist Journal. Ce bouddhisme humaniste qui a semé la joie partout dans le monde – Après lecture des « Cent histoires d'antan »*)

Le bouddhisme dit : « Il est facile de prononcer un vœu, il est difficile de s'inscrire dans la durée ». Tout le monde peut prononcer des vœux, rares sont ceux qui prononcent des « vœux durables ». Certains « prononcent souvent des vœux », d'autres prononcent des « grands vœux » pour la nation et pour le peuple, d'autres encore prononcent des « petits vœux » pour eux-mêmes et pour la famille. Il est dit dans *le Surangama Sutra* : « si la cause n'est pas droite, l'effet sera tortueux ». Les vœux émis doivent être en concordance avec les adjectifs « Grand », « Droit », « Plein », « Vrai », tels que définis dans *Le traité de l'éveil de la foi dans le Mahayana*. Ils doivent être inébranlables face à l'attirance des désirs mondains et aussi face aux obstacles de toute nature. Et même dans les moments cruciaux, on ne peut, ni ne doit, oublier ses vœux et ses promesses, oublier l'unique objectif qui est de chercher l'Eveil et d'aider tous les êtres, à sortir des turbulences de la vie et de la mort. C'est ainsi qu'on ne s'écarte pas de la voie.

Toute sa vie, pourvu qu'il s'agisse d'une chose bénéfique pour le bouddhisme et pour les hommes, dès qu'elle est décidée, il ne la change jamais, quel que soit l'obstacle rencontré. Il a traversé des périodes difficiles, des moments complètement démunis, mais n'a jamais été découragé ou pessimiste. Car il savait que ce n'était que temporaire : si l'objectif est établi, tout pourra changer un jour. C'est parce qu'il possède une telle force d'âme et une telle puissance de vœu, que sa volonté est inébranlable, supporte toutes les injustices et réussit les différentes entreprises. C'est parce qu'il possède cette vision du bouddhisme et cette ferveur, qu'il ne recule devant aucun obstacle. On peut dire que tous les ouvrages qu'il a entrepris ont été accomplis dans des circonstances difficiles. On peut voir par là les caractéristiques de courage, de persévérance, d'optimisme, de résolution, de compassion, de sagesse, de profondeur de vœu, de tolérance, du dynamisme du Grand maître.

Ci-dessous, j'essaie d'adopter des points de vue divers, pour expliquer la particularité des vœux prononcés par le Grand maître.

De l'individu à la collectivité

Le bouddhisme humaniste est une religion qui prend « l'homme pour base », c'est pourquoi le Grand maître s'efforce de promouvoir et de réaliser tout ce qui est utile et bénéfique pour les hommes. Toutes les entreprises du Fo Guang Shan d'aujourd'hui : lieux de culte, centres scolaires, chaînes de télévision, journaux, bibliothèques, ou toutes les activités culturelles ou de charité : maisons de repos pour personnes âgées ou orphelinats, ont été créées pour répondre aux besoins de tous. Pourvu que ce soit pour le bouddhisme ou pour les hommes, le Grand maître s'efforce de rendre tout très bien, très grand, très beau.

On lui demanda un jour: « Pourquoi vous fatiguer autant ? Pourquoi vous acharner ainsi ? Pourquoi ne prendre aucun repos ? ». Il répondit : « La question ne se pose pas : Pour le bouddhisme et pour les hommes, je veux du grand, du meilleur, de l'abondant, du vrai, du beau. Voilà ce que je veux, et je ferai tout mon possible pour le réaliser. » (*Journal de Hsing-Yun. 21/03/1994*). Par contre, ces gens qui ne cherchent ni le bon, ni le vrai, ni le beau, le Grand maître les qualifie de « moitiés d'homme », voulant dire par là, qu'il les juge incomplets et mal équilibrés. C'est pourquoi, ils ne veulent pas de « grande » pagode, des disciples « nombreux », du « bon » travail !

Le Grand maître pense que les bouddhistes doivent cultiver le bodhicitta, car ceux qui le possèdent recherchent la perfection. Comment obtenir la perfection ? Il faut « Etre de première qualité », il faut atteindre « l'ultime Nirvana » ! Les bouddhas et bodhisattvas du passé ont atteint l'Eveil parce qu'ils ont décidé de « Ne pas quitter la place s'ils n'obtenaient pas l'Eveil suprême et parfait », « Ne pas devenir Bouddha tant que l'enfer n'était pas vide ». C'est parce qu'ils voulaient du Grand, du Bon, du Beau qu'ils furent bouddhas. Aussi le Grand maître encourage ses disciples à nourrir le grand cœur : il faut penser au bouddhisme, aux hommes et ne pas se contenter de petites réussites, ne pas être des gens sans aveu. (*Journal de Hsing-Yun*)

Le Grand maître s'amuse à dire parfois : « Je suis un homme, j'ai une vie, un cœur », voulant dire par là que, pour le bouddhisme, pour tous les hommes, il est prêt à offrir son corps et son cœur. C'est pourquoi, pourvu que ce soit utile et bénéfique aux hommes, il ne réfléchit jamais à ses intérêts personnels. Ainsi, en avril de cette année (2005), la Galerie nationale d'Art de la Malaisie l'a invité pour le vernissage de son exposition «*Enlightening the human being – L'exposition calligraphique du Grand maître Hsing-yun* ». Au début, le Grand maître ne voulait pas faire cette exposition, parce qu'il ne se considérait pas comme un vrai calligraphe, mais ses disciples lui dirent : « Dans ce que vous écrivez, certaines phrases peuvent faire réfléchir les hommes d'aujourd'hui, qui ont besoin d'apprendre ». C'est ainsi qu'il a accepté.

**Etre au service de tout le monde,
à chaque minute, à chaque seconde**

Le Grand maître veut de tout cœur servir les hommes, il essaie de leur consacrer chaque minute et chaque seconde de sa vie. En 1989, il a conduit « la délégation I.B.P.S – Visite de la famille » en Chine. En réalité, il n'a pas passé plus d'une heure dans sa ville natale de Yangzhou et il n'a pas parlé plus de cinq minutes avec sa mère, dont il était séparé depuis quarante ans. Comme il le disait : « Chaque jour, je vis pour les besoins des autres, je ne garde pas une seule minute pour moi-même. Et dans une journée, il n'y a que 24 heures, « se dévouer sans arrêt » sert juste à gagner du temps afin de satisfaire les souhaits de tous ». (*Journal de Hsing-Yun. 05/06/1991*)

Non seulement il ne garde pas une seule minute pour lui-même, mais il ne veut décevoir personne et parfois, pour que tout le monde soit content, il doit faire des prodiges. Par exemple, le 19/05/1994, le centre Foguang de Taïpei organisait une séance : « Le Chan et le régime végétarien » et le centre Donghai de Taïzhong avait invité le Grand maître à présider une conférence de presse.

Les deux ont fixé l'horaire à partir de 11 heures. Pour ne décevoir personne, le Grand maître a décidé de participer aux deux. Il a commencé par présider la conférence de presse à Taïzhong, en demandant au centre de Taïpei d'ouvrir les inscriptions à midi, puis d'organiser une visite guidée du centre jusque vers 12h30, car il envisageait d'arriver à l'heure de repas pour converser avec les visiteurs. Finalement, il en a terminé avec les journalistes de Taïzhong à 11h40 et pris la route pour Taïpei, pour y arriver enfin à 13h30, satisfaisant ainsi tout le monde.

Le Grand maître a toujours la même idée en tête : « Tu es important, il est important, je ne suis pas important ». Il dit : « Parce que « tu es important », alors je dois te céder ; si je pense « je suis important », alors je ne pourrai pas te céder, d'où une dispute possible. Souvent, les gens disent que je suis très occupé et se demandent pourquoi. C'est parce que je ne suis pas important, et comme je ne suis pas important et que tout le monde est important, je dois m'occuper de tout le monde. Bien que je ne sois pas important, j'ai cependant beaucoup de valeur et surtout je préconise « le travail en groupe », ce qui veut dire, ne pas faire de différence entre toi et moi. Ainsi, même les travaux des autres, je suis content d'y participer, avec l'idée de donner l'exemple. » (*Les cent histoires d'antan. Tu es important, il est important, je ne suis pas important*)

Toute sa vie, il a consacré chaque minute, chaque seconde de son temps, à tout le monde. Ce qu'il aime ou n'aime pas, n'a aucune importance : pourvu que ce soit bénéfique au bouddhisme, aux hommes, il le fait sans tenir compte de ses goûts personnels.

Le 16/09/1991 dans son journal, il se demandait ce qui l'avait le plus intéressé dans la vie, alors, il a dressé le résumé suivant :

1. Dans le domaine culturel : A l'âge de vingt ans, avant même de quitter le collège bouddhiste, il avait déjà publié dans différents journaux. Par la suite, avec son camarade Zhiyong, ils ont édité 18 numéros polycopiés du mensuel « *Nutao* », si bien que le Vénérable Daxin les a félicités en disant : « Voilà des troupes fraîches pour le bouddhisme ! » Durant la guerre de Xu-Pang, il a rédigé le supplément de publication « *Les rayons du crépuscule* » pour le Journal *Xubao* de Xuzhou. A Taïwan, il a rédigé « *Juequn* », publié par « *Juesheng* », « *L'arbre bodhi* », « *La libre jeunesse* » et relayé par la radio centrale. Il a rédigé, durant six ans, le mensuel « *La vie* », pour lequel il lui fallait écrire vingt à trente mille mots à chaque publication. Puis « *Le bouddhisme d'aujourd'hui* », l'hebdomadaire « *Jueshi* », du Centre culturel bouddhiste, le magazine « *Pumen- la porte universelle* », le journal « *Foguang* », l'édition Foguang, le centre de compilation de Foguang Tripitaka etc. La fatigue d'écrire, l'ennui de réviser, tant de matinées, tant de soirées, sans jamais demander de rémunération, sans jamais un encouragement... Pourquoi ? Etait-ce intérêt pour la culture bouddhiste ou enthousiasme pour le bouddhisme lui-même?
2. Dans le domaine éducatif : Après avoir assumé les fonctions de directeur de l'école primaire Baita à l'âge de 21 ans, il se chargea, à 25 ans, du poste de directeur des études du Centre d'études bouddhistes taïwanais. Puis, successivement, il créa la classe de tutorat Guanghua, la classe de tutorat populaire, l'école secondaire Zhiguang, l'école secondaire Pumen, le collège bouddhiste Shoushan, le collège bouddhiste de l'Orient, l'Université Chongling, le centre de recherches bouddhistes chinois, ainsi que le collège monastique Fo

Guang Shan, le collège bouddhiste masculin de Taïpei, le collège bouddhiste international, et enfin l'University of the West (l'Université de l'Ouest) aux Etats-Unis.

Pour impulser l'éducation, il passait la nuit devant la porte d'entrée, pour attendre les professeurs venant du Nord ; pour récolter des fonds, il passait des nuits à lire les sutras dans les funérariums ; pour les élèves qui, manquant de patience, abandonnaient à mi-chemin, tant de regrets, tant de tristesse ! Tout cela pourquoi ? Etait-ce par intérêt pour l'éducation ou simplement pour réaliser le vœu de découvrir les talents pour le bouddhisme ?

3. Dans le domaine de la propagation du Dharma : Depuis les villages jusqu'aux palais nationaux, des casernes aux maisons d'arrêt, des usines aux écoles, des pagodes aux salles de lecture, des familles aux entreprises, de l'intérieur du pays aux pays étrangers, de la radio à la télévision, il a donné plus de mille lectures. Il n'a pas fait beaucoup d'études mais, pour la popularisation et la vulgarisation du Dharma, il a mené tant de réflexion, tant de prières à Bouddha pour demander la sagesse, tant de méditation pour chercher à éclairer l'esprit ! On peut dire que, pour propager le Dharma, il a, sans désemparer, parcouru le monde, par terre, par mer et par air ; pour donner classe, il a préparé et étudié ses cours, jour et nuit. Pourquoi ? L'intérêt de promouvoir le Dharma ou simplement la volonté d'assumer sa responsabilité envers tous les êtres ?

4. Dans le domaine de la charité : il sait qu'il possède un caractère charitable. Lors du grand tremblement de terre de Hualian en 1952, bien que n'ayant même pas les moyens d'acheter ses tickets de bus, il essayait par tous les moyens

de quêter pour les sinistrés. Durant la guerre de Corée, il quêtait pour les secours médicaux à envoyer là-bas. Après la chute du Sud-Vietnam, il soutenait les services qui fournissaient les bateaux pour évacuer les réfugiés vietnamiens. Après les tempêtes, il allait avec M. Liyuanyu dans les zones sinistrées pour porter de la nourriture. En 1991, après les inondations au Bengale et en Chine, outre la mobilisation des membres de la BLIA, il a réuni tout ce qu'il possédait et offert dix mille dollars à chacun des deux pays. Il a aussi collaboré avec M. Panxiaorui, pour offrir, aux étudiants chinois, plus d'une centaine de bourses d'études aux Etats-Unis. De même, lors de la création de la fondation Ci-Ji, il a offert, de bon cœur, cent mille dollars taïwanais et pourtant, il venait de créer Fo Guang Shan et sa situation financière était loin d'être brillante.

A Fo Guang Shan, il a créé successivement les centres d'aide, les maisons de retraite, l'orphelinat, les centres de visite médicale, les cliniques, les cimetières, etc. Tant de sincérité, tant de services rendus, de lourdes tâches, d'impérissables souvenirs ! Tout cela est-il dû à l'intérêt porté aux entreprises de charité ou est-ce simplement pour accomplir la bienveillance et la compassion d'un disciple de Bouddha ?

5. Dans le domaine de la propagation du bouddhisme : Depuis toutes ces années, il a effectué de multiples voyages : plus de dix fois au Japon et en Corée, Singapour, la Malaisie et la Thaïlande, huit fois l'Europe, six fois les pèlerinages vers la terre sacrée en Inde, dix fois en Australie et en Nouvelle-Zélande, trois fois en Afrique. Il a parcouru toute l'Amérique du Nord, et vu les merveilleux sites de la Chine. A chaque

> endroit, sans se prendre pour un grand bienfaiteur, il a néanmoins accompli quantité de bonnes actions. Partout où il est passé, il a créé, soit des centres de culte, soit des associations Foguang, pour renforcer les relations entre disciples. On ne peut guère parler de tourisme : les dépenses et la fatigue du voyage simplement pour faire des photos avec les gens ou se laisser prendre en photo ? Tant de sacrifices, tant de concessions, tout cela est-il dû à un quelconque intérêt pour le tourisme ou tout simplement à son désir de servir ?

Finalement, la conclusion du Grand maître fut : « la culture, l'éducation, la propagation du Dharma, les œuvres de charité, les voyages..., ne sont évidemment pas de simples hobbies. En y réfléchissant bien, ce n'est que la mise en œuvre de mon sens des responsabilités ». (*Journal de Hsing-Yun. 16/09/1991*)

Non seulement il se donne en exemple, mais il le rappelle sans cesse à ses disciples : «On peut ne rien savoir, ne rien comprendre, mais on ne doit jamais avoir le cœur vide », « Celui qui ne pense qu'à soi ne sera jamais heureux ». (*Les cent histoires d'antan. Ne pas périr tous ensemble*). Il utilise cette phrase du *Vimalakirti sutra* « la voie du Bouddha se trouve au milieu des hommes » pour rappeler aux hommes-Foguang de ne jamais oublier : « d'abord le bouddhisme, moi ensuite ; d'abord les autres, moi après ». Selon lui, « ceux qui possèdent le caractère des sages, mettent toujours les autres au-dessus d'eux-mêmes ; seuls les égoïstes pensent à eux-mêmes », « tout le monde est notre compagnon ; sans les autres, on ne peut rien réussir » ; « sans nos prochains, il n'y a pas de Sangha ; celui qui aime tout le monde se respecte lui-même », « sans les autres, il n'y aurait pas de Fo Guang Shan ; sans la collectivité, il n'y a pas d'individu. Un homme-Foguang doit respecter tout le monde et ne négliger personne ; accepter tout le monde et ne repousser personne ». (*Comment être un homme-Foguang. 1e lecture*)

Et il les encourage : « le comportement d'un homme-Foguang ne peut pas se baser uniquement sur le bonheur pour soi-même, toute activité doit être conçue en pensant à tous les autres. Un homme-Foguang ne peut se contenter de lui-même, il doit avoir l'esprit de groupe. Les hommes-Foguang doivent posséder la conception du Grand-Moi, les règles communes, les mêmes croyances, les mêmes appuis, pour bâtir ensemble le bouddhisme humaniste ». (*Comment être un homme-Foguang. 15e lecture*)

Le détachement du Grand maître

Grâce à son esprit compatissant et à l'attention qu'il porte aux autres, le Grand maître a créé toutes sortes d'activités et d'entreprises culturelles, éducatives et caritatives, dans le but d'aider les hommes à se libérer de leur problème de : « naissance, vieillesse, maladie, mort ». Et pourtant, contrairement à ce désir de toujours rechercher le « grand, le bon, le beau » pour le bouddhisme et pour tout le monde, la vie que mène le Grand maître est simple, voire même rudimentaire. Il y a plusieurs années, dans une interview au quotidien « Le Centre », il disait : « Dans la vie, il me suffit d'avoir une table, une chaise, une tasse de thé et un journal et je suis satisfait ». Par la suite, « Le Centre » a toujours repris cette phrase dans ses encarts publicitaires.

Le Grand maître mène une vie simple et modeste, mais il est chaleureux envers les gens, il cherche toujours à les satisfaire, à les rendre heureux. Son comportement et ses habitudes ont toujours ému ses disciples. Ainsi :

- Le Grand maître attache peu d'importance à la nourriture, il se contente souvent de riz arrosé de thé, ou simplement d'un bol de riz avec un bol de soupe et un légume. De même, dans un repas de réception, il ne se sert que d'un ou deux, des plats posés devant lui. Il ne demande jamais à ses hôtes de cuisiner spécialement pour lui et dit toujours : « je mangerai ce que vous aurez préparé ». Par contre, pour les repas servis dans les centres ouverts au public, il demande aux responsables de faire bien attention, car pour lui, la qualité de la nourriture est un des moyens de promouvoir le bouddhisme. En fait, il cuisine très bien : depuis tout petit, à chaque festivité au village, il accompagnait toujours son père pour assurer et préparer les repas. Pour lui, cuisiner est non seulcment un plaisir, mais encore un héritage familial.
- Le Grand maître n'a rien d'un acheteur compulsif : il dépense le moins possible et il aime les choses simples, pourvu qu'elles soient pratiques. Durant les vingt premières années de Fo Guang Shan, les chaises dans le salon du Grand maître, étaient des meubles de récupération, abandonnés lors du déménagement de certains disciples. Il se conforme à la règle « vivre sobrement », il a acheté sa première valise à l'âge de vingt-six ans. Mais il a un hobbie : chaque fois qu'il passe dans un aéroport, il achète des objets pour offrir aux gens. Il a ainsi acheté d'innombrables valises sans n'en garder aucune pour lui-même.
- En 1985, quand il s'est retiré du poste de Premier abbé de Fo Guang Shan, les journalistes étaient curieux de savoir où il allait s'installer. En fait, il dormait au bout du couloir. Parfois, quand des amis, tels les vénérables Yueji ou Shichuan, venaient lui rendre visite, il leur cédait son lit et dormait sur

la terrasse.

- Le Grand maître roule toujours dans des voitures fabriquées sur place. Un jour, il se rendait aux funérailles du fondateur du journal « *China Times* », M. Yujizhong. A l'arrivée de la voiture, le responsable de la cérémonie, M. Lai, n'osait pas s'avancer pour ouvrir la portière, car il ne pouvait croire que le Grand maître circulait dans ce genre de véhicule.
- Où qu'il aille, il ne souhaite pas être véhiculé, il s'en charge lui-même et est toujours à l'heure. Quand il arrive quelque part, il n'aime pas voir les gens qui l'attendent à l'aéroport, ni être invité à un repas. Il a établi une liste de quatre « non » : 1. Pas d'accueil, 2. Pas de fleurs, 3. Pas de banderoles, 4. Pas de réception, qui a pris force de règlement dans les centres de Fo Guang Shan.
- Ses chaussettes et ses vêtements sont souvent raccommodés. Toute l'année, du printemps à l'hiver, du Nord aux Tropiques, il a toujours la même veste doublée, qui représente toute sa fortune.
- Quand il est invité à l'étranger, les disciples lui réservent toujours une suite présidentielle mais, à part le lit et la couverture, il ne touche à rien. A son soixantième anniversaire, un disciple lui a offert un lit ; il ne l'a pas utilisé, préférant dormir par terre.
- Il ne veut pas être embarrassé par les objets. Quand il a quitté Qixia pour aller au collège bouddhiste Ziaoshan, il n'a rien emporté avec lui ; de Ziaoshan à la pagode Dajue, ce fut encore pareil. Comme disait le poète Xuzhimo : « secouant ses manches, et n'emportant aucun nuage », il est solitaire et sans attache. De même, quand il a quitté Nanjing pour Taïwan, bien que l'avenir parût imprévisible, il n'a rien em-

porté avec lui, il a seulement recommandé de donner « tout ce qui était anguleux à ses frères, tout ce qui était rond à ses camarades ».

- Le Grand maître n'attache aucune importance aux objets personnels, il ne possède pas de clé, ni de sa chambre, ni de ses tiroirs. Partout où il va, il ne demande qu'une table pour travailler, lire, prendre ses repas et recevoir.
- Que ce soit à Fo Guang Shan, à Hsi-Lai Temple, ou à Nantian Temple, il n'a rien construit pour lui-même et jamais il ne se demande : « Où se trouve ma chambre ? ». C'est seulement, plusieurs années après que le vénérable Hsin-Ping eut été nommé Premier abbé, qu'il a pensé à construire un logement pour le Grand maître. Par contre, lui pense toujours aux bienfaiteurs de Fo Guang Shan : il veut qu'ils puissent trouver un hébergement pour travailler ou pour se reposer quand ils reviennent. Il a donc construit le bâtiment Tanxing, créé le Comité des bienfaiteurs… et même, pour les disciples en mission à l'extérieur, il leur fait préparer un secrétaire fermant à clé pour le jour où ils reviennent à Fo Guang Shan.
- Le Grand maître a le don d' « apporter aux gens, la joie ». Aux disciples qui viennent à Fo Guang Shan, il a l'habitude de donner un peu de Dharma, un peu de joie, avant qu'ils repartent. « Les Dharma-Words » ont été créés dans cette optique.
- Le Grand maître disait que les centres de Foguang ne devaient pas avoir que des salles de révérence, il y fallait en plus, des salles de réception, des salles de lecture et des salles de classe. Les centres de culte doivent être des « stations-service » pour les fidèles et il faut, en plus, leur donner l'impression de rentrer chez eux.

- A chaque réunion, il prépare toujours à l'avance le local et dispose les tables et les chaises. Avant l'arrivée des visiteurs, il demande toujours aux responsables d'allumer l'éclairage et d'ouvrir les portes.
- Quand il prend sa douche le soir, de peur de déranger ses voisins, il entoure le robinet avec une petite serviette pour laisser couler l'eau en silence. De même pour marcher et parler, il fait tout en douceur. Il attache beaucoup d'importance au comportement et, dès qu'il sort de sa chambre, il est tout à fait coordonné, mesuré et silencieux.
- Il aime partager tout ce qu'il a, avec les autres et il aime surtout offrir des livres.
- A l'heure du repas, si un disciple se présente, il l'invite toujours, quel que soit son grade, à partager son repas. Durant ses discours, s'il voit quelqu'un qui n'a pas de place, il se sent préoccupé, il fait toujours en sorte que chacun ait une place assise.
- Toute sa vie, il s'est maintenu sans défaillance, dans la voie de la droiture. Il n'accepte pas de cadeau en espèces, des fidèles. S'ils insistent, il leur dit d'acheter des livres bouddhistes ou d'abonner aux journaux, ou encore de participer à la campagne « Projet de construction d'une école par un million de personnes ». Parfois, un disciple lui offre une grande enveloppe rouge (contenant de l'argent. NDT), pour une fête quelconque, deux minutes après, il l'a déjà oubliée, mais qu'un livre lui soit offert et, des dizaines d'années plus tard, il s'en souvient encore. Il dit toujours à ses disciples que, donner de l'argent revient à diminuer sa propre valeur. Cela veut dire que la relation est rompue et qu'on a besoin de l'argent pour rétablir le pont. Il souhaite que les relations entre

les disciples et lui, soient basées sur l'échange du Dharma. Et pour faire circuler le Dharma, il est content d'offrir les droits d'auteur de ses livres aux autres maisons d'édition.
- Les véhicules qu'il a achetés au début, étaient tous de grande capacité, pour pouvoir transporter davantage de passagers et d'objets, pour la propagation du Dharma.
- C'est de cette manière qu'il met en pratique le concept de « Traiter les autres comme soi-même ».

En fait, jamais dans toute sa vie, il ne s'est demandé quels étaient ses propres besoins : tout ce qu'il a fait était basé sur les besoins de tout le monde, et on peut dire que les succès dans sa vie ont été « obtenus sans les rechercher ». Surtout « ne pas désirer l'argent » est l'élément clé de sa réussite. Par exemple, la BLTV n'émet pas de spots publicitaires, l'université Nanhua, à ses débuts, ne demandait pas de frais d'inscription, etc. De même, Fo Guang Shan n'est pas construit avec de l'argent thésaurisé, mais bien en application des mots d'ordre : « sans argent », « ne pas accepter d'argent ». Comme il le disait : « Je ne veux ni ne possède d'argent ; quand l'argent arrive, comme il vient de tout le monde, il faut l'utiliser pour le valoriser car, si on le place en banque pour le conserver, on ne pourra rien créer. » (*Universal Gate Buddhist Journal. Douze questions posées au Vénérable maître Hsing-Yun*)

Donner sans regret

« Ne pas courir après l'argent » n'est pas un comportement que tout le monde peut avoir. Certains disent ne pas vouloir d'argent, uniquement parce qu'ils n'en possèdent pas, mais pas le Grand maître. Ainsi, il y a plus de cinquante ans, à la nouvelle année, un fidèle lui a offert une enveloppe rouge de 100.000 yuans, il la lui a rendue, en gardant symboliquement 100 yuans. A ses débuts, d'autres disciples laïcs se comportaient comme ses enfants et lui servaient une rente mensuelle : il a tout reversé aux gestionnaires des pagodes.

Beaucoup de gens disent qu'il est très riche et c'est là une véritable diffamation à son encontre. En vérité, il n'est pas riche, mais il sait comment employer l'argent et le dépenser sans regret. Pour lui, « seul l'argent utilisé est sien ». Il apporte souvent sa contribution aux autres religions, aux associations de charité et aux différentes fondations.

Il passe sa vie à « donner » et surtout à « donner sans regret » et, à cause de cela, les gens sont eux aussi, prêts à l'aider à développer ses activités de promotion du Dharma. Il explique le Dana dans les six Paramitas en disant : « donner aux autres, c'est en fait, donner à soi-même » *(Universal Gate Buddhist Journal. Commentaires sur l'intérêt individuel et public des six Paramitas*). Sa façon de voir l'argent c'est « savoir accepter » et « savoir donner » ; il ne pense pas avoir été riche, mais il n'a jamais été pauvre non plus. Vivant toute sa vie avec le bouddhisme et les autres, il pense que l'homme ne doit pas nécessairement posséder l'argent, ni les sentiments ; la confiance en soi, la compassion, l'affinité, sont les fortunes les plus précieuses ! (*Ainsi dit*)

Sa philosophie sur la manière d'employer l'argent est de l'utiliser pour des choses valorisantes et significatives. Quand c'est nécessaire, il le donne sans regret mais, en même temps, il peut aussi réutiliser plusieurs fois la même serviette en papier. Pour la construction des centres Fo Guang Shan dans le monde, il ne veut pas les édifier exclusivement avec l'argent. Sa maxime est : « Il ne faut pas nécessairement tout construire avec l'argent, il faut savoir tout orner avec la sagesse.» (*Les cent histoires d'antan. Il faut remplacer l'argent par la sagesse*). Il le dit toujours à ses disciples : la meilleure épargne est celle des fidèles. Pour lui, si le bouddhisme veut prospérer, il faut que ses fidèles soient riches.

De toute sa vie, il ne pense qu'aux autres ; il voudrait que le bouddhisme soit florissant, que tout le monde soit heureux. Parce qu'il est « impartial et désintéressé », parce qu'il ne voit que « tout le monde », il peut nourrir un « grand » cœur pour créer pour le bouddhisme un avenir florissant. Le grand écrivain chinois M. Yuqiuyu disait que, la première fois qu'il a vu le Grand maître, ce dernier lui a donné l'impression qu'il pouvait être résumé en un mot : l'adjectif « Grand ». Il disait : « le Vénérable maître Hsing-Yun est grand de taille, de style, d'esprit, de cœur, d'idées ; il nourrit la compassion et pense à tout le monde. C'est pourquoi, il a pu développer le bouddhisme de l'Orient à l'Occident, c'est un exploit impérissable dans l'histoire. » (*Souvenirs et repentances de Lujian. Recueil p.508*).

De Fo Guang Shan au monde religieux

« Traiter les autres comme moi-même » : C'est grâce à cette conception du Grand maître qu'existe le Fo Guang Shan d'aujourd'hui. De même, l'axiome : « Le bouddhisme est ma vie » a fait que le Grand maître a toujours placé le bouddhisme au premier rang de tous ses projets, sans jamais penser à « moi » ou à « Fo Guang Shan », seuls. C'est ainsi que jamais, durant ses trente années de conférences au Mémorial Sun-Yat-Sen, il n'a parlé de Fo Guang Shan ni demandé aucun don. Chaque fois qu'il préside une cérémonie de « Trois refuges et cinq préceptes », il ne manque pas de rappeler aux disciples que : « Prendre refuge n'est pas se donner un maître, mais bien se réfugier sous la sagesse des trois joyaux – le Bouddha, le Dharma, le Sangha – pour devenir un authentique disciple bouddhiste. » (*Collection des livres bouddhistes. Prendre refuge aux trois joyaux*). Pour lui, organiser les cérémonies de Refuge vise à accroître le nombre des disciples bouddhistes et non à avoir ses propres élèves. Il a suggéré de « rendre les disciples au bouddhisme et les pagodes à la communauté religieuse » (*Collection de thèses Jueshi*). Les textes : « *Comment être un homme-Foguang* » qu'il a rédigés, conviennent non seulement aux hommes-Foguang, mais fournissent également des directives, pour l'avenir et le développement du bouddhisme. Non seulement, ils enseignent la voie monastique, mais ils exposent en même temps, les vertus insignes d'un Sangha sain et d'un bouddhisme florissant.

Comme nous l'avons vu dans les chapitres précédents, le Grand maître s'est toujours efforcé d'aider et de payer de retour, les disciples, monastiques et laïcs, qui ont rendu service au bouddhisme, qu'ils dépendent ou non de Fo Guang Shan. Il disait : « Il ne faut pas laisser Amitabha Bouddha le faire à notre place ». En 1989, il créa le Comité des bienfaiteurs, en élaborant des règles d'organisation, de classification et des systèmes de récompenses, idée qui n'avait jamais été proposée dans l'histoire du bouddhisme. Il a surtout proposé les dogmes « l'honneur appartient à Bouddha, le succès appartient à tout le monde, le profit appartient au Sangha, le mérite appartient au Dana » comme ultime fin spirituelle de l'harmonie entre monastiques et laïcs et voie de la floraison du bouddhisme.

Etablir le règlement et montrer l'exemple

Tout au long de sa vie, le Grand maître n'a désiré qu'une chose : faire prospérer le bouddhisme. Il a créé les collèges bouddhistes pour former des talents et organisé toutes sortes d'activités et d'entreprises pour encourager les gens à apprendre le bouddhisme. Il a établi les règlements pour le bouddhisme et, pour montrer l'exemple, il a renoncé au poste de Premier abbé de Fo Guang Shan en 1985, après avoir accompli ses mandats. M. Hezhihao, ex-professeur à l'Université chinoise « La civilisation » de la Chine et ex-président de l'Association Amicale du monde des Arts et Lettres chinois, disait : « Ce qui est remarquable en la personne du vénérable maître Hsing-Yun, ce n'est pas la réalisation de ce grandiose monastère et de ces grandes entreprises, c'est cette concrétisation de l'idée directrice : « Ce qui vient de tout le monde doit être rendu à tout le monde ». Voilà pourquoi il a cédé sa place à un successeur, dans toutes ces entreprises qu'il a fondées : Pour soutenir le règlement. » (*Le Grand maître d'une époque, le vénérable maître Hsing-Yun*)

Le Grand maître a remarqué que les églises protestantes et catholiques ont toujours été construites aux carrefours des grands axes les plus fréquentés. Par contre, quand on arrive dans un endroit désert, pauvre et dépourvu de moyens de communication, on sait qu'on va probablement y trouver une pagode. Il ne comprend pas pourquoi on s'entête à toujours construire les pagodes dans ces coins perdus. Alors il promeut des centres de culte urbains, il promet de construire un immeuble de bureaux bouddhistes au milieu d'un grand centre urbain. Il a même proposé de consacrer le terrain central du Deer Park, à New-York, à la construction d'un Quartier Général du Bouddhisme, tel le Vatican pour le catholicisme.

Il a parcouru les histoires du bouddhisme rédigées par les érudits des générations passées. La plupart sont écrites dans le sens de critiquer et de salir le bouddhisme. Leurs auteurs ne cherchaient pas à comprendre ce que le bouddhisme avait apporté à la nation, à la société ; ils ne s'inspiraient que de ces documents officiels, qui, comme les médias actuels, ne rapportent que les mauvaises nouvelles. En réalité, il ne manque pas, dans l'histoire du bouddhisme, de grands et respectables maîtres, mais leurs biographies n'apparaissent que dans les *Recueils biographiques des moines éminents* et non dans les documents officiels. Comme on n'y trouve pratiquement aucun commentaire positif sur le bouddhisme, les érudits d'antan le jugeaient mal. Certains se contentaient d'une vision partielle, d'autres le noircissaient à plaisir. Tout ceci est une injustice envers le bouddhisme. C'est pourquoi le Grand maître appelle le monde bouddhiste à « écrire nous-mêmes notre histoire ». Il pense que les disciples bouddhistes ont la responsabilité de montrer la réalité au monde, pour rendre justice au bouddhisme.

Tout au début de son arrivée à Taïwan, il espérait que le gouvernement pourrait faire un jour férié, de la date d'anniversaire de Bouddha. A part lancer des appels par les textes publiés sur « l'estrade des thèses Jueshi », il renouvelait sans cesse cet appel dans le discours donné chaque année, ce même jour anniversaire. Et ce, jusqu'en 1999, date à laquelle le vénérable Zhaohui et le sénateur Shenzhihui, ont réuni les bouddhistes pour adresser une requête au gouvernement et où ils sont allés à Fo Guang Shan pour demander l'appui du Grand maître. Celui-ci a accepté avec joie. Il a tout de suite pris contact avec les personnalités du monde bouddhiste et appelé les fidèles à signer une pétition. Il a personnellement rendu visite à l'Association Taoïste, Yiguandao (« Voie Unique » : mouvement religieux chinois NDT), au Département des ressources humaines et au Conseil législatif. Finalement, en juin de cette même année, la loi est passée au Sénat, recueillant 207 voix et instaurant jour férié légal, la date de l'anniversaire de Bouddha. Et le 30/08/1999, le président taïwanais M. Lidenghui, lors de la remise de drapeau à « La chorale des chants bouddhistes de Fo Guang Shan » en vue de sa tournée en Europe, a annoncé officiellement la décision de déclarer le huitième jour du quatrième mois lunaire, jour férié légal. Ce fut la première fête anniversaire officielle de Bouddha, depuis l'arrivée du bouddhisme en Chine, il y a deux mille ans.

Unir tous les bouddhistes

Ce à quoi le Grand maître pense sans cesse, c'est au développement du bouddhisme et pas seulement à celui du Fo Guang Shan ou de la BLIA. Il adore communiquer avec les autres groupes du monde bouddhiste et prône la coexistence. Par exemple, il admire le développement de la Fondation Tzu-Chi, à laquelle il fait des dons personnels en encourageant les membres de la BLIA à y participer. Ayant constaté que l'Association Amicale Mondiale des Bouddhistes n'avait, en dépit de ses nombreuses années d'existence, jamais pu sortir d'Asie, il s'est efforcé de l'aider. C'est ainsi qu'en 1988, la seizième assemblée générale a pu être organisée aux Etats-Unis, à Hsi-Lai Temple et la vingtième, au Nan-Tian Temple, en Australie.

Le 15 octobre 1995, lors de l'assemblée générale de la BLIA à Sidney, en Australie, devant plus de 5 000 participants, le vénérable Sanghasena, représentant de l'Inde, et plusieurs autres représentants, ont proposé le Grand maître comme candidat au Prix Nobel de la Paix, mais le Grand maître a courtoisement refusé. En fait, dès 1993, le vénérable Sanghasena avait déjà écrit au Grand-maître, lui disant qu'il voulait adresser un courrier à M. Geir Lunderstad de L'Institut Nobel à Oslo, pour le proposer comme candidat au Prix Nobel. A l'époque, le Grand maître lui répondit en lui demandant de réunir les autres Vénérables pour recommander plutôt le vénérable maître Chengyen de la Fondation Tzu-Chi. (*Journal de Hsing-Yun. 13/12/1993*)

Le Grand maître sait que les bouddhistes doivent s'unir pour donner de la force au bouddhisme, c'est pourquoi il s'efforce de faire régner l'harmonie au sein du monde bouddhiste. Pour développer les relations entre les différentes pagodes de Taïwan, il a organisé depuis 1998, une à trois fois par an, « le séminaire de gestion administrative des pagodes taïwanaises ». Depuis 1993, il a successivement organisé « des sessions d'études bouddhistes internationales du Sangha » au Fo Guang Shan de Taïwan, au centre de Vancouver au Canada, au Nan-Tian Temple de Sidney en Australie, etc. Chaque fois, plus d'une centaine de moines et laïcs du monde entier y participaient.

En 1985, l'« Association Culturelle Chinoise de Han et Tibet », créée, entre autres, par M. Dongshufan, a élu le Grand maître, Président de l'association. Du 26 au 30 décembre de la même année, un séminaire international des études bouddhistes exotériques et ésotériques, fut organisé à Fo Guang Shan, avec pour sujet « L'harmonie entre l'exotérique et l'ésotérique et le développement des cultures mondiales », séminaire qui a exercé une grande influence dans le monde bouddhiste.

Le Grand maître n'a pas non plus ménagé ses efforts pour l'harmonisation entre le Mahayana et le Hinayana. En 2002, il est allé au Laos, en Birmanie, au Cambodge, en Thaïlande..., pour effectuer une tournée de lectures bouddhistes et remettre des dons de fauteuils roulants dans ces pays. Dans son esprit, il s'agissait d'aider le Mahayana et le Hinayana à amorcer un premier contact. Pour rétablir la place des Bhiksunis du Hinayana, il a organisé en 1998 à Buddha-Gaya en Inde la cérémonie internationale de « l'Ordination de la Triple Plate Forme précepte » ; plus de 150 moines, venus de plus de vingt pays, y participaient. C'était la première fois que la Chine organisait une telle cérémonie en Inde et ce fut aussi la première cérémonie du monde bouddhiste, à franchir les frontières raciales et régionales et à triompher des divergences de cultes.

Lors de la cérémonie de l' « Ordination de la triple plate-forme précepte » au Hsi-Lai Temple des Etats-Unis en 1988, il y eut plus de 260 participants venus de 16 pays dans le monde. Parmi eux, une Américaine née en Allemagne, Away Khema, expliquait qu'elle avait créé au Sri Lanka, un Sangha de Bhiksunis, mais qu'elle n'avait toujours pas passé la cérémonie de la triple plate-forme précepte, car une telle cérémonie restait interdite aux ordonnées féminines au Sri Lanka. Grâce à la compassion et à la sagesse du Grand maître, elle a enfin pu l'accomplir. Elle décrivait cette première ordination chinoise commune au Mahayana et au Hinayana comme « l'événement historique du millénaire ». Elle s'exclama avec joie : « Aujourd'hui, je suis devenue une vraie bhiksuni. En rentrant, je pourrai transmettre les préceptes aux autres disciples féminines, pour rétablir la tradition des bhiksunis sri-lankaises ». Par la suite, le journaliste du China-Times, M. Pudazhong, écrivit : « Ceci est un grand événement dans l'histoire de la religion mondiale et aussi dans l'histoire du bouddhisme chinois. C'est aussi la première fois qu'un disciple de Hinayana reçoit les préceptes dans une pagode du Mahayana, la signification en est exceptionnelle. » (*L'hebdomadaire Shibao. 05/01/1989*)

Propulser la communication internationale du bouddhisme

« Durant les soixante années de ma vie de monastique, mon principal souci a été de savoir comment faire pour que les différentes branches bouddhistes, éparpillées dans le monde entier, puissent parvenir à s'entendre » (*Discours de l'introduction du Séminaire international du Sangha en 1998*). Pour parvenir à ce résultat, le Grand maître a parcouru le monde, toute l'année sans discontinuer. En 1963, il a organisé avec le vénérable Beisheng « Le groupe de visite bouddhiste de la République de Chine », visitant la Thaïlande, l'Inde, la Malaisie, Singapour, les Philippines, le Japon, Hong-Kong, etc. Ils ont été reçus par les plus hautes autorités : S.M. Bhumibol Adulyadej, roi de Thaïlande, M. Jawaharlal Nehru, Premier ministre du gouvernement indien et S.E. Dioslado P. Macapagal, Président des Philippines. En Inde, ils ont même demandé la libération de 700 prisonniers chinois et la relaxe de deux bateaux de pêche taïwanais arraisonnés.

En 1974, il fut nommé Président de « l'Association pour le développement des relations entre les bouddhismes chinois et japonais » et se rendit au Japon. L'année suivante, il a, de nouveau, conduit un groupe pour rendre visite au Japon et à la Corée, et a créé « l'Association pour le développement des relations entre les bouddhismes chinois et coréen » à Séoul. En 1976, il présidait « le groupe de bouddhisme chinois pour une visite aux Etats-Unis », qui allait assister à la « Célébration du bicentenaire des Etats-Unis ». C'est grâce à cette affinité que le Grand maître a décidé de construire des centres de culte aux Etats-Unis et qu'est née « la Cité Interdite de l'Occident », « la plus grande pagode d'Occident » : Hsi-Lai Temple.

Il y eut une époque durant laquelle le bouddhisme japonais avait tendance à se rapprocher du bouddhisme de Chine populaire, ce qui distendait progressivement ses relations avec le bouddhisme taïwanais. Le Grand maître souhaitait maintenir d'étroites relations mutuelles avec le bouddhisme japonais et le savait très porté sur les recherches théoriques. C'est pourquoi il organisa plusieurs séminaires d'étude et invita les éminents érudits japonais : MM. Mizuno Kougen, Nakamura Hajime, Hirakawa Akira, Mizutani Kousyou, Kamada Sigeo, etc., comblant ainsi le fossé qui s'était creusé entre les bouddhismes taïwanais et japonais.

C'est encore grâce à toutes ces visites internationales, que les relations actuelles entre Fo Guang Shan et les grandes pagodes coréennes et thaïlandaises, sont aussi bonnes qu'étroites. Par exemple, le 25 février 1994, Fo Guang Shan s'est jumelé avec le Temple thaïlandais Fashen (Dharmakaya), espérant pouvoir échanger des connaissances dans les domaines éducatif et culturel et développer la communication mutuelle. S'appuyant sur une foi commune envers le même fondateur religieux et suivant les mêmes théories, telles les Trois Dharma Sceaux, les Quatre Nobles Vérités, le Noble Sentier Octuple, etc, ces deux centres religieux ne peuvent que se tolérer et se respecter, pour développer ensemble l'avenir du bouddhisme.

Le 28 décembre 1982, Fo Guang Shan s'est jumelé avec la pagode coréenne Tung-Dou. Le 9 novembre 1998, l'école traditionnelle de la pagode Songguang, qui représente plus de 1200 ans d'histoire, s'est jumelée avec l'école monastique de Fo Guang Shan. Elles s'engageaient à mieux se connaître dans l'avenir, pour approfondir et internationaliser ensemble, leur pratique commune du bouddhisme humaniste. Etaient également prévus, des échanges d'enseignants et de chercheurs pour des stages de cours temporaires et l'organisation périodique de séminaires d'études et de recherches bouddhistes. Le but était de créer, entre bouddhismes chinois et coréen, de véritables passerelles de communication constructive. Le 15 septembre 2003, un « Accord d'échanges culturels » fut établi avec la pagode Haiyin. Les deux parties s'engageaient à organiser des activités d'échanges culturels et éducatifs pour propager ensemble le bouddhisme international. Elles espéraient ainsi pouvoir employer la bienveillance, la compassion, l'égalité, le respect et la tolérance mutuels du bouddhisme, pour favoriser l'instauration de la paix dans le monde.

Ne jamais se laisser décourager par les difficultés

Le Grand maître n'est pas partisan de l'action individuelle : il préconise le « créer ensemble » et il espère toujours que le monde bouddhiste pourra s'unir. C'est pourquoi, son grand regret est que, depuis plus de cinquante ans, le monde bouddhiste ait toujours craint sans raison, d'être phagocyté par lui. Dès la création du premier collège bouddhiste, le Grand maître souhaitait que les différents établissements puissent se consulter et échanger des idées ; hélas, certains responsables de collège avaient peur que leurs étudiants soient attirés par Fo Guang Shan et s'y opposaient. Pire encore : Dans les débuts du « Collège Bouddhiste L'Orient », lors d'une réunion de personnalités du monde éducatif, un bonze sénile a même inscrit dans les propositions à débattre, un point intitulé « Comment abattre le collège bouddhiste L'Orient ». Heureusement, parmi les participants, figurait le représentant de l'Université d'Etat, M. FengYongzheng qui a répliqué : « Quand les protestants ont créé les collèges presbytériens et les catholiques les instituts évangéliques, nous n'avons rien fait pour les en empêcher. Pourquoi voudrions-nous maintenant nous opposer à un collège bouddhiste créé par des bouddhistes ? »

Le Grand maître a passé toute sa vie à apporter de l'harmonie au monde bouddhiste qui, en guise de remerciement, n'a cessé de tenter de l'éliminer : l'Association Bouddhiste Chinoise bloquait l'acheminement des documents pour l'empêcher d'assister aux conférences à l'étranger, pendant que les caciques du monde bouddhiste empêchaient Fo Guang Shan d'ouvrir d'autres centres, etc. Quand il atteignit ses soixante-huit ans, il aurait pu être élu Président de l'Association mondiale du Sangha, mais certains ont intrigué pour faire modifier le règlement et reporter l'âge minimum à soixante-dix ans. Le Grand maître ne voulait pas vraiment briguer ce poste, mais il fut très attristé de la mesquinerie de ces comportements. A cause de la petitesse des caciques de l'époque, la dévotion du Grand maître envers le bouddhisme fut souvent mise à rude épreuve.

Bien que ces gens n'aient pas cessé de lui barrer la route, il ne s'est jamais découragé et n'a jamais cherché à se venger. Au contraire, il s'est toujours efforcé de créer de bonnes affinités avec eux : Depuis que Fo Guang Shan a organisé la cérémonie de triple-plate-forme précepte en 1977, chaque fois, il invite les bonzes âgés et vertueux pour assumer le rôle des Acâryas. Lors des séminaires bouddhistes internationaux, il invite aussi les élites bouddhistes étrangères à y participer. Comme il refusait d'être le Premier abbé d'une pagode, il a dû, plusieurs fois, refuser cette offre, mais pour que d'autres coreligionnaires puissent développer leurs talents, il s'est adressé à l'administration forestière pour que lui soit confiée la pagode Ci-Yun, afin de pouvoir la remettre au Vénérable Luanchan. C'est lui qui a présenté le Vénérable Zhenhua à L'Association Bouddhiste Lodong, le Vénérable Chengyi à l'Association Bouddhiste Toucheng, le Vénérable Zhuyun à l'Association Bouddhiste Huwei. Quant au Centre Bouddhiste de Kaohsiung qu'il a construit lui-même, il en a confié la charge de Premier abbé, au Vénérable maître Yuezhi de Hong-Kong.

Etre reconnu officiellement dans le domaine de la pratique du bouddhisme

Le Grand maître n'est pas rancunier. Il aime se lier d'amitié avec les gens et surtout il sait reconnaître les bonnes idées des autres et les adopter. Bien sûr, il a essuyé toutes sortes d'injustices, de moqueries, de railleries et de pressions, mais les honneurs qu'il a reçus sont aussi nombreux. Les prix qu'il a obtenus incluent ceux des domaines culturel, éducatif, caritatif, religieux, social..., décernés par divers organismes : ministères de l'Intérieur, des Affaires Etrangères, de la Défense nationale, de l'Education, ainsi que le Comité des Résidents Etrangers, le Comité des Mongols et Tibétains, et de nombreux établissements internationaux. On peut dénombrer :

- En 1984 : Prix d'honneur de l'« Education sociale » décerné par le ministère de l'Education, devenant ainsi le premier lauréat du monde bouddhiste.
- En 1985 : Il est nommé Premier président de l'Association Bouddhiste Américaine.
- En 1985 : Il devient Premier président de l'Association des cultures chinoise et tibétaine.
- En 1986 : Il reçoit des mains du Maire de Kaohsiung, les clés de la ville et le titre de Citoyen d'honneur.
- En 1988 : Le Maire de la Ville d'Alhambra (USA), M. Palmage Burke, vient personnellement à Fo Guang Shan, pour lui remettre le certificat de Citoyen d'honneur et les clés de la ville.
- En 1989 : Il est nommé Administrateur général de la « Fondation chinoise pour les cultures mongole et tibétaine ».

- En 1992 : Il reçoit, des maires d'Austin et de Houston (Texas), les certificats de « Citoyen d'honneur » et « Ambassadeur amical ».
- En 1995 : Il est élu « Personnage exceptionnel du XXeme siècle » par l' « Institut biographique américain ».
- En 1997 : Il reçoit la Médaille de Première classe des ministères de l'Intérieur et des Affaires étrangères de Taïwan.
- En 1997 : Le Parti nationaliste taïwanais lui remet sa Médaille de Première classe.
- En 1999 : Il obtient le « Prix de l'Intérêt public national »
- En 2002 : Il reçoit le « Prix des dix personnalités éminentes de l'enseignement privé de la République de Chine ».
- En 2004 : Il reçoit, des mains de M. Jeff Conner, sénateur de l'Etat du Texas, le Certificat de V.I.P.
- En 2004 : MM. Oscar Goodiman et Léonard Scarcella, respectivement maires de Las Vegas et de Stanford (Texas), lui confèrent le titre de Citoyen d'honneur et lui remettent les clés de leur ville.

S'agissant des émissions de télévision primées :

- En 1979, la première émission bouddhiste télévisée « *La rosée bienfaisante* » obtient le prix décerné par le Service d'Information du Conseil exécutif et le ministère de l'Education.
- En 1982, l'émission « *La porte de la confiance* » reçoit le prix de « la Cloche d'or des émissions télévisées socialement constructives ».
- En 1983, ces deux émissions reçoivent ensemble « le Bouclier d'argent », décerné par le Service administratif.

- En 1985 et en 1995, les émissions « *Lectures bouddhistes du Vénérable maître Hsing-Yun* » et « *Hsing-Yun's Dharma words* » obtiennent, l'une après l'autre, le prix de « la Cloche d'or des émissions télévisées socialement constructives ».

Les prix reçus ultérieurement par Fo Guang Shan et la BLIA sont tout aussi nombreux : En 1992, la « Fo Guang Shan Foundation for Buddhist Culture & Education » reçoit le prix « Zéphyr » et le prix de l' « Eminente amélioration des mentalités sociales ». En 2001, la BLTV reçoit le prix de la « Meilleure émission télévisée par satellite ». La même année, le temple Zhongtian d'Australie, reçoit le prix du « Service Multi culturel ». En 2002, « The University of the West (l'Université de l'Ouest) » est reconnue par la WASC et en devient membre. De même, le « BLIA Chunghwa Headquarters » obtient, en 1991, le prix du « Groupe ayant rendu service à l'Education sociale » décerné par le ministère de L'Education et le prix « Meilleur groupe social de la Nation » décerné par le ministère de l'Intérieur. L'année suivante, le « BLIA Florida Chapter » reçoit le « Prix de la pérennité des A.B.C. (Américains d'origine chinoise) », le « BLIA-Australia Queensland Chapter » la « Médaille d'argent de l'année internationale des bénévoles du Queensland », le « BLIA Hongkong Chapter », le « Prix spécial du meilleur plan de collecte de fonds dans l'intérêt public ».

Cependant, tous ces honneurs sont, aux yeux du Grand maître, semblables à « l'oie sauvage envolée au dessus d'un étang gelé » et qui n'a laissé aucune trace. Par contre, en 2000, le Grand maître a été invité par le Centre de la Culture et de l'Education de Bangkok, en Thaïlande, en tant que Président d'honneur de l'Association Bouddhiste mondiale, pour prononcer un discours, lors de la 21eme Assemblée Générale de l'Amicale mondiale des bouddhistes. A cette occasion, le Secrétaire d'Etat, M. H. E. Chuan Leekpai, lui a remis personnellement le trophée de la « Meilleure contribution bouddhiste », pour le remercier d'avoir consacré toutes ces années à promouvoir l'éducation, former les talents, rédiger, éditer, propager le bouddhisme à travers le monde, guider les gens dans leur apprentissage du Dharma, augmenter le nombre des croyants bouddhistes, etc. En 1995, lors de l'Assemblée générale bouddhiste de l'Inde, le Ministre des Affaires sociales, M. Keshari, sous les yeux de plus de 500.000 spectateurs, lui a remis le trophée « Prix Bouddha », sur lequel était écrit : « Tous les membres de l'Association bouddhiste indienne remettent en ce jour, 15 février 1995, au Maharashtra-Nagpur de l'Inde, le « Prix Bouddha » au Vénérable maître Hsing-Yun, Président de la BLIA, pour le remercier d'avoir concrétisé la conception de la fraternité et la compassion de Bouddha et d'avoir contribué à l'édification de la paix mondiale ». Le Grand maître disait : « J'ai reçu énormément d'honneurs et je les ai trouvés tous, surfaits. Mais celui-ci m'a apporté une grande satisfaction, car il représente la reconnaissance de la pratique du Dharma d'un bhikshu chinois, par le pays d'origine du bouddhisme. » (*Les cent histoires d'antan. Là où il y a le Dharma, il y a toujours une solution*)

Ne pas hésiter à parler pour le bouddhisme

Le Grand maître ne pense qu'à promouvoir le Dharma : De toute sa vie, il n'a jamais lutté pour ses intérêts propres, ni pour asseoir sa réputation. Mais quand il s'agit de l'intérêt du bouddhisme, il va hardiment de l'avant et ne garde jamais le silence. Ainsi fit-il en mars 1994, lors de l'événement « Ne vous en allez pas, Avalokitésvara Bodhisattva ! ». A l'époque, l'administration de la Ville de Taïpei, sous la pression des adeptes des autres religions, voulait déplacer la statue d'Avalokitésvara Bodhisattva, élevée dans le parc n°7 de Da-An. Ce projet a suscité le mécontentement des bouddhistes et déclenché le mouvement de la « Grève de la faim pour protéger le Bodhisattva », mené par le vénérable Mingguang de la bonzerie Dashung. Le vénérable Zhaohui et le sénateur Linzhengjie se sont joints au mouvement mais d'autres personnalités du monde bouddhiste sont restées silencieuses. Certaines adoptaient une attitude attentiste, d'autres se montraient même franchement indifférentes.

Pour préserver à la fois l'autorité du gouvernement et les intérêts du bouddhisme, le Grand maître a organisé une rencontre, réunissant les pasteurs de Lingliangtang, les conseillers municipaux et les membres de Foguang. Ultérieurement, la BLIA, a décidé d'organiser une manifestation, avec plus de trois cent autocars dans les rues de Taïpei. Le maire de Taïpei, M. Huangdazhou, a tout de suite invité le Grand maître qui représentait le monde bouddhiste et le pasteur Zhoulianhua, à la mairie pour tenir une réunion avec le conseil municipal. Finalement, la statue d'Avalokitésvara est restée à sa place, à la grande satisfaction des habitants !

Tous les détails de cette histoire sont décrits minutieusement dans *Le journal de Hsing-Yun – mars 1994,* mais à l'époque, le Grand maître a donné son opinion sur cette affaire :

1. Garder ou non la statue : à chacun son opinion. Mais là, nous devons la garder, car cette affaire a montré au public et à la société que le monde bouddhiste n'est pas uni, n'a pas de force. Si, aujourd'hui, nous laissons déplacer la statue d'Avalokitésvara, le bouddhisme taïwanais va sombrer doucement et les bouddhistes vont perdre leur dignité. C'est pourquoi,

pour la future image du bouddhisme, mais aussi sans nuire à l'autorité du gouvernement, nous devons faire tous nos efforts pour garder la statue à sa place ! Le résultat dépend de nos efforts, et l'union fait la force !

2. Cet incident est une excellente occasion d'apprendre aux adeptes bouddhistes à s'unir, à montrer leur force, à défendre leurs droits et assurer la position sociale du bouddhisme.
3. « Garder le Bodhisattva » n'est pas une campagne sociale, c'est notre tâche, c'est une occasion éducative pour les adeptes bouddhistes, d'apprendre à cultiver le bodhicitta et pratiquer la voie du bodhisattva.
4. On connaît la méprisante question de Josef Staline : « Le Vatican !?... Combien de divisions blindées ? »...Et pourtant, le dictateur soviétique recula devant la force morale et la formidable capacité de mobilisation de la centrale catholique. Car, pour obtenir la paix, il faut être fort et capable de montrer sa force, en mobilisant toutes les énergies. C'est pourquoi il est vital que les bouddhistes se mobilisent et montrent leur force. C'est grâce à leur force morale qu'ils feront respecter leurs droits et oeuvreront pour la paix.
5. A l'époque, le gouvernement vietnamien avait interdit aux bouddhistes de déployer les drapeaux bouddhistes et ils ont manifesté durant de longs mois. Dernièrement, la télévision coréenne a montré une de ces manifestations dans les rues des villes coréennes. De nombreux moines s'y trouvaient. Aujourd'hui, nous devons, nous aussi, montrer à tout le monde que le bouddhisme est bien présent en Chine !

Le Grand maître disait qu'étant moine et bouddhiste, il voulait promouvoir l'éducation et la culture bouddhistes. Il voulait être un enseignant du bouddhisme et non un quelconque bienfaiteur. Pour lui, le bouddhisme n'est pas la propriété d'un individu, il appartient à tous ses adeptes. Pour rappeler aux hommes qu'ils ne devaient plus être « des lions endormis », il voulait montrer l'exemple.

Ce souci du Grand maître de prendre soin du bouddhisme et de se dresser courageusement pour le protéger si nécessaire, est décrit par le Vénérable Leguan, disciple du Vénérable maître Taixu, dans ces lignes : « Depuis dix ans que je suis rentré au pays, j'ai observé en silence quelques personnalités du monde bouddhiste. Certaines ont bien réussi, d'autres ont échoué... Pour moi, la différence entre « réussir et échouer » repose sur les deux mots « public » et « privé ». La réussite du Vénérable maître Hsing-Yun est due au fait qu'il ne s'intéresse qu'à l'intérêt public, au développement du bouddhisme ... ». (*Collection Printemps-Automne. Réflexions sur les lectures bouddhistes du vénérable Hsing-Yun au Mémorial Sun-Yat-Sen, p.74, 29/11/1979*)

Et c'est ainsi que, du fond du cœur et pourvu que le monde bouddhiste puisse trouver l'harmonie, l'union, et la volonté de faire prospérer le bouddhisme, le Grand maître est prêt à supporter toutes les injustices. Le Grand maître est un homme large d'esprit ; il sait respecter les autres, ce qui le met dans une position favorable. Sa réussite en découle tout naturellement.

Le bouddhisme et les autres religions

Le Grand maître préconise « l'Harmonie ». Sans cesser de lutter pour elle, au sein du monde bouddhiste, il prodigue aussi tous ses efforts pour instaurer « l'harmonie entre les différentes religions ». Il dit : « La croyance religieuse est un phénomène social qui dépasse les frontières, réconforte le cœur de l'homme et encourage la paix ». Aussi, quelles que soient les religions dans le monde, elles doivent lutter ensemble pour le respect mutuel entre Pays, la relation harmonieuse entre races, la communication entre langues, l'échange des cultures, l'égalité des sexes... Et surtout, pour promouvoir la paix dans le monde, les religions doivent d'abord donner l'exemple : elles doivent apprendre à se respecter, à se tolérer, propager cet esprit de tolérance au sein du monde religieux et, de là, l'étendre aux différents groupes sociaux. Voilà quelle est la responsabilité du monde religieux, voilà ce qui constitue un apport nécessaire à la société contemporaine. » (*Universal Gate Buddhist Journal. Discussion sur les problèmes contemporains. Ce que pense le bouddhisme du comportement mutuel des religions).*

Pour l'harmonie entre les religions et la paix dans le monde

Le Grand maître nourrit un idéal élevé et une grande attente pour la bonne entente entre les religions. Durant des années, pour unir les forces des religions et amener la paix dans le monde, il a souvent rencontré les représentants d'autres religions à travers le monde et a gardé avec eux, d'excellentes relations d'amitié. Ainsi :

- En 1989, Le journal « *L'Union* » a organisé, entre le Grand maître et le Cardinal Loguang, un dialogue intitulé : « Echanges spirituels au-dessus de l'univers ». Ce fut le premier entretien entre bouddhisme et catholicisme, organisé par les médias. La même année, le Hsi-Lai Temple aux Etats-Unis, organisait « la 5ème assemblée générale entre le bouddhisme et le protestantisme nord-américain ». Le Grand maître y fut invité pour discuter des problèmes de communication et des échanges religieux, avec les dirigeants protestants.

- En 1991, le Bureau des affaires civiles du gouvernement taïwanais organisait au Centre du Commerce mondial, « Le séminaire d'étude et de discussion sur les religions et le développement social à Taïwan ». Il invitait les dirigeants des douze principales religions de Taïwan (Bouddhisme, Taoïsme, Protestantisme, Catholicisme, Islam, Tenrikyo, Bahaï Faith, Syuan Yuan Jiao, Liïsme, Tian De Jiao, Lord of Universe Church, I-Kuan Tao) et plus de 400 personnes, parmi lesquelles de nombreux fonctionnaires et érudits. Le Grand maître fut tout spécialement invité pour y prononcer un discours.
- En 1994, pour célébrer l'ouverture du Centre Foguang de Taïpei, fut organisée une série de 49 jours de lecture, avec pour sujet « L'eau de la vie – le Dharma et moi ». Les personnalités du monde religieux et les spécialistes et érudits, tels le Cardinal Loguang et le Père Tingsungqun de l'Eglise catholique, le Vice-secrétaire-général de l'Association taoïste M. Zhangsheng, le Président du quotidien « *Le Centre* », M. Shiyungguy, de confession musulmane, furent invités à y prendre la parole. C'est ainsi que furent démontrés le respect et la tolérance du bouddhisme, envers les autres religions. Durant cette période, le Grand maître a tenu, avec les participants, plus de cent séances sur le thème : « le Chan par le végétarisme ». A noter, tout spécialement une séance, dont les participants furent rassemblés par le directeur de l'Union Centrale des syndicats et qui regroupait l'Administrateur de l'Association islamique, M. Mamingzheng, l'Administrateur permanent de l'Association du Liïsme M. Huangtianyai, le Directeur du Tenrikyo-Taoyuan, M. Fungwumin, la Secrétaire du Bureau central du Syuan Yuan Jiao, Mme Laiyen-

fung, la secrétaire du Bureau central du Bahaï Faith, Mme Zhanchaizhu, le Vice-secrétaire-général de l'Association I-Kuan Tao, M. Liaoyongkang, l'Administrateur du Bureau central du Tian De Jiao, M. Hufulin, le Vice-président de l'Association des bouddhistes laïques taïwanais, M. Hongyu, le délégué du « Corps du Renouveau protestant », M. Shunzhenming, la responsable de « Notre-Dame la catholique », Mme Hechuiyen, le Secrétaire général du Bureau Central de l'Organisation Tiandao, M. Hongzhenfu et le chef de tribune M. Wangweixing... Tous, éminents représentants des différentes religions.

- En 1995, fut organisée à Fo Guang Shan, la première conférence internationale réunissant bouddhisme et catholicisme. La cérémonie d'inauguration fut co-présidée par le Premier abbé de Fo Guang Shan, à l'époque le vénérable Hsin-Ting, le Président du Groupe d'échanges religieux du Vatican, le Cardinal An-Zhe-Lin et le responsable de l'Evêché de Taïwan, le Cardinal Paul Shan-Kuo-Hsi. Plus de 3000 participants, bouddhistes et catholiques, étaient venus du Japon, des Etats-Unis, de Thaïlande, d'Italie, d'Espagne, du Sri Lanka et de Taïwan. Durant ces cinq jours de conférence, les deux parties ont communiqué et étudié les sujets portant sur « les ressemblances et les différences entre le bouddhisme et le catholicisme », ouvrant ainsi une nouvelle page dans l'histoire des relations inter religieuses.
- En 1996, la «Fondation Fo Guang Shan pour la Culture bouddhiste et l'Education » et le « Centre Culture et Religion » de l'université Nanhua, ont organisé ensemble le « Séminaire International de Religions et Hautes études asiatiques ». Les participants étaient des personnalités du monde

religieux ou éducatif, venues de Hong-Kong, des Philippines, de Malaisie, de Corée, du Japon, du Népal, de Taïwan, etc. Les sujets abordés étaient : « La situation actuelle et future de l'éducation religieuse taïwanaise », « Les religions et les hautes-études en Asie », « La situation actuelle et future de l'éducation bouddhiste taïwanaise », etc.

- Le 28 février 1997, eut lieu, au Vatican, un entretien entre le Grand maître et le Pape Jean-Paul II, pour prier pour la paix dans le monde. On peut dire que ce fut « L'entretien religieux du siècle ». A cette occasion, le Grand maître a émis cinq propositions :
  1. Que le Pape réunisse les différentes religions du monde au sein d'une Association Religieuse Internationale et en assume la présidence ;
  2. Que le Pape vienne à Taïwan lors de son voyage en Asie ;
  3. Renforcer les relations entre Fo Guang Shan et le Vatican, pour étudier ensemble les théologies et tisser des liens d'amitié ;
  4. Les Universités Foguang et Nanhua voudraient organiser, avec le Vatican, les Universités et les bibliothèques italiennes, des échanges de livres, d'étudiants et de chercheurs, en prenant en charge tous les frais nécessaires ;
  5. Les deux universités pourraient se charger de l'organisation des différents séminaires et conférences que l'Eglise catholique voudrait organiser à Taïwan.

Le Pape s'est montré intéressé, notamment par les propositions d'échanges d'études entre les deux parties. Cet entretien a beaucoup apporté aux échanges ultérieurs entre le bouddhisme et le catholicisme.

- En 1998, le Grand maître fut invité, en Malaisie et à Singapour, pour promouvoir le Dharma. Il y a rencontré M. Mahathir Mohamad, Premier ministre malais, ouvrant ainsi une nouvelle page dans l'histoire du bouddhisme taïwanais et de l'islam malais.
- En 2001, le Grand maître s'est entretenu, en Australie, avec le Maire de Wollongong M. George Harrison et l'Evêque de Wollongong, Son Eminence Pipen. Ils ont échangé leurs points de vue sur les problèmes des échanges culturels et religieux. La même année, le Grand maître a été invité à l'Université de Toronto, pour participer à l'émission « Dialogues religieux », en compagnie du Père Bill Ryan de l'église catholique et du Professeur Wanda Deifelt, de l'églisc protestante, sur le thème : « Comment les religions font face à la mondialisation ».
- Le 6 octobre 2003, à la cathédrale de San Paolo, au Brésil, le Grand maître et le Cardinal Hume ont tenu un « dialogue religieux » sur le thème : « Quel genre de contribution à ce siècle, pour les religions ? ».

Ajoutons que, depuis sa création en 1988, Hsi-Lai Temple a toujours gardé de bonnes relations avec l'église mormone située à cinq minutes de route. Chaque année, Hsi-Lai Temple organise une « cérémonie de prières pour la paix du monde ». Il y invite les représentants des autres religions qui y célèbrent leur propre liturgie. De même, au moment de la création de la BLIA, le Grand maître a créé l'« Association des Amis de Foguang » pour les non bouddhistes. Pour le Grand maître, la BLIA ne doit pas appartenir à une quelconque école, pagode ou personne. Elle est propriété des bouddhistes du monde entier. Quant aux non bouddhistes, s'ils approuvent les idées directrices de la BLIA, ils y seront les bienvenus. En 1992, lors de la création de la BLIA, le Président de la République Dominicaine, Sir Clarence Seignoret, est venu en personne à Los-Angeles pour participer à l'inauguration et il a assumé en même temps, la fonction de Président honoraire de l' « Association des Amis de Foguang ».

Citoyen de la planète Terre

Le Grand maître préconise « l'unité et la coexistence » et se dit « Citoyen de la Terre ». Parmi les douze volumes de la série « *Foguang Textbook* », un est intitulé « *Présentation sommaire des religions* » et toutes les religions y sont abordées. Ceci montre bien l'esprit de respect et de tolérance du Grand maître envers les autres religions. Le Grand maître a longtemps parcouru les cinq continents pour promouvoir le respect, la tolérance et l'harmonie entre les religions, en espérant pouvoir employer la compassion et la fraternité, pour instaurer la paix dans le monde. C'est pourquoi, le 9 octobre 2003, l'Université Catholique Saint Thomas du Chili, lui a décerné le titre de Docteur « honoris causa de la Fraternité », afin de récompenser ses efforts pour relever les valeurs de la vie de l'homme et chercher des solutions pour la paix dans le monde.

L'incessante action du Grand maître, en vue d'encourager les échanges mutuels entre religions, a eu un large écho dans le monde religieux et lui a valu de grandes amitiés. Ainsi, le gouvernement islamique indonésien avait toujours interdit au bouddhisme de pratiquer en dehors des pagodes. Pourtant, le 17 avril 1992, il a exceptionnellement autorisé le Grand maître à donner une lecture en public dans le grand hall de l'hôtel Teairra. Chaque fois que le Grand maître donne lecture à l'étranger, il reçoit l'aide des hommes d'Etat, des hauts fonctionnaires, des érudits du pays, qu'ils soient ou non bouddhistes. Ainsi fut pour le Premier ministre indien Nehru, le Roi thaï Bhumibol Adulyadej, le Président philippin Gloria Macapagal-Arroyo, le Premier ministre malais Mahathir Mohamad et les dirigeants des pays de la péninsule indochinoise. Mieux encore : Le Pape Jean-Paul II, les Cardinaux Shan Kuo-Hsi, Loguang et le Père Tingsongzhun de l'évêché de Taïwan, le chef spirituel du bouddhisme tibétain, Dalaï Lama, sont devenus ses amis. Le 16 janvier 2005, lors de la cérémonie de l'installation du 7ème Premier abbé à Fo Guang Shan, le Cardinal Paul Shan Kuo-Hsi est venu personnellement pour présenter ses vœux. Dans le discours qu'il a prononcé ce jour-là, il disait connaître le Grand maître depuis plus de trente ans et, bien que n'ayant pas la même croyance ni le même système, ils cultivaient tous les deux un identique esprit charitable qui les conduisait à se soucier des hommes. Il remercia le Grand maître d'avoir offert l'année précédente, une somme de 500.000 yuans à l'église de Fuyuan et mit l'accent sur le symbolisme de ce don d'une association bouddhiste, à une œuvre de charité catholique. Il le félicita pour sa grandeur d'âme qui l'amenait à ne pas seulement s'occuper du bouddhisme, mais lui permettait penser aussi aux autres religions.

Le Grand maître pense qu'entre les différentes religions, il faut établir une relation d'« Unité et de Coexistence ». Il faut pouvoir « Garder la différence dans le commun, et rechercher le commun dans la différence », se respecter les uns les autres et se tolérer, tels les organes de notre corps, qui ont besoin l'un de l'autre pour survivre. Il préconise : Chacune a sa croyance, il faut la respecter et ne pas les confondre ; les théories sont différentes, chacune doit développer ses points forts, mais les adeptes doivent pouvoir communiquer.

Nous vivons une époque où les liaisons entre les hommes se sont resserrées, il faut donc pouvoir garder de bons contacts et de bonnes relations amicales. En février 2001, suite à la destruction des statues bouddhistes en Afghanistan, par les talibans, le Grand maître a accordé une interview au journaliste Zhangqingfang, du quotidien chinois « *Le Monde* » à Los Angeles. A cette occasion, il a déclaré: « Ces statues sont des œuvres d'art, elles sont la propriété commune de tous les hommes. Vieilles de plusieurs milliers d'années, elles appartiennent à l'histoire et devraient être protégées et non détruites pour une simple différence de croyance. » Il a encore ajouté : « Les religions doivent marcher avec l'univers et vivre avec les hommes ! Certes, l'image de Dieu, dans le cœur de chacun est différente de celle des autres, mais en réalité, que l'on dise Sakyamuni Bouddha, Jésus Christ, Mohamed, Avalokitésvara Bodhisattva, Confucius, ou autres divinités populaires, ce ne sont là que des noms donnés par les hommes. Tous possèdent des caractéristiques communes, tous sont des centres de croyance et de sainteté » (*Ainsi dit*). C'est pourquoi il appelle tous les adeptes de toutes les religions à se respecter les uns les autres, à ne pas faire preuve d'étroitesse d'esprit en détruisant les œuvres d'art et en fomentant des querelles.

Le concept de « l'Unité et la Coexistence » est peut être difficile à implanter dans l'esprit de tout le monde, mais le Grand maître croit fermement que « l'harmonisation n'est pas du tout irréalisable ». Il espère que les hommes continueront à faire des efforts, car avec un idéal, l'avenir peut être meilleur.

Disciples ordonnés et disciples laïcs

« L'Egalité » est la règle fondamentale du Dharma. Dans la société actuelle, on parle souvent d'« égalité des sexes », et on réclame « les mêmes droits pour les deux sexes », c'est le refrain à la mode. En fait, il y a plus de quarante ans que le Grand maître a proposé les conceptions d'« Egalité » et de « Propriétés communes des quatre groupes (les deux monastiques et les deux laïcs) ». A Fo Guang Shan, les deux sexes sont égaux mais les monastiques et les laïcs le sont aussi. Auparavant, dans le Pilgrims Lodge, était suspendue une paire de sentences parallèles :

« Une montagne, cinq cimes :
Il en est peu sur terre ».
« Deux établissements, sept groupes :
Une rareté dans le monde ».

Deux sentences qui constituent la meilleure formulation de la spécificité de Fo Guang Shan.

Pour concrétiser « l'égalité des sexes » et « l'égalité des disciples », le Grand maître a construit des collèges bouddhistes ouverts à tous : hommes ou femmes, monastiques ou laïcs et a établi des règlements, permettant aux bhiksus et bhiksunis, de jouir des mêmes droits et devoirs. En application de ces règlements, tout le monde a les mêmes occasions dans le roulement des postes de travail. Chacun possède ses quartiers pour la pratique ou le repos quotidien. Dans les réunions, les hommes et les femmes prennent place aux deux ailes, droite et gauche, l'ordre dépend de l'ancienneté et de la fonction occupée et non du sexe.

L'« Egalité » préconisée par le Grand maître a non seulement revalorisé la place des bhiksunis dans le Sangha, mais aussi élargi l'espace de contribution pour les disciples laïcs. Elle offre l'occasion aux monastiques et laïcs, de participer ensemble aux activités du monastère et génère le développement prospère du bouddhisme d'aujourd'hui.

Certes, la sagesse et les vœux du Grand maître lui ont souvent valu des railleries. Ainsi, parce qu'il valorisait la position des femmes, ses coreligionnaires le surnommaient « le capitaine de l'équipe féminine ». Mais il n'en tenait pas compte, étant conscient du préjugé défavorable qui régnait à Taïwan, il y a cinquante ans, à l'encontre des bhiksunis. Et pourtant, l'effectif des monastiques féminines dépasse largement celui des monastiques masculins. De plus, les femmes sont généralement plus patientes et plus méticuleuses et leur rendement n'est pas moins élevé que celui des hommes. Négliger les femmes revient à réduire la force de propagation du bouddhisme et, en même temps, à enfreindre la notion d' « Egalité », pourtant fondamentale dans le bouddhisme.

Revaloriser la position des femmes

Fidèle à ses convictions, le Grand maître commença à amener les femmes à participer à diverses activités bouddhistes, telles la création du Centre de services San-Zhong et du jardin d'enfants Ci-Ai, l'aide aux jeunes pour suivre les cours à l'Ecole normale d'instituteurs, etc. Progressivement, les monastiques féminines furent de plus en plus nombreuses et le Fo Guang Shan d'aujourd'hui, est reconnu comme le plus grand Sangha de bhiksunis du monde entier. Les bhiksunis de Fo Guang Shan n'ont pas déçu les attentes du Grand maître. Que ce soit dans la construction des pagodes, l'enseignement du Dharma, le fonctionnement des écoles, les activités sociales, la rédaction et l'édition des livres ou l'enseignement dans les universités, leurs exceptionnelles réussites ne se comptent plus. D'ailleurs, lors de la 18eme assemblée générale de l'Association amicale mondiale des Bouddhistes, en 1992, la Vénérable Tzu-Hui, Présidente du « Fo Guang Shan Education Council », fut élue Vice-présidente de l'association. Ce fut un grand honneur pour toutes les bhiksunis, car jusqu'à ce jour, les responsables de l'association avaient toujours été choisis parmi les membres de l'école Hinayana, à laquelle les bhiksunis n'ont pas accès. Ce fut la récompense des efforts déployés, durant toutes ces années par le Grand maître, pour relever, d'une manière évidente, la position des femmes. La Vénérable Tzu-Hui reçut également le « Prix de Zéphyr » décerné par le Président de Taïwan.

Mais elle ne fut pas seule à être honorée :

La Vénérable Tzu-Jung, secrétaire générale de la B.L.I.A., reçut le « Prix des Amis des Affaires étrangères » pour son action outre mer ; la Vénérable Yifa, docteur en religion de Yale University, le « Prix des dix jeunes émérites de la Nation », la Vénérable Yilai, Premier abbé de Zhong-Tian Temple en Australie, le « Prix des Héros du Commonwealth » australien ; le Premier abbé du Tathagata Temple, la vénérable Juecheng, au Brésil, le titre de « Citoyenne d'honneur » pour la création de l'association « Les enfants de Tathagata » qui recueille les enfants démunis des quartiers pauvres (c'était la première fois que cet honneur était décerné à une bhiksuni) ; la chargée des affaires extérieures de I.B.P.S. Bangkok, la Vénérable Miaoshen, reçut le titre de « Numéro un des bhiksunis de Thaïlande », écrivant ainsi une nouvelle page dans l'histoire du bouddhisme thaïlandais, etc. Toutes ces distinctions représentent un grand honneur pour les bhiksunis, mais aussi pour toute la diaspora chinoise.

Le directeur de l'émission télévisée taïwanaise « Les huit mille Li de chemin sous les nuages et la lune », M. Lingfeng, a visité l'Europe il y a une dizaine d'années. De retour au Pays, il déclara : « Les Chinois d'Europe qui laisseront des traces dans l'histoire, ce sont les bhiksunis de Fo Guang Shan ». Car il a vu personnellement les bhiksunis des centres européens de Fo Guang Shan qui, chargées de plusieurs tâches chacune, non seulement renforcent la confiance et la force des Chinois de leur pays de résidence, mais encore portent sur leurs épaules, la lourde tâche de relier les deux cultures, orientale et occidentale.

Le Grand maître a encore bousculé les traditions, en mettant en place un système garantissant l'égalité des droits et intérêts des deux groupes monastique et laïc, pour leur permettre de former le « Sangha des six harmonies » à Fo Guang Shan. Là, les « Shigu » et les « Jiaoshi »[2] laïcs peuvent avoir les mêmes droits et intérêts que les bhiksus et bhiksunis. Non seulement, ils ont la garantie de figurer sur la liste du personnel du « Fo Guang Shan Board of Religious Affairs » mais, dans le fonctionnement des entreprises, ils peuvent accéder à des postes de responsabilité.

Déterminer précisément la place officielle des Shigu, est une grande contribution à l'histoire du bouddhisme. Auparavant, le bouddhisme taïwanais n'avait pas de dirigeants monastiques, la plupart des pagodes étaient tenues par des « Chai-Gu »[3]. Si le bouddhisme taïwanais d'aujourd'hui a acquis un nouveau visage grâce à Fo Guang Shan, la contribution des disciples laïcs est loin d'y être négligeable. C'est pourquoi, les « shigu » occupent une place

2 : A Fo Guang Shan, le terme « Shigu » désigne une femme célibataire, admise au monastère, où elle travaille et réside en permanence. Pour un homme, dans les mêmes conditions, le terme est « Jiaoshi » (NDT)

3. Chai Gu : littéralement « Femme végétarienne », désigne une femme qui se consacre au bouddhisme et assure la gestion du monastère. Elle assure également un rôle d'informatrice auprès des visiteurs (NDT)

importante à Fo Guang Shan. Surtout, tant pour l'harmonisation entre le Mahayana et le Hinayana, que pour la propagation du bouddhisme dans le monde entier, les Shigu et les Jiaoshi sont indispensables. S'ils peuvent assumer de telles responsabilités, cela montre bien la signification et l'importance de leur existence. C'est pourquoi, le Grand maître leur rappelle toujours qu'ils doivent prononcer de grands vœux, et endosser l'esprit de « Qui d'autre que moi pourrait se charger de cette tâche de promotion du bouddhisme ? »

Création du système des « conférenciers »

Après les « Shigu » et les « Jiaoshi », le Grand maître a créé, en 1992, la « Buddha's Light International Association (B.L.I.A.) » pour les disciples laïcs, instauré le système des « conférenciers » et mis en application l'idée : « Les monastiques se chargent des tâches religieuses, les laïcs développent les activités sociales ». Dès lors, Fo Guang Shan et la B.L.I.A. devinrent les deux groupes majeurs pour le développement du bouddhisme, tels les deux bras de l'homme, les deux ailes de l'oiseau, qui oeuvrent en harmonie.

La B.L.I.A. est une association à multiples facettes, couvrant les domaines éducatif, culturel, caritatif, religieux… Elle est considérée comme une des cinq plus grandes associations du monde, au même titre que : Lions Club International, Rotary International, Kiwanis International ou Juniors Chamber International. La B.L.I.A. est la seule association créée par les Chinois, qui soit devenue membre des « Non Gouvernemental Organisations » de l'O.N.U. Grâce à la création de la B.L.I.A., on peut dire que là où naît la lumière, il y a des hommes-Foguang. D'un autre côté, la création des « conférenciers » a non seulement relevé le niveau de croyance des adeptes, mais en même temps développé la force de propagation du bouddhisme.

La raison de cette création des « conférenciers », est que beaucoup de disciples laïcs se sont intéressés au bouddhisme depuis leur jeunesse et, après plusieurs années d'études, ont des connaissances équivalant largement à celles des « docteurs » en titre. Ils peuvent donc, sans aucun doute, enseigner le Dharma. Mais ces disciples bouddhistes n'osent pas penser de la sorte, ils continuent à se nommer « disciples ou élèves », et craignent de se dire « maîtres ». Le Grand maître pense que cette attitude va à l'encontre du vrai sens de la sentence fondamentale bouddhiste : « Tous les hommes sont égaux, l'Homme et Bouddha sont identiques ». Si on se reporte à l'histoire du bouddhisme, on peut voir que : Vimalakirti a été le professeur de plusieurs grands bodhisattvas, Madame Srimala a souvent parlé Dharma aux membres de la famille impériale. L'Empereur Liangwu s'est rendu trois fois à la pagode Tungtai et a aussi souvent parlé Dharma au palais royal, de même que les quatre grands bodhisattvas de la Mahayana : Ksitigarbha, Manjusri, Avalokitésvara, et Samantabhadra qui sont présentés comme étant des laïcs. Voilà qui montre bien que le système des « conférenciers » existait déjà et depuis longtemps.

D'un autre côté, le Grand maître pense que, vu le développement du bouddhisme d'aujourd'hui, si l'on s'en tient aux seuls monastiques pour enseigner le Dharma, le résultat sera trop limité. De nos jours, il est facile d'engager un professeur d'université dans n'importe quelle matière, sauf pour le bouddhisme. A l'heure actuelle, tous les collèges ont des groupes d'étude bouddhiste, malheureusement, ils n'ont pas d'enseignant principal. Il y a plus de mille villages à Taïwan et, si chacun a besoin d'un professeur de bouddhisme, il en faudra plus de mille et il sera évidemment impossible de les trouver tous parmi les seuls monastiques. Aussi, le Grand maître a l'intention de les décharger de cette responsabilité en la confiant aux disciples laïcs. Il s'agira donc de donner, à ceux qui en ont la capacité, une formation de « conférencier », leur permettant, en dehors de la distribution des aumônes matérielles, de semer le Dharma.

L'égalité et l'harmonie entre monastiques et laïcs

Cette option du Grand maître montre l'ampleur de sa vision qui lui permet d'envisager l'avenir du bouddhisme et aussi la largeur d'esprit de sa conception de l'« Egalité entre monastiques et laïcs ». Toute sa vie, il a lutté pour la démocratie, la liberté, l'égalité... et pour concrétiser l'idée d'« Egalité entre monastiques et laïcs », de façon à abolir toute idée de privilège ou de privilégié. Le 19 avril 2001, lors de l'assemblée générale du Comité administratif de la B.L.I.A. en Afrique du Sud, à l'ordre du jour figurait un point qui disait : « Le Président devra être élu parmi les monastiques ayant plus de vingt ans d'ordination ». Le Grand maître s'y est formellement opposé, car il pensait que c'était contraire à la conception de l' « Egalité entre monastiques et laïcs ». Il fit appel à l'auditoire pour lui demander de ne pas penser en termes d'autorité et d'intérêt personnel, mais bien plutôt, de profiter de la tendance démocratique de l'époque actuelle et de laisser les dirigeants de la B.L.I.A. conduire le bouddhisme vers un avenir de démocratie, de liberté et d'égalité.

En raison de son comportement envers les disciples, il était inévitable d'entendre des propos du genre: « le Grand maître a une préférence pour les disciples laïcs ». A cela, il répondit : « En fait, je n'ai pas de préférence pour les uns ou pour les autres. Et puis, il est bien normal que j'aime les disciples laïcs, car le Dharma est une sorte de joie, une sorte d'affinité et bien aimer quelqu'un, c'est lui apporter la joie et l'affinité. » (*Ainsi dit*) Dans le cœur du Grand maître, bien que les monastiques aient beaucoup contribué au bouddhisme taïwanais d'aujourd'hui, l'apport des laïcs n'est pas non plus négligeable. C'est pourquoi il préconise l'harmonie entre les deux parties, étant persuadé que seule leur union pourra donner au bouddhisme, un avenir encore meilleur.

Des œuvres de charité aux activités culturelles

Dans la société, les associations caritatives sont généralement bien considérées et soutenues. Par le passé, le bouddhisme a, lui aussi, été classé dans la catégorie des associations caritatives car les hommes avaient remarqué que le bouddhisme parlait souvent de « compassion ». Il était donc naturel, à leurs yeux, qu'il s'occupe de secours et d'assistance. Les gouvernements ont toujours glorifié les pagodes et les centres de culte qui pratiquent directement des activités caritatives et c'est ainsi que le bouddhisme s'est trouve cantonné dans un cadre uniquement caritatif.

Cependant, dans la conception du Grand maître, « le plus grand mérite du bouddhisme c'est de promouvoir le Dharma par l'éducation et la culture, pour purifier le cœur de l'homme et améliorer la mentalité régnant dans la société. Plus encore, il faut développer la sagesse de l'homme grâce aux théories bouddhistes, afin qu'il comprenne le vrai sens de la vie et de là, obtienne la libération et transcende ses cœur et âme. Telle est la mission primordiale du bouddhisme et aussi son aspect le plus noble. » (*Ainsi dit*)

Le Grand maître pense que, si le gouvernement encourage uniquement son côté caritatif, le bouddhisme risque de dégénérer. Il souligne, qu'étant différent des autres associations caritatives, le bouddhisme ne peut se limiter aux œuvres de charité, mais doit surtout mettre l'accent sur les domaines éducatif et culturel. Il est dit : « la bienfaisance est aisée, l'enseignement culturel est fondamental ». Certes, Fo Guang Shan exerce aussi des œuvres charitables : encadrement des jeunes, soutien aux personnes âgées, soins médicaux, et organisation des funérailles. Il intervient ainsi sur les quatre périodes – jeunesse, vieillesse, maladie, mort – de la vie, mais il ne s'en glorifie jamais, car « tout le monde peut exercer la charité, elle n'est pas exclusive au bouddhisme et Fo Guang Shan ne la pratique qu'en fonction des circonstances. L'enseignement culturel est l'exercice de l'idéal, tout le monde ne sait pas le faire, ni ne l'apprécie. Mais il est fondamental dans le bouddhisme, c'est l'œuvre de bienveillance qui libère totalement le cœur de l'homme ; voilà pourquoi, Fo Guang Shan insiste sur l'importance de l'enseignement culturel. » (*Réponses à l'interview du journaliste Xianianci du Journal La Chine. 15/01/2002*)

L'œuvre de bienveillance la plus radicale

Sur la différence entre l'enseignement du Dharma et l'aide caritative, le Grand maître livre une analyse et un point de vue qui font réfléchir. Il dit :

> Bien que l'aide caritative puisse sauver des vies et résoudre des problèmes immédiats, elle ne peut supprimer les trois poisons : l'avidité, la colère, et l'ignorance. Seule, la Vérité du Dharma peut purifier le cœur et l'âme de l'homme, imprégner sa vie de sagesse, éliminer son affliction et vaincre sa peur de la mort. Son influence peut se perpétuer

sans cesse, c'est pourquoi l'enseignement bouddhiste est l'œuvre de bienveillance la plus totale. (*Collection Bouddhisme. La pratique. Le bouddhisme et les œuvres de charité*)

L'action caritative peut aider momentanément, mais elle n'a pas que des bons côtés et elle reste limitée. Seuls les dons du Dharma sont illimités : une bonne phrase peut parfois influer sur toute l'existence d'un homme et lui apporter bénéfice pour toute sa vie. (*Ainsi dit*)

Le Dana, dans le bouddhisme, comprend le don matériel et le don du Dharma. L'enseignement culturel du bouddhisme relève du deuxième tandis que les œuvres de charité appartiennent au premier. Le don matériel est limité et quantifiable. Il peut provisoirement sauver les hommes de la pauvreté, mais non de l'ignorance. Le don du Dharma est immense, il est incommensurable et n'a pas de fin. Avec l'éducation et la culture, on alimente la source de la sagesse chez l'homme, on purifie son cœur, on lui apporte un éternel profit. C'est donc l'aide la plus complète. (*Collection Bouddhisme. La pratique. Le bouddhisme et les œuvres de charité*)

La charité est un maillon du bouddhisme, on peut même dire que le bouddhisme lui-même, est une œuvre de charité mais le travail caritatif ne représente pas le bouddhisme tout entier. Aussi, quand le niveau de croyance d'une personne s'élève, elle doit, outre les actes de charité, commencer à chercher à comprendre les théories, pour accroître

> sa sagesse. Car un homme qui ne connaît pas le Dharma, ressemble à une barque perdue au milieu de l'océan, sans espoir de pouvoir trouver le port. Par contre, avec le Dharma, une simple petite phrase peut parfois donner confiance à l'homme et l'aider à retrouver sa direction et cela, pour toute sa vie. (*Collection Bouddhisme. Le Bouddhisme humaniste. Les œuvres du bouddhisme humaniste*)

> Quand on parle de secours, il faut savoir qu'il est plus significatif de secourir dans une extrême nécessité, que de soulager la pauvreté endémique et qu'il est plus important de secourir l'esprit que le corps. C'est pourquoi, le bouddhisme doit mettre l'accent sur le travail de promotion du Dharma, car l'aide caritative seule, n'est pas suffisante. L'enseignement du Dharma et la purification du cœur de l'homme sont les vrais objectifs fondamentaux de la religion. (*Collection Bouddhisme. Le Bouddhisme humaniste. Les œuvres du bouddhisme humaniste*)

Promouvoir le Dharma par la culture et l'éducation

L'effort de culture et d'éducation ne reçoit pas de résultat immédiat et n'attire pas beaucoup l'attention, mais le Grand maître maintient son idée de promouvoir le Dharma par la culture et l'éducation. A son arrivée à Taïwan, il a trouvé des coreligionnaires très occupés par les cérémonies religieuses, cependant que rares étaient ceux, qui s'intéressaient à l'action culturelle bouddhiste. A l'époque, il émit le vœu de promouvoir le Dharma par la culture et l'éducation et se lança dans cette croisade. En plus des lectures qu'il donnait, il écrivait et rédigeait des articles pour les magazines, sans recevoir de rémunération, ni de dons abondants. Parfois il devait même payer les frais de sa poche, mais il ne s'est jamais découragé. Pour faire croître la culture bouddhiste, il participait à des réunions de cercles littéraires et les écrivains de l'époque, Guosifen, Gongsunyan, Zhuqiao, Hefan, Gaoyang, Simazhongyuan etc. étaient tous pour lui de bons « camarades de lettres ».

Le Grand maître aime écrire, il n'a jamais cessé de le faire et, à ce jour, ses ouvrages sont innombrables. Rien que pour l'année 1993, on compte : la série de 10 volumes de « *Crystal Series* » (Xidai Publishing) ; les 4 volumes de « *Hsing-Yun's Chan Talk* » (Crown Culture Corporation) ; « *Chan Talk* » (Liking Books) ; les 44 volumes de « *Hsing-Yun's Dharma word* », « *Hsing-Yun's Interpretation of Chan Poems* » et « *Journal de Hsing Yun* » (Foguang Publishing). Ces derniers temps, ont été publiés successivement : les 10 volumes de « *Buddhism Series* », les 12 volumes de « *Foguang Textbooks* », les 6 volumes de « *Les cent histoires d'antan* », les 4 volumes de « *Prayers for Engaged Living series* », les 12 volumes de « *Entre l'Ignorance et l'Illumination* » etc. En outre, les commentaires d'actualité, les préfaces, les thèses littéraires, les manuscrits des discours, les notes de séminaires, les propos divers... qui n'ont pas encore été reliés, comptent plusieurs millions de mots. Beaucoup de ses livres sont traduits en anglais, japonais, coréen, thaïlandais, indonésien, portugais, français, pali, etc. et sont en circulation dans les différents pays du monde.

Il est à noter que, suite au développement des organisations Fo Guang Shan dans le monde entier, grâce à la persévérance du Grand maître pour promouvoir le bouddhisme humaniste et au nombre sans cesse croissant des ouvrages parus, la bibliothèque du Congrès américain a officiellement intégré les œuvres de « Fo Guang Shan » et du « Vénérable maître Hsing-Yun » dans le

« Library of Congress Classification Schedule » sous le numéro BQ 9800, F63. « Humanistic Buddhism » et « Fo Guang Shan Buddhist Order » eux, ont été intégrés dans le « Library of Congress Subject Heading ». Cet ajout a été officiellement publié dans l'hebdomadaire « Library of Congress Classification » N° 18 de 2005. Ces ouvrages ont également été reçus dans les bibliothèques universitaires et autres. C'est ainsi que le bouddhisme humaniste a été reconnu par le Congrès et le monde culturel américains.

Les sujets traités par le Grand maître sont multiples : poésies, romans, fables, contes, thèses, textes religieux, etc. Son souci est de constater que : « Les livres canoniques bouddhistes sont trop nombreux, ce qui peut entraver le développement du bouddhisme ; la discipline bouddhiste est trop rigide, ce qui risque de nuire à l'expansion du bouddhisme. C'est pourquoi, restructurer les livres canoniques est indispensable au développement du bouddhisme futur » (*Ainsi dit*). Habituellement, il met l'accent sur la diffusion du Dharma vulgarisé, il publie souvent des articles de vie quotidienne, dans les journaux et les magazines. Il a écrit pour « Jiangyi », et aussi pour souhaiter l'anniversaire des quarante ans du magazine « Crown ».

Non seulement, il a introduit le bouddhisme dans la société par ses écrits, mais les centres de Foguang qu'il a créés, possèdent tous, en plus des salles de recueillement, des salles de classe et de séminaire, des bibliothèques, des salons de thé, etc. Il s'est rendu compte qu'à l'heure actuelle, dans toutes les activités, c'est toujours « les enfants participent, les parents accompagnent ». Aussi, il préconise, dans tous les centres, des emplacements pour étudier ou prendre une tasse de thé, afin qu'adultes, enfants, vieux, jeunes, hommes et femmes, puissent trouver là, leur port d'attache. Il espère surtout pouvoir créer un centre de culte ou de méditation dans tous les villages, afin que tout un chacun puisse avoir la possibilité de se rapprocher du bouddhisme.

Depuis maintenant de longues années, Fo Guang Shan impulse activement le Dharma par l'éducation et la culture. Ce faisant, il a non seulement étendu le bouddhisme humaniste à travers les cinq continents, la Nation et la société, mais il a encore apporté une immense contribution à la paix dans le monde. Comparé aux autres associations qui ne s'intéressent qu'aux activités caritatives, la différence est criante et c'est encore une particularité des vœux prononcés par le Grand maître.

Des droits de l'homme au droit à la vie

« Le bouddhisme est une religion qui préconise l'égalité, non seulement entre les hommes, mais encore entre tous les êtres, et aussi entre les êtres et les bouddhas. Dans le Sangha, les adages : « tous les cours d'eau deviennent salés quand ils se jettent dans la mer, les hommes des quatre classes sociales (de la société de l'Inde à l'époque de Bouddha) prennent le même nom de famille après l'ordination » sont la démonstration de l'égalité des races. » (*Collection Bouddhisme. La réglementation. Questions et réponses*). Pour réaliser sa conception de l'Egalité, le Grand maître s'intéresse non seulement à « l'égalité des sexes » ou à « l'égalité entre monastiques et laïcs », mais il insiste encore sur « le respect des droits de l'homme » et « la considération envers le droit à la vie » pour concrétiser totalement l'esprit de « l'égalité entre tous les êtres ».

Le Grand maître respecte tout le monde. Face à ses disciples, il se comporte en «30% maître, 70% coreligionnaire ». Il dirige Fo Guang Shan en s'appuyant sur les règlements et non par autorité personnelle. Dans les séminaires qu'il préside, chacun a droit à la parole, mais après le vote, tout le monde doit suivre.

Dans le domaine monastique, le Grand maître est absolument impartial et promeut les huit écoles ; dans le domaine politique, il ne favorise aucun parti. Quand les personnalités du Guomindang ont rendu visite au monastère, il les a reçus dignement, comme il a reçu celles du Parti Démocrate Progressiste. Il disait : « Quel que soit leur niveau, les hommes politiques, les économistes, les industriels, les hommes du monde éducatif sont tous pour nous, des interlocuteurs privilégiés. Pour moi, j'ai la responsabilité d'aider chaque homme, j'appartiens à tout le monde, et non à une catégorie. Je ne suis qu'un simple moine ! » (*Réponse à l'interview du journaliste du quotidien « Haixia » Melle Gaoqing*)

Le monde est une famille unique, les autres et moi sommes semblables

Pour le développement de Fo Guang Shan, le Grand maître a fixé les directives et les objectifs suivants, devenus caractéristiques du monastère :

- La pratique simultanée des huit écoles, la propriété à parts égales pour tous les disciples, tant ordonnés que laïcs ;
- La création en équipe, le respect et la magnanimité mutuels ;
- La simultanéité de l'étude et de la pratique, la pratique de la démocratie ;
- La communauté des « six harmonies », l'égalité entre les quatre types de disciples ;
- L'attitude vis-à-vis de la vie politique et sociale : coexistence

et non-ingérence ;

- Harmoniser la tradition et le contemporain, en parfaite coordination ;
- Les échanges internationaux, l'unité et la coexistence ;
- Le bouddhisme humaniste, vers la terre pure de Foguang. (*Foguang studies*)

On y perçoit la pensée grandiose de « l'harmonie dans tous les royaumes Dharma, l'unité entre les autres et moi ». Il n'y a pas de frontières entre les régions, les races, les partis politiques, les monastiques et les laïcs, les hommes et les femmes, les positions sociales... C'est une pensée démocratique, parfaitement respectueuse des droits de l'homme.

Habituellement, le Grand maître ne se mêle pas de politique ; néanmoins, il lui est arrivé de s'exprimer, lors de l'assemblée générale de « La Libre Chine » : il disait alors, espérer que le Guomindang saurait se montrer large d'esprit, en tolérant et acceptant les gens extérieurs au parti. Car l'ouverture, la liberté et la démocratie étaient les éléments moteurs de l'époque, ceux qu'aucune force n'aurait pu arrêter et, en respectant l'opinion du peuple, on s'assurerait de son soutien. C'est en se basant sur ce même esprit de respect des droits de l'homme, qu'il a proposé aux dirigeants de la République populaire de Chine, de libérer les membres du Mouvement démocratique chinois.

Il pensait : « Partout dans le monde on parle de liberté et de démocratie et pourtant, les opprimés politiques, raciaux et religieux sont encore bien trop nombreux. Nous devons aider tous les hommes à ne pas être victimes d'oppression » (*Journal de Hsing-Yun. 27/04/1993*). C'est pourquoi, il ouvre grand sa porte pour accueillir tout le monde. De plus, il milite pour « le droit à la vie », pour la protection des animaux. Il pense que tout être doit avoir le même droit à la vie. Non seulement on devrait « ne pas les tuer », mais encore « les laisser libres » et, de là, « les protéger ». Il faut traiter tous les êtres vivants avec compassion.

Le Grand maître préconise le droit à la vie pour promouvoir l'égalité entre tous les êtres, en référence à la maxime : « *Tous les êtres vivants possèdent la nature de Bouddha* ». Aux âges barbares où régnait l'anarchie, succédèrent les époques autoritaires, durant lesquelles la volonté de l'empereur ne pouvait être contestée. Et nous voilà maintenant parvenus à l'époque « démocratique », où tout le monde se réclame des « droits de l'homme et du citoyen », où l'on met en exergue la dignité de l'homme, où l'on demande que les droits à l'existence, la participation à la vie politique, l'égalité, la liberté, la gestion des biens privés, etc., soient protégés. Il n'y est question que de l'homme et c'est peut-être un peu perdre de vue ce que le bouddhisme, lui, n'a pas oublié, quand il dit que « tous les êtres vivants possèdent la nature Dharma ». Or, si la nature Dharma est la même pour tous, alors le droit à la vie de tous les êtres, doit, lui aussi, être protégé. Ainsi, passant du respect des droits de l'homme au respect du droit à la vie, le Grand maître souhaite que la terre pure de l'homme puisse se bâtir sur la base de l'universalité : « dans le Dharmadhatu, tous les êtres sont égaux », « le monde est une famille unique, les autres et moi sommes semblables ». (*Foguang Textbooks. Le système d'organisation du monastère Fo Guang Shan*).

Respecter la vie, défendre le droit de vivre

En étudiant la définition qu'il donne de « la vie », on réalise la multiplicité des niveaux de la défense du droit à la vie, tel que le conçoit le Grand maître. Il disait : « Il n'y a pas que l'homme qui possède la vie, les animaux et les plantes la possèdent aussi, de même que les montagnes, les fleuves et les plaines, de même que le temps, car la vie est une somme de temps. Gaspiller le temps revient à détruire la vie. Gaspiller le matériel est aussi une sorte de destruction de la vie, car les matériels sont des ressources communes à tous et tout objet synthétise la somme des efforts fournis par tous ceux qui l'ont élaboré. D'un point de vue global, le gaspillage du temps et la détérioration des objets sont aussi une forme de destruction de la vie. » (*Universal Gate Buddhist Journal. Discussions sur les problèmes contemporains. Ce que pense le bouddhisme du problème de la « destruction de la vie »*)

La protection du droit à la vie se traduit, chez le Grand maître, dans son comportement et sa compassion. Déjà tout petit, il adorait les animaux. Pour lui, les volailles et autres animaux domestiques ne devaient pas être maltraités, vendus ou tués. A la campagne, les chiens ne recevaient qu'une pâtée par jour, alors, en cachette, il partageait ses repas avec eux, préférant même, parfois, ne pas manger, car il ne supportait pas l'idée qu'ils pussent avoir faim.

A l'âge de 9 ans, la colombe qu'il avait élevée lui-même est partie. Il était si triste et si désolé qu'il s'est jeté dans la rivière. Heureusement, il savait bien nager, il a pu suivre le courant et s'en est sorti. Mais, il était si triste que, durant plusieurs jours, il ne put avaler la moindre nourriture.

En 1956, le Jardin d'Enfants Ci-Ai fut créé. Pour apprendre aux enfants à les aimer, il élevait des oiseaux et des singes. Le vendeur lui avait dit de ne pas trop donner à boire aux singes, afin qu'ils ne grandissent pas trop vite. Mais le Grand maître ne pouvait pas se retenir et il leur donnait à boire tous les jours. Effectivement, peu de temps après, ils avaient atteint la moitié de la taille d'un homme. Alors, ne voulant pas les voir enfermés dans des cages, il les a remis en liberté dans la montagne.

Le Grand maître adore les animaux mais aussi les plantes. Dans les débuts de Fo Guang Shan, chaque fois qu'il y avait une tempête alors qu'il était à l'étranger, la première question posée au téléphone, était pour savoir si les arbres n'avaient pas été arrachés. Il se souciait plus des arbres que des bâtiments. A Fo Guang Shan, entre le pont Baojiao et le pavillon Longting, poussait un arbre-bodhi qui fut, un jour, déraciné. Bien que l'arbre eût perdu toutes ses racines, il l'a quand même replanté et lui a prodigué tous ses soins. Miraculeusement, l'arbre a repris et le Grand maître en a été très fier. Il était très heureux, car il pense que les plantes ont aussi une vie et qu'elles doivent donc être protégées.

Toutes ces histoires sont contées dans « Mes caractères du bouddhiste humaniste » et « La chaleur humaine du bouddhisme humaniste » et le Grand maître les cite souvent dans ses lectures. Il veut apprendre à ses disciples à se soucier de la vie, à aider les hommes, à appliquer les théories bouddhistes, pour respecter la vie et défendre le droit de vivre.

Du respect des droits de l'homme à la défense du droit de vivre, du souci de la vie à la manifestation de « l'égalité de la nature de Bouddha », tout montre l'originalité des idées et pratiques du Grand maître du bouddhisme humaniste.

Une diffusion internationale du bouddhisme humaniste

Etre à l'écoute de la pulsation de l'époque, avancer sans cesse avec son temps, moderniser le bouddhisme, voire même l'internationaliser, voilà les éléments importants qui ont permis au bouddhisme humaniste, impulsé par le Grand maître, de devenir aujourd'hui un courant de pensée de grande valeur.

Le Grand maître fit ses premiers pas sur le chemin de la propagation du Dharma, en 1953, à Yilan. Puis, successivement, il créa des « groupes de prière » à Luodong, Toucheng, Huwei, Longyan, Kaohsiung, etc., pour encourager les adeptes à pratiquer ensemble. Par la suite, il se rendit à Taïpei où il créa le Centre de services Sanzhong, puis le temple bouddhiste de Kaohsiung. En 1967, il conçut le monastère Fo Guang Shan, et, en 1978, Pu-Men, le premier immeuble urbain bouddhiste de Taïwan. Depuis, il n'a cessé de voyager du Nord au Sud, pour promouvoir le bouddhisme, sans toutefois, du moins durant cette période, sortir de l'île.

C'est en 1978 qu'il créa, aux Etats-Unis, la « International Buddhist Progress Society » (I.B.P.S.) et commença à projeter la construction de Hsi-Lai Temple. Après dix longues années d'études et de travaux, Hsi-Lai fut inauguré en 1988 et devint le point de départ de la propagation internationale du bouddhisme humaniste. Progressivement, sous son impulsion, plus de deux cent centres et entreprises bouddhistes virent le jour, aux Etats-Unis, en Europe, en Australie, en Afrique, en Océanie et aussi en Asie, dans des pays comme le Japon, la Corée, la Malaisie, les Philippines, etc. C'est ainsi que le bouddhisme humaniste commença à rayonner dans le monde entier.

L'internationalisation du bouddhisme

« L'internationalisation » : Voilà l'orientation et l'objectif projetés par le Grand maître, pour promouvoir le Dharma. Cette idée avait germé dans son esprit depuis bien longtemps. Dans le texte *« D'abord l'idéal, la réalité ensuite »* de la série « *Les cent histoires d'antan* », il écrivait : « En 1938, le Vénérable maître Taixu parcourut l'Europe et l'Amérique pour enseigner le Dharma. Il y fonda les associations « Collège bouddhiste mondial » et « Association amicale bouddhiste », mais, faute de successeurs et de ressources financières, ces projets durent être abandonnés. J'ai appris ces faits dans les chroniques, publiées dans les journaux et magazines. Ces documents faisaient déjà partie de l'histoire, mais ils suscitaient en moi une immense émotion et faisaient germer l'idée que le bouddhisme avait besoin d'être modernisé et plus encore, d'être internationalisé. Cette conviction s'est ainsi profondément implantée dans mon esprit et elle devint le but de ma lutte. »

L'idée de l'internationalisation couvait dans le cœur du Grand maître depuis longtemps, mais c'est seulement après la création dc Fo Guang Shan qu'elle a pris forme. Parmi les dix caractéristiques de Fo Guang Shan, le caractère « international » vient en premier, les autres sont : « mondain, commun, éducatif, culturel, caritatif, joyeux, compatissant, harmonieux et tolérant ». De même, à la création de la B.L.I.A. en 1992, le Grand maître lui a donné une feuille de route comprenant quatre idées directrices : « Promouvoir le Dharma avec une vision mondialiste », « Construire la terre pure avec un caractère mondain », « Aider le monde avec un cœur compatissant », « Guider les adeptes avec une juste sagesse ». On peut voir par là, que le Grand maître n'a cessé de développer et d'activer le « Bouddhisme international ».

Le Grand maître pense que « l'internationalisation » est un courant de l'époque, une tendance indispensable. Il impulse le bouddhisme international en espérant pouvoir, grâce à lui, promouvoir le Dharma dans le monde entier. Par les échanges internationaux, il prépare la venue du « Village-Terre ». D'un autre côté, il espère aussi, grâce à la propagation du Dharma, aider sa Nation d'adoption à élargir son champ diplomatique, favoriser les échanges et la communication entre les deux « Chine », et de là, instaurer la paix mondiale.

Le Grand maître préconise la vision internationalisée du bouddhisme, parce qu'il pense que l'amour de l'homme ordinaire n'est souvent qu'une sorte de compassion formelle, conditionnelle, qui génère des différences entre proche/éloigné, aimé/haï, l'autre/moi... De là naissent les comparaisons, les critiques et les querelles. C'est pourquoi, il utilise « la vision internationalisée » pour effacer les frontières entre les hommes, espérant que tous apprendront à se connaître, à se tolérer, à se respecter et trouveront l'égalité et l'harmonie, afin de pouvoir vivre et prospérer ensemble. (*Universal Gate Buddhist Journal. L'esquisse du bouddhisme humaniste*). Aussi, dès les débuts de la B.L.I.A., il souhaitait sincèrement que chaque membre pût prononcer le vœu d'être « un citoyen de la Terre, solidaire, compatissant, bien intégré, intelligent et raisonnable, fort et tolérant. Un compagnon généreux, un pratiquant pur, heureux et optimiste, bref, un homme-Foguang harmonieux », pour créer, avec tous, une terre pure Foguang. (*Le monde Foguang. Paroles du Président*)

Cette idée de « l'unité et la coexistence », ce concept du « citoyen de la Terre », sont, pour le Grand maître, une profonde conviction personnelle. Il a quitté la Chine quand il était jeune, et quand il y est retourné quarante ans plus tard, les gens du village l'appelaient « le bonze de Taïwan ». Il a vécu plus de cinquante ans à Taïwan, et les Taïwanais l'appellent « le bonze chinois ». A travers les cinq continents, personne ne le reconnaît pour Américain ou Australien... Finalement, il se dit « citoyen de la Terre », et déclare : « pourvu que la Terre ne me rejette pas, je veux bien en être citoyen ! » (*Journal de Hsing-Yun*)

Cet esprit ouvert de « citoyen de la Terre » a profondément touché M. Jiangjimin, président du 3eme groupe de la B.L.I.A. France. Lors de la cérémonie de création de la B.L.I.A. France, il déclara : « Je suis un Chinois du Cambodge. Après la chute du Cambodge, je suis venu vivre à Paris, mais la Chine ne me reconnaît pas comme Chinois, le Cambodge ne me reconnaît pas comme Cambodgien et la France ne veut pas non plus me reconnaître pour un des siens. Voilà pourquoi je me suis longtemps senti triste et perdu. Depuis que j'ai entendu le Grand maître dire qu'il voulait être un citoyen de la Terre, cela m'a ouvert l'esprit. Dorénavant, je veux, moi aussi, être un citoyen de la Terre avec un esprit ouvert, plein de bienveillance, de compassion, de joie et d'équanimité. »

Toutes les actions du Grand maître furent minutieusement programmées et réalisées. Pour impulser le bouddhisme international, il commença par former des talents en langues étrangères, en créant successivement « le Département international » en 1983, « les Cours de bouddhisme en anglais » en 1986, et « les Cours de bouddhisme en japonais » en 1988.

Pour répondre aux besoins d'internationalisation de la propagation du bouddhisme, il créa tout spécialement l' « International Buddhist Progress Society », chargée particulièrement du développement des langues étrangères, de l'accomplissement des formalités pour les étudiants qui font des études à l'étranger, du développement des centres d'outre mer et des collèges bouddhistes internationaux. Par la suite, il fonda le Centre international de traduction, afin de pouvoir transmettre le Dharma au monde entier, par la traduction des ouvrages bouddhistes. Depuis la création de la B.L.I.A., en 1992, Fo Guang Shan n'a cessé d'organiser, à travers le monde, des réunions d'étude et des entretiens, afin de former toutes sortes de talents. Fo Guang Shan a également organisé le Séminaire international du Sangha bouddhiste, le Concours mondial des études bouddhistes, le Camp de vacances international pour enfants, le Séminaire mondial pour jeunes bouddhistes, le Séminaire mondial des femmes exceptionnelles bouddhistes, etc. Il a encore instauré le système des conférenciers internationaux, organisé le Séminaire international des études bouddhistes, le Séminaire international des études de Chan, le Séminaire mondial pour l'exotérique et l'ésotérique, la Réunion d'études internationales du Sangha, le Séminaire international pour bénévoles masculins, le Séminaire international des femmes bouddhistes, le Séminaire international des bénévoles bouddhistes, le Séminaire international des jeunes bouddhistes, etc. Toutes ces initiatives améliorent la collaboration et l'union des adeptes bouddhistes à travers le monde ; elles ont permis au bouddhisme international de faire un grand pas en avant.

Parcourir le monde pour la lumière de Bouddha

Le défunt président de l'Association bouddhiste chinoise, M. Zhaopuchu, a dit : « Le Vénérable maître Hsing-Yun a internationalisé le bouddhisme. Les monastiques et les laïcs de Fo Guang Shan bouclent leur sac de voyage contenant les sutras et parcourent le monde, pour construire des centres de culte et enseigner le Dharma, se donner de la peine et travailler dur. Leur esprit et leur force d'âme sont dignes d'éloges. » Grâce à cet esprit de « parcourir le monde pour la lumière de Bouddha » des hommes-Foguang, les succès de la propagation internationale du bouddhisme sont évidents de nos jours. Enumérons, ci-après, leurs actions :

- Faire rayonner l'Association amicale des bouddhistes d'Asie vers le monde entier.

- Organiser l'Ordination de la Triple Plate Forme Précepte, à Bodhi Gaya en Inde.
- Les Services de l'Immigration du Gouvernement australien ont organisé la Cérémonie de la prestation de serment au Zhongtian Temple.
- Le Nantian Temple d'Australie a organisé la fête de « l'aspersion parfumée de la statue du Bouddha », au port Darling Harbour de Sydney et y a hissé les pavillons bouddhistes.
- Les gouvernements australien, hollandais et sud-africain ont offert successivement du terrain et des fonds pour construire des pagodes ; le Premier ministre malais a fait une donation pour aider les bonnes œuvres des centres Foguang en Malaisie.
- Durant les réunions de concertation publique, le projet de construction de Hsi-Lai Temple a reçu l'appui de la religion catholique. Par la suite, certains prêtres catholiques se sont joints au Sangha dans sa tâche de promotion du Dharma.
- Le maire de la « City of Monterey Park » de Los Angeles, M. Jiangguoliang, a fixé la date du 16 mai comme « Journée internationale de Foguang », en souvenir de la date de création de la BLIA à Hsi-Lai Temple, (le 16/05/1992) et de sa première Assemblée générale.
- L'ordination des bouddhistes sud-africains, qui fut un symbole de l'égalité des races.
- La création du « Centre de recherches du bouddhisme humaniste » à l'Université de la langue chinoise de Hong-Kong.
- La B.L.I.A. ne cesse d'organiser des activités, dans le but d'harmoniser, de réunir, les associations, de renforcer la relation amicale entre immigrés, et la communication avec les autres religions.

- Les centres de Fo Guang Shan d'outre mer s'occupent des nouveaux immigrés. Ils les éduquent et deviennent leur centre de pratique religieuse.
- Les jeunes adeptes du monde entier sont maintenant d'un haut niveau éducatif, ils sont pluridisciplinaires et talentueux.

L'insertion locale des pagodes par l'adaptation aux coutumes du pays

L'internationalisation du bouddhisme s'étant affirmée et ayant obtenu l'approbation du monde entier, le Grand maître a proposé, en 2001, l'idée de « la régionalisation ». Qui dit « régionalisation », dit qu'il faut laisser le bouddhisme de chaque région développer ses propres caractéristiques, en fonction de la civilisation, de l'environnement et des coutumes locales. Il espère que, dans vingt ou trente ans, sous les efforts conjugués des membres de la B.L.I.A., les pagodes et leurs activités pourront être confiées aux mains des autochtones, réalisant ainsi l'objectif de la « régionalisation », de l'insertion locale, des pagodes.

« Régionaliser les pagodes » est un des quatre objectifs que le Grand maître a proposé lors de l'assemblée générale du Comité administratif de la B.L.I.A. le 19/04/2001 en Afrique du Sud, les autres étant : « humaniser le Dharma », « intellectualiser la vie » et « réaliser l'égalité entre monastiques et laïcs ». Pour lui, le bouddhisme n'est pas un outil qu'utiliserait un pays pour envahir la culture d'autres pays. Ils doivent vivre ensemble, se développer ensemble. La B.L.I.A. se conforme au bouddhisme humaniste, elle doit donc développer le bouddhisme en fonction des caractéristiques de la région considérée.

Le Grand maître citait en exemple l'époque où le bouddhisme indien arriva en Chine : les bhiksus indiens ne se consacraient qu'aux tâches de traduction des sutras, la construction des pagodes était à la charge des bhiksus chinois, d'où le bouddhisme chinois tel que nous le connaissons de nos jours. Si, à leur époque, Kasayapamatanga et Dharmaratna n'étaient pas rentrés en Inde et s'étaient installés en Chine pour y promouvoir le Dharma et construire les pagodes, le bouddhisme chinois d'aujourd'hui aurait-il les caractéristiques que nous lui connaissons ?

Le Grand maître est persuadé que « la régionalisation » ne peut qu'apporter la force. Seule « l'insertion locale» permet d'approfondir, élargir et développer. Son objectif est d'aider au développement du bouddhisme. Il dit : « Donner aux autres, c'est donner à soi-même. Fo Guang Shan existe grâce aux « Dons ». » (*Ainsi dit*)

Pour concrétiser « la régionalisation des pagodes », le travail le plus urgent est de former activement des moines étrangers. Les seize collèges bouddhistes de Fo Guang Shan éparpillés en Amérique du Sud, en Australie, en Inde, en Malaisie, à Hong-Kong, au Brésil ... se chargent de la responsabilité de former les jeunes du pays. En 1994, le Grand maître a organisé la cérémonie du rasage au Nan-Hua Temple, en Afrique du Sud, pour Romuald Ngouala, Francis Foundoumouna, Roger Bikandou et autres, qui furent les premiers ordonnés bouddhistes africains de l'histoire. Non seulement, ce fut une page nouvelle dans l'histoire du bouddhisme en Afrique, mais aussi le premier pas de « la régionalisation » du bouddhisme africain.

Il y a cinquante ans, le Grand maître commença à emmener, pas à pas, le bouddhisme, du petit village de Yilan vers les cinq continents de la terre. Aujourd'hui, de l'internationalisation, il passe à la régionalisation. En fait, « l'internationalisation » montre l'ampleur de sa vision et « la régionalisation », sa grandeur d'âme.

De la réunification à la paix

Pour des raisons politiques, les deux « Chine » se sont séparées depuis plus de cinquante ans, écartelant ainsi d'innombrables familles. L'évolution de leur avenir n'est pas seulement un problème chinois : il interpelle le monde entier. Bien que moine, le Grand maître s'intéresse à la nation et à son peuple. Il considère « l'unification des deux Chines » comme « la responsabilité de tout Chinois » et l'instauration de « la paix mondiale » comme une mission personnelle. Pour réaliser ces deux objectifs, il parcourt le monde, de tout son cœur et de toutes ses forces, sans haine et sans regret. Le 25/12/2000, lors de sa visite à Fo Guang Shan, M. Chenshuibian, Président taïwanais en exercice, a dit en public : « Si les deux Chine ont besoin d'un messager de paix, le Vénérable maître Hsing-Yun est tout désigné pour tenir ce rôle. »

Depuis des dizaines d'années, le Grand maître a beaucoup fait pour renouer les liens entre les deux Chine. Il n'a aucune implication politique, même si certains le nomment « le bonze politisé ». En réalité, il recommande de : « s'intéresser à la politique, mais ne pas s'en mêler ». Il se soucie des affaires politiques, sans y prendre part, mais en ne négligeant aucune occasion de guider les hommes politiques vers le bouddhisme. Sa conviction est qu'il ne faut « abandonner aucun être vivant » et la relation qu'il entretient avec eux est une relation humaine et naturelle. Bien évidemment, il ne manque pas une occasion de leur parler Dharma ; il les encourage à exercer leurs fonctions avec compassion et sagesse, pour apporter la transparence en politique, la stabilité dans la société, la paix au monde et la joie au peuple.

Le Grand maître sait que : « Le bouddhisme aime la paix ; les bouddhistes qui ont donné le meilleur d'eux-mêmes pour la paix, sont devenus aujourd'hui des hommes exemplaires. A l'heure actuelle, quand tous les hommes du monde ont besoin de la vraie compassion et de la paix réelle, seules la bienveillance et la compassion de Bouddha peut leur apporter bonheur et espérance ». (*Cérémonie pour le jumelage entre Fo Guang Shan et le Temple Fashen (Dharmakaya). 25/02/1994*). Ainsi, depuis bien longtemps, avec toute la ferveur d'un religieux, il s'efforce de promouvoir le Dharma et de répandre la notion d' « Unité et coexistence ». Par la communication mutuelle entre religions, il cherche à créer les occasions qui permettront aux deux Chine, de nouer des contacts pacifiques. Il saisit chaque occasion qui se présente, pour émettre des propositions favorisant leur avenir commun.

L'égalité et le respect mutuel sont les conditions nécessaires de l'unification

S'agissant de l'avenir des deux Chine, le Grand maître préconise « l'Unification pacifique ». Dans sa conception, « unifier » ne veut pas dire « je te commande » ou « tu me commandes », les conditions primordiales de l'unification sont établies sur des bases d'égalité » et de respect mutuel. Car l'égalité permet le respect et la tolérance et offre la possibilité de « trouver la différence dans l'unité et l'unité dans les différences », « prospérer ensemble dans l'égalité et la paix ». « Sans égalité, pas de paix possible.» (*Ainsi dit*)

« Liberté », « Démocratie », « Gagnant-Gagnant » sont les bases de l'unification mais, préalablement à l'unification, le Grand maître pense qu'il il faut d'abord pouvoir exercer :

1. L'entraide dans le domaine économique, grâce à laquelle s'instaurera un ensemble social « Gagnant-Gagnant », suivi

automatiquement de l'unification.

2. La communication et les échanges culturels, pour obtenir une co-entente, à partir de laquelle il sera facile de parler d'unification.
3. Le respect en matière religieuse : les idéologies et les courants de pensée passent, les religions demeurent. Le développement religieux au sein d'un grand pays est toujours essentiel. Il faut donc que les deux parties respectent leurs cultes respectifs.
4. La démocratie dans le domaine politique : la démocratie est la condition primordiale de l'unification : une politique non démocratique rendrait toute réunification impossible.

(*Hsing-Yun's Dharma words. Les conditions de l'unification*)

Pour l'unification pacifique des deux Chine, le Grand maître ne ménage pas ses efforts, mais il nourrit aussi des attentes et se pose des questions. Les deux Chine pourront-elles vraiment se réunir un jour ? Le Grand maître est persuadé que « l'unification est un courant de l'époque, une tendance certaine et que ce n'est qu'un problème de temps ». Le 09/10/2003, quand il a reçu le titre de Docteur Honoris causa de « La Fraternité » de l'université chilienne Saint-Thomas, le journaliste Huangyangte est venu au siège de l'I.B.P.S. Chili, pour demander au Grand maître son opinion sur l'unification des deux Chine. Le Grand maître pense que le principal objectif du monde actuel, est la paix, l'union. Nous vivons à une époque où le rapport entre les hommes est étroit, où l'éducation est à la portée de tous. De nombreux problèmes internationaux peuvent être résolus par la négociation. La guerre est ignoble, une guerre entre deux pays serait condamnée par l'ensemble des Nations, une guerre interne est donc encore plus déplorable. Quand le journaliste l'interrogea sur les raisons de la scission, il répondit : « Pour l'essentiel, elle est due à une différence de point de vue, de pensée, d'idéologie. En fait, si nous regardons avec la vision actuelle, tout ce dont le peuple a besoin, doit être préservé. Si on peut trouver l'unité dans les différences et garder les différences dans l'unité, l'avenir de la Chine en sera d'autant plus florissant. »

En raison de l'étendue de son territoire, la Chine connaît de multiples différences : climatiques, géographiques, économiques et culturelles ; les mœurs et les coutumes varient selon les régions. Le Grand maître pense donc que l'unification de la Chine pourrait se faire sur le modèle du système « fédéral » américain. Seules les affaires étrangères et les questions militaires seraient contrôlées par le gouvernement central, les autres problèmes seraient de la compétence des gouvernements régionaux.

Unifier les deux Chines par l'Amour

Comment les deux Chines pourraient-elles se réunir ? Le Grand maître répond : En fait, c'est très simple, une seule chose suffit, « l'Amour », et il souligne : « Le XXIème siècle est le siècle du bouddhisme humaniste, c'est aussi le siècle des Chinois. Ils doivent s'unir, et bander leur énergie. Dans le passé, on nous qualifiait de « malades de l'Asie orientale », aujourd'hui, est venu, pour les Chinois, le moment de montrer leur épanouissement. Il espère que les deux Chine communiqueront et établiront leur amitié, car, au-dessus des frontières, les deux peuples sont avant tout chinois. « La Chine unique », voilà une vérité qui s'impose, même à l'histoire.

Dans l'esprit du Grand maître, « Taïwan et la Chine ne sont séparés que par la mer. En réalité, ils ont les mêmes racines, ils sont de la même race, possèdent la même culture, la même langue, et les mêmes mœurs. Ils sont frères, ils doivent s'entendre et non s'entretuer ». Il espère que, dans l'avenir, « les deux peuples pourront se tenir la main, pour avancer avec le temps, prononcer ensemble le vœu d'exploiter l'époque future, celle qui devrait appartenir à la Chine : le XXIème siècle des Chinois. » (*Discours prononcé à la cérémonie de prières organisée par les bouddhistes des deux Chine, face à l'épidémie de S.R.A.S. en 2003*)

Le Grand maître se dit « Citoyen de la Terre », mais face aux deux Chine, il a « le cœur chinois » et « le sentiment taïwanais ». Il dit : « Je ne pense pas uniquement à la Chine, ni à l'indépendance de Taïwan. Dans mon esprit, il n'y a que « le cœur compatissant et le désir de paix » du bouddhisme ». En 2003, invité par le représentant du Bureau des Affaires économiques et culturelles de Taïwan au Chili, à l'occasion de la fête nationale taïwanaise, il avouait sincèrement : « J'aime Taïwan, j'aime aussi la Chine et encore plus le Monde ». « Pendant cinq mille ans d'histoire, la Chine a toujours vécu dans la guerre, les Chinois ont besoin du Dharma pour se réconforter spirituellement et ils espèrent profondément que la paix viendra le plus tôt possible ». Je crois fermement que « l'unification des deux Chine apportera le vrai bonheur aux 1 300 millions de Chinois. »

Pour encourager les relations pacifiques entre les deux Chine, il a proposé au parti Guomindang taïwanais, de pratiquer une politique de « Tolérance » et d'« Ouverture ». En réponse au slogan politique « Endurer si nécessaire » envers la Chine, lancé par le Président taïwanais, en 1997, il écrivait : « A propos des deux Chine, parfois on parle d' « Un Pays, deux régimes », parfois, on évoque la « Théorie des deux nations », parfois on dit : « Les deux Chine ne peuvent pas être divisées », parfois on se réfère aux

« Relations particulières entre les deux Chine », etc. Si la consigne « Endurer si nécessaire » n'est qu'une mesure temporaire et non fondamentale, alors il faudra étudier des solutions mieux adaptées à la situation actuelle ! ». Il insistait en affirmant que « le peuple a besoin de bonnes lois et de bons règlements. Les dirigeants des deux Chine ne doivent pas établir des lois et des règles à leur guise. Que ce soit rapide ou lent, que ce soit ou non urgent, beaucoup de conditions doivent être réunies pour mettre en œuvre une politique adaptée. Tout doit être basé sur les intérêts du peuple. » (*Entre l'ignorance et l'illumination. Endurer si nécessaire*)

Il a aussi déposé auprès du Président Chenshuibian, une motion pour lui demander de ne pas déclarer l'indépendance de Taïwan. Il a donné comme exemple l'amour dans un couple : c'est par amour que la jeune fille accepte le mariage, jamais elle ne le ferait sous la menace d'une arme. Il appelait la Chine à traiter Taiwan avec douceur et ne pas, à tout propos, brandir la menace des missiles ; seul l'abandon de l'idée du recours à la force pourra calmer la tension réciproque. Il souhaite que les deux Chine puissent communiquer, qu'elles ouvrent les frontières aux visites familiales et établissent des échanges culturels. De même, il faut permettre aux médias de réaliser des reportages sur place, afin que les peuples puissent se connaître et donc, se comprendre. Car la compréhension est bien plus puissante que la conquête brutale.

Depuis plusieurs années, à Taïwan, les gens le considèrent comme « un leader spirituel », ils pensent qu'il suffit d'une phrase du Grand maître pour trouver le chemin à suivre. Certains érudits disent que le Grand maître est l'espoir de la Chine. Même feu M. Zhaopuchu, ex-président de l'Association Bouddhiste Chinoise, disait souvent : « J'ai un souhait dans ma vie, c'est de pouvoir remettre ma charge au Vénérable maître Hsing-Yun ! », car il n'a d'autre intention que d'encourager la paix entre les deux Chine. Les évènements de Xujiatun, en 1990, ont été sources de malentendu entre la Chine et le Grand maître, pourtant, sans se décourager, il continue à lutter pour son idée de départ : « Faire tout son possible pour tous les êtres vivants ». Il continue à considérer la paix entre les deux Chine comme une tâche primordiale, persuadé que « la compassion et la tolérance sont de bons remèdes pour la paix du monde ». Il dit : « Je veux consacrer tous mes efforts au respect mutuel et à la réunification pacifique des deux Chine. ». (*Les cent histoires d'antan. Le côté courageux*)

De nouvelles pages, dans l'histoire des échanges bouddhistes entre les deux Chine

Ces dernières années, les autorités chinoises ont mainte fois invité le Grand maître à se rendre là-bas, pour y promouvoir le Dharma. C'est ainsi qu'ont eu lieu plusieurs évènements profondément ressentis sur les deux rives :

En 2002, l'ensemble des associations bouddhistes taïwanaises, sous la présidence du Vénérable maître Hsing-Yun, accueillait, avec le plus grand respect, la relique de la pagode Fa-Men de Xi'an : la Phalange de Bouddha, pour une exposition temporaire à Taïwan. Plus de cinq millions de fidèles s'y rendirent. Ce fut une page nouvelle dans l'histoire des échanges bouddhistes des deux Chine, d'autant plus que la compagnie aérienne Ganglong, effectua un vol Taïpei-Xi'an, via Hong-Kong, le premier de l'histoire, offrant ainsi une nouvelle image de l'échange pacifique des deux Chine.

En 2003, la Chorale des hymnes bouddhistes de Fo Guang Shan, fut invitée par le Centre de recherche des Arts religieux du Département de l'Art chinois, à se produire à Beijing et Shanghai.

Cette présentation eut un grand retentissement dans le monde bouddhiste, éducatif et culturel ; elle fut considérée comme l'évènement marquant des échanges culturels, immédiatement après la réception de la Relique de Bouddha, à Taïwan.

A noter que, vu la présence des nombreux érudits assistant à ces deux concerts, une rencontre avec eux, fut organisée après chaque représentation. Celle de Shanghai était présidée par le Grand maître lui-même, dans le grand hall de l'hôtel Xijiao de Shanghai. Parmi les participants, on pouvait reconnaître : M. Huangluichuan, professeur de philosophie, M. Chenshiqiang, rédacteur des services d'édition de l'université Fudan, M. Zhengweihong du Département des Livres anciens, M. Hansheng du Département d'histoire, M. Chenyunji du Département de Langue chinoise, de l'Université Fudan de Shanghai ; les professeurs de philosophie Laiyonghai et Hongxiuping, les professeurs de langue chinoise Wangweihui et Caohong, les professeurs adjoints de philosophie Sunyiping, Yangweizhong et Huangyueqing de l'Université de Nanjing ; le professeur Chenbin et le professeur-adjoint Lotongbin du Département des religions, le professeur-adjoint des Arts, Pengrong de l'Université de Sichuan ; le professeur de philosophie Matianxiang, de l'Université de Wuhan ; M. Linguoliang, président du Département de Littérature chinoise, de l'Université de Shanghai ; M. Yanyaozhong, de l'Ecole Normale de Shanghai ; M. Xiajinhua du Département de philosophie, MM. Liuyuanchun et Yelouhua du Département des religions, M. Tuyouxiang de l'Institut de sociologie de Shanghai ; MM. Shenjianying et Yaonanqiang de l'Ecole Normale Huadong de Shanghai ; le professeur-adjoint du Département de sociologie de l'université Dongnan ; le président du Centre de recherches Hongyi, M. Chenxing, de l'Ecole Normale de Hangzhou ; le vice-président du Centre de recherches en religions, M. Chenyongge de l'Institut de sociologie de la province de Zhejiang ; le professeur-adjoint du Département de droit, M. Dengzimei de l'Université Jiangnan, etc.

L'autre colloque a été dirigé par les Vénérables Tzu-Hui et Tzu-Jung. Parmi les participants, on pouvait voir : Les professeurs Fanglitian, Zhangfenglei et Hejianming, le professeur-adjoint Xuanfang, le conférencier Weidedong de l'Université « Le Peuple » ; le professeur Zhouxuenong, le professeur-adjoint Zhangqiqun, le conférencier Lisilong de l'Université de Beijing ; le professeur Fangguangchang de Centre de recherches sur les religions du monde de l'Institut de sociologie de la Chine ; le professeur du Département de mécanique, Huangjun, de l'Université Yanshan ; le Docteur en philosophie Zhouguihua de l'Université de Beijing et Madame ; le Docteur Yuxueming du Centre de recherches sur les théories bouddhistes et d'autres religions, de l'Université « Le Peuple », etc.

Les deux colloques suscitèrent des discussions chaleureuses sur le bouddhisme humaniste d'aujourd'hui et son développement futur. Tous les participants se sont dits persuadés que les efforts exercés par le Grand maître, avaient déjà apporté aux hommes de la société actuelle, une influence et des contributions positives. Tous ont promis de faire tout leur possible pour le développement du bouddhisme humaniste, dans leurs futurs travaux de recherches et d'étude.

En réalité, ce succès s'explique si l'on se souvient que Fo Guang Shan a, depuis plusieurs années, organisé un peu partout dans le monde, des séminaires sur les études bouddhistes en invitant les érudits des deux Chine et ceux des autres pays du monde. Ce fut pour eux, l'occasion d'approfondir leur connaissance du bouddhisme humaniste. Les réactions des érudits chinois montrent bien que le Grand maître a insensiblement construit un pont invisible, reliant les deux rives, permettant la communication entre les deux régions, reliant les pensées et favorisant l'entente réciproque des deux peuples.

Les prestations, en Chine, de la Chorale des hymnes bouddhistes de Fo Guang Shan, ont aussi entraîné un autre heureux évènement : M. Yexiaowen, Président du Département national des religions, assistait en personne, aux deux concerts et il a suggéré au Grand maître d'organiser une Chorale des hymnes bouddhistes commune aux deux Chine, pour une tournée mondiale. C'est ainsi qu'en 2004, « La présentation de musique bouddhiste des deux Chine », composée de musique de la Mahayana, de l'Hinayana et du Tibétain, a effectué une tournée à Taïwan, à Hong-Kong, en Australie, aux Etats-Unis et au Canada. C'était le premier pas du développement de la musique bouddhiste par les deux Chine, mais aussi un moment historique dans l'histoire du bouddhisme chinois.

En avril 2003, l'épidémie mondiale de S.R.A.S. (syndrome respiratoire aigu sévère), a secoué le monde entier. Le Grand maître a été invité en Chine à Xiamen pour participer à une cérémonie de prière pour conjurer l'épidémie, cérémonie organisée par les deux mondes bouddhistes chinois. Dans son discours, il a dit : « l'apparition du S.R.A.S. est due au karma commun des hommes. Le moyen le plus efficace de lutter est de purifier nos corps et nos cœurs ; que chacun essaie de faire de bons actes, dise de bonnes paroles et ait bon cœur. Si nous cultivons la puissance de bonté dans notre cœur, nous pourrons faire disparaître le mauvais karma ».

Il ajouta : « Quand le linge est sale, il faut le laver ; si le cœur est malade, le Dharma peut le régénérer. De même que la lumière peut vaincre l'obscurité, le Dharma peut apporter la sérénité ». Il souhaitait, qu'en plus de faire des prières et lire les sutras, tout le monde réalise les trois bons actes, et pensait qu'avec la bonté, la compassion et la sagesse du Dharma, chacun pourrait espérer une bonne récolte.

Le discours du Grand maître a recueilli l'approbation des personnalités présentes, qui l'ont trouvé plein de sagesse et capable de calmer la panique qui sévissait à l'époque. Par la suite, l'administrateur des affaires courantes de la Centrale politique de la Chine, M. Jiaqinglin, a qualifié cette cérémonie de prière, l'arrivée de la relique de bouddha à Taïwan et les performances de la Chorale commune des deux Chine, comme étant les trois événements qui ont eu le plus d'influence en Chine.

« Le Modèle Hsing-Yun » a fait sortir les deux Chine de l'impasse

Pour faire sortir les deux Chine de l'impasse et améliorer les contacts entre elles, c'est en 1988, au moment où elles se disputaient encore pour définir le « nom » à utiliser pour la participation aux jeux olympiques, que le Grand maître organisa au Hsi-Lai Temple, à Los Angeles, la 16ème assemblée générale de l'Amicale mondiale des bouddhistes. Plus de quatre-vingts associations bouddhistes, venant des deux Chine, et de plus de trente pays du monde entier, y participèrent. Cette assemblée a reçu le nom de « Modèle Hsing-Yun », bien plus significatif que le « Modèle Olympique ».

Le succès de cette manifestation a rapproché les deux mondes bouddhistes et incité le président de l'Association bouddhiste chinoise, feu M. Zhaopucu, à inviter le Grand maître à conduire la délégation « I.B.P.S – Visite de la famille en Chine » pour y promouvoir le Dharma. Les Présidents chinois, MM. Yangshangkun et Lixiannian, ont invité la délégation au Palais des Congrès de Beijing. Le Grand maître a lui, été invité par les Universités Beijing, Qinghua et Le Peuple, pour y prononcer un discours. Des réunions furent organisées avec l'Institut de sociologie, le Collège bouddhiste chinois, la Faculté de lettres modernes et le Collège de la culture chinoise de Beijing. Tout ceci a permis aux deux cultures bouddhistes de procéder à un échange mutuel de recherches et d'étude dépassant les contingences politiques et de franchir une nouvelle étape dans le processus de relations pacifiques entre les deux « Chine ».

De plus, parmi les œuvres accomplies par Fo Guang Shan en Chine, on peut citer :

- En collaboration avec le vice-président de la B.L.I.A., M. Yankuanhu, la construction de plus d'une centaine d'écoles primaires.
- Par la Fondation « Bonheur et Sagesse » de M. Yankuanhu, la distribution de bourses d'études à travers la Chine.
- La participation à l'impression de la collection des livres canoniques et l'autorisation donnée à l'Association bouddhiste chinoise, d'éditer l'« *Encyclopédie Foguang en 7 volumes* », avec exemption des droits d'auteur.
- La collaboration avec les érudits des universités, pour la rédaction de « *la Collection des sutras en langue vernaculaire* », en 132 volumes.
- Les encouragements prodigués aux jeunes Taïwanais pour poursuivre des études en Chine.
- Les encouragements aux adeptes pour investir en Chine.
- Le soutien des membres Foguang à la réunification de la Chine : Dans toutes les réunions de la B.L.I.A. à l'étranger, les

représentants de l'Ambassade de Chine sont invités. Ainsi, M. Shenging, Consul général de Chine, assistait à l'Assemblée générale du comité administratif de la B.L.I.A., organisé en 2003, au Brésil. Le Ministre des Affaires Etrangères de Chine, M. Chienqichen et l'Ambassadeur de Chine au Brésil, M. Shenyouao ont également rendu visite au Temple Tathagata de Sao Paulo. Lors des Jeux Olympiques 2000, à Sydney, Fo Guang Shan a noué des contacts très amicaux avec les représentants des deux Chine au Temple Nantian.

- L'invitation du Grand maître, en 2003, à la « Réunion commémorative des mille deux cent cinquante ans de la traversée vers l'Est (pour promouvoir le Dharma au Japon) du Vénérable maître Jianzhen », organisée à Yangzhou. Pour répondre à une demande du maire, le Grand maître a promis de construire, à Yangzhou, une médiathèque ouverte sur l'international, car il pense que l'avenir des Chinois dépend de leur niveau d'instruction. Si la culture chinoise devient un courant important, les Chinois retrouveront leur place dans le monde.

Jouer un rôle de médiateur entre les deux Chine

Le Grand maître a toujours été au-dessus des factions politiques. Il met à profit les échanges religieux pour jouer humblement un rôle d'intermédiaire, avec pour seul souhait, l'instauration de la paix définitive pour la Chine. Il espère sincèrement que les deux Chine pourront adopter la conception de « l'Unité et la Coexistence » du Dharma, se prendre par la main et développer l'avenir de la Chine. Il dit : « Bien que le bouddhisme soit originaire de l'Inde, il a pu fructifier en Chine et on peut dire que la Chine est la deuxième patrie du bouddhisme. Le bouddhisme a, non seulement enrichi la pensée et la culture chinoise, mais encore, donné au monde une autre vision de la Chine » (*Réponse à l'interview de la CCTV. 2003*). C'est pourquoi le Grand maître espère que les dirigeants chinois sauront, bien employer le bouddhisme, pour rétablir la puissance et le prestige de la Chine.

Le Grand maître pense sans cesse aux échanges pacifiques des deux Chine et à la propagation du Dharma ; il espère que le bouddhisme pourra apporter la meilleure solution, pour l'unification de la Chine. Etablir les communications entre les deux Chine a toujours été l'un des objectifs primordiaux de l'action de Fo Guang Shan. Pour que le bouddhisme puisse avoir plus d'espace d'action en Chine, le Grand maître a plusieurs fois rencontré le président du Département national des religions, M. Yexiaowen et le chef du Bureau des Affaires taïwanaises, M. Chenyunlin. Son espoir est que la Chine saura, parallèlement au développement économique, technologique et à la stabilité politique, donner plus d'espace à l'essor religieux et culturel. La Chine compte un milliard trois cent millions d'habitants, soit le cinquième de la population mondiale. Ils ont tous besoin du Dharma comme support spirituel ; ils pourront aussi, dans le futur, exporter le Dharma vers le monde entier et, ce faisant, aider la Chine à étendre sa renommée.

Depuis des dizaines d'années, le Grand maître parcourt les cinq continents pour défendre l'idée de la « Chine réunifiée » et il n'a cessé de créer les conditions de l'unification. Son objectif final est que les deux Chine puissent s'unir rapidement et que le monde vive en paix. Comme les contributions qu'il a apportées n'ont aucune connotation politique, elles ne sont pas toujours évidentes aux yeux du public. Mais, dans son for intérieur, il pense que, pourvu que le bouddhisme fleurisse, pourvu que les hommes soient délivrés, sa réputation personnelle importe peu. C'est aussi en cela qu'il est différent des autres.

Esprit compatissant et vœu immense : le premier depuis mille ans

« Le Vœu est une sorte d'Idéal et c'est en ayant un idéal qu'on cherche à le réaliser. Ces deux phénomènes se complètent et se développent, et alors seulement on peut espérer une bonne récolte » (*Les cent histoires d'antan. C'est en ayant l'idéal qu'il y a réalisation*). La particularité des vœux prononcés par le Grand maître est, qu'en plus de son désintéressement et de son impartialité, il a, à la fois, l'idéal et sa réalisation. Comme il le disait : « Les quatre vœux universels, tout le monde les connaît, mais combien de gens arrivent-ils à les réaliser ? » (*Ainsi dit*). En ce qui le concerne, il suit tous ses vœux, de l'émission à la réalisation, pas à pas, sans jamais faiblir. Bien sûr, certains ne se réalisent pas comme il l'aurait voulu, mais il ne se décourage jamais ; au contraire, il redouble d'efforts. Il considère tous les obstacles comme des épreuves et les transforme en force. C'est ainsi qu'il a réussi à donner une nouvelle chance au bouddhisme et c'est ainsi que le petit Sramanera de Qixia, est aujourd'hui devenu un Vénérable maître, mondialement connu.

Le grand compositeur de musique, le Professeur Lizhonghe, a fait l'éloge du Grand maître comme étant « après le Grand maître Xuanzhuang, le grand sage qui a pu transformer le désert en rizière. » (*Discours à l'assemblée générale de Fo Guang Shan. 10/01/1993*). L'historien Tangdegang, lui, évoquait : « L'homme du demi millénaire ». Selon lui, tous les cinq cents ans, surgit un personnage historique : Sakyamuni Bouddha, il y a 2500 ans, Jésus Christ il y a 2000 ans, Mahomet il y a 1500 ans, Xuanzhuang et Huineng il y a 1000 ans, Martin Luther il y a 500 ans, et le Vénérable maître Hsing-Yun, aujourd'hui » (*L'édition spéciale de la création de la BLIA en 1992. Le bouddhisme dans 500 ans*). Le Professeur Chenbin disait aussi : « Par les vœux prononcés, la réforme entreprise, la capacité de gestion, le résultat glorieux et l'esprit contemporain, le Vénérable maître Hsing-Yun est « le Premier depuis mille ans », dans l'histoire du bouddhisme. » (*Universal Gate Bouddhist Journal. Right Dharma, Light Back on: Humanistic Buddhism in the Hands of Master Hsing-Yun).*

Cependant, le jugement d'un homme est toujours relatif. Le Grand maître ne pense qu'à promouvoir le bouddhisme humaniste et, à travers la propagation du Dharma, il n'espère qu'apporter la paix, créer la terre pure mondaine et offrir une vie heureuse à tous les hommes. Mais, si les gens qui l'apprécient disent qu'il est compatissant, d'autres disent qu'il est ambitieux, qu'il veut réaliser à lui seul tous les ouvrages bouddhistes et accaparer tous les honneurs et mérites.

En réalité, il n'est absolument pas ambitieux, il est simplement compatissant. En 1992, quand le peintre Lizijian lui a demandé de graver une inscription sur la toile de son portrait, il écrivit :

« Mon cœur porte le vœu compatissant de libérer les hommes,
Mon corps ressemble à une barque sans amarres, sur la mer du Dharma.
Vous me demandez à quoi ressemble ma vie ?
Elle est comme la lumière du Bouddha, qui éclaire les cinq continents. »

« Dharmaniser » le monde, purifier le cœur des hommes, tels sont les objectifs et aussi le portrait de sa vie. Cet esprit compatissant et ce vœu immense, un simple « ambitieux » pourrait-il en disposer ?!

Chapitre IV

La Terre Pure Mondaine

La particularité des objectifs à mettre en lumière et à atteindre

Il y a plus de deux mille cinq cents ans, à l'aube du huitième jour, du quatrième mois du calendrier lunaire, le fondateur du bouddhisme, Sakyamuni Bouddha, méditant sous un banyan à Uruvelā près de Bodh-Gaya, accéda à l'Eveil. Il donna ainsi naissance à une pratique qui allait se transmettre de générations en générations et répandre l'eau bienfaisante du Dharma sur notre monde.

A l'époque, Bouddha a assimilé la théorie de la « Coproduction conditionnelle », puis durant quarante-neuf ans, il fit profiter l'humanité de cette connaissance, en enseignant « les trois Dharma sceaux », « les quatre Vérités », « le Noble sentier octuple », « les douze Nidanas », etc., inondant ainsi le monde de la lumière de la Vérité. A son Eveil, il déclara : « Tous les êtres de la terre possèdent la Nature du bouddha ». Cette affirmation de l' « Egalité » a fourni aux hommes, un chemin lumineux qui leur permet de quitter la souffrance, pour retrouver la joie et la sagesse, face à la vie et à la mort. Car, « tous les êtres possèdent la sagesse et les mérites et ce sont l'illusion et l'attachement qui les empêchent de le découvrir » (*Traité sur la protection du Dharma*). C'est pourquoi, que ce soit les saints, le commun des mortels, les sages ou les idiots, s'ils appliquent le Dharma, pratiquent la discipline, la concentration et la sagesse, éliminent l'avidité, la colère et l'ignorance, ils pourront vaincre toutes les causes de souffrance, pour atteindre finalement le monde libre du Nirvana. Cependant, même si, en théorie, « chacun de nous possède la nature du bouddha », dans la réalité, la voie du bouddha demande de nombreuses générations de pratique, car tout le monde ne peut atteindre le nirvana durant sa vie. Heureusement, la pensée « Terre pure » du bouddhisme, offre des occasions de « renaître avec son karma » et « renaître à la Terre pure » devient alors l'objectif majeur des pratiquants bouddhistes.

La conception de la « Terre Pure » dans le bouddhisme humaniste

Quand on parle de Terre Pure, on pense immédiatement à la terre pure d'Amitabha Bouddha, surnommée « le monde de la joie suprême de l'Ouest ». En Chine, dans toutes les maisons, on trouve les effigies d'Amitabha Bouddha et Avalokitésvara Bodhisattva, car l'esprit de la terre pure d'Amitabha existe depuis longtemps dans le cœur du peuple. Les adeptes bouddhistes qui lisent les sutras et font les révérences à Bouddha, cultivent l'espoir de pouvoir renaître dans la terre pure d'Amitabha. Mais, en plaçant tous ses espoirs dans la vie future, on néglige souvent la construction de la vie présente, en nourrissant une attitude passive conduisant à « fuir le monde ». Le Grand maître Hsing-Yun a toujours voulu « chercher la joie du Dharma dans le présent » et « construire la terre pure Foguang » ; il en a fait les buts de sa pratique. Il est persuadé qu' « il n'y a pas que la terre pure de l'Ouest : la terre pure de Maitreya est bien plus près de nous et plus facile à atteindre. Nous pouvons transformer cette terre où nous vivons, en terre pure mondaine. Imaginons notre monde actuel, débarrassé des agressions, des persécutions politiques, des déficiences économiques, des querelles sentimentales, des accidents de la route, de la pollution… et où vivrait, dans l'harmonie et le respect mutuel, un rassemblement de citoyens sages… Ne serait-ce pas là, la terre pure mondaine ? Pourquoi, alors, en chercher une autre ? » (*Collection des discours du Vénérable maître Hsing-Yun (4). Où se trouve l'avenir du bouddhisme ?*)

Le Grand maître propose donc de transformer notre monde d'immondices en terre pure Foguang, en se basant sur une double idée : D'une part, le bouddhisme est une religion fondée sur l'homme : « Tous les bouddhas étaient d'abord des hommes et ils ne sont pas tous allés au ciel pour devenir bouddhas » (*Agama sutra*) et les exemples cités dans le *Sutra du Lotus et Agama sutra* nous montrent toute la difficulté d'être né « homme » et font l'éloge de la vie humaine. D'autre part, « Si la terre où nous vivons est aussi importante, pourquoi devrions-nous placer tous nos espoirs en une hypothétique terre pure à venir et ne pas essayer de transformer notre monde actuel, en une terre pure mondaine, paisible, harmonieuse, joyeuse et bénéfique ? Pourquoi attendre un monde futur que nous ne connaissons pas, au lieu de procéder à la purification de notre monde actuel ? » (*Collection Bouddhisme. Théories bouddhistes. La conception de la terre pure dans le bouddhisme*)

Le bouddhisme humaniste met l'accent sur « cet instant, cet endroit, cet homme »

A dire vrai, les bouddhistes traditionalistes ne sont pas seuls à placer leurs espoirs en une vie future. Dans l'esprit des gens, la religion est un refuge spirituel dans les moments de désespoir ou de défaite et nombreuses sont les religions qui engagent leurs adeptes à croire en un futur inconnu. Voilà pourquoi certains intellectuels scientifiques modernes considèrent la religion comme une drogue, un opium, n'offrant qu'une anesthésie temporaire et non une solution définitive. Le Grand maître lui, pense que le vrai but de la religion n'est pas d'appeler les gens à fuir la réalité et à se retirer à l'intérieur de tours d'ivoire, mais qu'elle devrait les appeler à courageusement faire face à la souffrance et à rechercher la vraie solution. Trop souvent, la religion promet des lendemains dorés mais ne s'intéresse ni à l'amélioration, ni au développement du monde présent et le bouddhisme traditionnel en est un exemple typique.

Par contre, quand le bouddhisme humaniste parle du temps, il nous parle, certes, du passé, du présent et du futur, mais il insiste sur le présent. Quand il parle de l'espace, il nous parle de ce monde et de l'autre monde et des innombrables mondes de l'univers, mais il insiste sur la purification de cette terre où nous vivons. Quand il parle des êtres il y inclut les innombrables êtres des dix dharma-mondes, mais il insiste sur le Dharma et le détachement basés sur l'homme. Si les problèmes actuels ne sont pas résolus, à quoi sert de débattre de ceux des vies futures ? Si la terre où nous vivons n'est pas purifiée, comment pourrons-nous embellir les autres royaumes ? Si les hommes de ce monde ne sont pas tous éduqués, comment pourrons-nous enseigner aux autres êtres ? Aussi, dans le bouddhisme moderne d'aujourd'hui, bien qu'il évoque les trois vies, les dix directions, les êtres innombrables, l'accent est mis sur « cet instant, cet endroit, cet homme ». (*La modernisation du bouddhisme. Discours donné au séminaire des fonctionnaires du gouvernement de Taïwan*)

Le bouddhisme humaniste met l'accent sur « la terre pure au présent »

Le Grand maître ressent profondément l'influence potentielle du bouddhisme, sur la vie quotidienne des hommes ; c'est pourquoi il promeut le bouddhisme humaniste. Il encourage l'application du Dharma dans la vie quotidienne, la recherche de la terre pure actuelle et non la seule attente de la vie future. Certes, le bouddhisme humaniste s'intéresse à l'avenir, mais davantage encore au bonheur et à la joie du présent. Face à ceux qui pratiquent le bouddhisme en espérant pouvoir renaître dans la terre pure et plus encore, face aux tenants de l'ascétisme, qui pensent pouvoir échanger les souffrances du présent contre la joie dans le futur, le Grand maître pense qu'il n'est pas réaliste de négliger la joie dans la vie actuelle, pour partir à la recherche d'un futur inconnu. Il dit : « Il faut réaliser le bonheur et la joie maintenant et non mettre tous nos espoirs dans le futur. Tous les bons actes d'aujourd'hui vont apporter de bonnes récoltes dans cette vie, il ne faut pas se focaliser sur la terre pure du futur et délaisser le monde présent. » (*Journal de Hsing-Yun. 15/04/1995*)

« Mettre l'accent sur la réussite de la vie présente, créer une terre pure dans le monde actuel », voilà la signification et les valeurs du bouddhisme humaniste, voilà les idées caractéristiques du bouddhisme humaniste, selon le « Modèle Hsing-Yun ». Dans la conception du Grand maître, « le bouddhisme humaniste » est l'utilisation du Dharma pour embellir le monde, c'est-à-dire l'application dans la vie quotidienne, des enseignements de Bouddha. Par la compréhension et la pratique du Dharma, il faut chercher à augmenter le bonheur et la joie dans le monde. C'est pourquoi, il l'a défini par : « Ce qu'a dit Bouddha. Ce que veut l'homme ; ce qui est pur, ce qui est beau » (*Recueil des pensées du bouddhisme humaniste*). Ainsi, tout « ce que dit Bouddha » : les trois refuges et les cinq préceptes, les quatre samgraha et les six paramita, les quatre apramana, la coproduction conditionnelle, la voie médiane, l'impermanence, la souffrance, la vacuité, les cinq contemplations pour la décantation de l'esprit, les trente sept pratiques d'éveil..., tout ce qui peut aider à relever, purifier et embellir la nature humaine, voilà ce que le bouddhisme humaniste doit promouvoir. Tout « ce que veut l'homme » : la liberté, la démocratie, la paix, la joie, la libération, l'insouciance, l'harmonie..., tout ce qui remplit les conditions pour purifier et embellir la société, voilà les objectifs que le bouddhisme humaniste veut atteindre.

Le bouddhisme humaniste : une religion « basée sur l'homme »

La pensée du bouddhisme humaniste est, pour l'espèce humaine, le rayon de soleil du vingt et unième siècle. Toutes les pensées ou études, qu'elles appartiennent au passé ou au présent, qu'elles viennent d'Orient ou d'Occident, même si elles sont très raffinées ou très avancées, ne sont que du vent, si elles ne sont pas bénéfiques à la paix du monde et au bonheur des hommes. Le problème est le même pour le Dharma : Les vérités du bouddhisme sont profondes et merveilleuses mais, si l'on ne peut les appliquer dans la vie quotidienne pour en faire bénéficier les hommes, alors elles sont comme inexistantes. Ainsi, coexistent le Dharma mondain et le Dharma transcendant, mais il faut savoir les harmoniser, pour faire apparaître leur véritable signification. C'est pourquoi la Vérité transcendante fait partie du bouddhisme humaniste, au même titre que la Vérité mondaine.

Le bouddhisme humaniste du Grand maître a parfaitement assimilé cette idée fondamentale. Il utilise « l'esprit transcendant » pour réaliser « des actions mondaines ». Il crée le monastère moderne : Fo Guang Shan et il fait serment de le transformer en une terre pure mondaine, pour les vivants et les morts. Il conçoit des œuvres sociales pour résoudre les problèmes réels de la vie, de la vieillesse, de la maladie et de la mort. Il impulse les activités éducatives et culturelles. Il utilise le Dharma pour apporter aux gens la sagesse et la raison, afin qu'ils puissent se libérer de leurs soucis, transcender leur esprit et créer ensemble une société harmonieuse.

Le bouddhisme est avant tout une éducation, englobant différents domaines : familial, social, religieux, vital, spirituel, etc. Cette éducation, Bouddha la prodigue aux hommes afin de leur apprendre comment chercher le vrai, le bon, le beau et, de là, améliorer les domaines spirituels de leur propre prajna, leur compassion et leur Bodhi. Le bouddhisme humaniste du Grand maître a pour intention initiale celle de Bouddha : « Se baser sur l'homme » et « lui apprendre et le rendre heureux ». Il pratique l'esprit de la Mahayana, entre activement au sein de la société et se soucie des problèmes de la vie. Le Grand maître fusionne le Dharma et les règles mondaines et applique efficacement le bouddhisme humaniste, pour résoudre les différents problèmes de la vie moderne.

Ainsi, pour faire face aux problèmes de la société actuelle : menaces de guerre, crises financières, conflits raciaux, destruction de la nature, isolement social des handicapés, vieillissement de la population, délinquance, chômage, pauvreté, violences familiales..., le Grand maître parcourt le monde, donne des lectures, publie des livres, diffuse la pensée bouddhiste : causalité, bienveillance et compassion, respect et tolérance, unité et coexistence, égalité entre les hommes, etc. Il organise des rencontres, ainsi que toutes sortes d'actions culturelles, éducatives et sociales, pour tenter de résoudre les différents problèmes du monde actuel. Par la propagation et l'application du bouddhisme humaniste, il a transformé radicalement l'efficacité et la position sociale du bouddhisme. Grâce à lui, le bouddhisme n'est plus une simple religion, ni un sujet de recherche, mais une remarquable étude et une sagesse qui se conforment aux besoins de l'époque, s'appliquent harmonieusement à la vie quotidienne, guident les hommes vers le bon chemin et ont le mérite d'éveiller la nation et le peuple.

Le Dharma est l'essence, la Science est l'application

Ecoutons ce que dit le Professeur Chenbin de l'Université de Sichuan : « Le Vénérable maître Hsing-Yun se base sur le principe de continuité entre le Dharma et la Science et avance l'idée : « Le Dharma est l'essence, la Science est l'application ». Il encourage, ce faisant, les adeptes bouddhistes, à s'appuyer sur la sagesse du Dharma pour approfondir les connaissances mondaines, telles l'astronomie, la géographie, la médecine, les mathématiques, la navigation, le commerce, la psychologie etc., pour pouvoir servir subtilement la société. La juste vision du Dharma, permet d'examiner et de résoudre les grandes questions de société : l'économie, la politique internationale, les droits de l'homme, la préservation de la nature, la réforme de l'éducation, les conflits raciaux, la prophylaxie, la protection de l'environnement, les violences familiales, la fécondation in vitro, les dons d'organes, le Feng-Shui, la pratique de la divination, etc. Face aux problèmes brûlants : suicide, peine de mort, armes nucléaires, guerre, ainsi que ceux touchant à l'euthanasie, au clonage, etc., il faut appliquer les études de médecine, de psychologie, de biologie, en y ajoutant les théories bouddhistes, pour dissiper les tourments des hommes modernes.

C'est pour faire face à tous ces problèmes que le Grand maître a écrit toute une série d'ouvrages parmi lesquels on peut citer : « *La notion de richesse dans le bouddhisme* », « *La notion de vertu pour le bouddhisme* », « *La place des femmes pour le bouddhisme* », « *Le bonheur et la longévité pour le bouddhisme* », « *La notion de politique dans le bouddhisme* », « *La fidélité pour le bouddhisme* », « *L'avenir tel que le voit le bouddhisme* », « *Ce que pense le bouddhisme de la vie, de la mort et du destin* », « *Le bouddhisme pour guérir les maladies sociales* », « *Le bouddhisme pour combattre et guérir les maladies dues à la dépravation des mœurs* », « *Le bouddhisme pour guérir les maladies mentales* », « *L'amour et les sentiments* », etc. Dans d'autres volumes : « *Le bouddhisme et la connaissance du monde des hommes* », « *Le bouddhisme pratique* » (collection « Foguang Textbook »), ou « *L'application du bouddhisme* », (collection « Bouddhisme »), on trouve la description des relations entre le bouddhisme et le droit, la philosophie, la science, l'éducation, la gestion, le tourisme, l'exploitation forestière, la protection de l'environnement, l'art, le savoir vivre, les entreprises, les communications, l'imprimerie, l'architecture, etc. Ces livres montrent la sagesse et l'efficacité particulières du bouddhisme, face à ces problèmes. En même temps ils dénoncent les concepts pervers et délimitent le domaine des connaissances mondaines. Leur contenu recouvre pratiquement tous les problèmes sociaux et toutes les branches d'étude. » (*Universal Gate Bouddhist Journal.*

Right Dharma, Light Back on: Humanistic Buddhism in the Hands of Master Hsing-Yun)

Le Professeur Chenbin l'a encore remarqué : « Pour répondre parfaitement aux différents problèmes sociaux et mentaux, le Vénérable maître Hsing-Yun a, en se basant sur le Dharma, proposé différentes solutions. Parmi elles :

- la notion d'égalité dans le Dharma, contre l'inégalité mondaine, en préconisant le respect mutuel entre les hommes pour établir la paix dans le monde ;
- la notion d'humanitarisme pour barrer la route à ceux qui ne respectent pas la vie, pour empêcher les massacres, protéger les animaux, affermir la conduite humaine ;
- l'idée de similarité entre rétribution directe et rétribution dépendante, pour stopper la destruction de l'environnement et rétablir les équilibres naturels, afin que l'homme prenne conscience que la Terre est notre maison à tous et apprécie les affinités, la matière et la vie ;
- le concept bouddhiste de la coproduction conditionnelle, pour répondre à l'absurdité des conduites, en considérant la coordination équitable comme principe d'arrangement pour relever la qualité de la vie ;
- la causalité pour combattre la violation des lois et l'effondrement des vertus et pour faire respecter la discipline ;
- la méditation pour calmer l'esprit tendu et troublé, remédier à la solitude des hommes, les aider à se débarrasser de leurs soucis et à retrouver le calme, la vivacité, le naturel et la pureté.
- Des méthodes d'enseignement : « l'encouragement plutôt que le blâme, la bienveillance plutôt que les reproches, la

sollicitude contre l'indifférence, l'alliance contre la séparation » pour combler les lacunes de l'éducation et former des jeunes possédant un esprit sain et vertueux, la compassion, l'amour de la société et de la nation. » (*Universal Gate Bouddhist Journal. Right Dharma, Light Back on: Humanistic Buddhism in the Hands of Master Hsing-Yun)*

L'ex-recteur de Foguang University, M. Gongpengcheng, s'est aussi exprimé dans son texte : *Le bouddhisme humaniste et le confucianisme. (Universal Gate Buddhist Journal #1. Janvier 2001).* Il y écrit : « Les confucianistes commencent seulement à faire face à la vie. Ils se rendent compte que leur discours est trop abstrait et que les hommes ordinaires ne sont pas capables de l'assimiler. Ils commencent à chercher des moyens socialement applicables et à encourager l'éducation au sein des communautés. N'est-ce pas là, ce que propose le Vénérable maître Hsing-Yun dans son bouddhisme humaniste ? »

La réponse du bouddhisme humaniste aux besoins du monde

Le bouddhisme humaniste, tel que l'enseigne le Grand maître, n'est pas, en soi, une totale nouveauté : il est directement issu de l'enseignement de Sakyamuni Bouddha. Il part de la voie fondamentale de la purification du cœur et de l'âme, sans pour autant négliger l'amélioration de la vie matérielle. Il apprend aux hommes à user de la richesse avec sagesse et à créer des activités mondaines avec l'esprit supra mondain ; c'est une sorte de bouddhisme Mahayana qui contribue activement à la vie. L'idéal du Grand maître est de bâtir un bouddhisme humaniste avec une « terre pure bouddhiste, remplie de joie de vivre, de fortunes abondantes, de bienveillance, de compassion, de vertu, d'harmonie familiale et d'entraide universelle » (*Recueil des discours du Vénérable maître Hsing-Yun (1). Comment bâtir le bouddhisme humaniste*). Ainsi, le bouddhisme humaniste encourage les hommes à s'enrichir pour apporter du bonheur à la société, en même temps qu'il les incite à cultiver les mérites et pratiquer les bons actes, à être compatissants et tolérants. En cela, il est conforme à la notion moderne de valeur de l'homme et, en même temps, il est capable d'engendrer la prospérité économique, la stabilité, le progrès et l'harmonie dans la société. Ces succès ne souffrent, évidemment, aucune comparaison avec ceux de ces écoles de pensée, qui ne considèrent le Dharma que comme un sujet d'étude et de recherches. Voilà pourquoi le Président de l'association des anciens élèves d'origine hongkongaise, M. Loyuncheng, disait : « Si l'on veut estimer, à sa juste valeur, le succès du Vénérable maître Hsing-Yun, on ne peut passer sous silence son apport à la société ; voulant dire par là, que la contribution du Grand maître à la société, dynamise le bouddhisme et lui permet de présenter au monde, un visage résolument moderne. » (*Le peuple. Dissiper le brouillard pour bien voir les étoiles et les nuages.*[1] *01/12/1990*)

Le bodhicitta, base de la pratique du bouddhisme humaniste

Le Grand maître l'a toujours dit : « Le bouddhisme humaniste met l'accent sur la nécessité d'un enseignement de portée mondiale. Or, un individu ou un groupe, ne peut être accepté par le monde entier que s'il a apporté des contributions à la société, dans les domaines politiques ou économiques. De même, le bouddhisme doit

1. Hsing = étoile, Yun = nuage

lui aussi marcher avec son temps, il doit pouvoir apporter la joie et le bonheur aux hommes, ainsi que des contributions positives à la société et à la nation ; il sera alors, digne d'exister, sinon, il sera éliminé par la société. » (*Universal Gate Buddhist Journal. L'esquisse du bouddhisme humaniste*)

Grâce à cette juste vision, le Grand maître a pu s'apercevoir que certaines tendances du bouddhisme s'écartaient de la vraie volonté de Bouddha. Certains ne s'intéressent qu'à des théories abstraites, sans se soucier de la pratique ; d'autres se contentent de manger végétarien et de faire des révérences, sans se poser de question à propos de la culture des vertus ou des problèmes de la vie quotidienne et n'ont aucun sens des responsabilités ; d'autres encore, pratiquent en solitaire, sans s'intéresser à ce qui se passe autour d'eux... Il a donc proposé une nouvelle conception du bouddhisme humaniste, en soulignant que « le bodhicitta » est la base de la pratique du bouddhisme humaniste. En effet, le bouddhisme humaniste est la « voie des bodhisattvas », lesquels, en plus de chercher leur propre éveil, s'efforcent d'aider les autres êtres à s'éveiller. Le bouddhisme humaniste s'intéresse plus au mondain qu'au supra mondain, à la vie qu'à la mort, à autrui qu'à soi-même et privilégie la bienfaisance universelle plutôt que la pratique érémitique » (*Recueil des discours du Vénérable maître Hsing-Yun (4). La pensée fondamentale du bouddhisme humaniste*). Sans le bodhicitta, il est impossible d'atteindre la voie des bodhisattvas et seuls, les hommes qui possèdent le bodhicitta, sont dignes de devenir responsables de la promotion du bouddhisme humaniste.

Dans un reportage sur Fo Guang Shan, Mlle Wulingjiao, journaliste du quotidien « La Chine », écrivait : « Fo Guang Shan est un lieu de culte qui promeut le bouddhisme humaniste, un égocentrique n'y a pas sa place ». Le Grand maître répète souvent à ses disciples : « Je n'aime pas vous entendre parler de « devenir Bouddha », « surpasser la vie et la mort », « éliminer les soucis ». Je souhaite que vous puissiez devenir des « humains véritables », tenir votre rôle sur la scène de la vie et être des hommes brillants. Il est dit : « Qui réussit à être un homme, réussira à être un bouddha » ; seuls des hommes bons pourront devenir des propagateurs du bouddhisme humaniste. Ne rentre pas dans l'Ordre de Fo Guang Shan, quiconque ne se conforme pas au bouddhisme humaniste. » (*Ainsi dit. 23/12/1999*)

Le Grand maître a ainsi dit, pour avoir vu des gens qui, après une courte période de pratique, s'empressent de se retirer pour rechercher « la libération de la vie et de la mort ». Pour se libérer eux-mêmes, ils abandonnent leurs responsabilités, se retirent dans la tranquillité et laissent les autres se charger de leurs besoins. C'est à cause de leur égoïsme, que le bouddhisme a souvent été qualifié de « fardeau pour la société ».

Par le passé, le bouddhisme a toujours été critiqué par la société. Les gens le jugeaient comme étant une religion uniquement dédiée au service des morts. En temps normal, personne ne s'en souciait et ce n'est qu'à l'article de la mort, qu'on se hâtait d'appeler un bonze pour lire les sutras. Le bouddhisme, n'existant que pour les morts, était sans intérêt pour les vivants ; son existence était socialement superflue et inutile à la vie réelle. Le Grand maître ne se gêne pas pour dire que cette situation est due au fait, que certains éléments du monde bouddhiste, ne pensent qu'à chercher leur propre libération et plus encore, « se hâter vers leur propre mort et s'empresser pour celle des autres ». Ils ne peuvent décliner leurs responsabilités.

La voie de la libération du bouddhisme humaniste

Pour le Grand maître, il est évident que le souci fondamental de la libération de la vie et de la mort, est la finalité de la pratique du bouddhisme. Cependant, se libérer ne veut pas dire fuir la vie réelle, mais bien plutôt, s'efforcer dans la purification quotidienne de son corps et de son esprit. Il dit : « Si un jeune de vingt ou trente ans entre dans les Ordres et cherche, dès le premier jour, à se libérer de la vie et de la mort, cela revient à penser qu'un homme qui vient de naître cherche déjà à mourir. Comment peut-on chercher à mourir sans avoir vécu ? De plus, l'idée seule de se libérer, n'amène jamais à l'Eveil, car le manque de compassion y fera obstacle et la compassion ne peut être obtenue que dans l'aide offerte à autrui. » (*Recueil des discours du Vénérable maître Hsing-Yun (4). Où est l'avenir du bouddhisme ?*)

La particularité du bouddhisme humaniste est que, pour lui : « La vie, c'est le Dharma ; le Dharma, c'est la vie ». Le bouddhisme humaniste ne peut être perçu que dans la vie quotidienne. Hors de la vie, hors du monde, la Voie n'existe pas. Le Grand maître le rappelle : dans l'Amitabha-sutra, Bouddha encourage les hommes à dicter le nom des bouddhas pour pouvoir renaître à la terre pure, en disant « on ne peut y renaître, si les bonnes et vertueuses affinités sont insuffisantes ».

De même, Sakyamuni Bouddha a besoin de pratiquer « trois asankhyeyas et cent kalpas » dans le monde, pour atteindre l'Eveil. Tant que le monde n'est pas parfaitement construit, tant que le bouddhisme mondain n'a pas totalement fleuri, ne pas servir la société, ne pas faire bénéficier le monde, ne penser qu'à sa propre libération, n'est-ce pas là pur égoïsme ? N'est-ce pas donner aux gens, l'occasion de nous traiter d'égoïstes ? (*Recueil des discours du Vénérable maître Hsing-Yun (4). Où est l'avenir du bouddhisme ?*)

Bien que le bouddhisme humaniste du Grand maître, mette aussi l'accent sur « la libération de la vie et de la mort », il estime qu'il faut d'abord régler tous les problèmes de la vie, avant de pouvoir atteindre le véritable état de libération. Si l'on ne sait même pas résoudre les problèmes de la vie, comment pourra-t-on résoudre ceux de la mort ? Le bouddhisme Mahayana libère d'abord la vie, ensuite la mort. Il met l'accent sur la résolution des problèmes vitaux, avant de parler de la renaissance vers la « Terre Pure de l'Ouest ».

Pour le Grand maître, la libération de la vie et de la mort n'est pas se libérer égoïstement, ni se laisser aller paresseusement : elle est la transcendance du cœur et de l'âme, c'est une délivrance spirituelle. « Etablir de bonnes affinités » est une sorte de « libération de la vie et de la mort ». Aussi, il faut d'abord semer laborieusement de par le monde, puis fortifier son corps et son esprit, pour résoudre les problèmes de la vie et de la mort et ne pas se comporter en déserteur. Quand le Grand maître est entré dans les Ordres, il n'a pas pensé à se libérer de la vie et de la mort ; il l'a fait, après avoir vu un grand bonze qui donnait lecture devant les adeptes du village. Son prestige l'a impressionné et il a pensé : « Si je pouvais être comme lui, servir les gens et leur enseigner le Dharma, quel bonheur ce serait ! » (*Ainsi dit*). Depuis lors, l'idée du bouddhisme humaniste a germé dans son cœur. Comme il le disait : « Fo Guang Shan existe depuis plus de trente ans, j'ai aussi promu le bouddhisme humaniste depuis plus de trente ans mais, en réalité, il faut retourner à l'instant de ma jeunesse, quand j'ai eu mon premier contact avec le bouddhisme. Dès le premier jour de mon ordination, l'idée du bouddhisme humaniste a germé dans mon petit cœur ; elle n'est pas héritée du Vénérable maître Taixu, ni du sixième patriarche Huineng : elle vient de Bouddha. C'est pourquoi, on peut dire que le bouddhisme humaniste de Fo Guang Shan est venu directement de l'intention première de Bouddha. » (*Discours aux adeptes dans le hall Tathagata de Fo Guang Shan. 03/11/1998*)

La terre pure du bouddhisme humaniste est établie sur les rives mondaines

Le Grand maître est entré dans les Ordres il y a plus de soixante ans. Il a promu le Dharma durant plus d'un demi-siècle et, dans le bouddhisme humaniste qu'il préconise, le Dharma et la vie s'harmonisent parfaitement. Il insiste en soulignant que le bouddhisme humaniste veut « transcender la vie plutôt que la mort » (*Collection Bouddhisme. Comment établir le bouddhisme humaniste*). Pour le Grand maître, transcender la mort est certes, une chose importante, mais transcender la vie l'est encore bien davantage. Si les deux peuvent être transcendées à la fois, ce sera la pleine et véritable libération. Bien qu'il incite à « la pratique simultanée de Chan et Jingtu » et ait présidé personnellement plus de cent fois, les cérémonies de « Seven-days Amitabha Dharma Function », il conseille souvent aux gens de dicter le nom d'Amitabha. Il ne s'oppose pas à la recherche de la terre pure, mais pour réaliser la doctrine du bouddhisme humaniste, son vœu à lui, n'est pas de renaître dans la terre pure, mais d'être bonze sur terre et de le redevenir, génération après génération. Il encourage ses disciples à établir la pensée du bouddhisme humaniste. Pour lui, « ne pas chercher son bien-être, mais que tous les êtres puissent s'éloigner de la souffrance » du *Sutra de l'Ornementation Fleurie* est l'une des idées de base du bouddhisme humaniste. De l'idée, on peut passer à l'acte : faire l'éloge de la bonté et de la beauté du monde, admirer la joie et l'harmonie dans le monde, encourager les actions bénéfiques chez autrui, créer des centres d'aide, ne pas être jaloux des hommes talentueux, ne pas maltraiter son prochain, être toujours reconnaissant et satisfait, exercer la bienveillance et l'équanimité, œuvrer à bâtir un monde parfait. (*Recueil des discours du Vénérable maître Hsing-Yun (4). Où est l'avenir du bouddhisme ?*)

Le bouddhisme humaniste préconisé par le Grand maître, rejette l'état d'esprit et les conduites déviantes des adeptes du passé. D'autre part, il fait connaître le principe selon lequel « Bouddha est un homme illuminé, l'homme est un bouddha en marche vers l'illumination ». Il est dit dans *le volume 1 du Sutra des principes des six paramitas* : « Tous les êtres possèdent la sagesse des bouddhas, car la nature de chacun est aussi pure ; la nature des bouddhas et celle des hommes ne sont point dissemblables, ce sont les hommes qui les croient différentes. » Ceci est la meilleure preuve de la justesse de l'expression « Bouddha est un homme ». Le Grand maître dit : « La finalité de la pratique bouddhiste est de se libérer de la vie et de la mort, pour pouvoir atteindre l'état suprême du Nirvana, mais le bouddhisme humaniste va plus loin : il contribue au bénéfice de tous les êtres vivants » (*Journal de Hsing-Yun*), car l' « accession à l'état de bouddha » s'obtient à partir de la condition d'homme. Le but final de la pratique du bouddhisme est de devenir bouddha, mais l'étape qui précède l'accession à la condition de bouddha, est celle d'homme : en réussissant son rôle d'homme, on réussira le rôle de bouddha ».

En se basant sur l'idée « le Cœur, Bouddha, l'Etre vivant, sont identiques » du *Sūtra Avatamsaka (sutra de l'ornementation fleurie)*, le Grand maître nous explique qu'à l'intérieur de chacun de nous, gisent d'immenses fortunes de Vérité qui attendent d'être découvertes (*Les cent histoires d'antan. Là où il y a Dharma, il y a solution*) et que, « si le cœur est pur, la terre qui nous porte, sera pure ». Dans le *Sūtra de Vimalakīrti*, il est dit qu' « il suffit que le cœur soit purifié, pour que l'endroit où l'on est, devienne la terre pure bouddhique » (*Foguang studies. Connaître le bouddhisme humaniste de Fo Guang Shan*). Dans « *Conscience de soi et pratique de la voie du bouddha* », discours prononcé à la 10ème assemblée générale de la B.L.I.A., le Grand maître disait que, si l'on retrouve la conscience de soi, alors rien ne nous empêchera plus, de devenir bouddha. Il suffit de cultiver le bodhicitta, pratiquer la voie bodhisattva, transformer le monde en une terre remplie de paix, d'harmonie, de joie et de prospérité et alors, tout naturellement, notre corps et notre cœur, de même que notre terre seront purifiés et la Terre Pure sera là, à ce moment et ici même. Ces propos définissent une des plus importantes théories de la pensée du bouddhisme humaniste du Grand maître. Le journaliste du quotidien « L'Europe », M. Zuwei, la définit comme étant « la réforme la plus radicale de toute l'histoire de la pensée religieuse ». (*Quotidien « L'Europe ». Etablir la terre-pure sur cette rive. L'interview du réformateur bouddhiste, le Vénérable maître Hsing-Yun, à Paris. 23/04/1992*)

Le bouddhisme humaniste préconisé par le Grand maître implique, non seulement « l'harmonie entre l'acte et le principe », mais encore « la simultanéité de la théorie et de la pratique » et « la similarité entre le mondain et le supra mondain ». Sa pensée prend source auprès de l'intention première de Bouddha. Le Dharma qu'il étudie depuis si longtemps, il l'applique pour la réalisation des concepts du bouddhisme humaniste. Il en va de même pour l'esquisse du bouddhisme humaniste, qu'il a conçue à partir des ouvrages fondamentaux du bouddhisme. Il en va encore de même, de la terre pure Foguang qu'il veut construire, en y réunissant les caractéristiques des différentes terres pures. Ce sont là les points importants du contenu spirituel du « bouddhisme humaniste selon le modèle Hsing-Yun » et nous allons les étudier séparément.

Les origines de la pensée du bouddhisme humaniste du Grand maître

La pensée du bouddhisme humaniste prend source quand il est dit : « Bouddha est né en ce monde, a pratiqué en ce monde, s'est éveillé en ce monde et a propagé l'enseignement bouddhiste dans ce monde. Bouddha a enseigné durant quarante-neuf ans, il a donné plus de trois cents audiences de lectures de sutras, ni aux dieux ni aux démons, ni aux damnés de l'enfer et pas davantage aux animaux ou aux plantes : ses auditeurs étaient exclusivement des hommes. Cet enseignement que Bouddha a dispensé aux hommes, c'est « le bouddhisme humaniste ». Le bouddhisme humaniste est donc tout le Dharma et tout le Dharma est du bouddhisme humaniste. » (*Propos de la pensée du bouddhisme humaniste*)

Voilà pourquoi le Grand maître dit : « L'origine du bouddhisme humaniste est, en fait, l'enseignement de Bouddha. Bouddha est strictement le bouddha des hommes, le bouddhisme est exactement le bouddhisme humaniste. Le bouddhisme humaniste n'est pas quelque chose de nouveau, il est la base de la renaissance du Dharma. » (*Les cent histoires d'antan. Etablir les caractéristiques du bouddhisme humaniste*). Il ajoute : « Fo Guang Shan préconise le bouddhisme humaniste, mais le bouddhisme humaniste n'est pas une création de Fo Guang Shan : la pensée du bouddhisme humaniste vient de Bouddha lui-même. » (*Journal de Hsing-Yun*).

Certains érudits veulent souvent attribuer la création du bouddhisme humaniste à telle ou telle personne ; sur ce point, le grand maître est clair : « Le bouddhisme humaniste n'est pas le bouddhisme de telle région ou de telle personne, il est la religion que Bouddha enseigne aux hommes, il n'est pas une école de pensée, il appartient à Bouddha » (*Ainsi dit*). Il conclut : « Sakyamuni Bouddha est le fondateur du bouddhisme humaniste, le sixième patriarche Huineng et le vénérable maître Taixu en sont les apôtres. » (*Les cent histoires d'antan. Etablir les caractéristiques du bouddhisme humaniste*)

A l'époque, Bouddha enseignait aux hommes dans le but de les « guider vers l'illumination », c'est pourquoi, le Grand maître pense que « tout dharma qui peut apporter aux hommes intérêt et joie, est du bouddhisme humaniste » (*Journal de Hsing-Yun*). Aussi, le Noble sentier octuple, les Cinq préceptes, les Dix bons actes, les quatre Samgraha-vastuni, les six Paramita, les Quatre vœux universels, de même que les sutras et les théories bouddhistes, sont tous du bouddhisme humaniste. Et, face aux discussions concernant l'idée « le Mahayana n'est pas de Bouddha », il pense que, parmi les quatre grands bodhisattvas, à part Ksitigarbha qui porte l'habit monastique, Avalokitésvara, Manjusri et Samantabhadra sont représentés dans une tenue laïque. Car les monastiques, dans le passé, étaient plutôt de caractère sravaka et penchaient vers la pensée supra mondaine, alors que les laïcs étaient plus optimistes et plus actifs, leurs caractéristiques se rapprochant plutôt de celles du Mahayana. Donc, pour lui, le Mahayana correspond mieux aux intentions premières de Bouddha, il est du bouddhisme humaniste.

Parce que le bouddhisme du passé était plus proche de la forme supra mondaine et érémitique, il n'enseignait aux adeptes qu'à dicter le nom des bouddhas et révérer Bouddha. Pour la plupart, les ouvrages étaient jalousement rangés et, si quelqu'un avait l'intention d'approfondir sa connaissance des théories bouddhiques, il ne trouvait personne pour le guider. De ce fait, les gens pensaient que le bouddhisme était une religion de vieillards. Le Grand maître, lui, pense que « le bouddhisme d'aujourd'hui doit quitter la montagne pour aller vers la société, sortir des pagodes pour pénétrer dans les familles, afin de leur apporter bonheur et joie et aussi de rendre harmonieuses les relations mutuelles des hommes, tant dans le domaine matériel que spirituel. » (*Journal de Hsing-Yun*)

Ainsi, le Grand maître promeut le bouddhisme humaniste, pour combattre l'idée que le bouddhisme n'appartient qu'aux monastères, aux pagodes et aux monastiques. Le bouddhisme doit aller vers la société, dans les familles et dans le cœur de chacun. Que chacun puisse éprouver la puissance de la foi, qui peut apporter à la vie, les objectifs, l'orientation, l'avenir, l'espoir et la joie du Dharma.

Suivre respectueusement les intentions premières du Bouddha

Pour promouvoir le bouddhisme humaniste, pour que les hommes d'aujourd'hui veuillent bien l'accepter, pour qu'il puisse dispenser l'eau de la vie pour fortifier tous les êtres, pour que le bouddhisme devienne une religion bénéfique à la vie, pour qu'il puisse développer réellement son rôle éducatif dans le monde entier, le Grand maître promet de « suivre respectueusement les intentions premières de Bouddha, mener une vie matérielle raisonnable, se soucier de l'harmonie au sein de la famille, enseigner les bonnes conceptions de la vie, apporter le Dharma dans la vie quotidienne puis, de là, développer le dharma de notre ressource intérieure en attente ». (*Liaisons Foguang. Séminaire d'études Foguang*)

Durant toute sa vie, ayant commencé par instruire le commerçant en lui parlant des trois refuges et des cinq préceptes, jusqu'au moment où il illumina son disciple Subhadra, avant d'atteindre le Nirvâna, Bouddha n'a jamais cessé de penser à enseigner aux hommes. Pour résoudre les problèmes fondamentaux de l'homme : la vie, la vieillesse, la maladie et la mort, il renonça au trône pour chercher la Voie, devenir le grand Dharma-roi et enseigner la Vérité de l'univers. L'ordination de Bouddha est une transcendance spirituelle, une sublimation du caractère ; ses immenses vœux compatissants l'ont fait revenir dans le monde, pour embrasser les êtres vivant dans la souffrance. Non seulement, il n'a pas quitté le monde, mais il est encore allé vers la société, pour apprendre aux hommes à s'éloigner de la souffrance et à rechercher la joie.

Le Grand maître ressent profondément le sentiment compatissant du Bouddha envers tous les êtres ; c'est pourquoi il veut promouvoir le bouddhisme humaniste. Mais il dit : « Je n'avais pas pensé à prêcher le bouddhisme, j'avais seulement senti que j'avais pour mission, de transmettre la joie et le bonheur à travers le monde, d'apporter la paix et la sérénité aux hommes. Car c'est pour les hommes que le Dharma existe, c'est en s'adressant aux hommes que Bouddha s'est exprimé. Le Dharma existe originellement et ce n'est pas moi qui vous l'ai offert, c'est Bouddha qui vous a montré la joie, la confiance, l'espérance, la subtilité dont vous aviez besoin. » (*Journal de Hsing-Yun*)

Durant toute sa vie de missionnaire, il n'a jamais fait aucune distinction raciale parmi ses disciples : les Chinois y côtoient des Occidentaux et des Africains. Le fait de pouvoir promouvoir le bouddhisme dans le monde entier et dispenser le Dharma à tous les hommes, leur permettre d'établir une famille harmonieuse et une vie remplie d'espoir, les aider à résoudre les problèmes familiaux et sociaux grâce au Dharma, est, pour le Grand maître, la chose qui lui apporte le plus de satisfaction.

La signification du bouddhisme humaniste

L'esprit et le cœur du Grand maître sont continuellement remplis des idées du bouddhisme humaniste. Comme il le dit toujours : « Quand j'ai créé Fo Guang Shan, il n'y avait pas que le « hardware » (les bâtiments), il y avait aussi le « software » : c'était le bouddhisme humaniste... Le bouddhisme humaniste ne se trouve pas que dans mon cœur ou dans mes actes, il est aussi sans cesse dans mon esprit. » (*Journal de Hsing-Yun*). Il ajoute : « Là où il y a Dharma, il y a solution » (*Les cent histoires d'antan*).

Le « Dharma » ? : C'est le bouddhisme humaniste :

- Tous les enseignements du bouddhisme qui sont bénéfiques aux hommes sont du bouddhisme humaniste. (*Liaisons Foguang. Texte du Fondateur*)
- Le bouddhisme humaniste est le bouddhisme qui apporte aux hommes le bonheur, la joie, l'harmonie, le respect mutuel, l'amour familial. (*Liaisons Foguang. Les vingt-sept années de succès de Fo Guang Shan*)
- Le bouddhisme humaniste est celui de la juste compréhension. Nous devons comprendre que Bouddha est l'Etre éveillé du monde humain et non une entité abstraite, apparue puis disparue, sans laisser de traces. Nous devons tous être responsables de nos actes et ne pas demander aux bouddhas de l'être à notre place. Nous ne devons pas les considérer comme des dieux ou des agents d'assurances. Bouddha est venu au monde pour nous enseigner la Vérité qui nous per-

met d'améliorer notre vie. Ainsi, le bouddhisme humaniste utilise le Dharma, pour nous apprendre à purifier notre pensée et nous montrer la voie juste, pour régler notre manière de vivre. Le bouddhisme humaniste nous apprend à mettre l'accent sur les plaisirs de la vie, à disposer de fortunes légitimes, à jouir de plaisirs sains, à nous comporter avec compassion. Tout ce qui est favorable à la perfection de la vie et au bonheur de la famille, est du bouddhisme humaniste. (*Universal Gate Bouddist Journal. Les humbles opinions sur les développements périodiques du bouddhisme chinois*)

- Le bouddhisme humaniste met l'accent sur la concorde entre les hommes, la purification des relations entre l'homme et le monde extérieur, l'harmonie entre l'homme et la nature, l'adéquation entre l'homme et son niveau de vie. Les enseignements qui ont pu accroître le bonheur, la paix, la joie des hommes, sont tous du bouddhisme humaniste. (*Universal Gate Bouddist Journal. Les humbles opinions sur les développements périodiques du bouddhisme chinois*)
- Le bouddhisme humaniste doit apporter d'abord les notions de causalité, compassion, tolérance, gratitude, humilité... dans la vie de chacun. Que chacun les connaisse et les respecte, qu'il distingue le bien du mal, le vrai du faux, qu'il soit satisfait de ce qu'il possède, qu'il apprécie sa vie insouciante d'homme libre, qu'il apprenne à se détacher, qu'il soit à l'aise devant la vie et la mort, qu'il sache donner sans attendre de retour. (*Discours aux membres du Comité de recherche et d'étude du bouddhisme humaniste à Fo Guang Shan-Chuandenglou. 01/03/2004*)
- Le bouddhiste humaniste doit posséder le « Bodhicitta », qui signifie « chercher la voie du Bouddha, pour la trans-

mettre à tous les êtres ». Ce qui est hors du bodhicitta est hérétique et celui qui ne possède pas le bodhicitta, est un homme sans aveu. Toutes les activités qui ne sont pas réalisées avec le bodhicitta, sont diaboliques. C'est pourquoi il faut posséder le bodhicitta pour promouvoir le bouddhisme humaniste.

- Le bouddhiste humaniste doit avoir « le sens de l'égalité ». A l'heure actuelle, tout le monde réclame la liberté, la démocratie et l'égalité. Et l'égalité entre le fait et la théorie, entre l'essence et l'apparence, entre l'autre et moi, entre l'ami et l'ennemi du bouddhisme, représente la perfection. Si le monde d'aujourd'hui n'est pas en paix, c'est parce qu'il n'y a pas d'égalité. Seule l'égalité peut apporter la paix ; avoir « le sens de l'égalité » est une connotation primordiale de la pensée du bouddhisme humaniste.
- Le bouddhiste humaniste doit posséder « la vision de la coproduction conditionnelle » qui est la Vérité de l'univers. Comprendre la coproduction conditionnelle c'est comprendre la Vérité. Pour promouvoir le bouddhisme humaniste, il faut avoir la vision de la coproduction conditionnelle, qui permet de bien saisir l'essence et la nature de la vérité inconditionnelle.
- Le bouddhiste humaniste doit posséder « la sagesse de Prajna », qui est la mère de tous les bouddhas. Seul le Prajna permet la perfection des six paramita, l'obtention de la libération totale. (*Journal de Hsing-Yun. 14/05/1996*)

Pour le Grand maître, « le bouddhisme humaniste permet de combattre les mauvais côtés de la nature humaine ; il utilise la discipline, la concentration et la sagesse pour purifier le cœur de l'homme, corriger ses penchants à l'avidité, à la colère, à l'ignorance, à la jalousie, à la vanité, à la rancune et lui permettre d'entrer dans un état de bonté, de beauté, de clarté et de sérénité ». C'est pourquoi il insiste en disant : « Le bouddhisme humaniste est grand et merveilleux ; ne pas approuver le bouddhisme humaniste est pire que ne pas avoir confiance dans le bouddhisme ; ne pas approuver le bouddhisme humaniste est une vision perverse. » (*Journal de Hsing-Yun*)

L'approbation du bouddhisme humaniste par le monde entier

Le Grand maître nourrit le vœu compatissant de promouvoir le bouddhisme humaniste, pour que tous les hommes du monde puissent bénéficier de ses apports. Aujourd'hui, grâce à ses efforts incessants, le bouddhisme humaniste est approuvé par le monde entier. Ainsi, en 2000, l'hebdomadaire « New News » invita 90 personnalités de Taïwan, de Chine et de Hongkong : des hommes politiques, des enseignants, des journalistes et des industriels, pour former un jury qui devait choisir, parmi 350 candidats proposés, les cinquante personnes les plus influentes du monde actuel et le Grand maître figura parmi les cinquante élus. Cette année, en mai 2005, la Bibliothèque du Congrès des Etats-Unis a officiellement intégré les œuvres du Grand maître et celles de Fo Guang Shan dans son répertoire et y fait désormais figurer les termes « Humanistic Buddhism » et « Monastry Fo Guang Shan ».

Ajoutons encore que, pour montrer son estime face au succès de la propagation du bouddhisme humaniste du Grand maître, l'Université de la Langue chinoise de Hong-Kong a collaboré avec Fo Guang Shan en avril 2005, pour créer « le Centre de recherche du bouddhisme humaniste », en espérant que les recherches sur le bouddhisme pourront faire un grand pas grâce à cette coopération. C'est une université publique multidisciplinaire classée parmi les cinq premières universités d'Asie qui a, à son actif, plus de quarante années de recherches religieuses. Ainsi Fo Guang Shan a pu introduire le bouddhisme humaniste dans un établissement du plus haut niveau académique, ce qui est particulièrement significatif.

Le jour de l'inauguration du Centre de recherche, son Directeur, le Professeur Laipinchao, disait dans son discours : « Le vénérable maître Hsing-Yun, avec sa grande sagesse et son immense compassion, a pénétré dans le Prajna littéraire, pour étudier les théories profondes du bouddhisme et les transmettre aux hommes de la société, dans un langage accessible. Dans le passé, le sixième patriarche Huineng a ouvert la porte de l'école Chan subitiste et répandu la semence de la pensée « Le Dharma se trouve dans le monde, il ne faut pas le chercher en dehors du monde ». Aujourd'hui, le vénérable maître Hsing-Yun a créé le groupe religieux Foguang, ré-ouvert le monde du bouddhisme humaniste, accompli le grandiose travail et l'idéal du bouddhisme : servir la société avec bienveillance et compassion. »

En mars 1999, sur présentation de son professeur, le Dr. Ester Bianchi (agrégée de langue chinoise de l'Université de Venise en Italie), Mme Stefania Travagnin, est venue passer six mois à Fo Guang Shan pour écrire sa thèse sur le bouddhisme humaniste. Puis, elle a consacré une année à rédiger cette thèse de doctorat intitulée « Les monastiques et les pratiquantes laïques du bouddhisme taïwanais contemporain », thèse qui a obtenu les félicitations du jury. Pour respecter sa recherche, l'université a instauré l'obligation d'étudier cette thèse, pour tous les chercheurs sur le bouddhisme humaniste et aussi l'interdiction de choisir le même sujet pour les thèses futures.

Par la suite, Mme Travagnin a adressé au Grand maître, une lettre de remerciements, car Fo Guang Shan lui a permis de comprendre ce qu'est le bouddhisme humaniste, la vraie signification du « Suivre la voie de bodhisattva des pratiquants du bouddhisme humaniste ». Dans sa lettre, elle promettait de pratiquer dès lors, elle-même, le bouddhisme humaniste et de le promouvoir en Italie.

Les raisons pour lesquelles le bouddhisme humaniste a été approuvé par les hommes d'aujourd'hui, s'expliquent surtout par le fait que le Grand maître a su saisir les intentions premières de Bouddha, en considérant simultanément l'harmonie entre l'acte et la théorie, la non-dualité entre le mondain et le supra mondain et d'une manière parfaite, traduire et appliquer le Dharma, le faire entrer dans la vie quotidienne en le rendant élégant, vivant, social et humain. Le bouddhisme n'est plus une collection de sutras enfermés dans des tours inaccessibles, mais une sagesse simple et compréhensible, une boussole qui guide les hommes vers un avenir de clarté.

La parfaite capacité d'adaptation du bouddhisme humaniste

Après avoir atteint l'Eveil, Bouddha enseigna aux bodhisattvas de la Mahayana, « le sutra de l'Ornementation fleurie ». Cependant, ce sutra parle de l'état d'Eveil que Bouddha avait, lui, assimilé de l'intérieur et c'est pourquoi les arhats présents ne parvenaient pas à le comprendre. Alors, pour s'adapter à la capacité de réception de son public, il leur parla des sutras Vaipulya. De même, quand il parla du « Sutra du Lotus » et « ekayāna », le véhicule du Bouddha, les cinq mille disciples Sravaka se retirèrent parce qu'ils ne comprenaient pas.

Le Grand maître pense que : « pour expliquer les difficiles théories des sages et obtenir les résultats espérés, il faut se montrer soi-même sage, s'adapter à la capacité de compréhension des hommes et employer des méthodes accessibles à tous. » (*Recueil des discours du vénérable maître Hsing-Yun (2). La modernisation du bouddhisme*). Car, « il ne faut pas nécessairement parler du Dharma en employant des mots abscons. Si l'on peut apporter aux hommes la compréhension juste, la vision juste, le bonheur et la joie, on aura réalisé le bouddhisme parfait. » (*Journal de Hsing-Yun*). Le Grand maître préconise donc la vulgarisation, pour parler Dharma, il n'emploie pas « le vocabulaire pour expliquer le vocabulaire » ; il n'aime pas non plus « traduire mot à mot », pour expliquer les sutras. Il sait saisir l'essentiel du sutra ou de la théorie bouddhiste, d'abord l'assimiler, puis le structurer, l'analyser, l'expliquer, le résumer, pour que les auditeurs puissent en retirer une compréhension globale et en saisir les points importants. Telle est la méthode discursive propre au Grand maître. Le Professeur Liwuzhong de l'Université technologique de Taïpei disait : « Le discours du vénérable maître Hsing-Yun est structuré, clair et précis, les auditeurs peuvent pénétrer rapidement le contexte et l'assimiler facilement. »

Sur des sujets importants : « la vie », « la mort », « la vie quotidienne », « le bouddhisme »..., le Grand maître aime particulièrement donner des séminaires sous forme de sessions de trois jours. Cette année, en 2005, il va parler de « la discipline », « la concentration » et « la sagesse », afin d'établir, pour le bouddhisme humaniste, une pensée plus rigoureuse et mieux structurée.

Le Grand maître a reçu une éducation bouddhiste complète depuis sa jeunesse et sa connaissance du bouddhisme est approfondie. Non seulement il possède les bases de l'enseignement bouddhique et des théories fondamentales mais, connaissant de plus parfaitement, les caractéristiques, la pensée, les ouvrages et les origines des différentes écoles, il encourage « la pratique simultanée des huit écoles ». Il a donné une série de séminaires de trois jours sur le thème : « Des différentes écoles bouddhistes à leurs manières de pratiquer » (*Recueil des discours du vénérable Hsing-Yun (2)* et, dans la série *Bouddhisme – Les Ecoles*, il a présenté successivement les huit écoles de la Mahayana et les deux Ecoles Satyasiddhi et Pitaka.

Le bouddhisme humaniste et la pratique simultanée des huit Ecoles

Dans ses discours, qu'il s'agisse de tel groupe, telle école, tel sutra, tel sâstra ou telle théorie bouddhiste, il arrive toujours à introduire des exemples et des références pour justifier ses dires.

Ainsi, pour parler de l'Ecole Huayan, il dit : « Parmi les différents sutras du bouddhisme, certains parlent de la vacuité absolue, tels les sutras de Prajña ou de la Voie médiane ; certains parlent de l'existence supranaturelle, tels les sutras de Dharmalakṣaṇa et de Vijñãnamãtra ; certains préconisent l'Eveil immédiat tels ceux de l'école Chan du sud, et d'autres une progression vers un Eveil graduel, tels ceux de l'école Chan du nord. Mais, qu'il s'agisse de vacuité ou d'existence, que ce soit immédiat ou graduel, Huayan a rassemblé tous ces concepts et créé l'école du véhicule unique de la perfection, en harmonie avec toutes les écoles .... »

Le Grand maître encourage donc « la pratique simultanée des huit écoles » car le Dharma est en fait « un tout » : il a été édicté par Bouddha et, si subsistent des différences de niveau, l'idée que « tout est basé sur l'homme » est identique pour tous. Les huit écoles possèdent toutes leurs caractéristiques propres ; les niveaux de perception des hommes sont différents et il ne faut pas se focaliser uniquement sur l'un ou l'autre enseignement.

De même, face à ceux qui pensent que l'« Agama sutra » est du bouddhisme primitif et non du bouddhisme humaniste ou ceux qui croient qu'il faut discourir des théories supranaturelles, telles Bhũtatathatã ou Tathãgata-garbha, pour montrer sa supériorité, il pense que l' « Agama sutra », et même le « Maharatnakuta sutra », l' « Upasakasila sutra », le « sutra des derniers enseignements de Bouddha », le « Bei sutra dit par Bouddha », etc. contiennent tous, des éléments appartenant au bouddhisme humaniste. Aussi, dans l'ouvrage *Foguang Textbook – Le bouddhisme humaniste*, il a recueilli plus d'une centaine de sutras, de sâstras et de paroles des sages, comme points d'appui du bouddhisme humaniste et il a aussi apporté des preuves précises concernant les origines du bouddhisme humaniste.

Le bouddhisme humaniste du Grand maître ne se concentre pas sur une seule école, un seul sutra ou un seul sâstra : il réunit tous les dharmas et tire profit des uns et des autres. Le Grand maître a toujours été très doué pour découvrir des perles au sein de la mer immense du Dharma, espérant ainsi pouvoir traduire les œuvres du tripitaka, en un langage simple, pour permettre aux hommes de pénétrer et connaître les doctrines profondes. Ainsi en est-il des quatre vers qu'il a composés pour les membres de la B.L.I.A. :

> « Que la bonté, la compassion, la joie et l'équanimité règnent dans la Dharmadhatu » : maîtrise de soi dans la pratique intérieure;
> « Que nous appréciions notre bonheur, nos relations et

puissions en bénéficier, dans le ciel et ici-bas » : altruisme dans la pratique extérieure ;
« Que la méditation, la chasteté, et la discipline nous mènent à la magnanimité universelle » : l'étude comme boussole spirituelle ;
« Que notre grand vœu soit exaucé en toute humilité et gratitude » : perfectionnement de la personnalité, la sienne et celle d'autrui.
(*Journal de Hsing-Yun*)

Ces quelques phrases paraissent bien simples et pourtant elles contiennent les théories de la pratique intérieure et extérieure, du perfectionnement de soi-même et d'autrui. Elles englobent la quintessence du Dharma. Sans une connaissance parfaite du Dharma, il eût été bien difficile de les exprimer.

Le Grand maître a également écrit cet « éloge aux trois Joyaux » :

Hommage à toi, Bouddha ! Hommage à toi, Dharma !
Hommage à toi, Sangha ! Hommage aux trois joyaux !
Vous êtes nos sauveurs, vous êtes nos vérités,
Vous êtes nos maîtres, vous êtes nos lumières.
Je prends refuge en vous, j'ai foi en vous, je vous rends hommage.
Hommage à toi, Bouddha ! Hommage à toi, Dharma !
Hommage à toi, Sangha !

Voilà les paroles qui, durant de longues années, ont mûri dans le cœur du Grand maître et qu'il a un jour, couchées sur le papier, dans une fulgurance de l'esprit.

Pour expliquer les mots, le Grand maître sait parfaitement mettre les expressions en concordance et les enchaîner harmonieusement :

- La vie : la naissance, la vieillesse, la maladie, la mort.
- L'univers : la formation, l'existence, la destruction, la disparition.
- La pensée : l'apparition, l'existence, le changement, l'extinction.
- Le temps : le printemps, l'été, l'automne, l'hiver.
- L'espace : l'Est, l'Ouest, le Sud, le Nord.
- Les sentiments : la tristesse, la joie, la séparation, l'union.

Il sait aussi comment extraire les points importants d'un grand texte. Ainsi, pour le Sutra du Diamant, il utilise quatre phrases pour résumer l'ensemble du texte :

> « Cultiver le cœur par le non attachement,
> Eduquer les hommes avec l'impersonnalité,
> Pratiquer le Dana sans l'attachement,
> Atteindre l'illumination sans rien obtenir. »

De même, il a encore écrit ce quatrain pour définir les caractéristiques des huit écoles bouddhistes :

Esotérique : riche, Chan : pauvre, Jingtu : commode ;
Conscience Unique : compliqué, Les trois Traités : vide ;
Huayan : classique, Vinaya : la bonne conduite ;
Tiantai : les doctrines structurées.

Il a établi une classification des deux mille ans d'histoire, depuis l'arrivée du bouddhisme en Chine, jusqu'à la dynastie Qing-Han, en les divisant en six périodes :

1. Le période de traduction des sutras (les dynasties Qin, Han, Wei, Jin)
2. Le période de la création des huit écoles (les dynasties Shui, Chen, Li, Tang)
3. Le période des querelles entre Chan et Jingtu (les Cinq Dynasties, Zhao, Song)
4. Le période de l'arrivée de l'Esotérique à la Cour (les dynasties Yuan, Ming)
5. Le période de la pratique des cultes (la dynastie Qing, la Démocratie)
6. Le période du bouddhisme humaniste (seconde moitié du vingtième siècle).

Nombreux sont ceux qui étudient le bouddhisme depuis plusieurs années, sans parvenir à comprendre clairement, comment le bouddhisme chinois s'est développé durant ces deux mille ans. Cette classification s'avère donc particulièrement utile aux travaux de recherche.

En outre, il a écrit « *Des quatre Vérités aux quatre Vœux universels* » (*Universal Gate Buddhist Journal*), pour enchaîner les théories fondamentales du bouddhisme primitif et celle de la voie-bodhisattva du bouddhisme Mahayana, rendant ainsi le Dharma plus complet et plus harmonieux.

C'est encore lui qui a défini les trois écoles « Chan, Jingtu, Vinaya » par :

Chan : le cœur des bouddhas (notre cœur pur)
Jing : la terre des bouddhas (notre monde)
Vinaya : le comportement des bouddhas
(notre comportement).
Définitions aussi exactes qu'élégantes.

L'expérience de la pratique bouddhique du Grand maître

La grande connaissance bouddhique du Grand maître lui est venue, d'une part de l'étude et des recherches dans les livres canoniques et d'autre part, des expériences tirées de la vie quotidienne, de l'enseignement monastique et aussi de la pratique. Durant sa vie, il a réalisé maintes ascèses personnelles, durant lesquelles il s'isolait et se recueillait pour s'établir dans la contemplation. Il s'interdisait de sortir, ne prenait aucune nourriture après l'heure de midi, recopiait les sutras avec son sang et ne parlait que pour dicter les noms des bouddhas. Tout son temps était consacré à la méditation et aux pratiques traditionnelles : copier les textes canoniques, respecter les lieux saints, enseigner le Dharma aux autres, écouter attentivement les enseignements bouddhiques, suivre les enseignements, apporter la foi aux autres, promouvoir les textes canoniques, réfléchir et pratiquer le Dharma. Il a participé à plus d'une centaine de sessions des « Sept jours de diction du nom d'Amitabha Bouddha », que seul, le Collège bouddhiste Ziaoshan, en Chine, organise deux fois par an, sous forme de sept sessions continues, soit, au total, 49 jours. Il a aussi pratiqué la méditation à la pagode Tianning en Chine. Par la suite, à Taïwan, il a encore, des centaines de fois, guidé dans leurs pratiques, les associations bouddhistes de Yilan, Luodong, Longyan, Kaohsiung, etc. De toutes ces pratiques, il a retiré une expérience qu'il évoque en disant

« le corps et le cœur n'existent plus, la terre est vide et immense », « dicter et ne rien dicter », « je ne sens, ni les autres, ni moi », « le temps, l'espace, et l'univers, tout est vide » ... (*Les cent histoires d'antan. Là où il y a Dharma, il y a solution*). De ces expériences religieuses du « oublier mon moi, mon corps, mon cœur », naissent confiance, sagesse et force de concentration incomparables.

Mais, de tout ceci, le Grand maître ne parle jamais. Sa plus grande originalité est l'importance qu'il attache à la pratique et surtout au comportement. Il y a cinquante ans, souvent il parcourait l'île en train pour donner des lectures. Ayant pour habitude de se tenir droit et ne pas regarder autour de lui, il restait assis, bien droit dans le train, pendant les huit heures de trajet, en récitant mentalement le nom de Bouddha. Un jour, son comportement a tellement impressionné un militaire qui voyageait assis à côté de lui, qu'il a suivi le Grand maître jusqu'à l'arrêt pour demander le refuge aux trois joyaux.

Le comportement du Grand maître

Le Grand maître a créé plus de deux cent lieux de culte et aucun n'a été enregistré à son nom ; il ne garde jamais d'argent et n'a jamais possédé de compte en banque personnel. Il a toujours mené une vie sobre et n'a pas l'habitude de dépenser inutilement. Parfois, il n'a pas un sou sur lui durant plusieurs mois, ce qui ne l'empêche pas de se sentir à l'aise. L'argent provenant de ses fidèles ou des droits d'auteur des ses ouvrages, il le remet intégralement au monastère. A la création de Fo Guang Shan, faute de moyens, on y manquait toujours de matériels et l'argent du Grand maître servait la plupart du temps à en acheter. Entre lui et ses disciples, on ne parle que Dharma et de rien d'autre. Les qualificatifs que l'on attribuait au

Grand maître Xuanzang en disant : « ses paroles ne laissent sentir ni honneurs, ni richesse ; ses actes ne sont ni creux, ni légers » dressent le meilleur portrait qui soit, du Grand maître.

Le Grand maître respecte rigoureusement les préceptes. A l'âge de 21 ans, il est revenu à sa pagode d'origine, Dajue, pour s'occuper des affaires religieuses et, en même temps, il a été engagé comme directeur, par l'école primaire Guomin de Yixing. Un jour, son dharma-frère, le Premier abbé de la pagode voulut le mettre à l'épreuve et déposa dans sa chambre, une boîte pleine de bonbons. Plusieurs jours passèrent sans que le Grand maître fît preuve de curiosité en ouvrant la boîte pour en connaître le contenu. L'abbé fut très touché par la rigueur de sa pratique et, dès lors, le respecta encore davantage.

Les expériences scolaires du Grand maître

La vie du Grand maître a toujours été pleine de durs labeurs. Il est né dans une famille d'agriculteurs et, depuis sa plus tendre enfance, il a dû apprendre tous les travaux rustiques : arroser, désherber, faire paître, moissonner, etc. En dehors des saisons de récolte, il devait encore aider sa grand'mère à exploiter le potager, pour subvenir aux besoins de la famille.

Après son ordination, au collège-vinaya Qixia, il s'était chargé du service des repas, de la surveillance des réserves d'eau, de veiller sur la forêt, transporter les bûches, etc. Durant les vacances d'été, il allait cueillir des figues dans les bois pour augmenter les rentrées d'argent de la pagode. Durant les vacances d'hiver, rien que pour le grand nettoyage pour le nouvel an chinois, il lui fallait consacrer un mois entier à laver et essuyer les vitres de la pagode. Durant la sècheresse, il allait, de son plein gré, chercher l'eau à la rivière et il fallait deux bonnes heures pour faire un aller-retour. Par la suite, au collège bouddhiste Ziaoshan, en dehors des heures de classe, il travaillait aussi dans le service chargé de l'organisation des cérémonies religieuses ou à la cuisine. Son temps d'étude s'en trouvait assez réduit, mais il savait pourtant que « sa compréhension du Dharma augmentait de jour en jour ». (*Les cent histoires d'antan. Avant d'être dragon ou éléphant, il faut être d'abord buffle ou cheval*)

Le Grand maître a aussi suivi des études à la pagode Tianning, où il servait au réfectoire. En avril de cette année (2005), lors d'une visite en Chine, il rencontra le Premier abbé de la pagode Xiangfu, le Vénérable Wuxiang et le Premier abbé de la pagode Tianning, le Vénérable Songchun et il leur dit en riant : « Il y a soixante ans, vous avez mangé le riz que je vous avais servi, aujourd'hui, je vais boire la tasse de thé que vous vous avez versée. »

Dans les pagodes, il a acquis une dextérité exemplaire et appris à gérer le temps en assimilant le principe qui dit que « la meilleure qualité est la gestion du temps ». Il sait parfaitement accorder le temps et l'espace et, chaque fois qu'il voyage sur l'autoroute, du nord au sud, chaque minute, chaque seconde, est calculée avec précision. Il dit souvent : « Le temps et l'espace sont dans ma tête, c'est pourquoi, où que je sois, je sais acquérir rapidement une vision exhaustive de la situation. » (*Réponse à l'interview de M. Linqingxuan au Centre Foguang de Taïpei. 10/01/2001*)

Le Grand maître est arrivé à Taïwan en 1949, il a d'abord exercé la surveillance de la forêt de Miaoli, puis il s'est occupé de divers travaux dans la pagode Yuanguang à Zhongli. Tous les jours, il tirait la charrette pour aller chercher les légumes et l'eau, pour les besoins de la pagode, d'ailleurs, un jour, en montant une côte, il s'est effondré parce qu'il était à bout de forces. Il dit toujours qu'il le faisait parce qu'il en avait la force physique, mais en réalité, c'est avec sa seule volonté qu'il rendait service aux gens.

Il ne refusait jamais les travaux manuels et les déplacements à pied ne lui faisaient pas peur. Il y a plus de cinquante ans, pour aider à la construction de la pagode Zhaoyuan de Meinong, il a fait des dizaines de fois, à pied, l'aller-retour entre Kaohsiung et Meinong. Il a traversé tous les villages de Taïnan, et aussi les villages Dajia, Houli, Neipu... de Taïzhong. Il a même lié affinité avec un vieux moine taoïste de Chi-nan Temple et pratiqué avec lui, trois jours de méditation, dans une grotte de la « Montagne à Cinq Doigts », à Zhudong.

Les sandales du Grand maître ont battu tous les chemins de l'île de Taïwan. Il a appris le Dharma par la vie quotidienne et aussi par les ouvrages canoniques. Quand il était dans les collèges monastiques, il descendait souvent au village pour lire les sutras aux adeptes ; il partait tôt et rentrait tard et, sur le chemin désert à travers la forêt, il récitait en marchant le célèbre mantra de la grande compassion « Om mani padme hum » pour y puiser le courage et la force. Il est entré très tôt en contact avec le bouddhisme, grâce à sa grand'mère et, à quatre ans, il savait déjà réciter « le sutra du cœur ». Et l'étude du « sutra du cœur » et du « sutra du diamant » lui a apporté la joie dharma de « tout avoir à partir de rien ». (*Les cent histoires d'antan. Là où il y a Dharma, il y a solution*)

Feu le président de l'Association Bouddhiste Chinoise, M. Zhaopucu a écrit deux sentences parallèles pour les offrir au Grand maître : « Riche de trois mille mondes, Eminent maître du ciel et d'ici-bas ». Il répondit qu'il n'était pas digne de cet éloge mais ajouta : « C'est vrai que, de la fréquentation du monde bouddhiste, j'ai réellement retiré beaucoup de leçons et d'expérience. J'ai la sensation que Bouddha est dans mon cœur, ainsi que tous les êtres de l'immense univers. Ce que je possède, ce ne sont pas des objets tangibles : mon cœur est rempli d'êtres humains, voilà ma seule vraie fortune » (*Réponse à l'interview de Mlle Gaogin, journaliste au quotidien Haixia, à Singapour*)

L'assimilation du Dharma du Grand maître

Comme le Dharma du Grand maître ne prend pas source uniquement dans les ouvrages canoniques, mais aussi dans la vie quotidienne, son interprétation des théories et pensées est non seulement exacte et profonde, mais encore riche de contenu. Ainsi, quand il parle de « Compassion », il va bien plus loin qu'une explication ordinaire et l'étend : « de la compassion passive à la compassion active, de la compassion exubérante à la compassion silencieuse, de la compassion indirecte à la compassion directe, de la compassion insignifiante à la compassion substantielle, de la compassion temporaire à la compassion permanente, de la compassion relationnelle à la compassion non relationnelle, de la compassion consciente à la compassion inconsciente, de la compassion avec attente de réciproque à la compassion sans attente de réciproque, de la compassion avec apparence à la compassion sans apparence, de la compassion momentanée à la compassion éternelle » (*Recueil des discours du vénérable maître Hsing-Yun (4). Perspective bouddhiste sur la compassion*). Voilà le Dharma qu'il a obtenu par le contact avec les hommes, dans sa vie quotidienne.

Dans la vie quotidienne, s'agissant des trois niveaux de « Patience » énoncés par Bouddha, le Grand maître a des idées encore plus nettes et plus profondes. Pour lui, « Patience de la vie » est la force de résoudre tout problème en acquérant une bonne connaissance des conditions d'existence de la vie; « Patience des dharmas » c'est savoir prendre la responsabilité de changer d'état d'esprit, en acquérant une bonne connaissance des phénomènes de l'univers; « Patience des dharmas de non vie » est la vision universelle qui permet d'aller librement partout, pour conduire tous les êtres vivants vers l'Eveil, en ayant acquis une compréhension exacte de l'aspect éternel de tous les phénomènes.

L'homme doit, dans sa vie, faire preuve de patience. Ainsi, pour le travail, il faut se lever tôt le matin pour prendre l'autobus, il faut supporter les embouteillages, la fatigue physique, la chaleur, le froid, le manque de sommeil, mais aussi l'agressivité des autres, les amours, les haines... On peut dire que, pour vivre, l'homme doit savoir patienter ; cela s'appelle la « patience de la vie », c'est une sagesse et une force obtenues au fil des jours et du quotidien.

Tout en maintenant les conditions d'existence de base, il faut aussi savoir vivre librement et de façon insouciante. Face aux préjugés psychologiques, il faut savoir se contrôler, ne pas se laisser emprisonner, se donner de l'aise, comprendre que la nature véritable de tout phénomène est conditionnelle et ne pas se laisser influencer. Par exemple, non seulement, il ne faut pas être influencé par la vie, la vieillesse, la maladie, la mort, la tristesse, l'anxiété, la souffrance, la sécheresse de cœur des hommes, mais il faut, de plus, apprendre à connaître ces aléas, les résoudre, les émanciper, les éliminer. Cela s'appelle la « patience des dharmas », c'est une sagesse Prajna qui permet la compréhension de la coproduction conditionnelle, de la causalité et de la relation humaniste.

La « patience des dharmas de non vie » est le niveau le plus élevé de la patience, c'est comprendre que tous les phénomènes sont en fait « vacuité », donc qu'il n'y a plus matière à patience ou impatience, que tout est *ainsi.* « La patience des dharmas de non vie » est le Prajna d'image véritable qui permet l'illumination de la notion de non vie et l'assimilation du dharma de non vie.

En somme, « la patience de la vie » est l'endurance pour survivre ; « la patience des dharmas » est la sagesse venue du Dharma pour transformer la conscience en sagesse ; « la patience des dharmas de non vie » est l'état libre et insouciant qui permet de percevoir la nature véritable de tous les phénomènes selon les conditions et les lieux. Avec « la patience de la vie », on a le courage de faire face à la vie ; avec « la patience des dharmas », on possède la force suffisante pour éliminer tous les soucis ; avec « la patience des dharmas de non vie », il n'y a que terre pure et monde insouciant, où que l'on soit. (*Les cent histoires d'antan. La patience est la force*)

Le Grand maître dit : « Si je préconise « le bouddhisme humaniste », « le Dharma de la vie », c'est parce que j'ai réellement ressenti le Dharma à travers la vie quotidienne. » (*Liaisons Foguang. Texte du vénérable maître fondateur*). C'est parce qu'il a parfaitement assimilé les sentiments humains et les usages du monde, qu'il peut aider les hommes avec sympathie et empathie, alors que, par le passé, le bouddhisme parlait toujours de « souffrance », ce qui d'ailleurs, a découragé bon nombre d'adeptes. Le Grand maître ne nie pas que « la souffrance » soit une Vérité de la vie, une condition dominante de l'apprentissage, mais il ajoute : « la souffrance est une condition dominante, certes, mais non pas un but en soi » (*Série Bouddhisme. Comment construire le bouddhisme humaniste*). C'est pourquoi il explique, dans un premier temps, les raisons de « la souffrance » ; il apprend aux hommes à accepter le défi, à s'entraîner à la souffrance et à la surpasser. La souffrance reste alors une condition dominante mais, flottant à contre-courant et donc, franchissable. Dans un deuxième temps, il préconise l'idée de « la joie », car la joie doit être l'objectif de chacun. Il utilise subtilement l'idée d'« attirer les hommes d'abord par les désirs, puis de les guider ensuite vers la sagesse du Bouddha » telle qu'énoncée dans le Sutra du Lotus, en affirmant d'abord la valeur de la joie, puis en expliquant que la vraie joie n'est pas celle du désir, mais bien celle du Dharma. Il se sert de la phrase « J'ai la joie du Dharma, et je ne désire pas la joie ordinaire » du Sutra Vimalakirti, pour apprendre aux hommes, à partir de la joie mondaine que l'on ressent par nos cinq sens, à se faire une idée précise de la joie de la sagesse, telle qu'énoncée dans « Celui qui médite possède la joie de Chan, celui qui lit les sutras et qui révère Bouddha, possède la joie du Dharma ». Telle est la joie de Prajna de la libération de l'esprit : une extérioration de la vie intérieure, que nous devons rechercher. (*La modernisation du bouddhisme. Exposé au Comité de recherche de la langue chinoise du gouvernement taïwanais*)

La parole du Grand maître s'accorde bien avec les sentiments humains et les usages du monde

Le Grand maître est d'un caractère optimiste et joyeux, il cherche toujours à aider les gens pour qu'ils réussissent et, face à des circonstances néfastes, il cherche tous les moyens pour les rendre supportables. Il fait confiance aux gens capables, car il est persuadé qu'ils peuvent changer le mauvais en bon. Ainsi, sans nier que la souffrance soit une vérité de la vie, le bouddhisme humaniste du Grand maître s'intéresse à la tendance de l'homme à rechercher la joie, en promouvant cette joie dans la vie. Non seulement, l'homme doit renoncer aux pratiques extrêmes du passé, tant dans la joie que dans la souffrance, mais il peut de plus, à partir de la recherche de la joie mondaine, être attiré par la joie du Dharma.

Dans le passé, le bouddhisme disait toujours que « l'or est un serpent venimeux », mais le Grand maître est persuadé que la vie réelle ne peut s'exercer sans argent ni richesse. Aussi, il encourage les gens à exercer des métiers honnêtes pour gagner des fortunes saines et légales. La simpliste définition du mot fortune par « argent », il l'étend à toute ressource naturelle : « les rayons du soleil », « l'air », « l'eau »... ou encore à nos richesses intérieures comme « la sagesse », « la joie », « la foi », « l'affinité », « la santé », etc. Surtout, si nous pouvons utiliser le Dharma pour transformer nos « soucis » en « bodhi », nous possèderons la plus grande fortune du monde. Il propose aussi des maximes telles que : « il n'est pas nécessaire d'être très riche pour être heureux » (*Entre l'ignorance et l'illumination. Posséder et jouir*), et « la fortune visible est bonne, mais la fortune invisible est plus merveilleuse encore » (*Recueil des discours du vénérable Hsing-Yun (1). Comment construire le bouddhisme humaniste*)

Le bouddhisme humaniste que préconise le Grand maître, comporte non seulement les niveaux vital et mental, mais aussi les pensées mondaine et supra mondaine. Il pense que le développement d'une religion doit correspondre aux besoins des hommes. Une religion qui se focaliserait sur les théories de la transcendance et de la libération serait comme une composition musicale trop difficile, qui ne serait accessible qu'à de rares solistes exceptionnellement doués car, « plus la mélodie monte, moins nombreux sont ceux qui sont capables de la chanter ». Seul le bouddhisme qui répond au cœur de tout homme et qui peut le guider, est le bouddhisme humaniste. Ainsi, le bouddhisme humaniste possède « les idées traditionnelles » et « les caractéristiques modernes » et il peut être universalisé ; c'est un bouddhisme rempli de chaleur humaine.

Quand le Grand maître parle Dharma, il se met toujours en position d'homme, il part toujours des besoins de l'homme. Car, ne pas s'éloigner du « commun des sentiments humains » et des « besoins de la nature humaine », permet d'entrer en concordance avec le cœur des hommes. C'est pourquoi il dit qu'il faut : « apporter aux autres, la confiance, la joie, l'espérance et l'aisance », car l'homme aime « recevoir » et si tu peux lui « apporter » du bien, alors il t'acceptera et de là, te répondra par du bien. De même pour sa philosophie du savoir-vivre ensemble : « C'est toi qui es juste, moi je suis dans l'erreur ; c'est toi le grand et moi le petit ; c'est toi qui possèdes et non moi ; c'est toi l'heureux et moi le malheureux ». Car l'homme a le grand travers de « ne pas savoir supporter le bonheur des autres », c'est pourquoi, il encourage le philosophe à « n'être que second ».

Dans son analyse, notre monde est un monde « moitié/moitié » : bon/mauvais, gentil/méchant, Bouddha/démon, blanc/noir, homme/femme..., tout est moitié/moitié. Mais il existe dans le monde trois sortes d'homme : le supérieur, qui peut accepter les bons et tolérer les mauvais ; le moyen, qui accepte les bons et repousse les mauvais ; l'inférieur, qui n'accepte pas les mauvais et qui réfute aussi les bons. Le Grand maître sait que la plupart des hommes appartiennent à la catégorie « moyenne », alors il répète à ses disciples : il est évident que nous ne pouvons pas être des hommes « inférieurs », mais il ne faut pas non plus stagner au niveau « moyen », car ces hommes-là ne peuvent posséder que la moitié de la vie. Seul l'homme « supérieur » possède une vie « totale ».

Il a aussi proposé les vingt « *le plus grand dans la vie* » (*Hsing-Yun's Dharma words*) :

Le plus grand ennemi dans la vie est soi-même.
La plus grande maladie dans la vie est l'égoïsme.
La plus grande tristesse dans la vie est l'ignorance.
La plus grande erreur dans la vie est la vision perverse.
Le plus grand échec dans la vie est l'orgueil.
La plus grande source de soucis dans la vie, est le désir.
La plus grande ignorance dans la vie, est de reporter ses erreurs sur les autres
La plus grande anxiété dans la vie est la mort.
La plus grande faute dans la vie est d'agresser autrui.
La plus grande source de perturbations dans la vie est le commérage.
La plus grande vertu dans la vie est la compassion.
Le plus grand courage dans la vie, est de savoir reconnaître ses erreurs.
La plus grande récolte dans la vie est la satisfaction.
La plus grande source d'énergie dans la vie est la foi.
La plus grande possession dans la vie est la gratitude.
Le plus grand savoir-vivre dans la vie est la tolérance.
Le plus grand capital dans la vie est le respect de soi.
La plus grande joie dans la vie est la joie du dharma.

Voilà l'enseignement du Dharma aux hommes où chaque point est une maxime à suivre.

Le Grand maître sait surtout trouver les causes des problèmes, humains ou sociaux et, de là, en proposer les solutions. Par exemple, à Taïwan, lors des élections, surgissent toujours des conflits entre les natifs de l'île et leurs frères allogènes. C'est pourquoi il a rédigé successivement deux articles intitulés *Il n'y a pas de « vrais » Taïwanais : Tous les habitants de Taïwan sont des Taïwanais* et *La grande réconciliation : sauver Taïwan,* pour persuader le peuple de ne pas se diviser pour des raisons d'origine territoriale. Tout le monde doit s'unir et faire des efforts en commun pour le Pays. Après l'élection présidentielle de 2004, s'élevèrent d'âpres discussions portant sur « l'alternance des générations ». Le Grand maître a alors écrit *Ce que je pense de l'alternance des générations*, article dans lequel il expliquait que « l'alternance des générations » est un principe moteur, essentiel pour améliorer le fonctionnement de la société. Il ajoutait que le tâche la plus importante qui incombait actuellement aux partis politiques, n'était pas de savoir « qui peut être élu », mais de former de jeunes successeurs et ce, afin de pouvoir garder espoir en l'avenir du Pays.

Durant l'élection législative de 2004, certains encourageaient « la régionalisation » et prônaient même « le reniement de la culture chinoise ». De ce fait, s'éleva un bouillonnement sur la scène politique taïwanaise, qui engendra une grande anxiété dans la population. Le Grand maître a donc publié un article intitulé : *« Renier la culture chinoise ? Mon opinion.»*, en expliquant que nous vivons dans une époque multiculturelle où de nombreux pays dans le monde cherchent à absorber et à assimiler les autres cultures pour agrandir la leur. Ce « reniement », il le considérait comme une pensée rétrograde et souhaitait que les hommes politiques puissent le comprendre et ne pas ramer à contre courant, le bonheur du peuple étant à ce prix.

En juin de cette année (2005), la chaîne de télévision Dongsen a invité le Grand maître à animer quatre émissions d'intérêt public, centrées sur un problème social d'actualité : l'augmentation incessante des malades dépressifs et des suicides. Partant des points de vue de la vie et de la mort, le Grand maître a appelé les gens à respecter et apprécier la vie, la leur et celle des autres, apprendre à servir les autres, à s'offrir, à éprouver de la reconnaissance, à savoir se contenter et de là, en tirer le vrai sens et la vraie valeur de la vie.

Le problème de Tibet est une sorte de nœud gordien entre le Dalaï Lama et la Chine. Le Grand maître a proposé la solution de la « ville au sein du pays », un peu comme la Cité du Vatican. A la suite de la manifestation de la secte Falungong, sur l'île de Hainan, le Grand maître a suggéré de lui donner un espace, en lui accordant le statut d'« Association sportive ». Pour lui, on doit guider la nature humaine comme un cours d'eau : la diriger et non pas l'obstruer.

Non seulement, il connaît bien la nature humaine et les usages du monde mais, de plus, son assimilation des théories bouddhistes, a créé en lui une sagesse naturelle. Le Dharma dans son esprit est comme un robinet ouvert. Quand il en parle, tout parait si simple, y compris des problèmes difficiles à exprimer par des mots, comme la nature humaine ou l'état de l'illumination dans la pratique.

Le Chan du Grand maître

Le 29 octobre 2000, le Grand maître fut invité au Hall des expositions de Hong-Kong pour donner une lecture à plus de 2000 monastiques et laïcs sur « Qu'est-ce le Chan ? ». Un auditeur lui demanda : « Que signifie *la nature du cœur* ? »

Il répondit : le cœur est différent de la nature ; la nature de Bouddha, tout le monde la possède. C'est ce que voulait dire le sixième patriarche Huineng quand il s'exclama au moment de son illumination : « Qui aurait pensé que la propre nature est intrinsèquement pure ! Qui aurait pensé que la propre nature est intrinsèquement libre de production et d'annihilation ! Qui aurait pensé que la propre nature est intrinsèquement suffisante à elle-même !

Qui aurait pensé que la propre nature est intrinsèquement libre de tout changement ! Qui aurait pensé que tous les phénomènes ne sont que des manifestations de cette propre nature ! ». Mais voilà : notre cœur est recouvert par les voiles de l'ignorance, comme les nuages quand ils occultent le soleil. C'est pourquoi, le travail primordial d'un apprenti bouddhiste est de chercher comment voir clair en son cœur. Si nous pouvons voir clairement notre cœur, nous pourrons comprendre notre nature.

Ci-dessous, on peut encore citer d'autres propos du Grand maître sur le « Chan » :

- Le Chan, procure une vie artistique tendant vers la perfection. Le Chan est la vraie image que chacun possède naturellement, il est la fortune personnelle de chacun, égale, universelle, intangible. Le Chan n'est pas une propriété privée des pagodes, il est le cœur de chaque homme et tout le monde le possède.
- Dans le Chan, il y a sagesse, humour et compassion. Le Chan peut faire disparaître nos soucis et illusions, sans laisser de traces. Une phrase blessante, une situation gênante, des souvenirs tristes, tout peut disparaître dans l'insouciance, l'humour, l'éclat, la liberté du Chan.
- Le Chan est comme une peinture, une pincée de sel, un peu d'arôme ; le Chan embellit la vie !
- Le Chan, c'est notre cœur. Le Chan dans le cœur, c'est comme une lampe qui s'allume dans une salle obscure.
- Certains veulent apprendre le Chan, ils parcourent le monde pour aller à la recherche des maîtres et des voies à suivre ; en réalité, pour ceux qui possèdent la sagesse, partout où ils se trouvent, c'est là qu'il est.

- Au milieu de l'univers, le Chan ressemble à l'eau, aux montagnes, à la nature, à l'univers. L'univers est dans notre cœur.
- Le Chan ne demande pas que tout le monde devienne bouddha, bodhisattva ou arhat ; l'essentiel est de nous faire connaître l'illumination !
- Il ne faut pas chercher de pouvoirs surhumains : avoir le Chan, c'est avoir la sagesse. Avoir des pouvoirs surhumains mais ne pas avoir de vertu, de compassion, de sagesse est au contraire nuisible aux autres et à soi-même.
- Le Chan nous apporte l'illumination, la compréhension, la vie devient si belle quand les soucis de l'ignorance ont disparu ! Ainsi, l'illumination dans l'école Chan est comme l'eau claire du lac, transparente et sans remous. Le Chan, c'est le cœur pur, c'est une confirmation, une perfection de soi-même.
- Comment apprendre ? Comment faire pour atteindre l'illumination ? Bien sûr, ce n'est pas facile d'obtenir la totale illumination mais, si tous les jours on peut se dire « je sais maintenant que... », « j'ai compris aujourd'hui que... », en accumulant ces petites lueurs quotidiennes, un jour, on obtiendra la totale illumination.
- L'illumination, c'est la réapparition des histoires d'antan, une à une devant les yeux ; certains maîtres de Chan ont atteint l'illumination en voyant les fleurs éclore et se faner, d'autres en entendant le tintement d'une cloche, le coassement des grenouilles, le chant des oiseaux...
- A la seconde de l'illumination, la terre est tout à coup éclaircie, le ciel est sans nuage, l'univers scintille en milliers de fragments étincelants. Le monde apparaît serein, clair et insouciant.

- L'illumination, comment la ressent-on ? Impossible de la décrire ! Certains maîtres de Chan éclatèrent de rire, certains ne savaient arrêter leurs larmes et se mouchaient sans cesse. Certains autres restaient silencieux durant des jours et des nuits, car ils voulaient continuer à savourer la douce sensation de l'illumination. En somme, l'illumination, c'est un état rapide, subit, imprévisible.
- Quand Maître Zhitong a été illuminé, on lui demanda : « Qu'avez-vous compris ? » Il répondit : « Les nonnes sont des femmes ! » Plus la phrase semble simple, plus elle est difficile à comprendre. Ainsi, pour le Chan, on peut dire qu'il est difficile, car on ne sait pas le décrire. Mais on peut aussi dire qu'il est simple, car, charger le bois, ou porter l'eau, lequel n'est pas Chan ?!
- Le Chan est inimaginable et indescriptible. Pratiquer le Chan c'est contempler notre cœur, écouter la musique du silence, imaginer le vide du Prajna. L'essentiel de la pratique du Chan est la contemplation de soi, la connaissance, la compréhension de nous-mêmes.
- La méditation peut calmer l'esprit, apporter la sagesse, ouvrir le cœur et nous libérer des soucis.
- Il n'est pas nécessaire de disposer d'une salle spéciale pour méditer: sur le parquet de la maison, sur le divan, dans le lit... tout endroit convient. Le matin, avant de descendre du lit, cinq minutes de méditation peuvent apporter une journée de sérénité. Le soir, avant de dormir, cinq minutes de méditation procurent un sommeil délicieux. De même au travail, si l'on peut profiter de cinq minutes de méditation durant la pause de midi, on pourra mieux se concentrer et avoir l'esprit serein, insouciant et joyeux.

- Le Chan est une fleur dans le monde, c'est la lumière de la vie. Le Chan, c'est la sagesse, l'humour, la vérité ; c'est notre image d'origine, c'est la fortune commune à toute l'humanité.
- Le Chan, bien qu'il soit un héritage antique, reste la source de la vie parfaite pour l'homme contemporain. L'emploi du Chan peut élargir notre cœur, conforter notre force d'âme, améliorer notre santé, développer notre sagesse, harmoniser notre esprit, nous prémunir contre les maladies, assainir nos mauvaises habitudes, fortifier notre endurance, entraîner notre vivacité d'esprit, renforcer notre compréhension, rafraîchir notre mémoire.

Du Chan : sa portée, son intérêt, son état, ses merveilles, sa vie, son histoire, la manière de le pratiquer, les intérêts de la méditation... à travers les explications du Grand maître, tout paraît si vivant, si pétillant, si expressif, si naturel et, de plus, directement issu de la source. Voilà bien qui montre la profondeur de sa pratique du Chan.

Depuis toujours, les grands maîtres du Chan l'ont pratiqué, non pour chercher à devenir bouddhas, mais uniquement dans leur quête de l'illumination, qui leur permettait d'obtenir l'insouciance du corps et de l'âme, la libération et la sérénité dans la vie quotidienne.

L'état d'illumination

Les grands maîtres du Chan ne le pratiquent que dans leur quête de l'illumination. Mais qu'est-ce donc que l'état d'illumination ?

Le Grand maitre le dit : « L'Illumination » ? aucune parole ne peut l'exprimer, aucun écrit ne peut la décrire. C'est comme quand on mange un bonbon : il nous paraît très bon, très sucré mais ces sensations, seul celui qui suce le bonbon les ressent. Même après une description minutieuse, celui qui n'a pas goûté la friandise ne peut pas apprécier ; «Illuminer », c'est dire : seul, celui qui boit l'eau, sait si elle est fraîche ou tiède. C'est pour ces raisons que l'école Chan dit que « l'Illumination » est « indescriptible ».

On ne peut pas facilement expliquer « l'Illumination » par des mots : C'est une expérience qu'on ne peut qu'éprouver. Avec l'illumination, on peut comprendre « le mystère de la vie » et que la vie est infiniment grandiose, infiniment joyeuse. Du haut de l'illumination, on peut sentir « l'éternité du temps », un éclair, un clin d'oeil, tous peuvent rejoindre l'éternité de la mer immense. Après l'illumination, on peut apprécier « l'immensité de l'espace », une fleur : un monde, une feuille : un univers ; le mont Sumeru recouvre le grain de la plante de moutarde, le grain de la plante de moutarde englobe le mont Sumeru ! Etre illuminés nous permet de comprendre que « l'autre et moi sommes identiques », que, en réalité, *toi* et *moi* ne sommes pas deux personnes mais que *toi* et *moi* sommes un même *corps*. L'Illumination a un son. Lequel ? : « Pan ! », et alors éclate le brouillard de l'ignorance. L'Illumination a aussi une vitesse, mais celle de la foudre n'en représente pas le dix-millième. « Illuminer », c'est briser l'espace, détruire l'ignorance ; en regardant devant soi, on ne voit que clarté.

Qu'y a-t-il dans le contenu de « l'illumination » ? L'Illumination, c'est l'unité de *avoir* et *ne pas avoir*, ce n'est pas d'abord *avoir* et ensuite *ne pas avoir*, ou d'abord *ne pas avoir* et après *avoir*, mais bien la coexistence simultanée des deux. L'illumination n'est pas ordonnée selon notre logique habituelle : Elle nous permet de nous adapter à ce monde, d'être en harmonie avec lui et elle peut aussi nous faire sentir que le monde et nous, sont choses distinctes. L'Illumination, c'est une sorte de *désorientation dans la fluidité*, mais aussi, *une fluidité dans la désorientation.* A la seconde de l'illumination, tout obstacle s'efface et, en revoyant l'attachement que l'on accordait au monde superficiel, on se sent désorienté ; c'est *la désorientation dans la fluidité.* De même, alors que l'on était plongé dans l'obscurité, soudain un éclair fulgure, perçant le brouillard de l'ignorance et faisant paraître un monde baigné de lumière ; c'est *la fluidité dans la désorientation.*

Illuminer, c'est pouvoir dire : « j'ai trouvé ! ». L'homme est toujours en train de chercher la source de la vie et parfois, une lumière apparaît, « Ah ! Je l'ai trouvée ! », alors il retrouve son propre visage d'origine, c'est comme soudainement revenir au village après de longues années d'errance et revoir ses parents oubliés, « Soudain, en reconnaissant le visage de la mère, toutes les plantes du bois semblent s'éclairer ». Connaître l'illumination, peut te faire rire aux éclats durant trois jours. Les fleuves et les montagnes ressemblent à des parents, les monts et les ravins ressemblent à des amis. Cela peut aussi te faire pleurer pendant trois jours, comme un enfant perdu qui retrouve les bras de sa mère, ému et reconnaissant, sans pouvoir prononcer un mot.

Etre illuminé, c'est découvrir, franchir un niveau de plus après le « connaître ». C'est comme avancer d'un pas supplémentaire et quitter le haut du mât vers le vide. Ce pas supplémentaire permet de quitter l'attachement à la perche, de se promener librement dans le vide. Etre illuminé, c'est assimiler plus profondément, plus clairement, au-delà du « comprendre » ; c'est assimiler la vie d'une manière plus réfléchie et plus transparente.

L'illumination est une assimilation personnelle, une interprétation exacte, une force de vision pénétrante, un éveil de la nature intérieure, une compréhension claire. Etre illuminé, c'est comprendre l'unité de la *vie* et la *mort*, comprendre que la vie n'est pas nécessairement une joie et la mort, une tristesse. Connaître l'Illumination, c'est comprendre l'unité du *mouvement* et de l'*inertie* : Dans le monde du mouvement existe un nirvana inerte et, dans le monde calme et inerte, coexistent d'innombrables vies en mouvement. Etre illuminé, c'est surtout comprendre l'unité de *avoir* et *ne pas avoir* : *Avoir* est bien, mais *ne pas avoir* est aussi très riche, dans le *ne pas avoir*, on peut trouver des milliers et des milliers d'*avoir* ! Dans l'illumination, le *va* et le *vient* sont aussi unité, il n'y a pas de *va*, il n'y a pas de *vient*, les réunions des parents et les séparations des amis sont identiques dans l'espace de l'illumination. Accéder à l'Illumination nous permet de trouver l'unité dans les contradictions, la simplicité dans les complications, l'issue dans le labyrinthe, la liberté dans l'emprisonnement. (*Recueil des discours du Vénérable maître Hsing-Yun (3). Quelle est la vie de l'homme après l'illumination ?*)

L'interprétation du Grand maître concernant « l'illumination » est si complète ! S'il n'était pas, lui-même illuminé, pourrait-il en parler ainsi ?

L'état du Nirvana

S'illuminer pour devenir Bouddha et atteindre l'état du Nirvana est un état de bonheur parfait que la plupart des bouddhistes recherchent. Mais, qu'en est-il exactement de l'état du « Nirvana » ? Le Grand maître répond : Le Nirvana est un état où la dualité entre l'autre et moi est inexistante, où les obstacles du temps et de l'espace sont surpassés, où l'on peut assimiler la notion de l'éternité de la vie. A l'époque, Sakyamuni Bouddha a assimilé les Vérités de la vie et de l'univers sous l'arbre Bodhi et atteint l'Eveil. Cet Eveil, c'est le Nirvana. Dans l'état du Nirvana, l'environnement et moi concordons, l'autre et moi sommes pareils, il n'existe ni jalousie, ni haine. D'une manière plus simple, le Nirvana est un état suprême où il n'y a pas de dualité, le Nirvana est notre nature pure d'origine, notre véritable « *le-moi* ».

Pourquoi sommes-nous à la recherche du Nirvana ? Parce que la vie de l'homme ne dure que quelques dizaines d'années, et que, pendant cette courte durée, tout ressemble à des rêves. « Même si nous possédons des milliers d'immeubles, il ne nous faut que deux mètres carrés pour passer la nuit ; même si nous possédons des milliers d'hectares de rizière, on ne peut manger que quelques bols de riz par jour ». Face à cette vie si limitée, si nous pouvons atteindre le Nirvana, c'est comme si nous pouvions percer la distance du temps et de l'espace, placer notre vie dans tous les espaces et dans tous les temps. Nous pourrions ainsi transcender la peur de la mort et de l'impermanence et vivre éternellement dans l'espace et le temps. (*Recueil des discours du Vénérable maitre Hsing-Yun(3). Quel est l'état de l'homme après le Nirvana ?*)

Comme le Grand maître a une assimilation profonde du Dharma, tous ses actes en sont imprégnés. Dans ses tout débuts, quand il était directeur du collège bouddhiste, les disciples venaient souvent lui demander conseil. Sur le chemin du collège au hall d'accueil, par le pont Baojiao, pendant un trajet de cinq minutes à peine, l'inspiration lui venait au fil de ses réflexions. Il disait : « je sentais le Dharma arriver vers moi, telles les vagues vers le rivage » (*Ainsi dit*). Ainsi, il ne lui fallait jamais de brouillon avant ses discours, de même que pendant les lectures ou les conversations courantes : il parlait tout naturellement. Et disait par exemple :

- Quand les quatre constituants de l'homme sont mal équilibrés, le corps est malade ; face aux soucis, le cœur est malade ; quand on insulte les autres ou quand on ment, la bouche est malade ; quand on boude, le visage est malade. Un bouddhiste ne laisse pas son corps, sa bouche et son esprit malades.
- L'homme a besoin des relations pour vivre dans ce monde ; la seule force individuelle est insuffisante, c'est pourquoi, il faut créer des relations. Plus il y a d'affinités, plus les succès sont grands ; personne ne doit laisser passer les occasions de lier affinité avec les autres.
- Le bouddhiste n'a pas d'ennemis, le plus grand ennemi est soi-même. Si on sent vraiment un ennemi dans son cœur, alors, il faut essayer d'aimer son ennemi, c'est la plus grande force motrice, la seule qui puisse faire progresser l'homme.
- Suivre l'affinité ne veut pas dire suivre passivement le courant, ni « cirer les chaussures » des puissants. Suivre l'affinité est une manière subtile menée avec sagesse, c'est une sorte de Prajna. Il ne faut jamais oublier ses principes et sa ligne de conduite.
- Dans le savoir-vivre, « parler » est une pratique réaliste, savoir féliciter les autres est une sorte de Dana.
- La vie se construit sur l'espérance, sans elle, la vie n'a plus de sens. Ainsi, parler en détruisant l'espérance de quelqu'un est aussi une manière de le « tuer ».
- En dehors des sept sentiments : la satisfaction, la colère, la peine, la joie, l'attirance, la répulsion, le désir, l'homme ne doit jamais garder en lui le huitième : l'hypocrisie.
- Dans la vie, en plus de l'harmonie en raison et l'harmonie en actes, il faut encore une troisième harmonie : celle des hommes.

- Il y a déjà quatre souffrances dans le monde : la naissance, la vieillesse, la maladie, la mort. Il ne faut pas en ajouter une cinquième : celle issue de la comparaison.
- En priant pour avoir beaucoup de bonheur, de richesse et de longévité, ne prie pas pour avoir beaucoup de colère.

La profondeur et l'étendue du Dharma du Grand maître

Dans le passé, certains, dans le monde bouddhiste, pensaient que le bouddhisme humaniste n'avait pas de profondeur et manquait de recherches théoriques, bref, que c'était un bouddhisme vulgaire. Le Grand maître pense le contraire : pour lui, les gens qui savent parler sutras en général, ne savent pas parler bouddhisme humaniste car il paraît simple, alors qu'en réalité, il est très profond. Les hommes d'aujourd'hui pensent que, pour avoir de la profondeur, il faut utiliser tout un vocabulaire abscons pour rendre le Dharma incompréhensible. En fait, vaticiner monts et merveilles ne fait pas prospérer le bouddhisme mais, au contraire, le détruit. Le Dharma ne se mesure pas à l'aune de sa profondeur et ceux qui s'entêtent à parler de profondeur ne connaissent pas le Dharma. Quand Bouddha enseignait, tout était simple et facile à comprendre. Ce sont les hommes qui ont absolument voulu faire des recherches et des comparaisons, tant et si bien qu'ils ont rendu le bouddhisme incompréhensible. (*Ainsi dit*)

Pour promouvoir le bouddhisme humaniste, le Grand maître part toujours du principe qu'il faut enseigner les choses, de telle sorte que les gens puissent les comprendre et en tirer bénéfice. C'est pourquoi, il insiste sur la mise en application d'un Dharma pratique et sur sa vulgarisation, sans pour autant s'éloigner des théories fondamentales. Par exemple, la campagne des « trois bons » : faire de bons actes (corps), dire de bonnes paroles (bouche), avoir bon cœur (esprit), représente en fait, la purification des trois karmas. Dans le passé, le bouddhisme traditionnel parlait des trois karmas – corps, bouche, esprit – et la plupart des gens n'y comprenaient rien. Le Grand maître utilise « la campagne des trois bons » pour montrer, d'une manière simple, comment pratiquer les trois karmas. Tel est le dharma pratique.

Souvent, les hommes s'interrogent : Est-ce que le destin existe ? Le Grand maître répond : le destin, c'est la causalité. Telle cause produit tel effet. Notre destin est le résultat des effets causés. Dans la vie, il faut créer de bonnes relations : ce que les autres nous apportent, nous devons le leur rendre et, en conséquence, mettre en application « l'unité et la coexistence ». « L'unité et la coexistence » a un sens très étendu, c'est l'harmonie de tout Dharmadhatu et c'est l'unité entre l'autre et moi. L'actuel ministre de l'Intérieur, M. Xiechangting, invite les partis politiques à « coexister harmonieusement ». Voilà bien un des succès du bouddhisme humaniste.

Le bouddhisme humaniste enseigne « l'unité et la coexistence » et « la réussite conditionnelle ». Le Grand maître a profondément conscience de la loi de la « coproduction conditionnelle », il nourrit la vision de « prendre les autres pour moi-même ». Il dit toujours à ses disciples : « Tous les phénomènes de ce monde sont produits conditionnellement, rien ne peut exister seul. Aucun des besoins de notre vie quotidienne, qui ne provienne des efforts de tout le monde. L'individu ne peut vivre sans l'aide des autres, qui sont nos bienfaiteurs, qui sont pareils à nos parents. Nous devons avoir de la reconnaissance envers le monde : « ce qui vient de tout le monde doit être rendu à tout le monde ».

De « la causalité », il passe à « la coproduction conditionnelle et à la vacuité ». Tout phénomène existe grâce aux conditions réunies et n'a qu'une existence temporaire. En partant de cette existence temporaire, on parle de coproduction conditionnelle. En partant de l'absence d'existence réelle, on parle de vacuité. C'est parce que c'est une coproduction conditionnelle qu'on parle de vacuité et c'est à cause de la vacuité que la coproduction est conditionnelle.

En fait, « la vacuité », c'est la coproduction conditionnelle. Le Samsara, l'impermanence, l'instabilité, font partie de la vacuité. « La vacuité » est une pensée fondamentale du bouddhisme ; « la vacuité » est une vérité indestructible et c'est une théorie qui a apporté de grandes contributions à la vie ; la compréhension de cette notion de « vacuité » permet aux hommes de se détacher. Et, à partir de « la vacuité », on peut construire « l'existence ». Ainsi, assimiler la notion de « vacuité » peut transcender la valeur de la vie.

En combinant « la vacuité » et « l'existence », on obtient « la voie médiane ». Pour le Grand maître, « la voie médiane » est la sagesse qui réunit les deux pensées : vacuité et existence. Par cette sagesse, on peut entrer dans la réalité de la vie : face aux problèmes, on sait que les actes ne peuvent réussir que suivant les règles ; face aux résultats, on comprend que l'effet vient de la cause. Alors, naturellement, on n'en veut ni aux dieux, ni aux hommes, on sait qu'il faut chercher les raisons d'origine et c'est seulement ainsi qu'on peut résoudre réellement les problèmes.

Il a même donné une autre définition pour « la voie médiane » : la voie médiane, c'est la possibilité et la capacité. « La possibilité », c'est pouvoir être : grand, petit, tôt, tard, avant, après, souffrant, joyeux, supérieur, inférieur... « La capacité », c'est appréhender la grandeur d'âme, l'immense force vitale. Etre homme, c'est avoir la possibilité et la capacité, c'est là, la nature de Bouddha. En somme,

« la voie médiane », c'est montrer sa nature de bouddha, montrer qu'on est capable de tout. Pour expliquer « la patience », il dit : la patience, c'est une sorte de connaissance, d'acceptation, de prise en charge, de responsabilité, d'arbitrage, d'arrangement. La patience, c'est une sagesse et une force. Pour expliquer « le Dana », il dit : le Dana, c'est lier l'affinité, c'est « donner » ; par exemple, donner aux gens des occasions, de l'aide, de la joie... Tel est le Dana.

Le Grand maître aime lier affinité, il offre aux gens les occasions, les bénéfices, la confiance, la joie, le dharma... L'ex-ministre de la Justice, M. Chenfuan, disait : « Tous les succès du vénérable maître Hsing-Yun sont venus de sa « capacité à donner ». Le Grand maître sait nourrir des affinités à partir des « dons », ce qui explique la création successive des centres de Fo Guang Shan et de la B.L.I.A dans le monde entier. Les gens qui ne comprennent pas, croient qu'il suffit au Grand maître de demander pour recevoir. En réalité, ces dons sont les résultats des relations qu'il a toujours nourries avec les autres.

Le Grand maître aime utiliser un langage accessible à tous, pour parler dharma ; il en donne une nouvelle explication et lui apporte une nouvelle vie. Il pense que le but du bouddhisme est de guider les hommes, orienter leur vie, leur apporter la paix, la joie et le bonheur. C'est pourquoi, quand il parle dharma, son discours est toujours rempli d'intérêt, de joie et d'humanité.

Le Grand maître connaît le dharma et il sait l'utiliser parfaitement. Sa capacité vient de la sagesse, issue des expériences de la pratique de toute sa vie. Il a partagé sa vie en huit périodes de dix ans : la croissance, l'apprentissage, les études, la littérature, l'histoire, la philosophie, la morale, le Dharma. Il raconte que, durant les périodes de croissance, d'apprentissage et des études, il avait la chance d'être dans les monastères pour s'y imprégner des différentes connaissances. Pour la quatrième période, il pense que le contenu de la vie a besoin de sentiments élevés, « littéraires », pour être enrichi. Puis, il a prononcé le vœu de donner sa vie pour écrire « l'histoire », pour la société et les hommes. Avec l'âge, à la sixième période, il pense que dans la vie, il faut avoir l'esprit « philosophique », transcender les apparences mondaines, apprendre à réfléchir à contre courant et dépasser les comparaisons. Après avoir eu l'esprit philosophique, il faut encore l'appliquer dans la vie réelle pour vivre dans « la moralité ». La moralité, c'est en fait « l'ordre ». La société a besoin de la morale pour être en ordre, elle a besoin de lois, de vertu et d'harmonie. Passé l'âge de quatre-vingt ans, le Grand maître s'en est entièrement remis au « Dharma », car c'est seulement dans « le pur Dharmadhatu » du Dharma que la vie peut atteindre la perfection.

L'établissement du système de pensée, du bouddhisme humaniste

Grâce à sa rigoureuse expérience de la vie et de la religion, grâce aussi à ses grands vœux compatissants, le Grand maître a réussi à propager le bouddhisme humaniste, d'une manière noble et stable, dans le monde entier. Il combine harmonieusement les dharmas mondain et transcendant, les vérités transcendante (paramãrtha-satya) et mondaine (saṃvṛti-satya), la théorie et la pratique, pour promouvoir librement le bouddhisme humaniste. Car un concept tel que « la vacuité » n'exclut pas « l'existence », de même que « l'existence » ne s'oppose pas à « la vacuité », ne sont-ils pas des composants de la Vérité du bouddhisme humaniste ? Et, cette Vérité, s'il ne la connaissait à fond, le Grand maître pourrait-il en parler ainsi ?

Pour que le bouddhisme humaniste puisse être propagé universellement et à tous les niveaux, le Grand maître ne voulait pas considérer le Dharma comme une matière de recherche : il préconisait fortement la voie artistique et littéraire. Mais dans les faits, depuis 1976, Fo Guang Shan organise tous les ans toutes sortes de séminaires de recherche, tels le séminaire des bouddhismes exotérique et ésotérique, le séminaire pour jeunes bouddhistes, pour femmes bouddhistes, pour bénévoles masculins, pour dirigeants du monde bouddhiste et bien d'autres : le bouddhisme et l'art floral, la religion et l'éducation, la musique bouddhiste, le bouddhisme humaniste, etc. De plus, le Grand maître apporte son aide aux érudits dans leurs différents travaux de recherche et l'on peut dire qu'il n'a jamais cessé d'œuvrer dans ce domaine.

A la fin de chaque séminaire, la Fondation Fo Guang Shan pour l'éducation et la culture bouddhistes conserve toujours tous les rapports pour les publier dans le *Foguang Studies Journal* et d'autres revues annuelles. Pour sa part, le Grand maître estimait que les comparaisons ou les recherches sémantiques, n'étaient pas d'une grande utilité pour la libération de la vie et de la mort, aussi ne les a-t-il pas encouragées chaleureusement. Mais, à présent, il en est venu à penser que « la vulgarisation du dharma » a atteint son objectif, qui était d'universaliser la connaissance du bouddhisme. C'est pourquoi, en 2001, il a créé *Universal Gate Buddhist Journal*, pour permettre aux érudits de publier leurs thèses et leurs travaux de recherche et il y publie lui-même. Il a d'ailleurs dit : « Quand je pense que j'étais contre les thèses et que maintenant, je les rédige moi-même, c'est là un bien grand changement ! Mais je ne fais pas marche arrière, ni ne regrette le passé. J'ai simplement suivi l'affinité, car le bouddhisme doit suivre son époque et les besoins des hommes, pour se développer ;

c'est la caractéristique contemporaine du bouddhisme-humaniste. » (*Ainsi dit. 05/05/2003*)

Depuis quelques années, le Grand maître a réuni ses écrits et les textes de ses discours en une *Collection Bouddhisme humaniste* et, dans le volume intitulé « *le bouddhisme humaniste* », on trouve : « *Les fondements canoniques du bouddhisme humaniste* », « *Les sages paroles du bouddhisme humaniste* », « *Recueil des pensées du bouddhisme humaniste* », « *La pensée fondamentale du bouddhisme humaniste* », « *Esquisse du bouddhisme humaniste* », « *Les fondements de la modernisation du bouddhisme humaniste* », « *Les entreprises du bouddhisme humaniste* », « *Les activités sociales du bouddhisme humaniste* », « *Les pratiquants du bouddhisme humaniste* », « *Les méthodes de pratique du bouddhisme humaniste* », « *La voie de l'apprentissage du bouddhisme humaniste* », « *Discussion des problèmes du bouddhisme humaniste* », « *La notion de vie dans le bouddhisme humaniste* », « *La notion de moralité pour le bouddhisme humaniste* », « *La notion de vertu dans le bouddhisme humaniste* », « *La notion de richesse pour le bouddhisme humaniste* », « *La notion de sentiment pour le bouddhisme humaniste* », « *La médecine aux yeux du bouddhisme humaniste* », « *La notion de religion pour le bouddhisme humaniste* », « *La politique vue par le bouddhisme humaniste* », « *Le monde aux yeux du bouddhisme humaniste* », « *La notion de futur dans le bouddhisme humaniste* », « *Les quatre stances du bouddhisme humaniste* », et encore : « *Ce que je pense des conceptions du bouddhisme humaniste* », « *Mon caractère du bouddhiste humaniste* », « *L'aspect humain du bouddhisme humaniste* », etc.

Les textes peuvent être classés en : preuves canoniques, interprétations, thèses, recueils, exemples, contes, etc., qui exposent intégralement les théories, la pensée, les concepts, les définitions, les sources, les développements, les réalisations… du bouddhisme humaniste. De même, *Le recueil des discours du vénérable maître Hsing-Yun,* qui regroupe les allocutions qu'il a prononcées toutes ces années dans le monde entier, a été décrit par l'ex-recteur de l'Université Foguang, le Professeur Gongpengcheng, comme étant « un ouvrage littéraire où chaque texte est une thèse de structure rigoureuse et de sujet précis ». Le fait que le Grand maître puisse traiter les sujets d'étude de manière vivante l'en a bien convaincu. Pour lui, dans des articles comme « *La pensée fondamentale du bouddhisme humaniste* », « *La notion de terre-pure et la vie moderne* », « *De l'Amitabha-sutra à l'établissement de la pensée de la terre-pure* »… on peut sentir que le système de pensée du bouddhisme humaniste du Grand maître, prend racine loin dans le passé.

Les idées directrices du bouddhisme humaniste remplissent le cœur et l'esprit du Grand maître, elles imprègnent son comportement et deviennent aussi des textes de sagesse. Si l'on regroupe l'ensemble de ses œuvres, on peut s'apercevoir qu'il a déjà, et depuis longtemps, établi un système très complet des pensées du bouddhisme humaniste et que le bouddhisme humanisme, par lui assimilé, est devenu depuis longtemps une « Ecole des Théories de Hsing-Yun », comportant un système de pensée complet.

Dans la conception du Grand maître, une pensée ne comporte pas que la théorie, il y a aussi la partie pratique, le côté humain, culturel, social, etc. C'est pourquoi, depuis plusieurs années, il ne cesse de propager la pensée du bouddhisme humaniste à travers l'éducation, la culture, les œuvres caritatives et la pratique en commun. Et c'est ainsi que la population bouddhiste de Taïwan s'accroit de jour en jour, les jeunes s'intéressent de plus en plus à l'étude du bouddhisme, les disciples laïcs participent à l'enseignement du bouddhisme, le bouddhisme est reconnu par les milieux éducatifs... Disons-le : le bouddhisme humaniste a trouvé sa place. Un bouddhisme en pleine évolution qui est passé du traditionnel au contemporain, du rural à l'omniprésent, du contemplatif à l'action de bienfaisance, de l'isolement à l'insertion sociale, du bouddhisme restreint (disciples seuls) au bouddhisme ouvert (disciples et laïcs), de la relation « maître/disciple » à celle de « professeur/élèves », de la simple prière aux entreprises, du seulement caritatif au diversifié, de l'anarchie à la discipline... Tous ces succès visibles sont dus au développement des théories bouddhistes s'intéressant aux problèmes humains et culturels et s'adaptant à leur époque.

En résumé, le bouddhisme possède bien une philosophie profonde mais plus important encore est son effort de réalisation. De pures discussions sur les théories philosophiques ne sont pas ce dont le bouddhisme moderne a besoin ; c'est d'ailleurs pourquoi l'Ecole Hinayana, qui a développé à l'extrême les théories philosophiques du bouddhisme, est appelée le Bouddhisme du Petit Véhicule. Le Grand maître pense que le bouddhisme ne se satisfait pas des merveilleuses constructions de mots : son vrai but est d'alléger les souffrances des hommes et les thèses bouddhistes doivent apporter la confiance et la clarté aux hommes. Malheureusement, les écoles du monde bouddhiste du passé, cultivaient des idées aussi différentes que diverses, et cette diversité n'apportait aucun bénéfice à la recherche de la Voie. C'est pourquoi le Grand maître le dit fermement : « Nous ne voulons pas d'un Dharma de paroles, ce dont nous avons besoin c'est du bouddhisme humaniste et de sa voie directe. » (*Universal Gate Buddhist Journal. Esquisse du bouddhisme humaniste*)

La pensée du bouddhisme humaniste du Grand maître, est partie du « Bouddha mondain » pour passer au « Dharma mondain » et, de là, au « Bouddhisme humaniste ». A sa façon d'exposer les théories et la pensée du bouddhisme humaniste, on peut voir à quel point il est proche des intentions premières du Bouddha. Voir surtout qu'il a su exprimer le bouddhisme humaniste du Bouddha, d'une manière adaptée au temps et à l'espace et développer l'enseignement du Bouddha à travers le monde. C'est là le vrai bouddhisme humaniste, c'est là, la vraie concordance avec l'esprit de Bouddha.

La mise en œuvre des concepts du bouddhisme humaniste, du Grand maître

Le bouddhisme a toujours mis l'accent sur « la nécessaire simultanéité de la compréhension et de la réalisation ». Le Dharma a besoin de la pratique personnelle pour atteindre la Voie ; c'est la raison pour laquelle l'Ecole Tiantai est fière de sa devise « La double beauté de la théorie et du Samatha-vipasyana ». Le bouddhisme humaniste du Grand maître reprend les intentions premières du Bouddha mais, de plus, le Grand maître a créé le bouddhisme humaniste et en a établi les principes à partir de son enseignement. Ainsi, le bouddhisme humaniste de Fo Guang Shan se fait « par les actes et non par les paroles », c'est cela aussi, la fierté des hommes-Foguang.

Définir et appliquer les caractéristiques du bouddhisme humaniste

Pour le Grand maître, si le bouddhisme veut gagner le monde, il faut qu'il « aille dans les villes, pénètre dans la société, s'intéresse aux hommes, passe les frontières et inonde le monde entier » (*Recueil des pensées du bouddhisme humaniste*). C'est pourquoi il propose des orientations : « l'internationalisation, la socialisation, l'interprétation par l'art et la littérature, la régionalisation, la modernisation, l'humanisation, l'application dans la vie quotidienne, la spécialisation, la réglementation, la vision d'avenir ». Il espère, par la réalisation de ces concepts, purifier le monde grâce au Dharma et réaliser la construction de la terre pure mondaine.

Pour atteindre ce but, le Grand maître propose que « Le bouddhisme humaniste mette en pratique la réalisation de la voie des bodhisattvas, en prenant pour base première la grande compassion et comme moyen subtil, l'emploi des enseignements, pour apporter joie et bénéfice à tous les êtres et les amener à parfaire la voie du Bouddha. Voilà le summum de la vie du bouddhisme humaniste. » (*Journal de Hsing-Yun*).

Le Grand maître a montré lui-même la voie, en suivant l'exemple des trente-deux apparences d'Avalokitésvara Bodhisattva et en parcourant le monde pour libérer les hommes. Toute l'année, il voyage à travers les cinq continents, vers des destinations multiples : de l'Europe en Amérique ou en Australie. Pour promouvoir le bouddhisme auprès des étrangers à sa doctrine, il est allé dans des pays catholiques et protestants tels les Philippines, le Brésil, ou le Chili. Pour convertir les Chinois expatriés, il s'est rendu dans des pays musulmans comme l'Indonésie ou la Malaisie. Pour concrétiser la régionalisation des centres de culte, il a organisé des cérémonies d'ordination pour les disciples d'Afrique du Sud, etc.

Pour développer les intentions premières du Bouddha, il dit : « Si un disciple a des problèmes familiaux ou s'entend mal avec autrui, je suis prêt à arbitrer le conflit avec le principe d'égalité et d'harmonie de Bouddha, pour que tout le monde soit satisfait. Si un disciple met au monde un enfant, je lui donnerai un nom. Si les enfants de mes disciples se marient, je célébrerai leur mariage. A la nouvelle année, j'écrirai les sentences parallèles pour les disciples. S'il y a des funérailles, j'y lirai les sutras. J'ai déjà répondu à leurs demandes en éduquant leurs enfants ou en résolvant leurs querelles. Dans mes lectures, je les encourage à travailler pour gagner des fortunes saines et en faire profiter la société. Je leur enseigne aussi la voie de l'harmonie avec les autres et la voie de la famille parfaite. J'organise les mariages bouddhistes, mais aussi les baptêmes, les anniversaires, les enterrements bouddhistes. Quand se tient un séminaire, je suis ravi d'y être invité pour en célébrer l'ouverture. Une nouvelle entreprise entre en Bourse ? Je suis content d'être invité pour prononcer un discours. Pour que l'eau du Dharma irrigue le monde du travail, je préside les cérémonies de pose de la première pierre pour les usines, les entreprises, les immeubles, les barrages... mais je vais aussi chez les disciples pour « les réunions de famille », afin que la lumière de Bouddha puisse en éclairer chaque membre. » (*Les histoires d'antan. Etablir les caractéristiques du bouddhisme humaniste*)

Le Grand maître est persuadé que le bouddhisme peut résoudre tous les problèmes de ce monde. Les bouddhistes doivent donc prendre courageusement en charge, la responsabilité de la purification de la société, en n'oubliant jamais leur mission la plus importante : « D'abord établir le caractère du « bouddhisme humaniste ». (*Les histoires d'antan*).

Apporter la joie dans le monde entier

Le Grand maître a une complète connaissance du bouddhisme humaniste mais de plus, pour construire la terre pure mondaine, il parvient à accomplir le vœu : « Les enseignements bouddhiques sont immenses, j'émets le vœu de les étudier tous ». Tout ce dont le monde a besoin, il s'efforce de l'apprendre. Ainsi, il n'a jamais étudié l'architecture mais, pour construire Fo Guang Shan, il accompagnait l'architecte sur le chantier et avec une branche, ils dessinaient par terre, bâtiment après bâtiment, réalisant ainsi les magnifiques édifices du Fo Guang Shan d'aujourd'hui. Il n'a jamais appris la calligraphie, mais à Yilan, au « Seven-day Amitabha Birthday Function » annuel, il écrit lui-même les affiches. Quand, par la suite, les disciples lui demandaient des écrits, il n'a jamais refusé, si bien que ses œuvres calligraphiques ont fini par être exposées à la Galerie Nationale de Malaisie. Il n'a jamais assisté à un cours de diction, mais il a commencé par des discours en plein air avec une centaine d'auditeurs, pour arriver à des allocutions dans des halls nationaux, tel le Mémorial Sun-Yat-Sen ou le Coliseum de Hong-Kong, avec des dizaines de milliers de spectateurs ; il a tout appris par lui-même, au prix d'années d'effort.

Il n'a pas suivi l'enseignement traditionnel et, de toute sa vie, il n'a jamais eu en main un seul diplôme mais, à ce jour, il a créé quatre universités, plusieurs écoles secondaires et primaires et une dizaine de collèges bouddhistes. Chaque année, les étudiants qui reçoivent de ses mains leur diplôme, sont plus nombreux. Modestement, il dit : tout ceci vient de l'expérience, de la pratique.

En fait, tout ce que fait le Grand maître se résume par « apporter la joie dans le monde entier ». Il pense que le but principal de la pratique du bouddhisme, est de quitter la souffrance pour entrer dans la joie. Pour construire « la terre pure mondaine » du présent, pour que chacun puisse obtenir la joie du dharma, il est prêt à servir la nation, la société, les hommes. Il s'intéresse aux affaires de l'Etat, arbitre les querelles, porte secours, promeut l'art et la littérature. De plus, il nourrit le concept « Les monastiques ne doivent pas se mêler de politique, mais ils doivent s'y intéresser. Le bouddhisme a besoin de la protection de la politique, mais la politique a besoin du bouddhisme pour la mettre sur le droit chemin » (*Collection Bouddhisme. L'utilité du bouddhisme. Le bouddhisme et la politique*). Il adresse donc parfois, au gouvernement, des propositions de démocratie, de réforme, de libération. Il a encore arbitré et résolu nombre de querelles politiques et sociales : liste des candidats proposés pour l'élection du parti Guomindang, déplacement de la statue d'Avalokitésvara Bodhisattva du Parc Da'an à Taipei, refus des habitants du village Daxu à Kaohsiung de continuer à fournir l'eau potable aux Forces navales, etc. C'est pour toutes ces raisons que, parfois, on l'appelle « le bonze politisé ».

En réalité, s'il est vrai qu'il se soucie de la société, de la politique, il a, toute sa vie, respecté la juste mesure et jamais ne s'est laissé entraîner dans les tourbillons de la politique. Dans les années soixante, alors qu'il était à Kaohsiung, on lui a demandé de s'inscrire sur la liste des candidats à l'élection du conseil législatif : il a gentiment refusé. Par la suite, le Président de la Commission des Affaires des Compatriotes d'Outre mer, a proposé au Grand maître d'être leur délégué, de même que pour la Commission des Affaires mongoles et tibétaines. Pour ne pas refuser brutalement, le Grand maître a répondu : « Laissez-moi être votre bénévole, il ne faut pas nécessairement être délégué. »

En fait, dans son for intérieur, il pense qu'un bouddhiste ne doit pas fuir la politique sous couleur de sauvegarder et étaler sa dignité. On ne doit pas courir après le pouvoir, mais on ne peut décliner la responsabilité de servir la société et les hommes. Pour promouvoir le dharma et en faire bénéficier les hommes, les bouddhistes ne doivent pas avoir une attitude passive, ni de retrait, face à la politique. Bien au contraire, il faut la prendre en charge activement. Tel est l'accomplissement de la voie du bodhisattva du bouddhisme humaniste.

Pour promouvoir le Dharma, il a accepté d'être marqué politiquement

Quand il s'agit de se conformer à la voie des bodhisattvas et de promouvoir le bouddhisme, le Grand maître ne se soucie guère de sa propre réputation. Le fait qu'il ait pu, à une certaine époque, sembler se rapprocher du milieu politique est, en réalité, dû à sa volonté de promouvoir le Dharma.

En effet, tout au début de son arrivée à Taïwan, le Parti Nationaliste Chinois (Guomindang), était au pouvoir et, comme il n'en était pas membre, il s'est heurté à de nombreux obstacles : interdiction de donner des lectures, interdiction de prêcher le bouddhisme, contrôles d'identité, contrôles de résidence, etc. On l'a même soupçonné d'être un agent secret chinois infiltré à Taïwan et il a été arrêté et emprisonné durant 23 jours.

Ultérieurement, un vétéran du parti, M. Lizikuan, lui expliqua : « Vous, jeune moine qui voulez propager le Dharma à Taïwan, vous n'aurez jamais de facilités si vous ne devenez pas membre du parti. » D'où, par nécessité, il est entré au Guomindang, sous trois conditions : 1. Que son nom ne soit pas révélé ; 2. En s'engageant à ne pas organiser de sous groupe ; 3. En étant autorisé à ne pas participer aux activités du parti.

Après avoir été adhéré au Guomindang, effectivement, tout a été plus facile. Partout où il allait, la police fermait les yeux ; de même, par la suite, quand il a créé Fo Guang Shan, lors des camps de vacances pour jeunes, le *China Youth National Salvation Corps* leur est venu en aide, leur drapeau devant le grand portail, jouait le rôle de bouclier … .

Puis, au sein du parti, on lui demanda d'être conseiller - un poste de haute notoriété - et c'est depuis lors qu'il fut étiqueté « bonze politisé ». Par la suite, il fut nommé Conseiller du Comité Central, au même titre que Mme Chang-Kai-Check et d'autres vétérans du parti ; il lui devint donc, encore plus difficile de se débarrasser de cette étiquette.

Il y a parfois des choses curieuses dans la vie : Certains s'impliquaient réellement dans la politique, comme membres de la Chambre des Représentants, ténors politiques, ou candidats aux élections ; certains même, faisaient l'alm procession pour chercher des voix et pourtant personne ne disait qu'ils étaient politisés. Au début, le Grand maître était un peu embarrassé, puis le metteur en scène de cinéma, M. Liuweibin, lui dit : « Bonze politisé veut dire que, pour les gens, vous avez de la puissance et il n'y a là, rien de mal. Les autres font de la politique, mais ils n'ont pas de puissance aux yeux du public, c'est pour ça qu'on ne leur colle pas d'étiquette. » Dès lors, le Grand maître ne prêta plus aucune attention à tous ces surnoms.

Le Grand maître a toujours considéré la politique de très haut, mais il avait bien compris que la propagation du bouddhisme serait plus facile s'il était appuyé par le pouvoir politique. A son époque, Sakyamuni Bouddha était, lui aussi, entouré par les rois et les seigneurs ; dans plusieurs sutras, il a parlé de l'art de gouverner et, vers la fin de sa vie, il a remis la responsabilité de la protection du Dharma, aux souverains et seigneurs. Certes, un religieux ne doit pas se compromettre dans la politique mais, ayant émis le vœu du bodhicitta d'appliquer et enseigner le bouddhisme humaniste, il lui est impossible d'en rester totalement à l'écart. C'est pourquoi, quand M. Lidenghui, Président de l'Association pour la renaissance de la Culture chinoise, lui a demandé d'être Conseiller de l'association et que le Président taïwanais en fonctions, M. Chenshuibian voulut qu'il devînt Président du Comité religieux pour l'entente entre toutes les religions, il a accepté les deux propositions.

A notre époque, où font souvent défaut les opinions justes et objectives, le Grand maître, en tant que missionnaire, ne prête plus aucune attention aux critiques ou aux calomnies. Que l'étiquette « bonze politisé » soit un honneur ou une offense, peu lui importe puisque, dans son état actuel, son cœur a, depuis longtemps, dépassé le niveau des « trois mondes ». Il disait : « Face à des personnages émettant des critiques excessives, imméritées et injustes, mon attitude est de pardonner leur ignorance. » (*Réponses à l'interview de Mlle Zhangtonghe, reporter au Journal de Wallstreet (version chinoise*). Et le Grand maître reste ferme sur ses convictions : « Un missionnaire religieux qui ne s'intéresse ni à la politique, ni à la société, n'a aucune valeur existentielle. » C'est pourquoi, lui, continue à prendre en charge la responsabilité et le devoir de s'occuper de la société, car « il faut s'intéresser à la société pour pouvoir aider les hommes, et amener le Dharma dans le monde. » (*Journal de Hsing-Yun. 17/12/1990*)

Sa filiation : La lignée de l'école Linji

Dans sa vie de missionnaire, à part les calomnies provoquées par son intérêt pour la politique, une autre insinuation, sans doute la plus offensante et la plus injuste est de dire : « Fo Guang Shan est très riche, Fo Guang Shan est une entreprise commerciale ». En réalité, Fo Guang Shan n'est pas très riche, mais il sait fort bien gérer ses dépenses ; Fo Guang Shan n'est pas commercial, mais il sait bien gérer la propagation du dharma. Fo Guang Shan est un groupe religieux moderne, non seulement il possède organisation et discipline, mais il est de très haute extraction.

La lignée Fo Guang Shan est issue de l'école Chan chinoise « Linji ». L'école Chan compte cinq branches et sept ramifications, et Linji est connue pour être la plus ancienne et la plus nombreuse en disciples. Certificat à l'appui, Le Grand maître est le 48eme héritier officiel de Linji. En 1985, quand il a renoncé à son poste, il a transmis le dharma au vénérable Hsin-Ting, l'instituant représentant de la 49eme génération et deuxième Premier abbé de Fo Guang Shan. Le même jour, les vénérables Tzu-Chuang, Tzu-Hui, Tzu-Jung, Hsin-Ting ont aussi reçu ce même dharma.

Dans les pagodes du Taïwan d'aujourd'hui, vivent de nombreux maîtres ordonnés, mais tous ne peuvent pas transmettre le dharma. Selon les règles bouddhistes traditionnelles, seuls les disciples ayant reçu délégation officielle, peuvent en perpétuer la transmission. C'est pourquoi Fo Guang Shan peut transmettre la lumière du bouddhisme à travers le monde et les adeptes sont fiers d'être ses disciples. Les différents secteurs de la société, après avoir pris connaissance des pensées et caractéristiques de Fo Guang Shan, le reconnaissent tous comme une communauté bouddhiste parfaitement « légitime ».

La légitimité de Fo Guang Shan vient du fait qu'il « ne fait pas ce qui n'est pas bouddhiste et ne suit que le Dharma ». C'est une communauté religieuse réglementée composée de quatre groupes de disciples : monastiques et laïques, masculins et féminins. Fo Guang Shan compte plus de mille monastiques et la gestion du personnel s'y exerce selon une réglementation précise de l'accès aux différents niveaux, pour lesquels les promotions dépendent des conditions d'études, de travail, de capacité, etc.

Une communauté bouddhiste moderne

Fo Guang Shan est un centre de culte du bouddhisme humaniste, un centre diffusant une formation éducative, un centre de caractère. Fo Guang Shan, c'est l'esprit de communauté et de groupe, c'est la joie et l'éducation. Il est l'archétype des communautés religieuses modernes. Récemment, l'érudit japonais, Hujiyi Kenji, a publié une thèse intitulée « Le modèle de la société religieuse et le nationalisme des immigrés. Etude basée sur les activités bouddhistes taïwanaises », dans laquelle il présente une comparaison entre les bouddhismes chinois et japonais. Selon lui, le bouddhisme japonais est divisé en « bouddhisme traditionnel » et « bouddhisme nouveau » ; le bouddhisme taïwanais lui, se divise en « bouddhisme de pagode » et « bouddhisme de communauté ». Il pense que le bouddhisme de Taïwan est généralement « de pagode » mais que Fo Guang Shan, lui, est une forme de communauté. Il écrit : « Fo Guang Shan présente une structure : non seulement existe le monastère de Taïwan, mais en même temps, il forme avec les autres centres du monde entier, un ensemble cohérent ». Les centres d'outre mer sont dirigés par des monastiques venus de Taïwan, pour des mandats de trois ans. Les adeptes sont enregistrés en tant que membres de la B.L.I.A ; les pagodes, leurs monastiques et leurs laïcs sont ainsi organisés et appartiennent tous au système du Fo Guang Shan-Taïwan. » M. Hujiyi Kenji en conclut que Fo Guang Shan est une communauté religieuse moderne, structurée et disciplinée, ce qui explique qu'elle ait pu, en un temps aussi court, promouvoir le bouddhisme dans le monde entier.

En fait, il y a déjà bien longtemps que le Grand maître a une vision claire de son schéma du bouddhisme humaniste : « Mon idéal est de construire une communauté bouddhiste moderne, structurée, internationale et humanisée, comprenant monastiques et laïques et d'apporter le bouddhisme dans les familles, dans la société, dans le cœur des hommes. » (*Journal de Hsing-Yun*) Quand le Grand maître créa Fo Guang Shan, il suivit le plan des quatre grands monts sacrés chinois, pour faire de Fo Guang Shan un grand monastère ; puis il créa la B.L.I.A. pour passer à une structure communautaire.

En outre, quand le Grand maître entama son chemin en vue de la propagation du bouddhisme, il affirma : « l'assimilation est dans l'ensemble du Dharma, la réalisation est dans la pratique simultanée de Chan et Jingtu » et, après la création de Fo Guang Shan, il préconisa « l'enseignement simultané des huit écoles ». Par la suite, tout se développa d'une manière naturelle, suivant les circonstances. Par contre, le Vénérable maître Taixu qui avait voulu, au début, créer un Sangha d'un million de monastiques, s'est vite aperçu que ce n'était pas si facile ; il a donc ramené son projet à huit cent mille, puis deux cent mille, puis quarante mille et enfin, il n'est resté que « Le centre d'études des Bodhisattvas ». A l'époque, le Vénérable maître Taixu avait, lui aussi, émis le vœu de développer le bouddhisme international, mais finalement, le projet n'a pas abouti. Par contre, à l'heure actuelle, il existe partout sur les cinq continents, des centres de Fo Guang Shan et des branches de la B.L.I.A. On peut le dire : « les hommes-Foguang sont partout dans le monde. »

Fo Guang Shan est un lieu de culte qui possède un héritage historique et cultive l'éducation, la culture, les entreprises, les talents. C'est pourquoi il peut répondre aux besoins de l'époque et, sans cesse, se perpétuer. « Ce n'est pas uniquement une perpétuation de nom, mais bien plutôt, de pensée, de cœur et d'âme », dit le Grand maître à ses disciples : « N'ayez aucune crainte de vous perdre, à cause de la vulgarisation et de la propagation du bouddhisme humaniste : il suffit que les fondations de la communauté soient solides ; les esprits, le système, les règlements persistent, pour que l'individu reste sain. Alors les pertes individuelles s'élimineront d'elles-mêmes, tout naturellement. » (*Liaisons Foguang. Texte du vénérable maître fondateur*). Il sait que les hommes-Foguang garderont à l'esprit la sentence : « Pour promouvoir le bouddhisme humaniste, qui d'autre que moi ? »

Pour le Grand maître, la communauté religieuse Fo Guang Shan est le ferme support de la réalisation du bouddhisme humaniste. En 1977, lors de l'assemblée générale des disciples, le Grand maître a présenté Fo Guang Shan en trois points : « les hommes, les actes, la voie ». Il a dit : « Les hommes » de Fo Guang Shan comprennent les disciples des sept groupes vivant dans l'harmonie. Les monastiques se chargent de l'enseignement, les laïcs, du soutien. Tous les disciples suivent les enseignements de Bouddha, ils unissent leurs efforts pour la construction de la terre pure Foguang et la renaissance du bouddhisme. « Les actes » sont ceux qui sont destinés à faire bénéficier soi-même et les autres, à guider soi-même et les autres vers l'Eveil. Ils comprennent l'éducation, les œuvres caritatives, la culture, etc., et vont de l'éducation des enfants et des jeunes, à la propagation du Dharma. Ils s'attachent à la civilisation de la société, au réconfort des personnes âgées, à l'organisation des funérailles..., afin de guider la vie vers un aboutissement parfait. Pour ce qui est de « la voie », les disciples de Fo Guang Shan ne pensent pas à ce que le bouddhisme est susceptible de leur apporter : ils n'ont qu'une idée : se donner. Ils ne pensent jamais à eux-mêmes, mais uniquement aux autres. C'est la voie de bodhisattva dans le monde des hommes.

Les dix réformes de Fo Guang Shan

L'objectif du bouddhisme humaniste de Fo Guang Shan, est de procurer « l'accomplissement parfait de la vie de l'homme », ce qui ne peut être réalisé uniquement par les théories. Après de longues années d'efforts, les « dix réformes » telles l'internationalisation, la socialisation, etc., citées précédemment, ont toutes apporté des résultats concrets. Le contenu des « dix réformes », nous en avons parlé dans les trois chapitres précédents, je ne donnerai donc, ci-après, que quelques exemples pour les expliquer sommairement :

- L'Internationalisation. Avec la création des centres de Fo Guang Shan et de la B.L.I.A dans les cinq continents du monde, à part les activités religieuses quotidiennes, plusieurs séminaires internationaux et colloques inter religieux, sont organisés fréquemment, de telle sorte que le bouddhisme, basé essentiellement dans le passé sur la civilisation chinoise, est devenu, aujourd'hui, une religion multiraciale. Par le passé, les participants aux services religieux et aux activités, étaient généralement des bouddhistes. Aujourd'hui, par contre, on rencontre de plus en plus de non bouddhistes qui s'y intéressent. Ceci montre bien le succès de l'internationalisation du bouddhisme préconisé par les hommes-Foguang.
- La socialisation. Dans le passé, l'image que donnait de lui-même le bouddhisme, était rurale, monastique, entachée de superstition et destinée essentiellement aux vieillards. Aujourd'hui, les adeptes sont de plus en plus souvent de jeunes intellectuels. Ils se consacrent à des activités de récitation des sutras et de révérence aux bouddhas, à l'étude, la lecture, l'enseignement, la rédaction. Dans le passé, les

activités étaient confinées dans les pagodes ; maintenant, on les exerce dans les lieux publics. On peut ainsi voir que le bouddhisme est véritablement sorti des montagnes, des campagnes et des pagodes, pour entrer dans la société ; mieux encore : le bouddhisme est sorti de la superstition, pour devenir une religion de recherche de la sagesse. Voilà encore un succès de la socialisation.

- L'interprétation par les arts et la littérature. Dans le passé, les ouvrages bouddhistes étaient absents des librairies. Entassés dans un coin de pagode, ils étaient offerts en cadeau. Aujourd'hui, par contre, les grandes maisons d'édition se livrent à une concurrence acharnée pour publier les livres bouddhistes. Dans le passé, les hymnes servaient à louer les vertus des bouddhas et les adeptes ne les pratiquaient que lors des services religieux et à l'intérieur des pagodes. Et voilà que, grâce à la création de « la chorale des hymnes bouddhistes de Fo Guang Shan », la musique bouddhiste a fait sensation sur les cinq continents. Avec la sortie de la collection « Sounds of the human world », la musique bouddhiste a, non seulement relié le cœur de tous les bouddhistes du monde, elle a aussi conquis une place enviable dans la discothèque de tous les mélomanes. Dans le passé, les arts bouddhistes : sculpture, peinture...étaient conservés comme des antiquités, dans les grottes ; aujourd'hui, grâce à la création des galeries d'art Foguang, les œuvres bouddhistes se sont révélées aux yeux du monde, pour purifier silencieusement le cœur des hommes.
- Propager le Dharma en se servant de l'art et de la littérature, est un objectif que le Grand maître s'était fixé depuis sa jeunesse. Il espérait que, grâce à la lecture et à la contem-

plation des œuvres d'art, les hommes pourraient planter les semences « bodhi » dans leur conscience. C'est pourquoi, depuis sa jeunesse, il avait commencé à écrire et publier des textes dans les grands journaux. A son arrivée à Taïwan, il a écrit successivement : « *La vie de Sakyamuni Bouddha* », « *Le maître impérial* Yulin », etc., qui ont été adaptés pour le cinéma. En outre, il organisait des groupes de chant, écrivant lui-même les paroles des chansons et modernisant les hymnes bouddhistes. Pour l'architecture des pagodes, il recherchait la beauté et même la splendeur. En considérant l'apparition des œuvres et des activités artistiques et littéraires, on peut voir que la conception du Grand maître : « embellir le monde avec l'art », a porté ses fruits.

- La régionalisation. C'est le deuxième objectif après l'internationalisation. Pour la réaliser, tous les centres de Fo Guang Shan dans le monde, s'efforcent de former des talents locaux. Après l'ordination des disciples africains en Afrique du Sud, en 1994, d'autres disciples occidentaux sont entrés dans les Ordres. Surtout, suite au succès de l'internationalisation, les habitants des différents pays s'intéressent de plus en plus au bouddhisme. Aussi, dans peu de temps, la régionalisation pourra atteindre définitivement ses objectifs.
- La modernisation. « Les défauts s'accumulent avec le temps », c'est un phénomène naturel. Le bouddhisme existe depuis plus de deux mille cinq cents ans, il est donc normal qu'il y ait des choses à réformer. C'est pourquoi le Grand maître propose la modernisation, tant sur « la manière d'enseigner, les liaisons culturelles et éducatives, la gestion économique, l'architecture et les équipements, l'organisation administrative, le rituel des cérémonies » (*Recueil des discours du véné-*

rable Hsing-Yun (4). L'avenir du bouddhisme), que sur « les langues, la technologie, la pratique, la scolarisation des pagodes » (*Recueil des discours du vénérable Hsing-Yun (4). Comment moderniser le bouddhisme*). A travers la réalisation de ces concepts du Grand maître, le bouddhisme humaniste a pu avancer avec son temps, suivre les tendances de l'époque et devenir le courant principal de la pensée bouddhiste. C'est une réalité que personne ne peut contester.

- L'humanisation. Elle est l'âme du bouddhisme humaniste, qui ne pourrait s'appeler « bouddhisme humaniste » s'il avait perdu son humanité et oublié son but : « faire aboutir le Dharma dans le monde ». Le Grand maître propose l'humanisation « des pensées et des comportements, des vœux émis, de la terre pure et de la joie suprême, du bonheur et de la richesse, de la pratique et de la réalisation, de la discipline et des normes. » (*Recueil des discours du vénérable maître Hsing-Yun (4). Où est l'avenir du bouddhisme*). Il a dit également : « Non seulement, nous devons amener le Dharma vers le monde, vers la société, vers les familles mais nous devons encore l'apporter dans le cœur des hommes. Ce que l'homme aime, le Dharma le lui fournit ; ce que l'homme déteste, le Dharma l'en débarrasse. Le vrai, le bon, le pur, le beau, l'homme les aime, ce sont donc des dharmas mondains. La perversion, l'orgueil, l'homme les déteste, le Dharma doit l'aider à les éliminer. La bienveillance, la compassion, l'amitié, la sagesse, la discipline, la méditation, la chasteté, la magnanimité, la gratitude, sont les vrais sens du dharma humain. » (*Discours à la 3eme assemblée administrative de la B.L.I.A.*). Le but du Grand maître est d'apporter le dharma dans le cœur de chacun pour l'aider à transformer l'illusion en illumination, l'impureté en pureté, le mal en bien, le commun en sagesse... Alors, la terre où nous vivons sera la terre pure humaine. Certes, il s'agit là, d'un but à poursuivre sans relâche, mais au moins, la conception de « l'humanisation de la terre pure » est-elle déjà universellement reconnue.

- L'application dans la vie quotidienne. « Le bouddhisme humaniste » n'est pas uniquement le bouddhisme « du monde », mais bien plus encore, le bouddhisme « de la vie ». Le Grand maître propose de : « vitaliser le dharma, dharmaniser la vie », car, dans le passé, beaucoup pensaient que la foi était affaire de retraités ; d'autres se hâtaient de se retirer dès qu'ils devenaient bouddhistes et d'autres encore pensaient que le bouddhisme n'était qu'une religion pour les enterrements. En réalité, le but de la foi bouddhiste, est d'utiliser le dharma pour orienter la vie. C'est pourquoi, appliquer le dharma dans la vie de tous les jours, est le sens exact de la foi. Le Grand maître préconise l'insertion des règles de bienséance bouddhiste dans la vie quotidienne, il souhaite que les hommes puissent bénéficier du dharma, de leur vivant. Il encourage « les règles du savoir-vivre », car on ne peut assimiler le dharma qu'à travers les réalisations de la vie. Il définit donc « Le vrai sens de la pratique » en écrivant: « La pratique n'est ni un slogan, ni une formalité ; on ne peut l'utiliser pour se faire valoir, ni s'en servir comme excuse pour fuir la société. Elle doit être une sorte de sacrifice sain et réel et surtout, il faut appliquer le dharma dans la vie quotidienne, utiliser les paroles compatissantes pour enseigner aux hommes, les regards compatissants pour se comporter envers eux, les mains compatissantes pour les aider, un cœur compatissant pour prier pour eux. Mettre du Dharma dans la vie, voilà « de la pratique » ! » (*Lecture à tous les disciples du monastère, dans le hall Tathagata. Novembre 1992*). Et, sous l'énergique impulsion du Grand maître, les règles de la bienveillance bouddhiste sont de plus en plus utilisées dans la société actuelle.

- La spécialisation. Dans le passé, le bouddhisme n'exerçait aucune activité d'entreprise. Il ne pouvait donc rien apporter à la société, ni engranger les talents pour servir la religion. C'est pourquoi, le bouddhisme s'est détaché du monde et a même été rejeté par la société. Depuis des années, le Grand maître a créé différentes entreprises bouddhistes qui ont attiré de plus en plus de jeunes monastiques. La création de la B.L.I.A. a, pour sa part, permis aux disciples laïques de se joindre à la tâche de promotion du dharma. Ces activités permettent de découvrir des talents qui, eux, permettent de faire prospérer le bouddhisme et de changer la vision négative des gens sur le bouddhisme. Ceci est une grande contribution apportée par le Grand maître, tant au bouddhisme qu'à la société.
- A part continuer à promouvoir les activités, Fo Guang Shan encourage en même temps les disciples, à « gagner des fortunes saines, en fondant de nouvelles entreprises ». Cette conception est approuvée par tous et ainsi, le bouddhisme pourra très certainement s'épanouir encore davantage dans un avenir proche.
- La réglementation : Toute association qui désire se perpétuer, a besoin, en premier lieu, de ressources humaines et financières saines, qui, elles, demandent une gestion rigoureuse. C'est grâce à une réglementation saine, qu'une asso-

ciation peut perdurer. Le Grand maître a compris que, si le bouddhisme veut avoir sa place dans la société et si le sangha veut connaître un développement sain, il lui faut établir une réglementation précise. A Fo Guang Shan, les règles de fonctionnement, les élections, la gestion des personnes, la classification des niveaux, les pratiques, etc., ont été précisément définies, faisant de Fo Guang Shan une communauté harmonieuse. Petit à petit, d'autres communautés du monde bouddhiste ont été influencées et le bouddhisme a émergé d'un état de total relâchement, pour devenir une religion structurée. 1985 a marqué une étape importante lorsque, à l'expiration de son mandat, le Grand maître s'est retiré de son poste de Premier abbé. Fo Guang Shan est ainsi devenu une communauté de gouvernance règlementée, donnant un bel exemple de démocratie au monde bouddhiste et d' « alternance des générations », à la société.

- La vision d'avenir : Dans la vie, on ne peut se contenter de vivre au présent, il faut encore envisager son avenir. Le Grand maître souhaite que le bouddhisme de demain puisse avoir une règlementation unifiée, dans des domaines aussi divers que l'architecture, l'habillement, les appellations, la discipline, les cérémonies religieuses, la pratique en commun, les prières journalières, etc. Les bâtiments du bouddhisme de demain devront comprendre, non seulement des salles de prière, mais aussi des auditoires ; les locaux ne seront plus uniquement peuplées de statues, puisque monastiques et laïcs s'y côtoieront ; on y trouvera certes, des cuisines mais aussi des salles de séminaires, des salles de méditation et aussi des salles de classe. Ne jamais oublier que les gens ne viennent pas uniquement pour révérer Bouddha,

mais aussi pour apprendre. Le bouddhisme de l'avenir possèdera non seulement des terres cultivées mais encore, des usines, des maisons d'édition, des journaux, des stations de radio et de télévision ; il pourra même avoir des équipes de sport, des magasins, des supermarchés et des établissements financiers pour résoudre les problèmes des adeptes. Dans le bouddhisme de l'avenir, les monastiques pourront être des enseignants, des professeurs d'université, des soignants, des médecins. A l'avenir, de la naissance à la mort, toutes les cérémonies de la vie pourront se faire selon le rite bouddhiste. Tout le monde pourra recevoir les trois refuges et les cinq préceptes et participer, le moment venu, aux huit préceptes.
(*Journal de Hsing-Yun*)

En résumé, on peut dire que le Grand maître a tracé une feuille de route pour le développement du bouddhisme de l'avenir :

- De la pratique commune au sein des pagodes, aux lectures dans les auditoires publics.
- De la construction des pagodes, à l'établissement des écoles.
- De l'asile réservé aux personnes âgées, au rassemblement des jeunes.
- De l'enseignement par les seuls monastiques, à la participation des laïques.
- De la direction réservée aux monastiques masculins, à la participation des monastiques féminines.
- De la régionalisation à l'internationalisation.
- De la seule lecture des sutras, à leur étude.
- De la pratique individuelle, à la recherche du bénéfice pour autrui.

- De la réussite personnelle à celle de la communauté.
- Des cérémonies religieuses aux entreprises mondaines.
- De l'acceptation des offrandes, à la distribution du champ de félicité.
- Des promesses de monts et merveilles, aux actes accomplis.

Une grande partie des vœux du Grand maître pour le bouddhisme de l'avenir est déjà réalisée par Fo Guang Shan depuis plusieurs années. D'autres projets attendent les efforts communs du monde bouddhiste. Une chose est sure : le bouddhisme humaniste que préconise Fo Guang Shan, possède non seulement une pensée et des concepts respectables, mais encore, des objectifs et, déjà, des réalisations. Après plus de trente années de développement, même si le Grand maître n'a jamais eu l'intention de fonder sa propre école, l'Ecole Foguang s'est tout naturellement créée et le fonds de sa pensée, c'est le bouddhisme humaniste.

Et le bouddhisme humaniste se perpétuera avec l'Ecole Foguang.

L'esquisse du bouddhisme humaniste, tracée par le Grand maître

L'homme ne peut vivre en dehors de sa famille ou de la société, ni ignorer les nécessités matérielles de la vie quotidienne. De même, spirituellement, il a besoin d'apports artistiques, de divertissements, de sentiments et de croyances. Les devoirs envers la nation, les responsabilités envers la société, la sollicitude envers les hommes..., sont aussi des éléments indispensables à la vie mondaine et le sens et la valeur de la vie de l'homme, sont souvent établis et relevés en ces occasions.

Cependant, placés dans les mêmes conditions, certains sont moins habiles que d'autres pour résoudre les problèmes, d'où des inégalités, sources de frictions et de difficultés. C'est pourquoi, dans le passé, les pratiquants du Petit Véhicule, préconisaient tous le retrait de la foule et se cantonnaient dans la pratique individuelle, pour chercher à se libérer de la vie et de la mort. Mais « le Dharma est dans le monde, il ne faut pas le chercher en dehors du monde ». Loin des hommes, où y aurait-t-il Dharma à pratiquer ? Loin des soucis, où y a-t-il Bodhi à trouver ? Voilà pourquoi le Grand maître propose « le bouddhisme humaniste ». Il espère trouver les points d'appui nécessaires à la vie mondaine, dans les sutras et que les enseignements du dharma permettent aux hommes de passer une vie « calme en tout lieu, adaptée en toute circonstance, insouciante avec soi-même, libre selon son plaisir » (*Collection Bouddhisme. Théories. La terre pure du bouddhisme humaniste*), et par cette vie « dharmanisée », parfaire soi-même et autrui, et construire la terre pure mondaine.

La terre pure mondaine du « Vimalakirti sutra »

Parmi les nombreux sutras du bouddhisme, le Grand maître aime particulièrement le « Vimalakirti sutra ». Non seulement il apprécie sa riche pensée philosophique et sa beauté littéraire, mais aussi l'aspect profondément humain, des nombreuses pratiques de vie qu'il énonce. C'est aussi pourquoi il le considère comme un des principaux sutras du bouddhisme humaniste.

Dans le premier chapitre du « *Vimalakirti sutra* » intitulé « *le royaume de Bouddha* », il est dit : « Si ton cœur est pur, la terre où tu vis sera pure ». Le Grand maître considère cette phrase comme la théorie de base de la construction de la terre pure mondaine et ce qui est dit dans le huitième chapitre « *la voie de Bouddha* », comme la meilleure boussole pour la vie du bouddhiste humaniste :

> Le Prajna est la mère des bodhisattvas, la subtilité en est leur père ;
> Tous les maîtres des royaumes mondain et supra mondain sont nés du Prajna et de la subtilité.
> La joie de la découverte du Dharma est l'épouse, la grande compassion est la fille ;
> La bonté et l'honnêteté sont les fils, la Vacuité est le logis.
> Les soucis mondains sont mes disciples, je les gère à ma guise ;
> Les trente-sept bodhi- pākṣika sont mes maîtres. Grâce à eux, j'ai pu atteindre l'Eveil.
> Les six paramitas sont mes amis, les quatre saṃgraha sont les ballerines;
> Tous les sons purs sont des paroles de dharma, ils sont, pour moi, la musique suprême.
> Les Dhāraṇīs sont mes jardins, les dharmas transcendants en sont les arbres ;
> L'illumination est la fleur exquise, la libération est le fruit de la sagesse.
> Les aṣṭau vimokṣāḥ sont mes vasques, remplies de l'eau claire du Dhyâna ;
> Sept sortes de lotus y flottent, mon corps sera lavé de toute souillure.
> Les pañ cābhijñā galopent tels les éléphants et les chevaux, le Mahayana dharma en est le char ;
> Le conducteur, muni d'eka-citta, virevolte sur le Noble sentier octuple.

Les trente-deux lakṣaṇas (signes physiques) ornent mon visage, les quatre-vingt añjanāni (caractéristiques physiques notables de Bouddha) embellissent mon corps ;
L'humilité est ma belle robe, la sincérité est ma jolie parure.
Apprendre aux hommes à utiliser les sept Biens comme moyens d'existence ;
Pratiquer avec persévérance ce que je dis et le transmettre à tous les êtres, pour qu'ils en bénéficient.
Les quatre Dhyânas sont mes bases, toutes les voies s'ouvrent dans une vie correctement menée ;
Bien écouter et étudier pour augmenter la sagesse, elle est la voix qui nous guide vers l'illumination.
La règle fraîche, telle une rosée bienfaisante, est notre nourriture ; les sources de libération sont nos boissons ;
Le cœur pur peut nettoyer mes souillures mondaines, les préceptes purs m'embaument d'un agréable parfum.
J'ai éliminé tous les troubles, passions, illusions, avec une vaillance inlassable;
J'ai fait capituler les quatre obstacles diaboliques (catvāro mārāḥ) et je hisse le drapeau pour construire les splendides lieux de culte.

En se basant sur ce chapitre, le Grand maître a tracé un plan directeur du bouddhisme humaniste, pour indiquer les orientations de la vie dans les dix domaines essentiels:

1. La famille : la sagesse est notre mère ; l'habileté, notre père ; la joie-dharma, notre épouse ; la compassion, notre fille ; la bienveillance et l'honnêteté, notre fils.

2. Les amis : les trente sept bodhi-pākṣika (textes conduisant vers la Voie) sont nos maîtres; les six paramitas, nos compagnons de dharma.
3. La nourriture : les bienfaits sont notre nourriture ; les règles de libération, nos boissons.
4. L'habillement : revêtir notre corps de bonnes apparences ; l'humilité est notre habit, la sincérité, notre parure.
5. L'habitation : la vacuité parfaite est notre maison ; les Dhāraṇīs, nos jardins ; les huit libérations (aṣṭau vimokṣāḥ), nos baignoires ; les quatre Dhyâna, nos lits.
6. La communication : les cinq pouvoirs surnaturels (pañ cābhijñā) sont nos éléphants et chevaux ; le Grand Véhicule, nos barques et voitures pour nous promener, avec un cœur pur, sur le noble sentier octuple..
7. L'éducation : tous les hommes sont nos maîtres ; les afflictions, nos disciples.
8. Les divertissements : les quatre Saṃgraha sont les ballerines ; les hymnes, la musique ; la pratique, les divertissements.
9. Les possessions financières : les sept Biens sont notre richesse, moduler l'éducation lui rapporte des intérêts ; le Parīṇāma est notre grand profit ; les vœux, nos activités.
10. La pratique : l'eka-citta est notre port d'attache, les connaissances, notre appel vers l'Eveil.

L'esquisse du bouddhisme humaniste du Grand maître

A part « *L'esquisse du bouddhisme humaniste* », établie à partir du *Vimalakirti sutra*, le Grand maître a publié une autre *Esquisse du bouddhisme humaniste,* dans l'*Universal Gate Buddhist Journal.* Il y a regroupé les pensées du bouddhisme humaniste, extraites de différents sutras : *Le sutra du Diamant, le sutra de l'Ornementation fleurie, le sutra de la Contemplation de l'Amitayus, le sutra de la Sagesse et de la Stupidité, le Syamaka sutra, l'Ullumbana sutra, la Grande Compilation des règles monastiques, le sutra de la Contemplation du cœur, le sutra de la difficulté à rendre les bienfaits des parents, le sutra des derniers enseignements de Bouddha, l'Agama sutra, le Mahaprajnaparamita Sâstra, etc.*, afin de proposer vingt sujets de discussion : La manière de se comporter au sein de la famille, comment gérer sa fortune ou ses sentiments, la manière de gérer les relations entre les autres et moi, la manière de se forger une personnalité, la manière de pratiquer, la manière de croire, comment faire face à la vie et à la mort, la manière de protéger l'environnement, l'art de gouverner. Il y montre les orientations à suivre dans la vie sociale et dresse, de façon détaillée, le schéma de la terre pure mondaine.

Tout d'abord, au sujet de la « vie en famille », il dit : la famille est le point central de la vie de chaque homme. La piété est le commencement des relations humaines, la base de la réalisation de la vertu et de la morale. C'est pourquoi, parmi les relations familiales, le bouddhisme instaure en premier lieu, la piété filiale. La notion de piété dans le bouddhisme, ne consiste pas uniquement à nourrir les parents de leur vivant, organiser leurs funérailles à leur mort et faire honneur aux ancêtres, mais surtout à les libérer de la souffrance. Telle doit être la grande piété.

Le Grand maître veut éliminer cette idée fausse des gens du passé, pour qui les monastiques bouddhistes qui quittaient leur famille pour entrer dans les Ordres, étaient des enfants indignes. Il encourage le propos confucianiste : « Offrir une bonne fin aux personnes âgées, du travail aux hommes dans la force de l'âge, de l'éducation aux jeunes, et un soutien aux personnes isolées et handicapées ». Pour lui, la seule façon de se comporter au sein de la famille du bouddhisme humaniste d'aujourd'hui, est d'utiliser la sagesse, pour gérer les relations sentimentales et le dharma, pour purifier, embellir, « dharmaniser » la vie familiale. Il faut apprendre, les uns les autres, à se respecter, s'aimer, s'encourager, se réconcilier si nécessaire ; car les liens entre les membres de la famille ressemblent aux maillons d'une chaîne : scellés et donc insécables. Si tous vivent dans le respect mutuel, la sérénité et l'harmonie, il y aura rires et joies dans la famille ; alors la morale familiale sera d'une parfaite harmonie.

Quant à la manière de gérer sa fortune, le Grand maître le dit clairement : Dans la vie, chaque homme doit avoir un travail honnête, et grâce à sa diligence, parvenir à l'auto suffisance, puis à la prospérité. C'est seulement après, qu'il peut commencer à assurer des œuvres de bienfaisance. Comme disait Confucius : « L'habillement et la nourriture étant suffisants, c'est ensuite que la bienséance et la musique prospèrent ».

Le Grand maître n'approuve pas le fait que les pratiquants bouddhistes du passé aient tant mis l'accent sur les supposées vertus du dénuement. Il pense que le bouddhisme ne doit pas préconiser exagérément l'idée de pauvreté, car se l'imposer à soi-même est peut-être une vertu, mais l'imposer aux autres est une exagération.

Il ajoute : « Dans la terre pure de la joie suprême d'Amitabha Bouddha (*le sutra d'Amitabha*), la terre est recouverte d'or, les palais sont ornés de joyaux, les bodhisattvas portent des bijoux et des couronnes. Il n'est donc pas nécessaire d'afficher sa pauvreté pour montrer sa dignité », et il insiste : le bouddhisme encourage les disciples laïques à travailler et à gagner des fortunes. Toute fortune qui est conforme à l'Action juste et aux Moyens d'existence justes du Noble sentier octuple, est encouragée par le bouddhisme.

De plus, le bouddhisme s'intéresse non seulement à des fortunes temporaires, mais encore à des fortunes permanentes ; non seulement à des fortunes de la vie présente, mais encore à celles de la vie future. Le bouddhisme s'intéresse non seulement à des fortunes matérielles, mais encore à des fortunes spirituelles telles : la santé, la sagesse, les relations humaines, la capacité, l'honnêteté, l'éloquence, la célébrité, l'honneur, la réussite, l'histoire, le caractère, la vertu, etc. Toutes ces fortunes invisibles sont de loin supérieures aux fortunes visibles.

Enfin, le Grand maître conclut : Aux yeux du bouddhisme, la fortune n'est « ni bonne, ni mauvaise » et le bouddhisme ne rejette pas totalement l'argent. Oui, l'or est un serpent venimeux, mais il procure aussi les ressources nécessaires à la promotion du dharma. Si l'on est capable de bien utiliser l'argent pour aider les hommes, les mérites en seront plus grands, plus significatifs, plus intelligents que ceux qui consisteraient à simuler la pauvreté. Il suffit que l'argent employé soit issu d'actions et de moyens d'existence justes, alors, plus il y en aura, mieux ce sera. Pourvu que ce soient des activités utiles à la nation, à la société, au bénéfice économique de tous, au bonheur et à la joie dans la vie, les disciples bouddhistes peuvent toutes les entreprendre. Car, être riche n'est pas une honte, cependant que la pauvreté, elle, peut induire en tentation.

La manière de gérer les relations entre les autres et moi, dans le bouddhisme humaniste

En ce qui concerne « la manière de gérer les relations entre les autres et moi », le Grand maître l'explique en utilisant la notion de coproduction conditionnelle, car tout ce qui existe dans ce monde est interdépendant. Chacun n'est que la moitié, ou même le tiers de ce monde. En dehors du « moi », il y a encore un « toi », et aussi un « lui », et encore tous ceux qui nous entourent. Le fait qu'il y ait querelles ou injustices, résulte de la non concordance des relations entre « toi et moi ». Aussi, pour obtenir une relation humaine harmonieuse, il ne faut pas faire de différence entre « toi » et « moi » et savoir se mettre à la place de l'autre. C'est ce savoir-vivre qui harmonise les relations entre les autres et moi.

Quant à la question de la vie et de la mort, que la plupart des gens négligent facilement et qui nous est pourtant étroitement liée, le Grand maître indique : La foi dans le bouddhisme ne fait pas disparaître le problème de la vie et de la mort. Le bouddhisme veut simplement qu'on comprenne la vie et la mort, car ce sont les phénomènes les plus naturels du monde ; Bouddha lui-même, devait suivre cette loi : « Par l'affinité, Bouddha vient au monde. Que survienne la fin de l'affinité et Bouddha retourne dans le Nirvana ; il vient pour les hommes, il repart aussi pour les hommes » !

D'un côté, le Grand maître utilise la notion de « coproduction conditionnelle », pour élucider ces questions que les hommes se posent sur « l'origine de la vie et l'aboutissement de la mort » ; d'un autre côté, il emploie les notions de Karma et de Samsara, pour expliquer l'immortalité de la vie et donner aux hommes une conception exacte de la mort. Il dit : « mourir est comme sortir de prison, renaître, être diplômé, déménager, changer, assimiler. La mort n'est qu'une étape, c'est le début de la remise de la vie à un autre corps ». C'est pourquoi, il ajoute : « On ne doit pas avoir peur de la mort : c'est comme une migration. Quand nous arrivons dans un autre pays, si nous avons des ressources suffisantes, si nous avons le dharma, de quoi aurions-nous peur ? Aussi, la mort en elle-même n'est-elle en aucune façon redoutable, ce dont il faut se soucier c'est de l'endroit où l'on ira après la mort. »

Enfin, le Grand maître veut changer ce psychisme passif des hommes qui, par crainte, évitent de parler de la mort. La pratique du dharma, permet d'adopter une attitude juste, pour faire face à la mort, organiser la mort, voire même, se libérer de la mort. C'est ainsi que l'on peut vivre une vraie vie de bonheur.

Quant aux autres problèmes comme la santé, la formation de la personnalité, la pratique, la croyance, la protection de l'environnement, la participation à la politique, etc., le Grand maître se réfère à la nature humaine, pour proposer des idées pratiques et essentielles, à réaliser dans cette vie. Car, dans le bouddhisme humaniste, le dharma et la vie s'harmonisent parfaitement. Le bouddhisme est, par essence, humaniste, c'est le bouddhisme de la vie mais, dans le passé, les gens n'avaient à la bouche que bouddhisme primitif, bouddhisme fondamental, Mahayana, Hinayana, bouddhisme du Nord, bouddhisme du Sud, bouddhisme tibétain, ou encore Exotérique, Esotérique, etc., il était bien rare d'entendre l'expression « bouddhisme humaniste ». Le vénérable maître Taixu a bien évoqué le « bouddhisme de la vie », mais faute de réalisation concrète, il n'a pu développer son influence.

Quand le Grand maître préconisa le bouddhisme humaniste, comme son objectif pour la promotion du dharma, au début, personne dans le monde bouddhiste ne le rejoignit ; bien au contraire, on l'écarta et le rejeta. Pourtant, la rigueur de sa foi, l'avait persuadé que le bouddhisme humaniste était bien l'enseignement de Bouddha et non une invention personnelle. Et le bouddhisme humaniste est le bouddhisme qui correspond aux tendances directrices de l'époque, il doit entrer dans le monde pour avoir un avenir, tout en restant fidèle aux intentions premières de Bouddha. Le bouddhisme est une religion basée sur l'homme : tous les bouddhas ont acquis l'Eveil dans le monde, tous les sages ont pratiqué et enseigné dans le monde des hommes. La Compassion, la Vacuité, la Voie médiane, la Coproduction conditionnelle, le Karma, le bhūtatathatā, sont les lumières et les boussoles de tous les êtres de ce monde. C'est pourquoi, depuis toujours, le Grand maître n'a jamais cessé de promouvoir le bouddhisme humaniste. Il sait que, si l'on suit les règles enseignées par les sutras, la terre où nous vivons deviendra la terre pure et que se réalisera la mise en application du bouddhisme humaniste.

La construction, par le Grand maître, de la terre pure du bouddhisme humaniste

Le bouddhisme humaniste est l'enseignement de Bouddha. Bouddha a considéré « le Nirodha (l'élimination de l'attachement) » comme l'achèvement de la libération. Comme le bouddhisme humaniste reste fidèle aux intentions premières de Bouddha, il souhaite, tout naturellement, que tout le monde puisse trouver l'Eveil. Le sixième patriarche disait : « le Dharma est dans le monde. Ne le cherche pas en dehors du monde, car, chercher le Bodhi en dehors du monde, c'est comme rechercher un lapin à cornes. » Le fruit de Bouddha, la terre de Bouddha, il faut les trouver chez les hommes. C'est pourquoi, le bouddhisme humaniste s'intéresse à l'accomplissement de « la voie humaine » ; il suffit d' « être un homme bon » dans cette vie et l'on pourra atteindre « la voie des bouddhas ». Quand le Grand maître pense « réaliser le bouddhisme humaniste », il y apporte les idées de « l'unité et la coexistence », de « l'harmonisation des Dharmadhatu » dans le monde, à partir de « la purification des cœur et âme de l'individu, le respect mutuel et l'harmonie entre les hommes, le bonheur et la joie dans la famille, l'auto suffisance en moyens d'existence pour le peuple, la liberté et la démocratie dans la société, la paix et l'égalité dans le monde ». Construire la terre pure dans le monde, tel est le but ultime du bouddhisme humaniste.

« La terre pure Foguang » du bouddhisme humaniste

La terre pure que le bouddhisme humaniste a déjà menée à bonne fin, est « la terre pure éclairée par la lumière de Bouddha (Foguang). » (*Foguang textbook. Foguang's study*). C'est-à-dire, éclairer « le monde » avec « la lumière de Bouddha », pour que tous les hommes, dans la société, puissent avoir un cœur rempli de compassion, que chacun possède la raison, la sagesse et le respect mutuel. Ainsi est la terre pure.

La terre pure, dans l'idéal du Grand maître comporte quatre aspects (*Journal de Hsing-Yun. 05/12/1995*) :

1. La terre pure Foguang est une terre pure avec une transcendance parfaite de la vie : les espèces qui s'y trouvent sont nombreuses, mais ceux qui peuvent y aller sont tous des sages. Là, n'existe aucun des trois mauvais royaumes et la première condition nécessaire pour construire une terre pure, est d'éliminer les trois poisons. Car les êtres de l'enfer détiennent l'avidité, ceux du royaume des affamés, la colère et ceux du royaume des animaux, l'ignorance. En éliminant les trois poisons, « l'esprit se purifie » naturellement et « le cœur pur rend la terre pure ». Ainsi, la construction de « la terre pure » commence par « la purification du coeur », de l'individu. On étend ensuite cette purification, à la famille, à la communauté, à la nation et, à la fin, le monde devient une terre pure mondaine, illuminée par la lumière de Bouddha.

Dans la terre pure Foguang du bouddhisme humaniste, la relation humaine est dépourvue de doute, de jalousie, de tricherie, d'injures, de mensonge, d'escroquerie, de querelles, de guerres, de clabauderies… Dans la terre pure Foguang, les relations entre les hommes consistent à donner aux autres, la confiance, la joie, la force, l'aisance. Là, tout le monde vit dans le bonheur et la satisfaction. Car, grâce aux bonnes relations initiées antérieurement avec les autres, les ressources nécessaires viennent tout naturellement. Tous les jours, on vit une vie heureuse et sereine dans la Vérité, dans la joie dhyâna et dans le Prajna. Chacun cultive sa rizière de compassion, chacun est méritant, tout le monde possède un caractère noble et vertueux. C'est donc une terre pure avec une parfaite transcendance de la vie.

2. La terre pure Foguang est une terre pure mondaine, avec un dharma parfait : la terre pure Foguang est la terre pure bouddhique réalisée dans le monde. Elle est « un monde dharmanisé » où chaque homme prend refuge aux trois joyaux, applique les cinq préceptes, comprend la causalité et recherche les bonnes relations. La terre pure Foguang est « un monde bon et beau » : on n'y voit que de belles choses, on n'y entend que d'agréables voix, on n'y emploie que d'aimables paroles, on n'y pratique que de bons actes. La terre pure Foguang est « un monde paisible », dans lequel il n'y a nulle jalousie, mais uniquement le respect mutuel ; il n'y a pas de haine, mais l'harmonie ; il n'y a pas d'avidité, mais l'équanimité ; il n'y a aucune offense, mais uniquement l'entraide. La terre pure Foguang est « un monde de gaîté ». Là tout le monde virevolte dans la brise du printemps, toutes les familles vivent dans la lumière bienfaisante du Dharma,

tous les jours sont de bons jours, tout endroit est une « terre-prajna ».

3. La terre pure Foguang est une terre pure commune aux cinq Véhicules : humain, céleste, sravaka, pratyeka, bodhisattva. En Chine, cohabitent trois religions : confucianisme, bouddhisme et taoïsme, en Occident, deux : le catholicisme et le protestantisme. Le confucianisme prône la pratique personnelle, l'harmonie de la famille, le gouvernement de la nation, la paix dans le monde, les principes fondamentaux de la discipline, les principes moraux, ce qui renvoie à la pensée du « véhicule humain ». Le catholicisme et le protestantisme visent à gagner le paradis après la mort, ce qui correspond à la pensée du « véhicule céleste ». Le taoïsme parle de mysticisme quiétiste, d'éthique libertaire et de naturalisme, concepts qui sont reliés aux « véhicules sravaka et pratyeka ». Le bouddhisme humaniste, lui, s'intéresse à la terre pure du moment. Il s'efforce de résoudre les différents problèmes du monde des humains, en utilisant la pensée transcendante pour réaliser des activités mondaines. Cette démarche correspond donc à la philosophie du « véhicule bodhisattva », qui préconise d'utiliser les pensées transcendantes des véhicules sravaka et pratyeka pour effectuer les activités mondaines des véhicules humain et céleste, et de là, réaliser les œuvres de sagesse de la voie-bodhisattva.

Dans les cinq véhicules du bouddhisme, les véhicules humain et céleste sont rattachés à la vie mondaine, et les véhicules sravaka et pratyeka, à la vie transcendante. Et la terre pure Foguang possède simultanément l'esprit mondain des véhicules humain et céleste et la pensée transcendante des véhicules sravaka et pratyeka. Dans la pensée de la terre pure Foguang, le but est d'imiter les bodhisattvas : rechercher son propre bénéfice et aussi celui d'autrui, s'aider soi-même et aider les autres, chercher l'Eveil et aussi guider les autres vers lui. On peut dire qu'harmoniser les dharmas des cinq véhicules, est l'esprit de la terre pure Foguang.

La terre pure Foguang harmonise « les dharmas des cinq véhicules », qui possèdent chacun leur terre pure. La terre pure qui réunit et harmonise leurs caractéristiques est la terre pure remplie de lumière et de sagesse : « La terre où resplendit la lumière de Bouddha, est la terre pure Foguang ; la terre où ruisselle l'eau du dharma est la terre pure Foguang ; la terre où se trouve le bodhi du Sangha est la terre pure Foguang. »

4. La terre pure Foguang est la fusion des terres pures des différentes Ecoles : elle est l'aboutissement de toutes les terres pures. Dans les sutras, on trouve différentes définitions de la terre pure et chacune a ses particularités. Cependant, la terre pure décrite dans le sutra de l'ornementation fleurie (le padma-garbha-loka-dhātu), est entièrement décrite au niveau des bouddhas, ce qui la rend difficile à comprendre pour les hommes ordinaires. La terre pure de Bhaiṣajyaguru (Bouddha de la médecine) est merveilleuse mais dépassée, car les technologies modernes ont déjà, de nos jours, amené plusieurs pays développés à l'abondance matérielle. La terre pure d'Amitabha Bouddha (Sukhāvati) demande une concentration parfaite dans la diction du nom de Bouddha, ce qui est loin d'être facile. La terre pure de Maitreya (Tuṣita) est plus facile à atteindre, mais chacun devra la quitter un jour, pour renaître au monde. La terre pure de Vijñānamatra soutient l'idée que tous les phénomènes ne viennent que du

cœur et de la conscience et de nombreux pratiquants pensent que c'est là, une théorie trop floue. La terre pure de Vimalakīrti est une terre pure mondaine de non dualité, mais si on n'approfondit pas les recherches, on peut faussement croire que c'est un bouddhisme de laïques ... . La terre pure qui combine les meilleures caractéristiques des différentes terres pures, tout en étant applicable sur la terre des hommes, est bien « la terre pure Foguang ».

La terre pure Foguang est la terre pure, dont les hommes d'aujourd'hui ont le plus besoin. Pour construire la terre pure Foguang, le Grand maître a fait de Fo Guang Shan, une terre pure mondaine, où peuvent être accueillis les vivants et les morts. Il y a créé une maison de retraite pour loger les personnes âgées, un orphelinat pour élever et éduquer les enfants, des centres de soins, des cliniques, un mausolée, un cimetière..., pour que toutes les étapes de la vie de l'homme puissent se réaliser à Fo Guang Shan. Il a aussi créé le Comité de bienfaisance pour que les gens puissent être récompensés de leurs mérites, de leur vivant et non après leur mort. Ainsi, la terre pure Foguang est une terre où les succès de cette vie peuvent fructifier dans cette vie même.

La signification active de la terre pure Foguang

La pensée de la terre pure Foguang, a une signification et une valeur actives dans le monde actuel ; elle est aussi une voie importante de la pratique, qui mène à l'illumination. La société d'aujourd'hui encourage activement « la protection de l'environnement ». En fait, dans le bouddhisme, « la protection de l'environnement » s'appelle « la campagne de la purification du monde ». Notons que « La protection de l'environnement » ne vise que l'espace où nous vivons, alors que « la purification du monde » inclut la terre où nous vivons, mais aussi notre corps et notre esprit. Si, dans la conception de « protéger l'environnement », on peut étendre la purification du milieu à celle du cœur, la terre où nous vivons sera « une terre pure » mondaine. C'est pourquoi le Grand maître dit que le bouddhisme est une religion qui est très consciente du problème de l'environnement et qu'Amitabha Bouddha en est le plus grand spécialiste, en même temps qu'un grand architecte. Il a aménagé le Sukhāvati avec un sol recouvert d'or, des palais ornés des sept joyaux, sept niveaux de balustrades, l'ensemble d'une parfaite sérénité. Non seulement, il n'y existe ni air pollué, ni eau contaminée, ni tapages, ni violences, ni accidents nucléaires mais surtout, là, il n'y a aucune des trois destinées non bienveillantes. Ceux qui s'y trouvent sont tous des sages, c'est la raison pour laquelle le Sukhāvati est, pour les bouddhistes, l'endroit idéal.

En réalité, la pensée de la terre pure du bouddhisme ne se limite pas à la doctrine de l'Ecole Jingtu : la foi en la terre pure se retrouve dans toutes les écoles bouddhistes. La terre pure désigne, en fait, l'endroit orné par des mérites purs, réalisé par les grands vœux prononcés par les bouddhas et bodhisattvas, pour aider tous les êtres. C'est parce qu'il existe différents bouddhas qu'il y a différentes terres pures : celle de Maitreya, celle de Bhaiṣajyaguru, celle de Padma-garbha-loka, celle de Vimalakīrti, etc. Sakyamuni Bouddha est venu sur terre pour nous montrer la Voie ; son grand vœu était de purifier le monde, d'épurer notre terre souillée, ce qui ressort du domaine de pensée de la purification du monde.

Parmi toutes ces terres pures, laquelle serait la meilleure ? Pour le grand maître, toutes les voies sont égales. Comme il est dit dans le *Bhaiṣajyaguru sutra* : « Si quelqu'un dicte le nom de Bhaiṣajyaguruvaiḍūrya-tathagata, il peut aussi renaître à Sukhāvati ». C'est pourquoi les bouddhistes ne doivent pas les comparer : Quand ta pratique atteindra un certain niveau, tu pourras renaître où tu voudras.

De même, la notion de la « contemplation des trois mille », de l'école Tiantai, énonce que les dix dharma-dhatu sont présents dans une simple pensée de notre cœur. Si notre cœur émet une pensée pure, compatissante et magnanime, nous serons en terre pure ; par contre, si la pensée est entachée d'avidité, de colère ou d'ignorance, ce sera l'enfer.

La plupart des adeptes bouddhistes espèrent pouvoir renaître, après leur mort, dans les différentes terres pures. Parmi elles, le Sukhāvati reste la plus connue et la plus attirante. Aussi, le Grand maître se réfère-t-il aux caractéristiques du Sukhāvati pour déterminer les conditions nécessaires à la construction de la terre pure mondaine :

1. Le bon environnement : Comme dans le Sukhāvati, les routes sont planes, les maisons, immeubles et plantations sont ordonnés. L'environnement est propre, les services de communications publiques sont pratiques. La société ne vise que l'intérêt public et écarte les dangers publics. Il n'y a que du bon et du beau, rien de sale ou de désordonné.
2. La sécurité : pas d'atteinte, pas d'insécurité due à des malfaiteurs ; pas de désastres naturels : tempête, inondation, tremblement de terre, etc. Aux alentours des maisons, on trouve des parcs, des écoles, des bibliothèques, des centres culturels ; partout, règne la verdure. Les voisins sont tous de vertueux amis. Les moyens de transport sont pratiques et gratuits. Les visages rencontrés sont sympathiques, les voix entendues sont plaisantes.

3. Les parents et amis : les parents et amis sont droits et nobles. Les relations ne sont pas basées sur l'argent ou sur les besoins essentiels, tels le boire et le manger, mais sur l'échange de connaissances, par l'apprentissage, les services rendus, l'aide mutuelle. Comme dans le Sukhāvati, c'est un endroit où ne sont rassemblés que des sages.
4. La vie libre : en famille ou en société, où que l'on se trouve, il n'y a aucun danger, aucune persécution. En politique, tout le monde est libre de participer. Dans le domaine commercial, chacun a droit à la libre entreprise. Tout le monde peut participer librement aux divertissements légaux. Chacun peut jouir de sa liberté et chacun respecte la liberté d'autrui.
5. Les sentiments purifiés : l'homme est aussi nommé « l'être doué de sentiment », car l'existence de l'homme est issue de l'amour. Mais les sentiments sont facilement influençables et peuvent dangereusement vous aveugler. C'est pourquoi, il faut purifier les sentiments avec la sagesse et les guider par la compassion.

Le Grand maître insiste : Si l'on veut établir la terre pure dans la vie présente, le plus important est de changer sa vision et sa mentalité. Si on vit tous les jours dans l'avidité, la colère et l'ignorance, alors, dans le monde, ou même au Sukhāvati, nulle part ne sera notre terre pure. (*Séries Bouddhisme humaniste. Section : Chan et Jingtu. La pensée de Jingtu et la vie moderne (1).*)

Le Grand maître veut dire par là, que le succès de la terre pure dépend de notre personne et prend ses racines dans notre pratique. Si nos corps et cœur sont purifiés, la graine d'éveil germera et la terre où nous serons, sera la terre pure bouddhique. Ainsi, « la terre pure Foguang » doit être établie non seulement dans le monde, mais encore et surtout, dans le corps et le cœur de chacun de nous. Pour cela, il propose les voies de réalisation :

1. Réaliser la terre pure par les sens : les yeux, les oreilles, le nez, la langue. Que le visage soit souriant, le regard affectueux, l'écoute sincère, les paroles aimables. Que chacun se soucie des autres, les encourage, les réconforte et les aide...
2. Réaliser la terre pure dans les actions de la vie quotidienne : en marchant, en restant debout, s'asseyant, se couchant. Que la conduite soit décente, le comportement gracieux, la vie régulière, les agissements raisonnables. Que tout acte soit conforme aux règlements.
3. Réaliser la terre pure harmonieuse entre hommes : se comporter avec chaleur, savoir prendre l'initiative, parler avec humour, être poli, indulgent, reconnaissant et conciliant.
4. Réaliser la terre pure par un bel environnement : préserver le calme, la propreté, savoir bien aménager et embellir le milieu.
5. Réaliser la terre pure par la pensée partagée : être actif et optimiste, toujours regarder le bon côté des choses, ne pas être entêté, passif ou pessimiste. Cultiver le savoir et la vision justes, penser aux hommes et aux choses vrais, bons et beaux.

En somme, la réalisation de la terre pure Foguang, peut être accomplie grâce à la propagation du bouddhisme humaniste, l'apport du dharma dans le monde, dans la vie quotidienne et dans le cœur de chacun. Si Bouddha est dans notre cœur, ce que nous voyons est le monde de Bouddha, ce que nous entendons est la voix de Bouddha, ce que nous disons sont les paroles de Bouddha, ce que nous pensons sont les bonnes grâces de Bouddha. Quand le corps et le cœur seront purifiés, nous découvrirons, devant nous, la terre pure Foguang. Nous pourrons alors jouir d'une vie « dharmanisée », libre et insouciante. Aussi, bien que les terres pures soient nombreuses, la terre pure Foguang qui peut être obtenue dès la vie présente est la plus merveilleuse. Voilà qui démontre, une fois de plus, la valeur du bouddhisme humaniste.

Le bouddhisme humaniste est entré dans le cœur des hommes

Après de longues années de propagation par le Grand maître, « le bouddhisme humaniste » est entré, non seulement dans « le monde », mais aussi dans « le cœur des hommes ». De nos jours, quand on prononce le mot « bouddhisme », inévitablement la locution « bouddhisme humaniste » s'impose. Elle est devenue le vocable le plus répandu de notre époque. « Bouddhisme humaniste » est pratiquement synonyme de « bouddhisme » ; il est le bouddhisme, ils sont devenus inséparables.

Il y a plus de cinquante ans, le Grand maître commençait à promouvoir le bouddhisme humaniste à Taiwan. A l'époque, le monde bouddhiste ne l'approuvait pas : les critiques et les railleries étaient incessantes. Et voilà que, maintenant, beaucoup de caciques bouddhistes se disputent le titre de fondateur du « bouddhisme humaniste » ! De cela, le Grand maître se réjouit et dit : « c'est une bonne chose : cela prouve que plus personne aujourd'hui, ne rejette le bouddhisme humaniste. Fo Guang Shan doit saisir cette occasion pour bien le promouvoir ; non pas seulement pour nous-mêmes, mais pour tous les hommes. »

La foi du Grand maître dans le Dharma, dans le bouddhisme, est restée vive : elle n'a jamais tiédi. Et, depuis que le monde bouddhiste a approuvé « le bouddhisme humaniste », celui-ci a, semble-t-il, uni le monde bouddhiste, qui, pour la première fois, présente une « co-entente ». Voilà un autre succès en dehors de la reconnaissance du bouddhisme humaniste par le monde bouddhiste. Peut-être le Grand maître ne s'y attendait-il pas, mais voilà qui est bien réconfortant !

Conclusion

Toute sa vie, le Grand maître Hsing-Yun a promu le bouddhisme humaniste. Sa pensée, sa personnalité, ses vertus, sa conduite, son enseignement, de même que son expérience de la pratique et de la vie et surtout son influence et sa contribution au monde, sont trop importants pour pouvoir être décrits par des mots. En fait, étudier à fond la vie du Grand maître Hsing-Yun n'est pas chose facile.

Il a vécu l'époque des grands bouleversements sociaux et connu les souffrances de la guerre, les aléas de la pauvreté, la sévérité de la vie monastique, l'oppression politique... Il a bu jusqu'à la lie, le calice des vicissitudes de ce monde et pourtant, lui qui est entré dans les ordres à l'âge de douze ans, a émis le grand vœu de promouvoir le bouddhisme humaniste.

Alors, pour réformer les mauvaises habitudes du bouddhisme traditionnel, il restaure l'éducation du Sangha, forme des monastiques talentueux et sème les graines de bodhi, pour perpétuer le bouddhisme. Il écrit des textes, édite des magazines, s'implique de toutes ses forces dans le travail de culture bouddhiste, pour apporter au bouddhisme contemporain un nouvel élan moteur. Il parcourt le monde pour exporter le bouddhisme de Taïwan vers les cinq continents. Pour promouvoir le Dharma, il a sa persévérance, pour lui-même, il a aussi une profonde inspiration. Dans un petit poème qu'il a écrit sous son nom de religion, il a entièrement révélé son état d'âme :

> La nuit, j'aime les étoiles scintillant dans le ciel,
> Le jour, j'aime les nuages blancs, dérivant au gré du vent.
> Il n'est pas de nuit sans étoiles,
> Il n'est pas de journée sans nuages.
> Les étoiles ne craignent pas l'obscurité,
> Les nuages ne redoutent pas le ciel couvert.
> Des étoiles fourmillantes peuvent élargir la vie,
> Des nuages légers représentent la liberté.
> Les fleurs sont ravissantes, mais elles ne sont pas toujours écloses,
> La lune est belle, mais elle n'est pas toujours pleine.
> Seules les étoiles sont toujours là, fascinantes et immuables.
> Le ciel bleu est séduisant, mais il est variable,
> Le soleil réchauffe mais il n'est pas permanent.
> Les nuages, rien ne peut les empêcher de flotter.
> La nuit, scintillent de merveilleuses étoiles,
> Le jour, errent de gracieux nuages.

Sa vie a été remplie de misère et elle en est encore plus étincelante. Il est né à l'époque de la campagne militaire de l'Expédition du Nord. A dix ans, à cause de la guerre sino-japonaise, il a connu l'évacuation, perdu dans le flot des refugiés. Il s'est abrité sous des bâches de voiture, il a dormi dans des pagodes abandonnées et il a été emprisonné plus d'une fois. Pour réformer le bouddhisme, il a subi toutes sortes d'avanies. Mais, comme les étoiles dans la nuit, il ne craint pas l'obscurité et, comme le soleil dans la journée, il diffuse généreusement la lumière sur la terre entière.

Le Grand maître garde dans son cœur l'image du Maître Chan, Xiangyian Zhixian : « Partout où il passe, l'homme irradie constamment la dignité, sans pourtant laisser de traces. ». Issu d'une famille pauvre, il fut heureux d'avoir la chance de suivre des études dans les monastères et de profiter de la compagnie d'hommes sages. Bien qu'il n'ait jamais suivi l'enseignement officiel, les professeurs fictifs des bibliothèques ont contribué à compléter ses connaissances. Il dit souvent qu'il n'était pas un enfant très intelligent mais, en multipliant, durant sa vie religieuse, les révérences à Avalokitésvara bodhisattva, il a acquis une grande faculté d'assimilation et depuis, rien qu'en sentant le parfum de la fleur de prunier, il peut percevoir toute la beauté du printemps.

Une vie remplie d'aventures

Le Grand maître est comme le soleil et la lune qui se succèdent pour éclairer le monde : Nombreux sont ceux qui ont vu leur vie changer, grâce à une parole issue de sa sagesse. Comment a-t-il pu acquérir une telle sagesse, un tel potentiel, une telle capacité, pour apporter bénéfice à tant d'hommes ? Comme il le dit, il n'était pas très intelligent quand il était petit : un texte littéraire que les autres enfants apprenaient par cœur en deux ou trois jours, lui demandait, à lui, deux ou trois semaines. Mais tout a changé quand il a atteint l'âge de seize ans. Il l'a ainsi décrit : « C'est comme si, tout à coup, ma tête avait éclos : il suffisait que je lise un livre une fois et tout son contenu imprégnait mon cerveau. De ce jour, mon niveau s'améliorait sans cesse et, chaque fois, je me classais premier. » Un jour même, il obtint 97 sur 100 à un examen d'histoire, encore les trois points perdus l'étaient-ils par étourderie. Il en fut tellement fâché contre lui-même qu'il ne put avaler son repas.

Son intelligence s'est ainsi développée d'un seul coup, mais beaucoup de gens en doutaient, y compris d'ailleurs certains enseignants. Aussi, dans le bulletin de fin d'année, on lui a attribué une mauvaise « note d'appréciation générale ». A l'époque, il pensa que les professeurs n'étaient pas justes, mais il n'en fut pas fâché et se dit simplement : plus tard, je devrai, moi, être un homme juste.

Le Grand maître utilise souvent le comportement des autres pour s'encourager et s'améliorer lui-même. Il dit : « Ne pas s'attacher aux mauvaises attitudes des autres, seul notre comportement est important. Quand nous voyons les imperfections d'autrui, ne pas l'attaquer ou tenter de l'abattre, mais plutôt, chercher à nous améliorer nous mêmes. » C'est grâce à cette particularité de ses conceptions, de sa pensée, de sa personnalité qu'il s'est distingué des autres.

La noble personnalité du Grand maître est innée chez lui et elle a encore été confortée par son enfance. La pauvreté de sa famille et l'influence de sa grand'mère maternelle, lui ont forgé un caractère travailleur et compatissant. Souvent, pendant que les adultes étaient aux champs, il faisait le ménage lui-même, pour en faire la surprise à ses parents. Il allait ramasser les crottins, les bouses, les clous, etc. et rapportait à sa mère, l'argent qu'il en avait retiré. C'est en souvenir de cela qu'il disait parfois en riant : « En somme, depuis tout petit, je pratiquais le recyclage des objets usés et j'avais déjà la notion de la protection de l'environnement. »

Depuis sa plus tendre enfance, il avait l'habitude de travailler : faire bouillir l'eau, cuire le riz, casser du bois, mener paître, labourer, repiquer... : il a tout fait. Ce sont ces expériences qui lui ont appris à mettre l'accent sur la réalité et non uniquement sur les théories. C'est pourquoi, quand il a commencé à promouvoir le bouddhisme humaniste, c'est avec un esprit concret qu'il a voulu en appliquer la pensée dans le monde.

Il n'a jamais suivi les enseignements de l'éducation traditionnelle mais, depuis son ordination à l'âge de douze ans, il a bénéficié d'une éducation bouddhiste complète. Education traditionnelle, certes, à partir de laquelle il a compris que le bouddhisme devait être modernisé et vulgarisé. C'est pourquoi il préconise « l'harmonie entre le traditionnel et le moderne ».

Il n'a jamais été imprégné d'éducation moderne, ni entraîné à l'écriture, mais ses écrits ont été choisis par des chaînes de télévision pour tourner des séries télévisées. Ses livres « Biographie de Sakyamuni Bouddha », « Le Maître impérial Yulin » ont été portés à l'écran par la télévision, puis par le cinéma. Il n'a jamais suivi d'études littéraires, mais il a une connaissance approfondie de la littérature chinoise et de la littérature occidentale. Le magazine « Arbre bodhi » lui a décerné le titre de « Star en art et littérature bouddhistes ».

Il n'est qu'un moine qui a reçu l'éducation traditionnelle bouddhiste, mais les gens le surnomment « le bonze politisé ». Ce surnom prouve que sa pensée est aussi sociale que contemporaine et qu'il a compris le fonctionnement et les besoins de la nation et de la société. Depuis tout petit, il a vécu une vie claustrée dans les monastères et aujourd'hui, il a pu être invité dans différents collèges, universités, corps d'armée ou communautés diverses, pour donner des conseils.

Il a aussi des conceptions et idées originales concernant la gestion : il s'est basé sur les sutras pour présenter les méthodes modernes de gestion bouddhiste. Il connaît à fond les règles de discipline des monastères bouddhistes et son livre « *Les cent commentaires des tâches monastiques* » a apporté à l'éducation monastique, nombre d'exemples à suivre.

Il n'a jamais appris l'architecture mais il a construit des temples de grande envergure, qui peuvent se comparer aux œuvres des plus grands architectes. Il ne sait pas chanter, ni ne connaît la musique, mais il encourage la musique bouddhiste. Le Professeur Wujuche de l'Institut technique de Taipei a mis en musique les textes qu'il a écrits, pour en faire des chansons bouddhistes (certaines se trouvent actuellement dans un musée en Angleterre). Le Grand maître a combiné les notations musicales modernes et l'orchestration de la musique traditionnelle chinoise, pour créer la chorale des hymnes bouddhistes de Fo Guang Shan, qu'il a présidée lors de ses tournées, dans les grands opéras du monde. Tous ces textes sont conservés au siège de l'Orchestre de musique chinoise de la Ville de Taipei.

Les règles de cérémonial proposées par le Grand maître, comme celles du mariage, des funérailles, des trois refuges et cinq préceptes, des huit préceptes..., ont toutes été approuvées par le monde bouddhiste. Il ne parle pas l'anglais, mais il a déjà donné des discours et lectures dans les plus grandes universités d'Australie, de Singapour, de Hong-Kong ou des Etats-Unis. Ses œuvres ont été traduites en anglais, japonais, coréen, espagnol, portugais, allemand, français, sanskrit, etc.

Le Grand maître respecte les règles bouddhistes et il défend le cérémonial d'ordination traditionnel. Il a participé à d'innombrables ordinations à Taïwan, il a même organisé une ordination internationale de « Triple Plate-forme Précepte » en Inde, pour des monastiques venus du Sri Lanka, du Népal, de Birmanie, de Thaïlande, d'Inde, etc., et rétabli les règles d'ordination des bhiksunis de l'Hinayana, règles oubliées depuis bien longtemps. D'une part, il rétablit les règles d'ordination traditionnelles, de l'autre, il encourage la réforme du bouddhisme, l'égalité des deux sangha : bhiksu et bhiksuni et l'égalité entre monastiques et laïques. Ces fructueux efforts sont incontestables.

Le Grand Maitre mène une vie stricte depuis l'enfance, l'éducation monastique lui a forgé un caractère sobre, qui sait s'adapter en toute circonstance. Il peut dormir sur un coin de table ou sur une chaise. Il peut vivre dans une simple chaumière. Ses repas sont à base de pâtes ou de riz, il ne mange jamais en dehors des repas, pas même un fruit. Sa santé est bonne, meilleure que celle de bien des hommes ordinaires. Il ne prend jamais de congé, il dit, en souriant, qu'il a 300 ans en « équivalent travail ». Il n'a aucune épargne privée et n'achète rien pour son usage personnel, mais il dépense sans compter quand il s'agit de construire, pour le bouddhisme, des établissements valant des dizaines de millions, des universités, des chaînes de télévision satellite, des journaux, etc.

La force de vœu du Grand maître est grande : il a créé successivement et dans le monde entier, plus de 200 centres de culte, plusieurs galeries d'art, des bibliothèques et maisons d'édition, des librairies, des chaînes de télévision, des journaux, des cliniques, des collèges bouddhistes, des écoles et des universités... Ses disciples viennent du monde entier ; on dénombre, dans leurs rangs, plus d'un millier de monastiques et plus d'un million de laïcs.

De toute sa vie, il n'a jamais reçu de diplôme officiel, mais les étudiants qui ont reçu leurs diplômes de ses mains, sont innombrables. Il n'a jamais été inscrit dans une seule université, mais il en a créé quatre. Il a encore été nommé Président du Département de recherches sur la civilisation indienne à l'Université Wenhua et aussi Professeur à l'Université Donghai et ce, durant plusieurs années. Il est reconnu par le ministère de l'Education comme apte à être membre d'un jury universitaire et il est aussi le premier moine à avoir été décoré par le ministère de l'Education. Il a reçu successivement le titre de « Docteur honoris causa » d'établissements comme : Oriental University aux Etats-Unis, Mahamakut Buddhist University et Maha Chulalongkornrajavidyalaya University en Thailande, Dongguk University en Corée, etc.

Le Grand maître a reçu d'innombrables décorations, il a instruit d'innombrables auditeurs. Il a rendu visite à Sa Majesté le Roi thaï Bhumibol Adulyadej, pour lui suggérer d'autoriser la propagation du bouddhisme Mahayana en Thaïlande. Il a rencontré le Président philippin, Gloria Macapagal-Arroyo, pour établir des relations visant à propager le bouddhisme aux Philippines. Il a procédé à des échanges de vues avec le Premier ministre indien, Jawaharlal Nehru, sur les cultures chinoise et indienne et il a aussi parlé de la paix dans le monde avec le Pape Jean-Paul II. Il avait invité le Premier ministre malais, Mahathir Mohamad, à visiter Fo Guang Shan, mais, au dernier moment, à cause de l' « affaire Anwar » (Anwar Ibrahim étant le Vice premier ministre malais à l'époque), la visite a été annulée. A Taîwan, les Présidents Chiang Kai-Chek, Chiang Ching-Guo, Li Teng-Hui, Chen Shui-Bian, l'ont souvent invité ou lui ont rendu visite. A Fo Guang Shan, le grand écrivain Soljenitsyne, le grand peintre chinois Zhang Da-Qian et bien d'autres, lui ont rendu visite.

Le Grand maître peut être considéré comme un des grands hommes de notre époque. Il y a beaucoup de choses que les autres ne veulent ou ne peuvent pas faire ; lui, il lui suffit de penser qu'elles sont bénéfiques pour les hommes pour qu'il les entreprenne sans crainte. En 1991, il a lutté pour que le Sénat américain vote un nouveau décret concernant les visas d'entrée accordés aux religieux. Auparavant, une condition spécifiait qu'il fallait « avoir deux ans de profession religieuse » pour l'obtention d'un visa, ce qui est devenu : « Tout travailleur des organisations religieuses », y compris missionnaires, personnels spécialisés, religieux » et de plus, pour une durée dc cinq ans. En 1988, à l'inauguration du Hsi-Lai Temple aux Etats-Unis, il a encouragé « l'Association Amicale Mondiale des Bouddhistes » à sortir d'Asie et à organiser sa 18eme Assemblée générale à Hsi-Lai Temple. Pour la première fois, les représentants des deux « Chine » se sont assis à la même table de séminaire et cette rencontre a, dès lors, instauré une bonne entente entre les deux « rives ». Après cet évènement et pour qualifier le succès de ce séminaire, les gens ont parlé du « Modèle Hsing-Yun » : une expression qui est aussi à l'origine du titre de ce livre.

La construction de la terre pure Foguang mondaine

Le vénérable maître Hsing-Yun est un joyau du monde et le Dharma qu'il enseigne, est le trésor commun à tous les hommes. Comme il l'a dit : « A part les fléaux naturels qui sont inévitables, tous les problèmes de ce monde sont d'origine humaine. Aussi, savoir comment sortir du désastre, comment résoudre les problèmes, tout cela dépend de la prise de conscience des hommes. » (*Journal de Hsing-Yun*). Le Grand maître est persuadé qu' « il n'y a pas dans ce monde de problèmes insolubles : la question est de savoir si l'on a ou non la chance de connaître le Dharma et si, oui ou non, on veut bien l'appliquer. » (*Foguang Textbook. Les familles dharmanisées*). Pour lui, le Dharma est purement vrai, bon et beau, il est différent des autres connaissances de ce monde, qui contiennent certes, du bon, mais aussi du mauvais, telle l'eau qui peut transporter les bateaux, mais qui peut aussi les faire chavirer. Le Dharma peut faire découvrir à l'homme, sa propre nature, qui est intrinsèquement suffisante à elle-même. Il peut changer le mauvais en bon, et l'ignorance en illumination. Si, aujourd'hui, tous les hommes de ce monde veulent bien accepter l'enseignement du Dharma, découvrir leur propre nature, traiter les autres avec cœur, oublier de ne penser qu'à eux-mêmes et à leurs propres intérêts, alors, il n'y aura plus ni dispute, ni tricherie, mais du respect mutuel, de la tolérance et de la coopération. Dès lors, la politique sera sereine, la société paisible, la famille harmonieuse et le peuple heureux. Car « une nation est faite d'hommes, et l'homme est l'image de son cœur » ; si le cœur est purifié, la paix sera naturellement établie. Face aux désordres du monde actuel, la solution primordiale passe par la purification du cœur. C'est aussi la raison et l'objectif de la propagation active du bouddhisme humaniste par le Grand maître.

A travers tous les exemples que nous avons cités ci-dessus, on peut voir que le bouddhisme humaniste que préconise le Grand maître, a produit un effet bénéfique sur les hommes de la société actuelle et que cette influence est profonde et durable. La vie du Grand maître est digne d'être étudiée, d'où ce livre en quatre points (« Un langage différent pour enseigner le Dharma », « Une méthode différente pour promouvoir le Dharma », « La particularité des vœux prononcés », « Les différents objectifs à fixer et à mettre en lumière »), pour décrire succinctement la propagation et la réalisation du bouddhisme humaniste par le Grand maître. Mais en réalité, la noblesse de la conception de sa pensée du bouddhisme humaniste, la grandeur de son esprit et surtout la magnanimité de son comportement durant les étapes de sa pratique, sont telles que je ne peux les décrire de façon exhaustive. J'ose simplement espérer que ce livre pourra aider d'autres chercheurs dans leur travail et que, grâce à lui, le bouddhisme pourra poursuivre sa contribution envers la société pour apporter, enfin, la paix au monde et réaliser la terre pure Foguang mondaine. Tel est le bonheur de l'humanité, telle est la chance de tous les hommes.

A propos de l'Auteur

La vénérable Man-yi est née en 1960 à Zhuxiang, dans la province Kaohsiung, à Taïwan. Diplômée du Collège monastique Fo Guang Shan en 1986, elle prononce ses vœux définitifs en décembre 1988, au « Hsi-Lai Temple » de Los Angeles (U.S.A.).

La vénérable aime la lecture, et a le goût de l'écriture. Elle assume d'abord la charge de rédactrice des magazines « *Jue-Shi* », « *Liaisons Foguang* », « *Foguang news letters* », etc. Secrétaire du « Comité exécutif de Fo Guang Shan », puis Secrétaire de l' « Office du Maître fondateur », elle est chargée de l'enregistrement du contenu des discours du Grand maître, pour, ensuite, les publier dans des ouvrages comme « *le monde Foguang* », « *Entre l'ignorance et l'illumination* », « *Hsing-Yun's dharma words* », la section « *Discussions sur les problèmes contemporains – Les investigations du bouddhisme sur les différents problèmes* » du « *Universal Gate Buddhist Journal* », etc.

En 2004, elle est chargée du poste de Rédacteur en chef, du quotidien « *Merit Times* ». Actuellement, elle est chercheuse au Bureau de recherches sur le bouddhisme humaniste à Chuandenglou.

A propos de l'Edition Buddha's Light

Depuis qu'il est moine bouddhiste, le Vénérable maître Hsing Yun a toujours eu la ferme conviction que les livres et autres écrits traitant de l'enseignement du bouddhisme, contribuaient à nous unir émotionnellement, nous aidaient à élever notre niveau de pratique du bouddhisme et à changer, de façon durable, la conception que nous avons de notre propre vie.

En 1996, le Fo-Guang-Shan International Translation Center a été créé dans ce but. Ceci marqua le commencement d'une série de publications traduites en différentes langues à partir des œuvres du Maître, écrites à l'origine, en chinois. Actuellement, plusieurs centres de traduction ont été installés à travers le monde. Les centres qui coordonnent des projets de traduction ou de publication sont localisés à Los Angeles et San Diego, (USA); à Sydney, (Australie); à Berlin, (Allemagne); en Argentine; en Afrique du Sud et au Japon.

En 2001, Buddha's Light Publishing a été créé pour publier des livres Bouddhistes traduits par le Fo-Guang-Shan International Translation Center, de même que d'autres ouvrages bouddhistes de premier plan. Buddha's Light Publishing est engagé à bâtir les ponts qui relient les communautés et cultures bouddhistes de l'Est à celles de l'Ouest. Toutes les recettes provenant de la vente de nos livres, servent à supporter les efforts de propagation de bouddhisme.

Discipline, Concentration Sagesse dans le Bouddhisme humaniste

La Discipline, telle l'eau claire, purifie notre intérieur,
La Concentration, tels les ornements, valorise notre être,
La Sagesse, tel le réverbère, éclaire notre chemin.

Écrit par: Vénérable Maître Hsing Yun
Traduit par: Le-Binh Tran
Publié par: Buddha's Light Publishing
294 pages, 5.5 x 8.25, paperback
ISBN: 978-1-932293-41-8
Prix: US $ 15.95

Le désordre dans notre société est dû à l'avidité, l'égoïsme et l'inflexibilité de l'homme. Aussi, nous devons cultiver consciencieusement Les Trois Etudes: discipline, concentration, sagesse, et abolir Les Trois Poisons: avidité, colère, ignorance, pour que Bouddha puisse apparaitre dans notre cœur. Si nous avons Bouddha dans le cœur, ce que nous voyons, entendons, faisons, auront l'aspect de Bouddha, tout le monde pourra penser ce que pense Bouddha et agir comme agit Bouddha, et le monde deviendra une terre pure bouddhiste.

Les courants de la pensée contemporaine

Écrit par: Vénérable Maître Hsing Yun
Traduit par: Le-Binh Tran
Publié par: Buddha's Light Publishing
211 pages, 5.5 x 8.25, paperback
ISBN: 978-1-932293-47-0
Prix: US $ 15.95

Ce livre recueille spécialement les onze discours à thème que le Vénérable maître Hsing-Yun adresse chaque année à l'Assemblée générale de la B.L.I.A., à savoir : « La Joie et l'Harmonie », « L'Unité et la Coexistence », « Le Respect mutuel et la Tolérance », « L'Egalité et la Paix », « La Perfection et l'Insouciance », « La Nature et la Vie », « La Vérité pour tous », « Le Monde des hommes et la vie quotidienne », « Résolution et Développement », « La Conscience de soi et la Pratique de la voie du Bouddha », « Changer le monde et en faire bénéficier l'humanité ». Les thèmes développés sont différents chaque année, mais chacun d'eux englobe un concept. Ces concepts ne sont limités ni dans le temps, ni dans l'espace et ils correspondent tout à fait, aux besoins spirituels des hommes contemporains.

Le Sūtra du Diamant - Commentaire

Écrit par: Vénérable Maître Hsing Yun
Traduit par:
Le-Binh Tran et Claude Merny
Publié par: Buddha's Light Publishing
627 pages, 5.5 x 8.5, hardcover
ISBN: 978-1-932293-62-3
Prix: US $ 35.00

Le sixième patriarche Huineng avait écouté ce passage du *Sūtra du Diamant* qui dit qu'« Il faut se libérer de tout attachement pour faire naître son cœur pur » et il s'exclama : « Qui aurait pu dire que la nature propre est intrinsèquement pure ? Qui aurait pu dire que la nature propre pouvait donner naissance à tous les phénomènes ? » Dès lors, le *Sūtra du Diamant* a remplacé le *Lankāvatāra-sūtra*, et a ainsi fait s'épanouir l'époque dorée et impérissable de l'Ecole du Chan chinois.

Le Vénérable maître Hsing Yun présente ce commentaire du « *Sūtra du Diamant* » en établissant des thèmes clairs et précis, pour guider les lecteurs et les aider à pénétrer dans la pensée profonde du bouddhisme. Des exemples, des paraboles et des Gong'an y sont insérés, nous permettant d'ouvrir instantanément notre esprit et d'assimiler le vrai sens de la vie.

Livrets : Collection «Mieux connaître le bouddhisme»

1. La causalité, le karma.
2. La voie du milieu, la vacuité.
3. Prendre refuge auprès des Trois Joyaux
4. Recevoir et observer constamment les cinq préceptes